国家社会科学基金项目成果

宁夏大学民族学一流学科建设经费资助出版（NXYLXK2017A02）

杨晓梅 著

Dangdai Ganningqing
Cishan Zuzhi Yunzuo Yanjiu

当代甘宁青慈善组织运作研究

人民出版社

目　　录

图 目 录

3

表　目　录

导　　论

本课题研究对象是甘宁青慈善组织。课题通过对当代甘肃、宁夏、青海三省（自治区）慈善组织的调查研究，探索甘宁青慈善组织运作的特点和局限，探寻慈善组织有效运作的思路与路径。

在慈善法颁布与实施后，研究甘宁青慈善组织运作的现状，对比甘宁青慈善事业发展、慈善组织之间运作的异同、优劣，总结慈善组织运作的经验与启示，对推进慈善组织有效运作、健康发展具有积极的现实意义。

一、课题研究现状与研究意义

（一）研究现状

《中华人民共和国慈善法》于 2016 年 3 月 16 日在第十二届全国人大四次会议正式表决通过，并于同年 9 月 1 日正式施行。慈善立法实施后，理论界和实务部门对慈善以及慈善事业研究热情前所未有的高涨，产出一大批有影响的学术成果。

1. 慈善立法后国内相关研究

慈善立法无论是在慈善概念界定还是在慈善的募捐、投资、服务、管理、信托等运行方面，都有新的规定或改变，学者们就此展开多角度、多层面的探讨。

（1）关于慈善主体及其行为的研究。自 2016 年慈善立法以来，研究者们对慈善捐助主体以及主体参与慈善活动行为给予关注，关注的视角包括个人的、企业组织的以及富人阶层的。

家庭在个人慈善捐赠行为中的角色和作用怎样？传统文化对个体捐助的影响如何？杨永娇、史宇婷、张东(2019)基于中国最基础的社会结构实际，从纵向

1

的家庭关系角度讨论代际关系对个体的慈善捐赠行为。他们认为个人的慈善捐助行为受所处社会结构的影响,深受儒家传统文化影响的中国家庭,是个人慈善捐助行为发生的微观基础,而家庭成员的慈善捐助行为存在代际效应。这种效应表现在两个方面,一是父辈慈善捐赠行为对子辈行为的积极影响,另一方面是子辈对父辈行为的由下而上的反哺影响,"且反哺的效应比传承的效应强"①。

高阳、于海瀛(2018)从阐释以仁爱为本的儒家文化利他思想、以淡泊为本的道家文化利他思想、以慈悲为本的佛家文化利他思想、以行善为本的民间文化利他思想等方面,探讨传统文化中蕴含的利他思想对个体捐助行为的理性感召和情感激励作用。因个体捐助较之团体捐助更能体现慈善行为的利他本质,要充分挖掘并运用传统文化中的利他思想,促进个体慈善捐助行为的积极性②。

尹昱、刘金平(2019)认为公众不参与慈善活动是因为公众与慈善组织疏离而导致的不了解,公众的不了解又会进一步加剧与组织的疏离,从而更加不愿参与慈善活动,如此形成恶性循环。因此,他们从利益、成本、参照群体、自信四方面探讨公众慈善行为的驱动力,提出公众不自信"根源还是缺乏对慈善组织和活动的了解",因此纠正公众的慈善行为需要慈善组织从信息传播等方面加以解决③。

企业捐赠一直以来是我国慈善捐赠的主体。肖宇(2018)指出我国企业慈善行为在激励机制上存在激励机制僵化、操作落实困难、激励程度不够等问题,因此对企业慈善行为激励机制的设计、重构具有重要现实意义。他基于企业"经济人"与"社会人"的属性,论述企业承担社会责任的正当性,以及企业经济利益最大化的思想动机和行为取向,由此必须耦合企业"经济人"与"社会人"的双重属性以重构企业慈善行为激励机制④。

李珠(2018)关注于富裕阶层捐赠的内在动机和影响捐赠的因素。她分析

---

① 杨永娇、史宇婷、张东:《个体慈善捐赠行为的代际效应》,《社会学研究》2019 年第 1 期。

② 高阳、于海瀛:《传统文化之利他思想及其对个体捐助行为的影响》,《学术交流》2018 年第 7 期。

③ 尹昱、刘金平:《基于 BCOS 理论的公众慈善行为驱动分析》,《安徽工业大学学报》2019 年第 4 期。

④ 肖宇:《基于人性耦合的企业慈善行为激励机制重构》,《荆楚理工学院学报》2018 年第 5 期。

了富人阶层捐赠的新趋势与特征,即富人慈善家多集中在房地产业、富人捐赠领域具有单一性、慈善捐助多集中在富人所在地区、富人捐赠的专业化趋势等。影响富人捐赠行为有年龄、学历、所在地人均经济总量系数等多方面的因素,政府应通过积极政策引导和支持机制,促进富人阶层的慈善行为①。

对于如何看待普通人和企业家们的慈善行为或活动问题,聂文军在《论慈善活动中的个人偏好》一文中,探究了慈善活动中的个人偏好的积极性与消极性,提出慈善活动中的个人偏好,一要予以尊重和肯定,二是不能因个人的偏好妨碍或损害他人的合法权利,三要对个人的慈善偏好予以引领和提升②。

(2)关于慈善历史的研究。慈善立法后国内对慈善历史的关注依然较浓厚,研究成果颇丰。关于慈善历史的研究可从宏观层面和微观层面两方面梳理。

宏观层面研究主要涉及中国慈善通史的研究、慈善史研究的方法、慈善主导力量的变迁等。

①慈善历史及其方法的研究。曾桂林教授(2017)针对大数据时代的背景,提出中国慈善史研究既要重视慈善史料的挖掘、整理与专题数据库的建设,又要实现研究范式的转换与研究主题的多元化,这样才能取得研究的重大进展与突破③。周秋光、曾桂林(2017)指出,中国慈善史研究存在研究对象、内容、主题还不充分,研究视野和方法还有局限,史料挖掘和利用还有欠缺等方面的不足。由此,两位学者提出深化中国慈善通史研究的多个路径④。丁惠平、王嘉渊(2019)以价值理念、结构性机会、物质性基础、组织韧性为分析框架,系统性、历史性考察民间传统慈善组织的运行机制。他们指出,对包括慈善组织在内的社会组织形式的研究,"唯西方马首是瞻的策略已经不再行得通,"只有在具体的历史情境中,才能充分、真实地贴近与把握社会组织形式⑤。

---

① 李珠:《富人阶层捐赠影响因素与政策引导机制研究》,《中国行政管理》2018年第2期。
② 聂文军:《论慈善活动中的个人偏好》,《伦理学研究》2019年第4期。
③ 曾桂林:《大数据时代的中国慈善史研究及其应用》,《东方论坛》2017年第2期。
④ 周秋光、曾桂林:《中国慈善通史研究:价值、现状与路径》,《湖南师范大学社会科学学报》2017年第4期。
⑤ 丁惠平、王嘉渊:《中国传统民间慈善组织及其运行机制——一个历史社会学的视角》,《福建论坛·人文社会科学版》2019年第12期。

②慈善主体的历史探究。蔡勤禹(2019)阐述明清以来慈善事业的主导力量从绅士到绅商再到工商业者转移的过程与原因,并论述慈善主体迁移变化对慈善事业的影响。他认为慈善主角发展到工商阶层,慈善事业具有了现代性,中国慈善事业进入到新阶段①。贺更粹(2019)探讨了建立在儒家仁爱—博爱思想之上的乡绅在慈善中的地位及功能。提出传统乡绅在慰藉心理、和谐群体、保障民生、维护基层民主政治秩序等方面,对今天仍具有一定的借鉴价值与意义的观点②。孙智雯、陈伟民(2017)梳理了1840—1940年间以香港东华三院为代表的华商慈善组织的功能与空间扩展历程,指出香港华商慈善组织从事的活动产生了重要的社会影响,社会功能由医疗向宗教、教育、政治等领域不断扩展,辐射空间由本地向内地及海外逐渐扩大,"其组织功能的扩展带动了其影响空间的扩展。"③

家族、宗族是慈善的重要力量之一。徐秀文、高雅楠(2018)梳理了历代宗族慈善思想,阐释了儒家思想中的"仁者爱人"等核心思想对宗族慈善理念的指导和支撑,并提出其对宗族慈善如何适应现代社会的再思考④。

女性为何从事慈善的问题也引起学者们的关注。周秋光、贺蓓蓓(2019)探讨女性慈善的历史与现状,提出纵观历史与现实,女性参与慈善活动与她们解放自我、实现自身价值紧密相关,"通过慈善参与,社会开始承认并尊重女性在社会生活中的价值与意义。"⑤

微观层面研究是对慈善法颁布实施后中国各历史阶段的慈善活动、慈善事业展开的研究,大致分为以下几个阶段:

①明清之前时期的慈善。王文涛(2020)、许秀文(2018)、郭海霞(2019)、梁霞(2020)研究了两汉、魏晋南北朝以及唐宋时期的慈善与慈善事业。王文涛教

① 蔡勤禹:《权势转移——从慈善视角看近代士与商阶层变动》,《福建论坛·人文社会科学版》2019年第10期。
② 贺更粹:《论儒式乡绅在传统慈善中的地位及功能》,《西北师大学报(社会科学版)》2019年第6期。
③ 孙智雯、陈伟民:《香港华商慈善组织的形成及其功能与空间扩展(1840—1940)——以东华三院为例》,《安徽师范大学学报》2017年第1期。
④ 徐秀文、高雅楠:《儒家思想影响下的宗族慈善及现代思考》,《石家庄学院学报》2018年第2期。
⑤ 周秋光、贺蓓蓓:《中国女性慈善实践的历史与现状思考》,《湘潭大学学报》2019年第4期。

授梳理了西汉到东汉时期慈善救助及其发展,并挖掘汉代时期慈善的思想、目的、动机、行善方式以及统治者引导行善的实践等等①。东汉魏晋南北朝是中国慈善史上的一个重要时期,许秀文、王文涛对这一时期佛教的慈善思想与慈善活动进行了探究。他们在论述佛教的慈悲精神、因果报应学说、福田思想的基础上,介绍了东汉魏晋南北朝时期佛教的慈善活动与慈善宣传,指出佛教在这一时期的兴盛,"促进了佛教慈善的繁荣,成为这一时期最具特色的慈善活动。"②

　　梁霞认为将佛教医疗救助事业置于医疗社会史的范畴研究很有意义,她通过医疗史的角度对唐宋时期佛教医疗救助事业进行了探讨。梁博士指出唐宋时期佛教慈善医疗救助机构呈现出借医弘法、援佛入医和佛医结合、身心兼治的特点,并且趋于官方化、规范化。佛教慈善医疗救助在救治贫病、控制疫病、传播医学知识、传播佛教文化、弥补官办医疗不足、完善社会保障制度等方面具有积极的社会作用和历史意义③。东北农业大学郭海霞考察了金代济贫法律制度的内容与特点。她从济贫主体、济贫措施、济贫形式等方面剖析了金代的济贫法律制度内容,并概括该制度具有主体多元性、措施多样性、法律形式灵活性、救济力度差异性、实施保障性等时代特点④。

　　②明清时期的慈善。研究明清时期慈善活动与慈善事业的论著较多,反映出学者们在这方面浓厚的学术兴趣。东南大学杨洋(2019)论述了明清时期江南社会的劝诫之风以及明清社会士绅主导劝善话语建构的历史过程⑤。宋立杰(2017)对明清时期商人的善举行为进行了考究。重点阐述了商人获取善举信息的主要渠道、商人从事善举行为的原因与动机⑥。

　　复旦大学历史地理研究中心王大学(2017)探讨了清代安徽慈善组织时空变化的特征及其原因。他认为从发展的阶段性特征看,乾隆中期以前慈善组织

---

　　① 王文涛:《汉代的慈善救助思想与实践》,《社会保障评论》2020 年第 1 期。

　　② 许秀文、王文涛:《东汉魏晋南北朝佛教慈善的滥觞与发展》,《河北师范大学学报》2018 年第 2 期。

　　③ 梁霞:《论唐宋佛教慈善医疗救助机构的发展及其特征》,《青海民族大学学报》2020 年第 1 期。

　　④ 郭海霞:《金代济贫法律制度研究》,《北方文物》2019 年第 4 期。

　　⑤ 杨洋:《明末江南社会的劝诫之风与龙门医世宗的思想革新》,《东南大学学报》2019 年第 5 期。

　　⑥ 宋立杰:《有偿的互动:明清商人善举考》,《西南大学学报》2017 年第 2 期。

发展缓慢且呈散状分布,而乾隆后期以后慈善组织规模增加且呈现出异常显著的空间聚焦与类型单一的特点①。放生作为慈善的一种,在清代格外兴盛。葛慧烨、黄鸿山(2018)以苏州为例,探讨了清代放生事业的发展历史、运作方法以及兴盛的原因。葛慧烨、黄鸿山认为,慈善放生事业在清代的活跃,"一方面是受中国传统道德感召的结果,另一方面也反映出地方精英促进社会和谐和维持农业生产的努力。"②王玉朋博士(2019)考察山东运河区域各州县的慈善事业,以说明在清代国家与民间社会力量参与慈善救济事业的区域差异性③。台湾成功大学刘拯华(2018)以台湾新竹为例,分析清代慈善救助机构的发展特点及不足④。

吴晶、周膺(2018)以杭州善举联合体为例,探讨了晚清时期慈善组织在城市治理中的作用。他们提出考察杭州善举联合体对今天的社会治理仍有很大借鉴意义的观点⑤。西南大学历史地理研究所蓝勇教授(2018)通过剖析清末水上公益救生组织从业人员的地位与收入,认为中国公益慈善救生组织呈现出外部服务公益性而内部服务"有偿化"的明显特征⑥。徐文彬博士(2019)以跨区域视角考察晚清时期闽南著名慈善家林瑞岗,详细介绍其生平、善举以及行善的驱动因素⑦。牛保秀通过山西太原地区慈善机构类型、特点、救济活动等,探讨清代慈善事业的发展⑧。

③民国时期慈善的研究。民国时期军阀混战,社会动荡不安,慈善活动以及慈善机构在此期间发展如何,研究者们从局部区域慈善发展、慈善机构个案考察、政府对慈善的监管等多个方面进行探究与分析。

---

① 王大学:《清代安徽慈善组织时空特征初探》,《社会科学》2017 年第 12 期。
② 葛慧烨、黄鸿山:《清代苏州的慈善放生事业》,《苏州教育学院学报》2018 年第 3 期。
③ 王玉朋:《社区福利的空间差异——清代山东运河区域慈善事业研究》,《聊城大学学报》2019 年第 4 期。
④ 刘拯华:《清代台湾地方社会慈善救助机构研究——以新竹义仓为例》,《东方论坛》2018 年第 2 期。
⑤ 吴晶、周膺:《晚清慈善组织在城市社会治理中的先导作用——丁丙〈乐善录〉与杭州善举联合体研究》,《江浙学刊》2018 年第 2 期。
⑥ 蓝勇:《难言之隐——清代内河救生慈善组织内部服务有偿化研究》,《社会科学研究》2018 年第 6 期。
⑦ 徐文彬:《晚清闽南商人慈善家的兴起:以林瑞岗为中心》,《安徽史学》2019 年第 2 期。
⑧ 牛保秀:《官民互动下的清代慈善——以山西太原地区为例》,《郑州航空工业管理学院学报》2017 年第 1 期。

王娟、许婉萍(2017)对京津两地慈善事业的互动进行考察,分析了对两地慈善事业互动发展产生至关重要作用的独特和相近的影响因素,"藉此思考慈善思想与民族精神在特定历史时期如何逐渐契合"①。曾桂林(2018)研究南京国民政府颁布的《监督慈善团体法》并进行了述评,指出1929年《监督慈善团体法》奠定了民国后期慈善法治的基石,但在概念、内容、法理等方面还有局限②。蒋静(2019)以私立南京孤儿院为个案,从组织管理、救济思想、救济范围等方面探究民国时期私人慈善机构的发展状况③。

李喜霞博士探讨了民国时期的慈善公民教养观(2017)与民国政府对慈善事业的监管(2018)。她在《论民国时期的慈善公民教养观及其实践》一文中,论述了慈善公民教育理念与实践的历史演进及原因,在此基础上,重点剖析了慈善公民教养的社会价值④。在《民国时期慈善事业政府监管研究》中,她从政府与社会互动的视角,探讨民国政府监管慈善事业的原因,并阐释政府的监管在慈善发展史中的作用⑤。

④中华人民共和国成立后至20世纪80年代的慈善。阮清华(2018)以上海慈善组织在1949年上海解放后共产党接管和改造前后的经历为例,阐明新政权逐步将传统慈善组织纳入人民政府管理的过程。他认为共和国成立初期对慈善组织的处理和改造,"减少了新政权整合城市基层社会的阻力,为人民政府进行城市基层社会清理与整顿提供了便利。"⑥

⑤改革开放以来的慈善。陈斌(2018)在其博士论文《改革开放以来慈善事业的发展与转型研究》中,从两个方面探讨了改革开放以来我国慈善事业的发展与转型:一是基于慈善事业从传统到现代转型的显著标志——组织形态、参与主体和政策体系的阐释,探讨了改革开放以来慈善事业的演进历程,并分析"组织形态从官方主导到民间化、参与主体从政府主导到大众化、政策体系从限制到

---

① 王娟、许婉萍:《民国京津地区慈善事业互动关系初探》,《东方论坛》2017年第5期。
② 曾桂林:《南京国民政府〈监督慈善团体法〉述评》,《文史月刊》2018年第2期。
③ 蒋静:《民国时期私立南京孤儿院的个案研究》,《南京晓庄学院学报》2019年第4期。
④ 李喜霞:《论民国时期的慈善公民教养观及其实践》,《宁夏社会科学》2017年第1期。
⑤ 李喜霞:《民国时期慈善事业政府监管研究》,《郑州大学学报》2018年第7期。
⑥ 阮清华:《中华人民共和国成立初期对上海民间慈善组织的处理研究》,《党史研究与教学》2018年第1期。

鼓励"的演进特征。二是基于制度分析范式中强调的变量因素,从政治因素、经济因素、社会因素、文化因素以及技术因素等方面,分析了慈善事业发展的动力机制①。

海外华侨华人、港澳同胞是搭建中国与世界沟通的桥梁,是我国慈善事业发展的独特优势与宝贵资源。张秀明、邢菁华、张洵君探讨了华人华侨、港澳同胞对中国慈善事业的作用与贡献。张秀明(2018)分析了改革开放40多年来华侨华人慈善捐赠的阶段性发展,并提出华侨华人慈善捐赠呈现出"捐赠热情和数额持续高涨、捐赠地域和领域不断扩大、捐赠方式和主体日益多样化、对突发灾害和重大事件的捐助引人注目"等特点。同时,揭示了华侨华人慈善捐赠对中国慈善事业发展具有多方面的意义与启示②。邢菁华、张洵君(2019)从慈善事业捐赠领域、捐款动因、代际差异、社会话语构建等方面探析近年来华侨华人慈善事业的进展与趋向。他们提出华侨华人慈善事业呈现上升趋势,慈善动因呈现多元化趋势的观点③。

(3)关于慈善思想与慈善文化的研究。慈善文化是慈善事业发展的内在动力,是中华文化的重要组成部分。慈善文化包含丰富的内容,其核心是利他主义价值观。慈善文化的研究,涉及慈善思想、慈善伦理、慈善价值,等等。

①慈善精神、慈善生态。慈善行为、慈善事业深受社会慈善精神、慈善生态的影响,程静、栾文敬(2018)分析慈善精神和慈善生态从家庭到国家、从传统到现代的生成和发展轨迹④。孙燕(2018)分别阐释了早期儒家以"仁"为核心的慈善思想和古代犹太教以"公义"为核心的慈善思想,并从慈善的核心、情感的维系、劝善的动机等三个方面,比较了早期儒家与古代犹太教的异同⑤。

---

① 陈斌:《改革开放以来慈善事业的发展与转型研究》,《社会保障评论》2018年第3期。

② 张秀明:《改革开放以来华侨华人对中国慈善事业的贡献探析》,《华侨华人历史研究》2018年第4期。

③ 邢菁华、张洵君:《华侨华人、港澳同胞现代慈善事业探究与展望》,《八桂侨刊》2019年第6期。

④ 程静、栾文敬:《从"家"到"国":慈善精神培育与慈善生态营造研究》,《社会工作与管理》2018年第3期。

⑤ 孙燕:《早期儒家和古代犹太教慈善思想之比较》,《孔子研究》2018年第2期。

②慈善伦理、慈善价值。慈善事业的内在动力机制离不开慈善伦理的指引和规范。慈善作为伦理的重要内容,得到多位学者的重视。黄瑜(2017)从伦理道德视角分析了中国传统慈善思想及其引发的彰显人人德性以及伦理救赎的传统慈善模式。他认为中国传统慈善思想注重个人德性,由此"形成中国传统慈善文化的独有特点和意境"①。贺然(2017)研究认为洛克的财产权理论中蕴含着平等主义的慈善思想,洛克慈善的含义一是爱,二是宽容;关于洛克慈善的问题,是道德领域还是正义领域的问题的回答,贺然在其研究中明确提出洛克的慈善是一种德性②。

周中之(2017)从伦理的层面深入剖析了慈善与功利的关系。他提出在市场经济条件下,对慈善的功利性要给予宽容,但同时要警惕慈善中过度追求功利而导致慈善异化,对慈善必须要引导和规范③。如何引导和规范慈善活动?周中之在他的另一项研究中,对建构中国特色慈善伦理规范体系的原则、内容与路径进行了深入分析与阐述④。陈东利(2019)基于"中国慈善事业发展出现思维简单化"的现实情况,从剖析中国社会转型中慈善的社会伦理体系入手,探究慈善伦理问题的根源。如何发展中国慈善事业,陈博士认为"一直以来我们一味盯着西方社会这个模板,而忘了观察、分析中国社会状况",他提出应该以中国特色慈善理论为指导发展慈善事业,"应当建立在政府中心的场域之下,纳入中国社会伦理体系之中,纳入中国传统文化的土壤里"。⑤ 管开明研究认为慈善社会急需慈善伦理的价值旨归和规范,构建当代中国慈善伦理要立足传统慈善文化⑥。

邹庆华、邱洪斌(2017)两位博士探讨了价值认同在当代慈善文化建设中的作用,提出"价值认同有利于人们形成现代慈善理念,促使人们形成理性化的慈

① 黄瑜:《中国传统慈善思想的伦理意境》,《中原文化研究》2017年第4期。
② 贺然:《慈善:德性抑或权力》,《道德与文明》2017年第5期。
③ 周中之:《慈善:功利性与非功利性的追问》,《湖北大学学报(哲学社会科学版)》2017年第5期。
④ 周中之:《当代中国慈善伦理规范体系建构研究》,《中州学刊》2017年第9期。
⑤ 陈东利:《社会转型背景下中国慈善事业的社会伦理问题研究》,《哈尔滨工业大学学报》2019年第6期。
⑥ 管开明:《论儒家慈善思想的现代转化》,《学理论》2017年第7期。

善行为并促进慈善管理规范化"的观点①。余逸群(2017)分析了慈善文化对青年志愿者服务的作用,他指出志愿服务既要在传统慈善文化中寻找智慧,又要在新时代与时俱进,推陈出新②。许德雅(2017)关注大学生慈善价值观的养成,他从正、反两方面论述了新媒体对大学生慈善价值观建构的影响,并提出利用新媒体独特优势培育大学生慈善观的路径③。赵立新(2018)研究提出中国慈善文化建设立足中国传统文化,走内生型慈善文化建设之路的观点④。石国亮教授(2019)从道德教育的视角研究慈善教育,提出要让慈善成为日常生活的一部分,成为人们的一种生活方式,就应当在日常生活中嵌入慈善教育⑤。

　　③宗教慈善思想及其组织。慈善与宗教相结合是中国慈善事业的普遍现象。袁同凯、郭俊丽(2017)通过对河北省佛教慈善基金会在应对社会转型所做的组织形式及运行方式方面的调适分析,探讨佛教公益慈善事业的未来发展⑥。刘梓琳(2019)从回族文化发展的视角,论述了广东地区的回族宗教信仰中的救济思想以及社区性救助机构的机制⑦。徐仪明教授(2017)在其论文《观音信仰与中国佛教的慈善精神》中,阐释中国佛教观音信仰中蕴含的慈善精神,表达了观音信仰作为中国佛教史上慈善精神最重要的推动力量,在今后也能更好发挥作用的观点⑧。复旦大学朱晓红(2019)以上海天主教会慈善工作为例,论述中国天主教会的慈善思想和实践⑨。吴限红、杨克、李芹(2019)以历史视角回顾宗教慈善与社会工作的会通性关系,梳理二者在历史演进中的融合与冲突,并论述二者互嵌的可能性⑩。

　　针对宗教界开展慈善活动遇到的一些困难和问题,江苏省宗教事务管理局

---

① 邹庆华、邱洪斌:《论当代慈善文化的价值认同》,《黑龙江社会科学》2017年第4期。
② 余逸群:《论慈善文化对青年志愿服务的促进作用》,《青年学报》2017年第3期。
③ 许德雅:《新媒体与大学生慈善价值观的建构》,《东南传播》2017年第1期。
④ 赵立新:《中国内生型慈善文化建设研究》,《理论导刊》2018年第1期。
⑤ 石国亮:《论"回归生活世界"理念下的慈善教育》,《社会科学研究》2017年第5期。
⑥ 袁同凯、郭俊丽:《中国佛教慈善组织的现代调适与实践探索》,《河北学刊》2017年第3期。
⑦ 刘梓琳:《社区内的人文关怀:以广东本地回族的慈善发展为例》,《回族研究》2019年第3期。
⑧ 徐仪明:《观音信仰与中国佛教的慈善精神》,《平顶山学院学报》2017年第3期。
⑨ 朱晓红:《中国天主教会的慈善思想和实践》,《中国天主教》2019年第6期。
⑩ 吴限红、杨克、李芹:《宗教慈善与社会工作:历史、流变与关系互嵌》,《华东理工大学学报》2019年第2期。

顾传勇、赵华(2017)在阐释新时代背景下宗教慈善的功能定位、宗教公益慈善理念的基础上提出在遵循"积极引导宗教与社会主义社会相适应"的原则下,鼓励和规范宗教界从事公益慈善活动的对策建议①。江苏常州市宗教公益慈善工作课题组考察了全市各大宗教慈善活动并撰写了调研报告(2017)。报告详细分析了常州市宗教慈善活动的四方面特点,提出各级统战、宗教部门引导宗教界人士和广大信众按照相关政策、法规要求从事公益慈善事业的措施与建议②。刘影、孙卉樱(2019)以江苏省 S 市基督教三自爱国运动委员会为个案,从人力资源、资金资源、关系资源考察了教会慈善资源构成状况,指出正是这三个方面共同造就了 S 市教会的宗教慈善事业③。

周爱萍(2017)以中国台湾最大的民间宗教慈善组织——慈济基金会为例,多维度地分析了慈济基金会的动员机制以及有效动员慈善资源的优势,"淡化宗教信仰的色彩,主动与政治绝缘"是慈济会有效动员资源以及持续发展的最大特点。周爱萍提出未来宗教慈善事业长远发展,应学习借鉴台湾慈济基金会在吸引社会大众广泛参与、以身作则、提升组织公信力和善于利用媒体拓展慈善资源等方面的经验④。基于提高宗教慈善组织参与社会治理能力的目的,余富强、徐敏(2018)通过社会记忆的视角,分析宗教慈善组织的动员过程和动员机制⑤。何思雨(2019)提出国际伊斯兰救济组织是国际发展援助体系的特殊行为体的观点,并对此判断做了深入分析与说明。通过剖析国际伊斯兰救济组织的组织机制,他认为浓厚的宗教色彩影响了国际伊斯兰救济组织的发展,"国际伊斯兰救济组织至今尚未成为且未来也难以发展为国际发展援助中有影响力的行为体"⑥。

① 顾传勇、赵华:《关于鼓励和规范宗教界从事公益慈善活动的对策建议》,《民族与宗教》2017 年第 2 期。
② 常州市宗教公益慈善工作课题组:《关于宗教公益慈善活动的调研报告》,《民族与宗教》2017 年第 1 期。
③ 刘影、孙卉樱:《宗教组织开展慈善事业的资源构成研究——以江苏省 S 市基督教为例》,《民族与宗教》2019 年第 1 期。
④ 周爱萍:《宗教非营利组织的慈善资源动员机制分析——以台湾慈济基金会为例》,《学会》2017 年第 2 期。
⑤ 余富强、徐敏:《宗教慈善组织的组织动员何以可能?——基于社会记忆的视角》,《北方民族大学学报》2018 年第 2 期。
⑥ 何思雨:《国际伊斯兰救济组织参与全球发展援助研究》,《国际政治研究》2019 年第 2 期。

李华文(2019)研究认为宗教慈善"在其中虽有迷信、靡费等现象,但整体上还是起到积极推动作用",潮人宗教慈善在当代的延续和发展,也是潮人传统文化在当代的表现①。

(4)关于慈善事业及其发展的研究。慈善事业主要开展的领域与发挥的作用,影响慈善事业发展的因素以及中国慈善事业未来发展趋向等方面的研究,也有较为丰富的成果。

①慈善的领域与功能。一些学者专注慈善对不同人群、不同地区精准扶贫的内容、扶贫的方式、扶贫的创新等方面的研究。

慈善参与精准扶贫。陈小娟(2017)分析慈善组织参与精准扶贫的必要性以及参与扶贫具备的优势②。赵凤萍、宋前萍(2018)研究具有官方背景的慈善总会在精准扶贫方面的优势与问题。该研究认为慈善总会参与精准扶贫具有精准定位扶贫对象、显著的公益催化、资源丰富的明显优势。但也存在资金供给不稳定、管理人员能力与素质不高、与扶贫主管部门联系沟通断裂、项目活动碎片化等方面的问题③。

丁辉侠、张素丹(2019)梳理了慈善组织参与农村扶贫的政策演变与实践历程,提出从慈善组织层面和政府层面推进的政策建议④。倪建文(2018)认为税收激励是推动慈善组织积极参与精准扶贫的关键,提出要进一步完善税制规范⑤。李蒙、谢茜(2019)集中讨论了慈善组织参与农村教育扶贫的运行模式与存在的问题⑥。崔宝琛(2017)以"小母牛·中国"项目组织为例,探析慈善组织参与精准扶贫的模式与路径,研究提出"以价值观为基础的社区综合发展"与"助贫创富价值链"融合的扶贫模式与路径⑦。赵辉、樊建锋、陈鹏璠(2019)通

---

① 李华文:《宗教与慈善:近代潮人慈善事业的案例》,《华侨大学学报》2019 年第 2 期。

② 陈小娟:《慈善组织参与精准扶贫问题探析》,《齐齐哈尔大学学报》2017 年第 10 期。

③ 赵凤萍、宋前萍:《慈善总会参与精准扶贫的问题与机制完善研究》,《行政科学论坛》2018 年第 11 期。

④ 丁辉侠、张素丹:《慈善组织参与农村扶贫的政策演变与实践历程》,《行政科学论坛》2019 年第 1 期。

⑤ 倪建文:《社会慈善助推精准扶贫的对策及路径研究》,《齐鲁学刊》2018 年第 2 期。

⑥ 李蒙、谢茜:《慈善组织参与农村教育扶贫的运行模式与推进路径——以 X 教育基金会"圆梦行动"为例》,《行政科学论坛》2019 年第 1 期。

⑦ 崔宝琛:《慈善组织参与农村精准扶贫事业研究——以"小母牛·中国"项目组织为例》,《未来与发展》2017 年第 7 期。

过助贫与开发扶贫两种扶贫模式的比较,论述基层慈善组织实施扶贫项目的行为过程,提出"应构建完善的基层慈善组织网络和政府扶贫部门与基层慈善组织的合作机制",以鼓励慈善组织从助贫向开发扶贫的转变①。

慈善参与社会救助。慈善组织在社会多个领域对不同弱势群体发挥着积极的救助作用,如在医疗救助、失独家庭救助、养老服务,等等。

宋忠伟、郑晓齐(2019)从行政生态视角全面分析慈善组织参与社会救助的生态要素与整体优势,同时对慈善组织参与社会救助情况进行了实证分析。研究提出从政府责任边界、慈善组织自身建设、社会救助合作机制、全社会公益慈善理念等方面优化慈善救助的建议②。

国家病症中心郭晓斐、中国病症基金会姚晓曦(2018)探讨慈善组织参与重特大疾病的医疗救助模式与机制问题③。何兰萍、王晟昱、傅利平(2018)研究慈善组织在尘肺病的医疗救助。通过对两个基金会项目在尘肺病医疗救助的模式进行比较分析,研究发现不同类型的慈善救助主体在救助模式上存在着差异。研究基于合作治理的视角,从治理的框架、网络、角色、桥梁四方面提出构建和完善慈善组织参与救助的政策建议④。赵国强、宋晓杰、邵雨辰(2019)认为我国慈善组织在医疗救助方面发挥了积极的作用,但一些因素影响着医疗救助效率和水平,主要是参与角色和责任不明确、救助内容片面等⑤。

武萍、缴维、冷晓航等学者(2019)研究分析了慈善组织在参与失独家庭救助中面临的困境,包括制度方面的、组织自身能力方面的、失独家庭方面的等等⑥。民政部政策研究中心段祥伟博士(2019)探讨慈善组织参与养老服务的合

　　①　赵辉、樊建锋、陈鹏瑶:《基层慈善组织实施扶贫项目的行为过程——助贫与开发扶贫双案例比较》,《河北农业大学学报》2019年第9期。
　　②　宋忠伟、郑晓齐:《行政生态学理论视角下慈善组织参与社会救助探析》,《社会科学》2019年第2期。
　　③　郭晓斐、姚晓曦:《慈善组织参与重特大疾病医疗救助的协作机制研究》,《中国初级卫生保健》2018年第12期。
　　④　何兰萍、王晟昱、傅利平:《合作治理视角下慈善组织参与尘肺病医疗救助模式研究》,《社会保障研究》2018年第5期。
　　⑤　赵国强、宋晓杰、邵雨辰:《我国慈善组织参与医疗救助的现状及困境分析》,《卫生经济研究》2019年第2期。
　　⑥　武萍、缴维、冷晓航:《慈善组织参与失独家庭救助的困境及破解路径》,《沈阳师范大学学报》2019年第1期。

法性以及制约因素,认为在自律互律能力、财务和人力资源的管理、慈善救助方式方法、救助体制机制、公众慈善意识等内外因素方面的制约下,慈善组织参与养老服务救助明显不足①。

②慈善事业的影响因素。慈善活动或慈善事业的开展以及持续发展,受多种因素的影响和制约。学者们对慈善的公信力、慈善的合法性、慈善的制度、互联网慈善等多个制约因素展开了多方面、多角度的考察研究。

慈善的公信力。公信力是慈善的基础。信任问题直接影响慈善事业的持续发展,多位学者探讨了慈善信任的问题。学者们一致认为,提升慈善事业或慈善组织的公信力已迫在眉睫。

李建升、石卫星、郭娅娟(2019)从政府视角探讨公信力问题。研究指出慈善组织的公信力由合法性、独立性、诚信度和绩效性构成,"在构建慈善组织公信力的过程中,政府角色至关重要",政府要从完善法律法规、促进信息披露、鼓励社会监督等方面促进慈善组织公信力的提升②。王成、赵东霞(2019)全面分析我国慈善组织公信力低的原因。在元治理理论视角下,研究认为《慈善法》实现了诸多制度革新,创新之处在于"政府被赋予了元治理的角色。"③高志宏(2020)在其研究中指出,公信力不足是我国慈善事业面临困境的主要根源,而制约慈善组织公信力的主要原因,不是法制不健全,而是法律实施不到位以及官民二重性。因此,提升慈善组织公信力的根本之道,是完善慈善法治建设,要以理顺政府和慈善组织的关系为核心,使慈善组织回归其民间性的本质特征④。

互联网慈善的公信力受到社会广泛质疑,也引起学者的关注。王海燕、邓虹(2017)指出互联网慈善的公信力状况呈现喜(誉)忧(毁)参半的两面性格局,应该运用法治思维建构互联网慈善公信力⑤。赵文聘、徐家良(2019)也对网络慈善信任问题进行了探讨。在其论文《制度性组织、新纽带与再嵌入:网络公益

---

① 段祥伟:《慈善组织参与养老服务救助问题研究》,《社会政策研究》2019 年第 3 期。

② 李建升、石卫星、郭娅娟:《基于政府视角谈公益慈善组织公信力构建》,《社会与公益》2019 年第 5 期。

③ 王成、赵东霞:《元治理视阈下我国慈善组织公信力建设研究》,《河北工业大学学报》2019 年第 2 期。

④ 高志宏:《再论我国慈善组织公信力的法律重塑》,《政法论丛》2020 年第 2 期。

⑤ 王海燕、邓虹:《互联网慈善的公信力研究》,《征信》2017 年第 1 期。

慈善信任形成机制创新》中,指出网络慈善风险既有传统慈善公信力缺失的风险,也有因技术应用导致的风险。网络慈善出现的弱信任倾向、弱信任获取以及弱信任维持危机,由传统慈善在互联网时代发生的时—空分离导致。创新网络公益慈善信任机制,应当对现代公益慈善进行制度性再组织,形成公益慈善信任关系新纽带,并对公益慈善进行再嵌入①。

慈善的合法性。合法性是慈善组织存在和发展的最基本的条件。钱海梅博士(2017)从制度资本视角分析我国慈善组织的合法性问题。研究认为慈善组织在履行使命、承担社会责任与期待等方面,存在制度性承诺缺失、制度信任困惑、过度依赖政府资源、慈善绩效的合法性困境等问题。这些制度资本的缺失使得慈善组织蕴含合法性危机②。

慈善的制度与秩序。毛寿龙、李梅(2017)认为,慈善和慈善组织是有秩序维度的,"有原始秩序的维度,也有扩展秩序的维度",发展慈善或慈善组织,就要在不同的秩序维度里处理好各个方面的关系③。高小枚、傅如良(2018)研究正式制度对慈善组织发展的影响。研究认为正式制度对慈善组织的社会认同度、资源获取能力和参与公共服务等方面有积极影响,优化慈善组织发展就必须着力加强制度建设④。慈善组织的发展必然具有一定的区域差异性,高小枚(2018)认为制度环境是导致慈善组织发展的区域差异性的根本原因⑤。

互联网慈善。刘秀秀(2017)聚焦官办慈善组织在网络时代的发展。他在技术与组织互构的基点上,探讨互联网与官办慈善组织的互构关系。认为两者的互构表现在两方面;一是互联网对于官办组织的改造与影响,二是官办组织对于互联网的吸收与选择⑥。彭小兰、高凌云(2018)认为网络慈善由于及时、广泛、便捷和高效等优势而受到普遍欢迎,但它同时存在着合法律性、公信力和市

---

① 赵文聘、徐家良:《制度性组织、新纽带与再嵌入:网络公益慈善信任形成机制创新》,《社会科学》2019 年第 6 期。

② 钱海梅:《从制度资本缺失看慈善组织合法性质疑》,《法制与经济》2017 年第 6 期。

③ 毛寿龙、李梅:《慈善与慈善组织的秩序维度与政策选择》,《吉首大学学报》2017 年 9 月。

④ 高小枚、傅如良:《正式制度对慈善组织发展的影响研究》,《贵州社会科学》2018 年第 9 期。

⑤ 高小枚:《经济转型升级背景下慈善组织发展的区域差异性》,《经济地理》2018 年第 5 期。

⑥ 刘秀秀:《互联网对官办慈善组织的互构性影响及其边界》,《国家行政学院学报》2017 年第 4 期。

场化等问题。政府、慈善组织和个人三方的协同,是网络慈善有序发展的重要途径①。随着互联网在公益领域的渗透日益增强,大数据时代如何利用网络筹集与分配善款?邵祥东(2018)指出公益众筹善款存在"空间—制度"弱耦合特征,"优化公益众筹善款的空间配置应考虑制度和空间的耦合互动强度。"②

③慈善市场及其运作主体。厦门大学教授杨方方(2017)聚焦于慈善市场的研究。研究认为我国慈善市场存在严重的结构性失衡,"信息缺位和信息盲视下的冲动型配置"是其真实写照。同时研究还认为我国的慈善市场结构性失衡是由慈善供需双方信息分布不对称导致的,故要从树立信息共识、认清慈善信息独特性、加强信息制度建设,强调政府领衔等方面优化信息生态的建设③。

④慈善与其他组织(行业)的关系。毕素华(2017)以慈善机构为例探讨慈善组织与政府的关系。他在研究中提出中国政府与社会组织是从属性的合作关系,具体表现在三方面:一是缺少竞争关系;二是一种不成熟的合作关系;三是一种不对称的资源依赖关系④。武靖国、毛寿龙(2017)在比较官办慈善组织与民办慈善组织运作模式的基础上,指出政府不应干预谁来做慈善、慈善如何运行,而是完全交由社会和市场决定⑤。

张燕、王志中(2019)梳理了公益慈善和社会工作起源和发展,通过比较考察公益慈善与社会工作在资源调动、专业服务、工作方法、科学管理等方面的异同,提出公益慈善与社会工作"只有从人才、资源、方法等方面相互结合、互相嵌入,才能更好地发展个人和社会的福祉,实现个人潜力和社会责任的统一"⑥的观点。

---

① 彭小兰、高凌云:《网络慈善的社会现实困境与治理对策》,《经济与社会发展》2018年第5期。
② 邵祥东:《公益众筹特征识别与决策参考——"空间—制度"耦合嵌入视角》,《公共管理学报》2018年第3期。
③ 杨方方:《慈善市场的信息不对称与结构性失衡研究》,《社会保障评论》2017年第3期。
④ 毕素华:《中国语境下社会组织与政府关系再探讨:以慈善机构为例》,《山东社会科学》2017年第1期。
⑤ 武靖国、毛寿龙:《从"操作规则"到"规则的规则"——我国慈善组织治理结构的演进》,《社会政策研究》2017年第1期。
⑥ 张燕、王志中:《我国社会工作与公益慈善关系研究》,《劳动保障世界》2019年第27期。

董俊林(2020)探究科学技术与公益慈善的历史互动,指出两者经历了供养聚焦、专业互涉和跨界交流的历史互动。科技慈善是科技与慈善的重要结合,两者互为助力,相互作用,一方面科技使慈善实现创新性发展,另一方面慈善提升科技发展水平①。

吴子明(2019)从历史视角反思慈善与社区的关系。他认为国家能力变化在慈善与社区关系中起着关键作用。近代以来慈善与社区关系变化折射出中国社会的历史走向,这种历史性的社会趋向变化影响了当前社区慈善热潮,需要在社会结构、发展前提及创新方向三个方面加以反思②。

⑤慈善事业的趋势与未来发展。中国社会科学院王肃羽、民政部政策研究中心刘振杰(2017)在其《善经济时代的慈善发展与社会治理机制探析》中,指出中国社会治理方式的转变随着善经济时代的来临必然发生变化。慈善与善治完美结合,将促进我国社会文明迈向更高台阶。论文提出要创新慈善治理机制、改善慈善生态的若干路径③。解锟(2017)在对我国慈善组织法律架构进行类型化比照,并对慈善组织的模式从法律与现实、重要性、制度优势三方面做了分析筛选的基础上,提出"基金会可以成为主导型慈善组织模式"。④ 徐家良、王昱晨(2019)认为中国慈善事业发展已呈现出现代慈善观念确立、依法善治、培育和监管并重的明显特点。慈善与政府、企业有着千丝万缕的关系,与政府和企业形成或正在形成嵌入合作关系。未来中国慈善事业的发展,网络化、民间化、规模化、集团化和学科化趋势更为突出⑤。

(5)慈善运作的研究。慈善组织运作的相关问题,诸如组织的监管、组织的认定、组织的信息、组织的资金、组织的危机等,一直以来都是学界关注的问题。

①慈善的监管。吴梦露(2017)在其研究中指出我国慈善事业监管面临着法律缺位、一维监管、客体失控的困境并分析了窘境产生的缘由,探讨构建多元

①　董俊林:《科学技术与公益慈善的历史互动和未来发展》,《自然辩证法通讯》2020年第4期。
②　吴子明:《社区慈善背后的社会趋向反思》,《华南师范大学学报》2019年第1期。
③　王肃羽、刘振杰:《善经济时代的慈善发展与社会治理机制探析》,《河南社会科学》2017年第1期。
④　解锟:《以基金会为主导模式的慈善组织法律架构》,《华东政法大学学报》2017年第6期。
⑤　徐家良、王昱晨:《中国慈善面向何处:双重嵌入合作与多维发展趋势》,《华南师范大学学报》2019年第1期。

兼修全方位监管体系、量体裁衣增强自我管理能力、多措并举逐个击破弱点环节等多项优化慈善监管方式的路径①。胡小军(2018)分析慈善监管在监管的主体、监管信息平台、监管的制度、慈善行业等方面面临的问题,并提出完善慈善组织监管的策略②。

随着政府向社会组织购买服务的推进,对政府购买的监管以及慈善组织项目管理的研究也日益受到研究者的重视。李响(2017)认为有关政府购买慈善服务的"法条本身的语焉不详与配套措施的付之阙如",使得政府购买服务难以充分发挥制度设计中的对慈善组织的激励扶持作用③。杨峥威(2018)通过考察发现慈善项目评估中主要存在三个问题:存在"各管一段"的现象;评估指标存在"软""硬"之别现象;存在一定的重财务、轻业务现象。这些问题在一定程度上影响了评估的科学性和权威性④。

②慈善组织的认定。俞祖成(2017)以慈善事业发达的深圳为对象,考察在慈善法实施的半年后,慈善组织认定制度的实施效果。研究认为,慈善组织认定制度在政策落地、自由裁量权、工作属性认知、申请机构权益保障以及制度激励等五个方面存在问题。由此,研究提出加快对慈善组织认定制度的全面检视⑤。李芳(2017)在《慈善组织认定中的基本法律问题》中,指出民政部门应该建立慈善组织认定委员会,进行"慈善属性"的事实判断,要在实践中进一步补充和细化慈善组织认定的法律规定之不足⑥。

③慈善组织的信息公开。何华兵(2018)对慈善法颁布后社会组织信息公开的状况做了专题调研。研究认为在慈善法背景下,我国社会组织在信息公开主体、公开对象、公开途径、公开内容等方面存在诸多问题⑦。李健(2018)的观点是,单独强制慈善组织信息公开,并不能取得实效。他提出慈善组织信息公开

---

① 吴梦露:《我国慈善事业监管桎梏及路径优化探析》,《文化学刊》2017年第1期。
② 胡小军:《〈慈善法〉实施后慈善组织监管机制构建的挑战与因应》,《学术探索》2018年第4期。
③ 李响:《政府购买慈善服务若干问题研究》,《兰州学刊》2017年第2期。
④ 杨峥威:《慈善项目评估中的几个问题》,《社会与公益》2018年第4期。
⑤ 俞祖成:《慈善组织认定:制度、运作与问题》,《浙江工商大学学报》2017年第5期。
⑥ 李芳:《慈善组织认定中的基本法律问题》,《北京航空航天大学学报》2017年第5期。
⑦ 何华兵:《慈善法背景下社会组织信息公开的实证分析——以广州市为例》,《探求》2018年第3期。

应该从"从强制形式转向更加积极的形式",应坚持推拉结合,探索新的工作机制和方法①。柴振国(2017)认为现实中慈善组织信息公开受到两方面的约束,一是捐募双方委托代理关系导致的信息不对称,二是部分官方背景的慈善组织对信息的垄断。较强制公开信息的功效而言,"内部激励具有不可忽视的作用""内部治理优于法律治理机制"②。毕瑞祥(2017)指出相较于组织的业务信息和基本信息,慈善组织财务信息的披露程度弱,内容不充分③。李卫华博士(2017)在其《慈善组织的公共责任与信息公开》一文中,探讨了慈善的公共责任与信息公开的相关问题。研究指出慈善组织的公益性决定了社会公众与慈善组织具有信息公开的权利义务的关系④。

④慈善组织的资金管理。刘超、胡宝贵、苟天来(2018)讨论基金会资金困乏以及解决之策。研究认为小型的慈善基金会在早期发展时期容易陷入资金困难的恶性循环。实现慈善基金会资金的可持续发展,要以商业化为发展方向,加强人力资本,完善各方面制度建设⑤。胡波、李思涵(2019)探讨我国慈善组织货币资金内部控制制度,研究从财务管理制度、项目管理制度、信息披露监督制度和印鉴管理制度等多方面,论证我国慈善资金会货币资金内部控制度建设非常薄弱的现状⑥。

刘美娜(2020)聚焦于慈善信托的研究。为什么慈善组织对慈善信托缺乏积极性?刘美娜的观点是,慈善信托作为慈善的创新模式,由于人们理解和认识不到位以及缺乏慈善信托具体的实践和成果印证,导致社会对慈善信托认知度和接受度较低⑦。参与慈善信托可带给慈善组织资产的保值增值、业务渠道的

————————

①　李健:《慈善组织信息公开何以可能?——基于PP-DADI模型的综合分析》,《吉林大学社会科学学报》2018年第3期。
②　柴振国:《我国慈善组织信息公开机制研究——以激励相容为视角》,《广东社会科学》2017年第3期。
③　毕瑞祥:《我国慈善组织财务信息披露问题发现及改善》,《地方财政研究》2017年第5期。
④　李卫华:《慈善组织的公共责任与信息公开》,《理论探讨》2017年第6期。
⑤　刘超、胡宝贵、苟天来:《慈善基金会冲破"资金困乏"恶性循环——以北京C慈善基金会为例》,《安徽行政学院学报》2018年第2期。
⑥　胡波、李思涵:《我国慈善组织货币资金内部控制现状分析》,《商业会计》2019年第22期。
⑦　刘美娜:《为什么慈善组织对慈善信托缺乏积极性》,《中国社会工作》2020年第7期。

拓宽、综合性能的提升等三方面的收获①。对于慈善信托的监管问题,魏艳(2018)提出"应当在立法上明确慈善信托的主体地位,依据慈善性和非营利性的特征,配置政府监管权"②。

⑤慈善组织的危机管理。徐宁、曾逸萱、杨智颖(2017)指出多方面原因致使慈善组织面临危机。除一些普遍的原因如组织缺乏独立性、能力不足等因素外,组织危机意识薄弱、应对策略不当也导致危机不能得到有效控制。因而,慈善组织要采取一系列有效的方式和手段管理危机③。

2. 慈善立法后对国外慈善的研究

我国慈善法通过以及实施过程中,国内一些学者通过文献研究或是境外考察,介绍分析了英国、美国、加拿大、法国等国家的慈善以及慈善事业的发展。

(1)对英国慈善的研究。英国是世界慈善文化起源最早的国家之一,在慈善事业发展上有着悠久的历史传统和独具特色的模式。

一些学者从历史的角度考察了英国慈善概念的演变、慈善事业的发展以及慈善认定标准的演变进程。吕晓燕(2018)考究了1700年至1900年间英国伦敦慈善组织在观念和组织方面的变化及其对具体慈善活动的影响。在18—20世纪的200年间,伦敦慈善组织经历了从初步兴起到鼎盛的发展。作为扶危济困的重要手段,慈善组织成为连接不同社会阶层的载体,与社会各界存在着互动关系④。曹婉莉(2017)探讨了慈善认定的两大核心指标——慈善目的和公益性标准在四百多年间的演进,以及英国社会保障需求的演变,得出"英国社会保障制度建立和发展的历史与现代慈善发展的历史同步的,这种同步性充分体现在慈善认定标准的发展中"的结论。英国慈善认定经历了从无到有、从杂乱到规范的过程,而这个过程,"我们看到了国家慈善管理能力的增强。"⑤通过控制慈善认定的标准实现国家对慈善事业方向的规划,发挥慈善对社会保障的补充和促进作用,这正是作者考究英国控制慈善认定标准的意图。

---

① 刘美娜:《参与慈善信托带给慈善组织什么》,《中国社会工作》2020年第10期。
② 魏艳:《慈善信托政府监管权配置研究》,《国家行政学院学报》2018年第6期。
③ 徐宁、曾逸萱、杨智颖:《我国慈善组织危机管理策略》,《沈阳农业大学学报》2017年第7期。
④ 吕晓燕:《施舍与教化:伦敦慈善事业研究(1700—1900)》,中国社会科学出版社2018年版。
⑤ 曹婉莉:《论英国慈善认定标准的演变》,《西北师范大学学报》2017年第3期。

周真真(2018)通过对 charity 概念在英国的历史考察,提出 charity 概念是一个动态和发展的过程,且与社会变迁紧密相连。从 charity 概念在社会发展变迁中的不断变化,"既反映了不同时期慈善主导话语权的变化,更体现了英国社会价值观念的变化。"周真真认为厘清 charity 概念的源头流变很有必要且非常重要,因为"概念的探讨亦可为慈善在当今和未来的发展提供更为广阔的视野"①。朱春奎、陈彦桦(2019)对英国慈善超市的发展、功能、运营进行了系统考察,梳理了英国慈善超市从 19 世纪诞生到商业化、专业化的演变历程,指出今天慈善超市遍布英国各城市与郊区,已成为英国公认的零售业,也成为很多非营利组织创收的方式之一。慈善超市在英国所发挥的功能对于不同群体都有助益,"慈善超市对于购买者、捐赠者、志愿者而言都承担了普通零售商店无法替代的功能"。至于英国慈善超市的运营,"在人力资源的组成与优化、货物来源渠道拓展、货品轮转、品质管理与营销、慈善品牌运营管理、商店选址优化等方面积累了丰富的经验"②,这对我国慈善机构完善慈善超市运营策略具有重要借鉴意义。

另一些学者基于现实的考量,重点聚焦于英国慈善机构的资金募集及其监管的探究,以期对我国慈善事业的可持续发展提供可借鉴的经验。陶翔宇、彭未名(2017)简要介绍了英国慈善组织筹措资金的七种方式,并列举指出在筹措资金中产生的诸多滥用行为,英国在监管慈善筹资的过程中逐渐形成了"政府监管(慈善委员会)为主、行业监管(筹款监管机构)和第三方监管(信息专员办公室)相配合的模式"③。英国对慈善筹款的监管经验,有助于提高我国慈善组织的内部治理及外部监管能力,促进慈善事业向良性方向发展。王昌沛、王晶玉(2017)指出英国已形成了独具特色的慈善发展模式,即"国家立法济贫、民间慈善组织从事具体的慈善活动、政府与民间慈善组织之间保持平等密切的合作关系"。④ 英国慈善筹款渠道和方式多样化,有面向个人的筹募渠道("月捐"、会员制、遗赠、公益活动、新媒体平台等筹资方式)、职业筹款人筹募渠道(职业筹

---

①　周真真:《charity 概念在英国的历史流变及其社会意蕴》,《世界历史》2018 年第 1 期。

②　朱春奎、陈彦桦:《英国慈善超市的历史发展、功能体现与运营策略》,《地方治理研究》2019 年第 1 期。

③　陶翔宇、彭未名:《英国慈善筹款监管模式对我国的启示与借鉴》,《改革与开放》2017 年第 21 期。

④　王昌沛、王晶玉:《当代英国慈善资金筹募渠道析论》,《聊城大学学报》2017 年第 6 期。

款人在英国是比较常见的职业类型)、慈善机构创收渠道(慈善商店的收益、社区营利公司的经营收益、慈善债券)以及政府渠道(政府直接提供资助、配比拨付、公益捐赠退税等方式)。这四种类型善款收入中,社会募捐和政府资助是主要资金来源。英国支撑慈善事业可持续发展的全方位、专业化、有针对性的资金筹募渠道值得我国借鉴。

2016年10月,由民政部社会组织管理局局长为首组成的五人代表团,赴英国考察慈善组织及其发展,最后形成的《英国慈善组织监管及思考——中英慈善项目代表团关于英国慈善监管的考察报告》,从组织监管体制、组织注册、组织筹款等方面,详细介绍了英国监管慈善组织的主要做法,并提出对我国慈善组织健康发展的启示与思考①。

(2)对美国慈善的研究。陈恩富教授、蒯正明博士(2018)以洛克菲勒基金会、比尔及梅琳达·盖茨基金会为例,揭示了美国基金会慈善的内幕及其实质。作者指出在美国创办基金会的慈善家们并不是人们所想象的出于乐善好施、扶危济困、利他主义等,"大资本家如此热衷于基金会的创建,绝不仅仅出于单纯的慈善精神,其背后的利益考量无疑是极为重要的推手,甚至是主要的动因"。这个"背后的利益考量"一方面是大资本家通过基金会捐赠可以享受税收减免与财富转移的好处,另一方面通过基金会的资金运作,可获得巨大的资本收益,与此同时基金会与政府进行利益结盟,不仅能够增强资本家盈利能力,而且美国文化价值观通过基金会在全球得以不断扩展②。周俊(2019)在梳理美国慈善发展历史的基础上,阐述慈善事业在美国兴起、发展的原动力与政策支持,重点阐释了美国慈善业的发展对我国的借鉴意义,"从总体上看,我国慈善事业发展一方面需要强化内在动机,另一方面需要加强政府支持力度。"③借鉴美国经验,我国慈善业的进一步发展需要明确根本目标,加大政府支持力度,加强慈善机构间的合作与联合,积极实施海外慈善战略。

---

① 孙卫东:《英国慈善组织监管及思考——中英慈善项目代表团关于英国慈善监管的考察报告》,《中国民政》2017年第1期。
② 陈恩富、蒯正明:《美国基金会慈善的内幕和实质》,《毛泽东邓小平理论研究》2018年第12期。
③ 周俊:《美国慈善业的历史演进与经验借鉴》,《中国第三部门研究》2019年第2期。

樊子君、王迪(2020)认为慈善法实施过程中存在慈善概念的法律界定标准未完全解决的问题,慈善法仍然存在重门槛、轻运行的问题,慈善税收优惠不到位的问题,民政部门监管能力有限的问题,财务税收监管难以落到实处的问题,慈善组织有关法律法规供给明显不足的问题,等等。两位学者从简化监管流程、强化治理机制、增强对审计和报告的要求三个方面介绍了2013年纽约非营利组织振兴法案的修正要点,并针对我国慈善法实施以来存在的诸多问题与矛盾,提出要借鉴纽约非营利组织振兴法案,如遵循前瞻性和统一性的立法原则、简化行政监管要求、依据慈善组织的不同规模,确定不同的财务报告及审计报告的披露要求、全面架构行政公益诉讼机制等①。王鹏(2019)在其论文《美国慈善与慈善法相关问题之迷思》一文中,探讨了美国慈善法的不足,认为在全球一体化的背景下,美国的慈善与商业已变得非常模糊,慈善法已经不能有效解决新出现的问题,"目前慈善法充满禁止或惩罚商业慈善或者政治活动的规则,这些规划远远超过鼓励利己主义行为和理性对于追求慈善相关任务的合法性。"②作者提出美国慈善法的改革势在必行,且改革的慈善法应尽快将慈善的概念、慈善与商业发展的新关系等议题列入其中内容。

(3)对法国、加拿大等国家慈善的研究。一些学者对法国、加拿大、俄罗斯等其他国家的慈善也有着深厚的研究兴趣,如盛仁杰对法国大革命时期的社会救助、王芮对俄罗斯慈善、梁家恩对加拿大的慈善都分别从历史的角度进行了不同内容的讨论。

王芮(2018)探讨了公元10—17世纪末俄罗斯慈善的起源与发展情况。他以时间为序,详尽分析与论述了10—17世纪俄罗斯慈善在兴起(基辅罗斯时期)、发展(蒙古鞑靼入侵时期)、推进(莫斯科公国时期)三个不同阶段,慈善活动的主体、主要形式、服务领域、资金来源、活动特点等。总结俄罗斯慈善兴起及其后发展的思想基础,作者认为人们从事慈善更多考虑的是自身精神的完善,"主要目的是取悦神",俄罗斯慈善的发展与不同历史阶段的政教关系紧密相关。作者还

---

① 樊子君、王迪:《2013年纽约非营利组织振兴法案主要内容及启示》,《大连海事大学学报》2020年第1期。

② 王鹏:《美国慈善与慈善法相关问题之迷思》,《区域治理》2019年第44期。

提出"如何看待宗教慈善活动的行为本质和社会价值"问题①,引人思考。

盛仁杰(2019)探析法国大革命对法国的社会救助从传统到现代转型的影响。尽管大革命时期建立国家性福利体系的尝试最终以失败告终,但作者认为国家性福利体系的尝试很有意义,主要体现在思想观念和制度设计上。在思想上,革命者认为应该通过法律赋予穷人相应的权利和义务;在制度上,革命者试图推行由国家负责的公共救济。这两方面都得益于法国大革命所确立的现代人权观念以及大革命强化的中央集权和官僚体制②。盛仁杰博士总结了大革命时期法国在社会救助的转型尝试,并提出我国在消除贫困、完善公共救济方面可学习的若干经验。

梁家恩(2019)分析了加拿大慈善组织的法律制度框架,"采用分散立法的形式,逐步形成一个以组织注册、税收优惠及接受资金支持为基础的制度框架。"对于慈善组织的治理与监管,作者认为加拿大政府基于"监管的有限性"治理理念,对慈善组织的治理是宽松化的和保护性的。同时,基于市场化的逻辑,加拿大政府对慈善组织的监管重点在"准入宽松"和"过程监督"③。

于环(2019)在《福利模式对慈善事业的影响及启示》中,比较分析了以美国为代表的补救型福利模式、以德国为代表的社会保险型福利模式以及北欧福利模式等福利模式与慈善事业的关系。通过对三种类型福利模式与慈善关系的优劣分析,总结对我国慈善事业发展的启示,并提出正确定位政府和慈善组织的合作伙伴关系,继续强化慈善事业对我国社会保障制度的补充促进作用等建议④。

(二)研究述评

通过以上梳理,发现自2016年慈善法颁布实施以来,学者们对国内外慈善与慈善事业的相关研究,呈现出多学科共同参与、多元交叉与互涉的明显特点。这些研究为本课题提供了极有价值的参考,但在研究形式、研究视野、研究内容

---

① 王芮:《试论俄罗斯慈善的起源与早期发展》,《俄语学习》2018年第1期。
② 盛仁杰:《法国大革命时期的社会救助:从传统向现代的转型尝试》,《世界历史评论》2019年第3期。
③ 梁家恩:《加拿大慈善组织发展研究》,《中国第三部门研究》第18卷,2019年版,第163—173页。
④ 于环:《福利模式对慈善事业的影响及启示》,《江西社会科学》2019年第4期。

以及研究方法上仍有提升、拓展空间：

第一，区域性的研究特别是具体到西南地区、西北地区、东南沿海地区的研究相对欠缺。2016 年以后的研究有涉及具体地方的，例如何华兵对广州的慈善组织①、牛保秀对山西太原地区的慈善②、王大学对安徽的慈善组织③、葛慧烨、黄鸿山对苏州的慈善放生④、王娟、许婉萍对京津地区的慈善事业⑤、王玉朋对山东运河区域的慈善事业⑥、刘拯华对台湾的慈善救助机构⑦等。与全国数量庞大的地方（区域）数目相比，目前对地方性或区域性的慈善问题研究过少。已有研究宏观性、整体性特点突出，难以真实、深入反映具体的、地方性的慈善状况与特点。

第二，对当代慈善研究比较薄弱。通过梳理可以看出，因研究者的兴趣或学术背景原因，历史性的探究、历史学的学科背景仍在当代研究中占有主体地位。2016 年以后对慈善的研究仍然以历史性的考察为重，特别是对慈善组织的研究。在历史性的考察中，又以明清时代的慈善事业或慈善团体为主。在为数不多的慈善组织研究中，主要从史学的角度论述近代慈善组织的历史、类型与功能，而对当代非常活跃的慈善组织及其实践研究很不充分。

第三，对慈善运作的研究相对不足。自 2016 年以来的研究重心仍然集中在理论性的探讨上，如对慈善法颁布后慈善定义的界定、慈善的合法性、慈善的认定、慈善的制度等。慈善文化、慈善价值、慈善伦理、慈善历史仍然在研究成果中占有相当多的比重。学者们对国外慈善的相关研究，多是考察某个国家的慈善发展历史、慈善概念在国外的演变、慈善价值在某个国家的变化、国外慈善的模

---

① 何华兵：《慈善法背景下社会组织信息公开的实证分析——以广州市为例》，《探求》2018 年第 3 期。
② 牛保秀：《官民互动下的清代慈善——以山西太原地区为例》，《郑州航空工业管理学院学报》2017 年第 1 期。
③ 王大学：《清代安徽慈善组织时空特征初探》，《社会科学》2017 年第 12 期。
④ 葛慧烨、黄鸿山：《清代苏州的慈善放生事业》，《苏州教育学院学报》2018 年第 3 期。
⑤ 王娟、许婉萍：《民国京津地区慈善事业互动关系初探》，《东方论坛》2017 年第 5 期。
⑥ 王玉朋：《社区福利的空间差异——清代山东运河区域慈善事业研究》，《聊城大学学报》2019 年第 4 期。
⑦ 刘拯华：《清代台湾地方社会慈善救助机构研究——以新竹义仓为例》，《东方论坛》2018 年第 2 期。

式、国外慈善的理念等。对国内外慈善或慈善组织动态的运作,如资金的管理、人才的管理、项目的管理、制度的管理、组织的管理等的考察、介绍明显不够。既有的慈善运作研究又偏重于慈善的内部管理及其影响,而对于某一地域或某一种慈善组织所处社会环境、社会变迁关注不够。重理论轻实践、重局部轻整体是研究当代慈善运作的明显特点。

第四,比较的方法较少运用。已有区域性研究中主要运用民族学或社会学的方法,偏向于某个地域、某项具体活动展开,而用比较的方法对不同区域,尤其是对西北地区民族、宗教类型多、领域广、影响大的甘肃、宁夏、青海的对比研究,鲜有运用。对西北地区慈善专门性的系统研究相对欠缺。现有研究大多是在关于宗教文化或是民族史研究的相关章节中涉及,且多是以论文的形式,缺乏依据西北地域的特殊性而做的系统、全面、深入的专门研究。

(三)研究的学术价值和应用价值

2019 年 10 月 31 日,党的十九届四中全会通过的《中共中央关于坚持和完善中国特色社会主义制度、推进国家治理体系和治理能力现代化若干重大问题的决定》,在人民当家作主制度、基本经济制度、文化制度、民生保障制度四个方面,对慈善事业和志愿服务提出了明确要求,具有开创性和里程碑意义。在慈善法颁布与实施后,研究慈善组织的运作现状,对比区域性慈善事业发展、慈善组织之间运作的异同,具有积极的理论与现实意义。

1. 理论价值

(1)从理论上补充区域慈善运作研究的不足。由于地理的、历史的、文化的、习俗的等各种因素的影响与制约,慈善事业在特定区域范围的领域与发展具有一定共同性的同时,也存在着自身的特殊性。慈善研究既要关注区域内部慈善事业的发展,也要重视区域之间、区域与全国整体情况的比较研究,同时还应当充分关注区域间慈善事业的影响和互动。目前区域性慈善组织的研究很少,当代慈善组织运作的研究特别是区域间、区域与全国整体情况的比较研究更是稀少。本课题尝试将区域性与慈善运作两者结合起来,以甘宁青三省(自治区)民间慈善组织为研究对象,对其运作进行比较研究。因此,无论从拓展区域性慈善研究视野和途径,还是区域性慈善研究的内容和方法,都具有重要的学术意义。

（2）从理论上探索基层社会治理体系与治理能力现代化的创新。党从国家战略高度提出创新社会治理,推进社会治理体系与治理能力现代化的部署。数量庞大的、积极活跃的地方性慈善组织既是公益慈善事业良性发展的载体,也是地方基层社会治理多元主体中的重要力量。对甘宁青慈善组织在文化教育、灾害应对、医疗健康、社区发展各慈善领域创新作用的探讨,对甘宁青慈善组织在妇女、儿童、老人、残疾人、流动人口等慈善对象创新服务的考察,对甘宁青慈善组织在政府、企事业、社区等各支持网络创新联结的讨论,对甘宁青若干慈善组织运作个案的介绍与剖析等,对建设安定有序又充满活力的社会,对完善基层社会治理体系与提高基层社会治理能力都具有重要的理论意义。

2. 现实意义

（1）有利于西北地区慈善事业的健康发展。研究通过甘宁青三省（自治区）民间慈善组织运作的比较分析,找出其差异的缘由、各自的优势、互补融合的可能,对推动西北地区组织规范化、制度化建设,提高欠发达地区慈善组织运作能力,促进西北地区慈善事业健康发展有积极的现实意义。

（2）有助于实现社会、经济与文化的多重价值。善良与仁慈是中华民族的优良传统,民间慈善组织倡导慈善、推广慈善、鼓励慈善,它是培养、巩固社会个体价值、道德的重要手段,是西北地区社会互助、社会保障和社会保险的重要机制,也是发扬西北地区优秀文化的重要途径。甘宁青慈善组织的良性运作对构建和谐稳定的社会秩序、辅助国家经济政策与促进经济均衡发展、发扬中华文化的优良传统有着多重意义与价值。

（3）有利于实现甘宁青慈善组织与更多国家慈善的对接。随着国家"一带一路"倡议的提出,共建"一带一路"国家沟通与交流将越来越多,沿线城市、地区也将开展更多领域的合作。甘宁青作为"一带一路"西北沿线的重要地区,也将会与越来越多的沿线国家往来,而"一带一路"的合作与交流将必不可少地与诸多国家的慈善组织联系,甘肃、宁夏、青海慈善组织在沿线国家合作中承担着重要使命。因此,对甘宁青慈善组织运作的对比探讨,将提升甘宁青民间慈善声誉,促使共建"一带一路"国家慈善资源的对接,不仅对西北欠发达地区慈善事业的健康发展,更对国家慈善事业的可持续发展有深远的意义。

二、核心概念与基本理论

(一)慈善概念的界定

慈善是从同情、怜悯或宗教信仰出发对贫弱者以金钱或物品相助,或者提供其他一些实际援助的社会事业。慈善的目的是做好事求善报,慈善者通常把慈善行为看作是一种施舍,它只是对少数人的一种暂时的救济。简言之,通常人们对慈善的认知就是怀着仁慈和感恩之心去帮助他人和社会。慈善事业,是建立在社会捐献基础上的民营社会性救助事业[①],主要是以民间公益组织(慈善组织)为实施主体,以救助特定群体或特定标的为目标,按照既定的操作规范、制度或原则实施的长久的社会化行为[②]。

2016年9月,国家颁布并施行的《慈善法》将慈善活动界定为"是指自然人、法人和其他组织以捐赠财产或者提供服务等方式,自愿开展的扶贫、济困、扶老、救助、恤病、助残、优抚,救助自然灾害、事故灾难和公共卫生事件等突发事件造成的损害,促进教育、科学、文化、卫生、体育等事业的发展,防治污染和其他公害,保护和改善生态环境等"。

对于慈善的本质,学术界的观点较为统一。学界广泛认同"慈善的本质是利他"这一观点,正如学者康晓光所说:"不同的文化对慈善有不同的认识,甚至同一文化的不同时期,对文化的认识也不完全相同。但是,古今中外,对慈善的认识有一个共同的交集,那就是'利他'。可以说,慈善的本质是利他。"[③]

(二)慈善组织与社会组织概念及其关系[④]

1. 社会组织定义

社会组织是指公共组织和企业组织之外的组织,即人们常说的"中介组织""第三部门""民间组织""非政府组织""非营利组织""社会团体"等。在中国共产党十六届四中全会第一次提出并在党的十七大报告中得到进一步确认后,

---

① 郑功成:《中国慈善事业》,广东经济出版社1996年版。
② 郑功成:《社会保障》,高等教育出版社2007年版,第332页。
③ 《驳永光谬论——康晓光评〈公益向右商业向左〉》,http://www.gongyishibao.com/html/gongyizixun/12475.html,《公益日报》2017年9月14日。
④ 杨晓梅:《当代中国社会建设研究》,人民出版社2012年版,第77—80页。

"社会组织"这一概念被启用,取代原有的"中介组织""社会团体""民间组织"等以上组织。

社会组织的界定有广义和狭义两种。广义的社会组织是泛指一切人类共同活动的群体,是包括政府组织和市场组织在内的组织,"是指人们为实现特定目标而建立的共同活动的群体,与政府组织、经济组织并列。"①而狭义的社会组织,是人们为了实现某种共同目标,将其行为彼此协调与联合起来所形成的社会团体,"狭义的社会组织仅指由自然人、法人和其他组织为满足社会需要而设立的非营利性组织,具有民间性、非营利性、公益性、自治性、组织性等特征。"②

党的十七大报告中确定的"社会组织",与学术界对"社会组织"的界定并没有实质性的区别,正如中共中央党校荀君厉教授在其《加强社会组织建设,发展中国特色基层民主》一文中所说:"与我们学术界常说的非政府组织、人民团体、第三部门组织、民间组织等称谓大同小异,并没有实质性的区别,是公民社会的组织要素。"③因此,社会组织就是对传统的非政府组织、第三部门、民间组织等政党、政府之外的各类民间性组织的统称,其实质与民间性组织实质无异,都是公民社会的组成要素。本研究中所指的社会组织,是狭义的社会组织,即区别于党政机关、企事业单位的独立的、不以营利为目的的民间性的、公益性的组织。

2. 慈善组织定义与类型

学术界对慈善组织的定义与政府部门并不一致。学术界将慈善组织定义为,是将慈善捐助者与受助者连接起来的中介,是以社会公益事业为主要追求目标的社会组织,即社会公益组织,它可以是培训、陪伴、教育及提供其他专业帮助为手段。早先的慈善组织主要从事人道主义救援和贫民救济活动。

《中华人民共和国慈善法》对慈善组织的界定、慈善组织设立程序、内部治理、慈善组织的权利义务等内容,专章做了规范。《中华人民共和国慈善法》第8条明确了慈善组织的定义,"本法所称的慈善组织,指依法成立、符合本法规定,

---

① 刘向兵:《社会组织人才队伍建设研究课题研究》,Chinapo.gov.cn/700108/92679/newswind-exdexhtml。

② 刘向兵:《社会组织人才队伍建设研究课题研究》,Chinapo.gov.cn/700108/92679/newswind-exdexhtml。

③ 荀君厉:《加强社会组织建设,发展中国特色基层民主》,人民网,2007 年 12 月 24 日。

以面向社会开展慈善活动为宗旨的非营利性组织。"

慈善包括三个基本的要素:捐助者、捐助对象、慈善资源。慈善的这三个基本的要素能够有机、有效地结合,离不开慈善组织这个中介。作为慈善的中介,慈善组织只有将捐助者与受助者联结起来,慈善资源才能很好地发挥作用,捐助者的爱心才能够实现,受助者面临的问题才能得以解决。因此,慈善组织以帮助弱势群体为主要目的,以发放慈善物资为主要手段。慈善组织的主要职能就是发现问题、确定需求、创建解决方案、动员资源、组织实施等。"捐赠者将慈善资源交给慈善组织,所有权发生转移,由慈善组织所有,而慈善组织必须将其用于公共利益。"①

3.慈善组织与社会组织的关系

(1)社会组织的类型。至今学术界对社会组织的类型没有一个统一的划分标准。美国约翰·霍普金斯大学提出的非营利组织的国际分类法,是目前国际上比较著名的划分法。非营利组织的国际分类法是由霍普金斯大学的公民社会研究中心课题组提出的,该研究中心是以萨拉蒙教授为首的团队,基于全球范围内非政府组织的比较研究后提出,表0-1是霍普金斯大学的公民社会研究中心课题组对非营利组织的划分②。

表0-1 约翰·霍普金斯大学非营利组织分类法

编号	领域	编号	领域
1	文化和娱乐	7	公民和倡导
2	教育和研究	8	慈善中介
3	健康	9	国际
4	社会服务	10	宗教活动
5	环境	11	商业和专业联合会
6	发展和住房	12	其他

---

① 《驳永光谬论——康晓光评〈公益向右　商业向左〉》,http://www.gongyishibao.com/html/gongyizixun/12475.html,《公益时报》2017 年 9 月 14 日。

② [美]莱斯特·M.萨拉蒙等:《全球公民社会——非营利部门国际指数》,贾西津、魏五等译,北京大学出版社 2007 年版,第 14 页。

霍普金斯大学提出的分类方法,是从组织的活动领域即主要活动方面进行划分。如表 0-1 所示,依照国际分类方法的划分,社会组织主要活动领域为 12 类,可划分为 12 大类型的非营利组织。依照约翰·霍普金斯大学非营利组织的国际分类法,慈善组织是非营利组织 12 类中的一大类别。

2016 年 6 月中共中央办公厅、国务院办公厅印发的《关于改革社会组织管理制度促进社会组织健康有序发展的意见》中规定,以社会团体、基金会和社会服务机构为主体组成的社会组织,是我国社会主义现代化建设的重要力量。我国对社会组织的分类有学术界分类和国家政府部门的分类①。学术界对社会组织的分类维度较多,本书不做叙述,仅阐释国家政府部门——民政部的分类。

按照民政部的分类,社会组织包括三大类,社会团体、民办非企业、基金会三类。社会团体是我国公民自愿组织的,为实现会员共同意愿而组成的非营利组织,主要包括协会、行会、研究会、商会、学会、促进会、联合会等。民办非企业(社会服务机构)主要由企事业单位、社会团体和其他社会力量以及公民个人利用非国有资产举办的,从事非营利性社会服务活动的民间社会组织,包括民办教育机构、福利院、卫生院所、科研机构、文化艺术单位等。第三类是基金会,按照《基金会管理条例》规定,是利用自然人、法人或者其他组织捐赠的财产,以从事公益事业为目的而设立的非营利法人。

(2)慈善组织是以公益事业为目标的社会组织。慈善组织的类型与社会组织的类型基本一致,只是将社会组织中的"民办非企业"用"社会服务机构代替",在《慈善法》第 8 条中明确了慈善组织的类型,"慈善组织可以采取基金会、社会团体、社会服务机构等组织形式。"2017 年《中华人民共和国民法总则》中,同样确定了慈善组织采取基金会、社会团体、社会服务机构等组织形式,以"社会服务机构"代替社会组织中的"民办非企业",从而明确了慈善组织与社会组织的关系②。

---

① 民政部网:《目前我国的社会组织分类》,http://lyzx.mca.gov.cn:8280/consult/showQuestion. jsp? MZ=6560421431。
② 民政部网:《目前我国的社会组织分类》,http://lyzx.mca.gov.cn:8280/consult/showQuestion. jsp? MZ=6560421431。

根据《慈善法》对慈善组织的定义,慈善组织具有社会组织的公益性、非营利性、自治性和独立性(捐赠人的财产一旦捐给慈善组织,就属于慈善组织所有而非捐赠人所有)等,慈善组织的特性符合社会组织的特性。

慈善组织是非政府的、不把利润最大化作为首要目标,且以社会公益事业为主要追求目标的社会组织。即慈善组织本身并不是独立的社会组织形式,也不是一种新设的社会组织类型,而是在现有基金会、社会团体、民办非企业单位三类社会组织基础上,按照设定的条件对相关社会组织的性质进行的认定①。

(三)慈善运作的理论基础

1. 委托代理理论

委托代理理论属于经济学研究范畴,是经济学契约理论包含的理论之一。现代意义的委托代理理论起源于 20 世纪 30 年代,由伯利和米恩斯在其《现代股份公司与私有财产》中提出。著作中他们分析企业所有者兼具经营者存在的弊端,提出企业所有权与经营权分离的主张②。

20 世纪 70 年代,随着对专业化以及企业信息不对称问题研究的兴盛,契约理论真正发展起来。学术界对契约理论的界定很多,其中较有影响的是由罗斯(Ross,1973)、杰森和麦克林(M.C.Jensen,Meckling,1976)提出的概念。1973 年,罗斯在其发表在《美国经济评论》上的《代理的经济理论:委托人的问题》一文中,首次提出委托代理问题。在文中他指出"如果当事人双方,其中代理人一方代表委托人一方的利益行使某些决策权,则代理关系就随之产生"。③ 杰森和麦克林在其文章《企业理论:管理行为、代理成本与所有权结构》中提出委托代理关系,是指"一种契约,根据这个契约,一个或多个行为主体指定雇用另一些行为主体为其提供服务,并根据其提供的数量和质量支付相应的报酬"。④ 20 世纪 80 年代,委托代理关系被简化,普拉特和泽克豪瑟(1985)将之简化为"只

---

① 张晶晶:《慈善组织设立的法律依据》,《中国社会报》2021 年 3 月 1 日。

② [美]伯利、米恩斯:《现代股份公司与私有财产》,台湾银行出版社 1982 年版。

③ S.Ross, "The Economic Theory of Agent: the Principal's Problem", *American Economic Review*, 1973(Vol.63).

④ Jensen, Michael C, and William H.Meckling, "Theory of the Firm: Managerial Behavior. Agency Costs and Ownership Structure", *Journal of Finemcial Economics*, 1976(3), p.308.

要一个人依赖另一个人的行动,那么委托代理关系便产生了"。①

委托代理理论基于专业化和信息不对称而提出。当存在专业化分工以及信息不对称现象时,委托代理关系就可能出现。委托代理理论已经在企业内部、企业之间实践运用较长时间,但在社会组织领域、公共组织领域运用并不多。

依据委托代理理论,不管是经济领域还是社会领域,有专业化分工,有信息不对称现象,就会存在委托代理关系。慈善对象、慈善领域、慈善资源等方面信息的不对称,以及慈善方法的专业化,使得委托代理理论成为慈善运作中极为重要的理论依据。慈善组织的社会信任度、慈善组织的专业性、慈善组织的服务效果等都是提高委托方认可度的重要影响因素。

通过提高慈善组织作为承接方的资格认定标准来增加政府与社会组织间的信赖,建立严格的项目申报门槛等方式提高组织资格认定标准,组织内拥有社会工作师数量、注册会计师数量、已完成项目情况等,这些要求既保证了社会组织项目化运作的专业性,又可以提高委托方的认可度。

2.社会支持理论

社会支持理论首次被提出是在心理学领域,后逐渐被应用到其他学科。关于社会支持的定义,学者们给出了很多的解释,其中提出"社会支持"的凯西和库柏,认为社会支持是指个体所感知的来自其所在的社会团体、他人等社会网络成员的关心、尊重和需要的一种行为及主观感受②。心理学关于社会支持的定义,是指来自社会网络包括父母、亲戚、朋友等给予个体精神或物质上的支持系统。姜乾金认为,社会支持指个体受到社会各方面给予的物质上及精神上的帮助。各领域的专家学者,对社会支持未形成一致的定义,林南教授在综合众多概念基础上,提出社会支持是由社区社会网络和亲密伙伴所提供的感知和实际的工具性或表达性支持③。

---

① Pratt J, Zeckhauser R., *Principals and Agents*: *The Structure of business*, Boston: Harvard University Press, 1985.

② Cobb Sidney, "Social Support as a Moderator of Life Stress", *Psychosomatic Medicine*, 1976, 38 (5): 300-314.

③ 宁丽玉、曾华源等:《社会工作理论——处遇模式与案例分析》,台北洪叶文化事业有限公司 2013 年版,第 322 页。

社会支持理论强调个人所获得的支持网络以及支持网络构建的问题,社会支持理论的核心思想是重视个人从社会网络中获取的资源、资源的流通以及支持网络的构建。根据社会支持理论,一个人所拥有的社会支持网络越强大,就越能够很好地应对各种来自环境的挑战。目前,社会支持理论已广泛应用于多个领域。在慈善公益领域,社会支持是指慈善公益组织所获得的来自组织自身、社会网络的物质或精神的支持。

依据社会支持理论的主张,社会支持的构建是慈善运作的重要内容之一。慈善公益组织健康持续发展,构建社会支持是不容忽视的工作。

三、研究框架与主要内容

(一)研究框架

本课题以甘宁青慈善组织为研究对象,以契约理论和社会支持理论为基础,以慈善组织外部环境和内部运作两方面对比为研究主线,以探索慈善组织有效运作为研究目标,按照现实与逻辑相统一的原则展开:

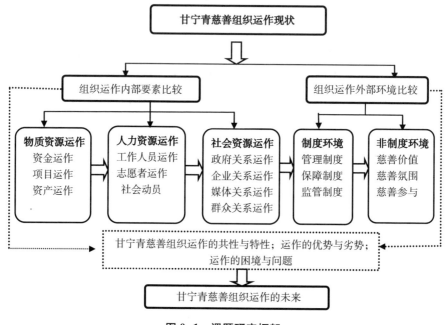

图 0-1　课题研究框架

（二）研究内容

研究共分导论及七章内容。导论部分,主要梳理慈善立法后学者们对国内、国外的相关研究,在文献述评的基础上提出本研究的理论价值与现实意义;阐释慈善、慈善组织的概念以及慈善组织与社会组织的关系,阐释研究的理论基础——委托代理理论与社会支持理论;介绍研究框架与研究的主要内容、研究方法与调研基本情况。

第一、二章为慈善运作的基础、领域与效益。第一章对比介绍甘宁青慈善组织的基本情况,包括组织的成立、组织的发展现状、组织机构及其管理制度;第二章从人类服务、灾害应对、医疗健康、生态保护等方面,比较分析甘宁青慈善组织运作的领域与产生的影响。

第三、四、五章是甘宁青慈善组织内部要素的运作。慈善运作的重点是慈善资金的运作以及慈善项目的运作。因此,第三章物质资源运作是慈善组织内部要素运作的重点,具体包括组织资金的筹措、资金的管理与使用,慈善项目运作模式,慈善运作的困境等。第四章人力资源运作,主要从慈善组织员工和志愿者两方面展开探讨,讨论其招募、待遇以及管理。第五章慈善组织的社会资源运作,围绕甘宁青慈善组织的社会关系——社会资源的重要内容,集中分析慈善组织与政府、与企业、与媒体、与社区以及居民的关系。

第六章探讨甘宁青慈善组织的外部环境。从正式制度与非正式制度视角,分别从政府的政策支持与监督管理,社会的慈善氛围、慈善理念、民众的慈善参与两个层面比较甘宁青慈善运作的外部环境。

第七章总结概括甘宁青慈善组织运作的特点,在此基础上重点分析甘肃慈善组织运作的特点,归纳甘宁青慈善组织运作存在的共性问题并提出组织未来创新发展的对策与路径。

四、研究方法与调研基本情况

（一）课题研究方法

首先,运用社会学的田野调查、深度访谈、问卷调查、专家咨询、案例研究等具体方法,探寻甘宁青慈善组织发展现状、组织运作的功能作用、效益影响。

其次,运用比较的方法:一是用纵比法,从时间序列上比较慈善组织及其运作的演进过程;另一是用横比法,比较甘宁青慈善组织运作在外部环境与内部运作等方面的异同。

再次,运用文献资料法,阐释社会组织、慈善组织等核心概念以及契约理论、社会支持理论等理论基础,介绍甘宁青经济社会发展概况,慈善法及社会组织管理等相关法律法规,概括中国社会组织与甘宁青社会组织、中国慈善组织与甘宁青慈善组织发展现状,厘清甘宁青地区的文化传统以及制度环境,等等。

最后,运用多学科综合方法。慈善属于社会学、民族学研究范畴,而慈善组织是公民社会建设和公民自治的题中应有之义,显然,单独学科不能完成这样的研究任务。本研究利用多学科角度进行分析的优势,综合运用宗教学、社会学、民族学、经济学、管理学等学科的研究方法。

(二)问卷基本情况说明

本课题的调研包括问卷调查、访谈调查以及观察法,其中问卷调查分"甘宁青民众对慈善及慈善组织的认知度调查"和"甘宁青慈善组织运作的调查"两部分。

1. 民众对慈善组织的认知问卷调查样本基本情况

为了解甘宁青民众对慈善及慈善组织的认知情况,并以此为基础研究甘宁青慈善组织发展的外部环境,课题组于 2018 年对甘宁青三省(自治区)普通群众进行了抽样调查,总共发放问卷 1200 份,回收有效问卷 1078 份,有效回收率为 90%。

甘宁青民众问卷发放数依据各省(自治区)常住人口总数确定。根据国家统计局公布的调查数据,截至 2018 年末甘肃常住人口为 2637.26 万人,大于宁夏与青海人口的总和。宁夏常住人口为 688.11 万人,青海常住人口为 603.23 万人,三省(自治区)人口比例大约为 4:1:1。因此,本研究根据甘宁青人口比例进行分层抽样发放问卷 1200 份,其中甘肃发放问卷 800 份,宁夏发放问卷 220 份,青海发放问卷 180 份,最终从各省回收有效问卷的情况如表 0-2 所示。甘肃占比 62.43%,宁夏占比 22.54%,青海占比 15.03%,三省样本量比例约为 4.2:1.5:1,与人口比例较为接近。

表 0-2　样本基本情况（n=1078）

	选　项	百分比（%）
性别	男	50.29
	女	49.71
年龄	20 岁及以下	20.88
	21—30 岁	25.87
	31—40 岁	21.17
	41—50 岁	20.32
	51—60 岁	9.13
	60 岁以上	2.63
受教育程度	没有受过任何教育	1.58
	私塾、扫盲班、小学没毕业	2.41
	小学	5.01
	初中	10.3
	高中	15.77
	中专、技校	8.16
	大专、高职	16.14
	大学本科	32.47
	研究生以上	6.86
	其他	1.3
政治面貌	中共党员	19.66
	民主党派人士	3.09
	共青团员	29.4
	群众	47.85
职业	国家公务员	11.85
	专业技术人员	6.79
	企业、事业单位管理人员	11.85
	企业工人	5.07
	个体工商业者	8.13
	农民	8.32
	外出务工人员	5.83
	其他	42.16

续表

	选　项	百分比(%)
民族	汉族	51.11
	回族	36.27
	东乡族	3.9
	蒙古族	0.65
	藏族	1.86
	撒拉族	1.3
	裕固族	0.74
	保安族	0.93
	维吾尔族	1.58
	其他	1.67
现居住地	甘肃	62.43
	宁夏	22.54
	青海	15.03

表0-2反映的调查样本的基本情况如下:

在性别分布上,样本中50.29%的为男性,49.71%的为女性。在年龄方面,21岁至30岁所占比例最大,为25.87%。其次是31—40岁,比例为21.17%。再次是20岁及以下,比例为20.88%。最后是41—50岁,比例为20.32%。这反映出受访民众的年龄跨度大,主要集中在21—50岁之间。

在受教育程度分布方面,大学本科的比例为32.47%,大专、高职的比例为16.14%,高中的比例为15.77%,初中的比例为10.3%。受访民众的受教育程度主要集中在初中和大学本科之间。

在政治面貌分布方面,群众所占比例最大,为47.85%,共青团员所占比例为29.4%,中共党员所占比例为19.66%,还有一定比例的民主党派人士。

在职业分布上,国家公务员和企业、事业单位管理人员的比例均为11.85%,农民的比例为8.32%,个体工商业者的比例为8.13%,企业工人的比例为5.07%,还有较大比例的其他职业类型。

在民族分布上,其中汉族所占比例为51.11%,回族所占比例为36.27%,其他少数民族包括东乡族、藏族、撒拉族、维吾尔族等在内的受访民众也占有一定的比例。受访民众的民族分布符合甘宁青三省(自治区)民族分布特点。

2.慈善组织运作现状调查问卷基本情况

为翔实、全面了解甘宁青慈善组织在生存现状、慈善运作等方面的情况,课题组对组织的管理者进行了专门的调查。课题组于 2018 年针对三个省(自治区)的慈善组织创始人或负责人进行了问卷调查。慈善组织问卷调查共涉及 200 家慈善组织的创始人或负责人,其中甘肃 105 家,宁夏 43 家,青海 52 家,发放情况如表 0-3(表 0-3　受访慈善组织与受访个人的基本情况)所示。这部分问卷中的 50% 是在与慈善组织创始人或负责人面对面访谈结束时进行填写并现场回收,其余 50% 是经访谈对象介绍而定向发放给组织负责人,所以发放问卷与所回收问卷数目相同,回收问卷有效率达 100%。

慈善组织问卷调查内容具体包括组织建设情况、活动开展情况、资金运作情况、人力资源运作情况、制度环境、社会支持运作情况以及组织发展所面临的问题等方面。受访慈善组织成立的平均年限约为 5 年,标准差约为 4 年,组织成立的最短年限时长为 2 年,最长年限时长为 16 年。

表 0-3　受访慈善组织与受访个人的基本情况($n=200$)

	选　项	百分比(%)
慈善组织所在地	甘肃	53
	宁夏	21
	青海	26
在该组织担任的职务	会长	35.4
	副会长	0
	秘书长	18.8
	组织负责人	45.8
性别	男	75
	女	25
受教育程度	高中、中专及以下	42
	大专、本科	56
	研究生及以上	2
政治面貌	中共党员	30.6
	民主党派	2.0
	群众	67.4

续表

	均值	标准差	最小值	最大值
年龄	40	9	24	60
工作年限	6	4	2	15
慈善组织成立年限	5	4	2	16

慈善组织负责人所在地是由问卷发放地决定。根据问卷的发放,甘肃慈善组织负责人占总调查负责人的 53%,宁夏占 21%,青海占 26%。慈善组织负责人问卷的发放与慈善组织数量在各省的分布相关。

调研对象基本情况如表 0-3 所示。接受问卷与访谈的对象在职务方面,35.4%的对象为会长,45.8%为组织负责人,秘书长职务的占 18.8%。接受问卷调查的受访者主要为甘宁青慈善组织的负责人,这保证本调查能够尽最大可能收集受访慈善组织在建设、运作、发展状况方面的全面信息。

在组织创始人或负责人性别及学历方面,75%的受访者为男性,25%的为女性创始人或负责人。在受教育程度方面,高中、中专及以下的调研对象占比42%,大专、本科的调研对象占比 56%,研究生及以上的占比仅为 2%。

在政治面貌方面,超过一半以上的组织创始人或负责人为普通群众,占到受访总数的 67.4%。受访的负责人或创始人有约三分之一是中共党员,党员人数占比达 30.6%。调研的组织负责人中还有部分民主党派的,所占比重并不高,2.0%受访者为民主党派。

在年龄结构上,受访者的平均年龄约为 40 岁,标准差约为 9 岁,最小值为24 岁,最大值为 60 岁。在工作年限上,受访者的平均工作年限约为 6 年,标准差约为 4 年,最短工作年限为 2 年,最长工作年限为 15 年。

以上信息说明受访的慈善组织创始人或负责人对其所在慈善组织的相关情况能够有一个较为全面的了解,以保证本研究的问卷调查和访谈调查能够尽可能地收集到真实可靠的第一手资料,从而如实地反映出甘宁青三省(自治区)慈善组织的运作现状。

第一章　甘宁青慈善组织运作基本情况

从整体上看,甘宁青社会组织呈现总体数量不高,每万人拥有社会组织数量较低,社会组织增速明显的三方面特征。通过横向比较,甘宁青近 10 年社会组织总量差距较明显,但纵向比较发现,在过去的 10 年,甘宁青社会组织数量都有较明显的增长。

仅从慈善组织的数量看,甘肃省占有绝对优势,甘宁青慈善组织的数量与三省(自治区)的社会组织数量排名相一致。在甘宁青慈善组织中,社会团体类组织占到一半以上,而社会服务类组织与基金会类组织占有少部分比例。

甘宁青慈善组织多数在机构建设上比较规范,也有部分组织在组织的决策制度、组织的人员管理制度、组织的办公室管理制度以及组织活动的备案、信息公开、组织的党建工作等方面存在短板。

第一节　甘宁青慈善组织发展现状

一、中国社会组织迅猛发展[①]

自国家提出激发社会组织活力,发挥社会组织在社会治理中的主体作用以来,社会组织发展呈迅猛发展态势。截至 2020 年,全国社会组织达 869994 个,其中在民政部登记的组织数为 2280 个。根据民政部社会组织大数据显示,在我

[①]　数据来源:中国社会组织网与《2019 年民政事业发展统计公报》。

国社会组织类别构成上,以民办非企业组织居多,占全国社会组织总数的54.07%。社团类组织次之,占比为45.06%,基金会数量最少,所占比重不足1%,仅达到0.87%。

在我国社会组织注册的层级上,部级社会组织、省级社会组织、市级社会组织及县级社会组织占比分别为6.62%、22.58%、29.37%和41.43%,反映出我国社会组织在民政部注册的数量非常少,而在县民政局注册的组织数量多,当然,这与我国县级行政区划多、人口数量庞大有关。

从我国社会组织的区域分布看,华东地区的社会组织数量最多,超过30万个。华中地区、华南地区、西南地区依次次之,均在10万个左右。西北地区与东北地区的社会组织数量均低于10万个,分别为7万多个和5万多个。社会组织在五大地区的分布,也从一个方面反映出我国经济社会发展的大致态势。

在社会组织成立的时间上,成立5年以上的组织达到493382个,接近我国社会组织总量的一半,其中成立4—10年的组织数量为263673个,成立10年以上的社会组织有229709个。约一半的社会组织成立时间不足5年,其中,成立1年以下的社会组织近7万个。社会组织成立时间的长短不一,这充分说明21世纪以来,社会组织在我国取得长足发展,特别是近5年来,成立较早的组织进一步发展壮大,而一些新的组织也不断地产生与进步。

二、甘宁青社会组织发展

(一)社会组织总量不高

在西北地区的社会组织分布上,陕西省社会组织数量最多,大约发展2.9万多个组织。其次为甘肃省的社会公益组织,总数约为2.4万个,少于陕西社会组织5000多个,在全国占比约为3%。青海和宁夏社会公益组织数总计1万多个,分别是6035个、5674个,均占全国社会组织比重不足0.7%,宁夏和青海社会组织数量总和仅占全国1.3%。表1-1是甘肃、宁夏、青海社会公益组织分类及其在全国社会组织数量中的比重,具体情况如表所示:

表 1-1 甘宁青社会公益组织数量及类型分布

组织分类 省（自治区）	社会团体 （个）	民非企业单位 （个）	基金会 （个）	总计 （个）	全国占比 （％）
甘肃	17649	6103	81	24024	2.76
宁夏	2303	1797	39	5674	0.65
青海	4066	1843	33	6035	0.69

资料来源：中国社会组织网。数据日期：2020 年 3 月 25 日。

三省（自治区）之间社会组织总量比较，截至 2020 年 3 月，甘肃社会组织数量远远超过宁夏和青海两地的总和。在三省（自治区）社会组织数量中，宁夏处于较低水平，其次是青海省。三省（自治区）在社会组织的分类上，都是社会团体类组织占社会组织的大多数，甘宁青分别为 17649 个、2303 个、4066 个。基金会的数量同全国其他地方一样，在社会组织中占较少部分，甘宁青基金会分别为81 个、39 个和 33 个。基金会组织在三省（自治区）的发展都有待提高。

（二）每万人拥有社会组织数量较低

衡量一个国家的社会组织发展程度，还有一个重要指标是每万人拥有的社会组织数量。表 1-2 反映的是甘宁青每万人拥有社会组织数。截至 2019 年底，我国有社会组织 86.6 万个，以全国近 14 亿人口计算，每万人拥有社会组织 6个。这个数量远远低于发达国家每万人超过 50 个、发展中国家每万人超过 10个的数量。而在同一时期，甘肃、宁夏、青海三省（自治区）每万人拥有社会组织数达不到 1 个，与全国平均拥有社会组织数量差距很大。

表 1-2 甘宁青每万人拥有社会组织数量

	全国	甘肃	宁夏	青海
人口（万）	139538	2637.26	688.11	603.23
社会组织（万个）	8.7	2.4	0.57	0.60
每万人拥有量（个）	6.23	0.0009	0.0008	0.0010

资料来源：中国社会组织网。数据日期：2020 年 3 月 25 日。

甘宁青三省（自治区）在每万人拥有社会组织数量上与全国差距明显，三省区之间相比较也有差距。甘肃每万人拥有社会组织 0.0009 个，宁夏和青海分别为 0.0008 和 0.001 个,由于人口基数差距较大,以及甘宁青本身社会组织数量不高的原因,青海在每万人拥有量上较高于甘肃和宁夏。仅从数量上看,每万人拥有量存在差距,但差距并不是很大。

(三)社会组织增速明显

从全国范围看,甘宁青三省(自治区)社会组织总量少,占全国社会组织总数比重仅为 4.1%,每万人拥有的社会组织不足 1 个,发展远远落后于全国。但从三省(自治区)自身发展进程看,近 10 年来,甘宁青社会组织增长速度快,增幅较为明显。从 2011 年到 2020 年三省(自治区)社会组织数量变化如表 1-3 所示。

表 1-3 2011—2020 年甘宁青社会组织数量变化 (单位:个)

年份 \ 地区	甘肃	宁夏	青海
2011	5468	2612	1740
2012	6593	2864	2001
2013	9608	3120	2265
2014	10738	3435	2625
2015	14704	3851	2966
2016	19512	4442	2016
2017	21047	5153	5296
2018	22921	5503	5736
2019	23858	5652	6007
2020	24024	5674	6035

横向相比,甘宁青三省(自治区)从 2011 年到 2020 年社会组织总量差距较明显,甘肃远远超过宁夏和青海的发展。2011 年,甘肃、宁夏、青海三省(自治区)社会组织发展已呈现出不均衡态势,三省(自治区)分别为 5468 个、2612 个、1740 个,甘肃社会组织数量分别是宁夏、青海的 2 倍、3 倍,远超过两省(自治区)社会组织数量的总和。经过 10 年的发展,到 2020 年差距依然还很明显,甘肃社会组织数量是宁夏和青海总量的 2 倍多。青海和宁夏两地在社会组织的发展上也存在不均衡。2011 年宁夏社会组织数量多于青海社会组织将近 1000 个,此后 10 年青海社会组织数量连年增长,在 2017 年社会组织跨越式发展,数量增加到 5296 个,超过

宁夏社会组织 140 多个,2017 年以后连续多年宁夏社会组织数量都低于青海省。

但是,从纵向比较,甘宁青三省(自治区)在过去的 10 年,社会组织数量都有较明显的增长。2011 年甘肃社会组织数量已超过 5000 个,此后以每年 1000 多的增幅在增加,2014 年数量较 2011 年翻一番,社会组织总量已超过 1 万个。甘肃、青海也以每年 200—300 个的数量在增加。2015 年三省(自治区)社会组织数量增幅明显,与 2011 年相比,分别增长 9236 个、1239 个、1226 个,增长率分别为 63%、47%、70%。到 2020 年,三省(自治区)社会组织分别达到 24024 个、5674 个、6035 个,与 10 年前相比,分别增长 18556 个、3062 个、4295 个,甘肃增长率为 339.2%、宁夏是 117.2%、青海是 246.8%。

三、甘宁青慈善组织的规模与分布

(一)慈善组织的发展数量

根据中国公益慈善网甘肃、宁夏、青海慈善组织信息平台数据,截至 2020 年 3 月底,甘肃、宁夏、青海慈善组织总数不超过 500 个,具体数量为 416 个。其中,甘肃省有慈善组织 242 个,占三省(自治区)慈善总量的半壁江山,占比为 58%。青海有 115 个,占比 28%。宁夏数量最少,不足百家,仅有 59 个,占三省总量的 14%(图 1-1　甘宁青慈善组织数量)。

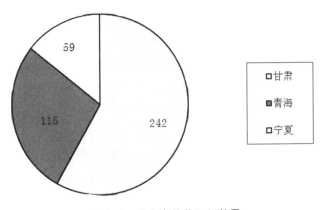

图 1-1　甘宁青慈善组织数量

仅从甘宁青慈善组织的数量看,甘肃省占有绝对优势,青海次之,而宁夏慈善组织的数量最少,居三省区之末。甘宁青三省(自治区)慈善组织的数量与三省(自治区)社会组织数量排名相一致,说明社会组织发展越多的地方,慈善组织的规模相应地也增多。

但以上数据只是在民政部门注册的慈善组织。在调研中课题组了解到,在甘宁青三省(自治区)都存在一些没有注册的慈善组织,这些未注册的慈善组织在地方上有一定的活动,没有注册的原因有多种。调研中也了解到在2016年慈善法实施以后,这些未注册的慈善组织数量逐渐减少,原因之一是国家在社会组织管理力度上加强,另一个原因是这些组织受到资金、人才等各方面的制约,自我生存压力增加,勉强挣扎维持后大多自行解散。

(二)慈善组织的分布情况

根据甘肃、宁夏、青海三省(自治区)慈善信息平台公布数据统计,甘宁青慈善组织在各市(州)的分布如表1-4所示:甘肃慈善组织共242家,其中社团类与民办非企业类慈善组织174家,基金会20个,慈善会有48个;宁夏慈善组织总量为59个,其中社团类与民办非企业类慈善组织42家,基金会数量10个,慈善会数量7个;青海慈善组织总数为119个,其中社团类与民办非企业类慈善组织87家,基金会3个,慈善会29个。

表1-4 甘宁青各市(州)慈善组织分布

省(自治区)	市(自治州)	慈善组织(社团、民非)	基金会	慈善会	专职人员
甘肃	兰州市	49	6	4	29
	嘉峪关市	3	0	2	0
	金昌市	5	0	1	0
	白银市	11	2	5	0
	天水市	7	0	4	3
	武威市	8	2	2	0
	张掖市	9	0	8	3
	平凉市	3	0	3	0
	酒泉市	21	7	5	0
	庆阳市	19	0	6	0
	定西市	13	3	3	0
	陇南市	10	0	1	0
	临夏回族自治州	10	0	4	0
	甘南藏族自治州	6	0	0	0

续表

省(自治区)	市(自治州)	慈善组织 (社团、民非)	基金会	慈善会	专职人员
宁夏	银川市	12	4	1	18
	石嘴山市	4	1	2	7
	吴忠市	10	4	2	
	固原市	7	0	1	
	中卫市	9	1	1	
青海	西宁市	15	1	4	14
	海东市	9	1	3	3
	海北藏族自治州	5	1	1	0
	黄南藏族自治州	8	0	4	2
	海南藏族自治州	9	0	3	3
	果洛藏族自治州	25	0	7	0
	玉树藏族自治州	7	0	1	0
	海西蒙古族藏族自治州	9	0	6	3

资料来源:根据甘肃省、宁夏、青海慈善信息平台公布数据统计,数据日期:2020年1月1日至4月1日。
　　注:信息平台数据每日更新。

从慈善组织在甘宁青三省(自治区)各市(州)的分布看,在省会(首府)城市慈善组织的数量要多于其他市(州)。在甘肃兰州市,有慈善组织59家。宁夏银川市有慈善组织17家,青海西宁市有20家慈善组织。三个省会(首府)城市中,兰州市的慈善组织数量最多,其组织数量多于西宁市与银川市的总和。在甘肃本省内,兰州慈善组织的数量也居于榜首。宁夏银川市慈善组织数量在三个省会(首府)城市中最低,在本自治区内,银川市的慈善组织数量也不具有优势,仅多于吴忠市1个,与其他几个地级城市相比,最多也不超过10个。在三个首府城市中,唯独青海西宁市的慈善组织数量在本省不是最高,它与省内拥有最多慈善组织的果洛藏族自治州32个数量相比,有12个数量的差距。

第二节　甘宁青慈善组织成立情况

一、慈善组织的成立

(一)组织成立时间

同情弱者、济危解困是中华民族传统美德,我国慈善救助活动以及民间慈善结社历史源远流长。改革开放以来,我国慈善活动以及慈善组织迅猛发展,甘宁青三省(自治区)慈善事业在此背景下也呈现欣欣向荣景象。但由于历史的、文化的、社会的各种因素,三省(自治区)慈善组织在成立时间上呈现不均衡现象,如表 1-5 所示,甘肃 2010 年之前成立的主要慈善组织。

表 1-5   甘肃 2010 年之前成立的主要慈善组织

组织名称	成立时间
甘肃兴邦社会工作服务中心	2005 年
甘肃一山一水环境与社会发展中心	2008 年
甘肃省少数民族文化教育促进会	2009 年
兰州市城关区崇德残疾困境儿童服务中心(前身:兰州崇德孤儿助养所)	2007 年
兰州穆睿流动人口服务中心	2003 年
甘肃益启公益慈善中心(前身:兰州爱心教育服务中心)	2002 年
甘肃新星公益慈善中心	2007 年
甘肃慧灵社会工作服务中心	2008 年
兰州慧灵智障人士服务中心	2008 年
临夏州义仓慈善公益服务中心	2010 年
张家川博爱慈善中心	2004 年
金昌大爱无疆公益协会	2010 年

在慈善组织成立时间上,甘肃、青海的慈善组织历史整体上要早于宁夏。宁夏的慈善组织大多数成立于 2015 年以后,而在甘肃和青海,40%以上的慈善组织成立于 2010 年之前,如甘肃益启公益慈善中心,其前身为兰州爱心教育服务中心,于 1999 年就以民间组织的形式开展活动,2002 年改名正式注册为甘肃益启公益慈善中心。

(二)甘肃成立较早慈善组织例证

1. 甘肃兴邦社会工作服务中心。甘肃兴邦社会工作服务中心,前身是兰州兴邦文化咨询服务中心,早在 2005 年成立为民间公益机构,2013 年注册为现有名称,是一个集民间组织能力建设、教育扶贫、农村生计发展为一体的综合性慈善组织。目前,甘肃兴邦社会工作服务中心在甘肃省乃至西北地区的慈善公益领域有较好的口碑和较高的影响力。自成立至今,甘肃兴邦社会工作服务中心获得多项社会荣誉,如表1-6所示。

表1-6 兴邦机构或人员获奖情况

时间	奖项	获奖者	评奖单位(组织)
2007年	中国发展市场项目被评为成功案例	机构	国务院扶贫办、民政部和世界银行
2009年	5·12汶川地震灾后重建合作纪念奖	机构	南都公益基金会
2010年	壹基金典范工程潜力典范创新奖	机构	壹基金
2010年	招商局扶贫创新行动奖	机构	
2013年	2012年中国最美社工	机构人员	公益时报社
2014年	实施类项目"一百强"	机构	深圳慈展会
2015年	2015中国社工界"最佳雇主"	机构	中国社工时报
2016年	2015年度"全国百强社工机构"	机构	中国社工时报
2017年	系列脱贫项目获脱贫攻坚志愿服务项目优秀案例	机构	民政部
2018年	驻校社工项目获"2017年度公益项目奖"	机构	第七届中国公益节组委会
2019年	甘肃省NGO能力建设项目获"2018年度公益组织奖"	机构	第八届中国公益节组委会
2021年	2020年中国十大社工人物	机构理事长	公益时报社

2. 兰州市城关区崇德残疾困境儿童服务中心。兰州市城关区崇德残疾困境儿童服务中心,其前身是成立于2007年的兰州崇德孤儿助养所,也是甘肃省成立较早的慈善机构之一。助养所在2013年以"兰州市城关区崇德文化服务中心"名称注册,2015年11月更名为"兰州市崇德孤残困境儿童服务中心",2018年12月正式更名为"兰州市城关区崇德残疾困境儿童服务中心"。

兰州是一座多民族的城市。20世纪90年代,甘肃大量贫困山区农民涌入兰州市,他们中的大多数人居住在城乡接合部。涌入兰州市的妇女流动人口中,绝大多数不识字,基本生活能力差,法律意识淡薄。为了提升妇女们的文化修养,加强她们的生活技能,提高她们的生活质量,强化她们的法律意识,帮助其改变教育子女的方式方法,马××女士和甘肃爱心人士创办了流动人口妇女扫盲学校。妇女扫盲学校的创办,激发了流动妇女学习的积极性,提高了她们的文化素养与技能。

在扫盲班举办期间,马女士又将目光投注到贫困儿童身上。为解决贫困儿童"入学难,上学贵"的实际情况,2006年8月创办了新苗幼儿园。新苗幼儿园中的个别孩子失去父母,以马女士为首的爱心人士们便萌发让失去父母的孩子有一个温暖之家的念头,于是,"兰州市崇德孤残困境儿童服务中心"应运而生。

截至2020年1月,兰州市崇德孤残困境儿童服务中心有工作人员7名。在册的孩子有34名(每学期都有变化,有进来的孩子同时也有出去的),年龄从5岁到17岁不等,分别就读于幼儿园、小学、中学、中专。服务中心的孩子们在学校表现优良,多数得到老师们和同学们的一致好评,其中一些孩子被学校评选为"优秀班干部""三好学生"等称号。

孤残困境儿童服务中心于2010年成立了第一届理事会,2015年4月成立了第二届理事会,实行理事会领导下的主任负责制。经费来源主要依托于慈善机构和各界爱心人士的捐助[图1-2 崇德孤残困境儿童服务中心收到的捐赠(2019)]。中心已逐步解决了一些孤残困境儿童的生活及受教育问题。

图1-2 崇德孤残困境儿童服务中心收到的食品捐赠(2019)

(三)青海成立较早的慈善组织实例

在青海也有成立于2010年之前的一些慈善组织,至今依然活动活跃,在本省慈善公益界很有影响。西宁市曙光公益援助中心在2005年已成立,青海高远慈善帮扶救助会成立于2008年,更有成立于20世纪90年代的回族撒拉族救助会。

青海回族撒拉族救助会1992年成立,于2004年在民政机关注册为专门从事公益慈善事业的社会团体。事实上,青海回族撒拉族救助会在2004年之前就已自发组建社团开展活动。自2005年起,救助会获得多项省级、国家级荣誉(图1-3　青海回族撒拉族救助会荣誉奖状)。2005年被青海省民政厅评为先进民间组织,2008年被青海省文明办、青海省民政厅评为最具爱心机构,2009年被中华慈善总会评为中华慈善先进机构,2010年荣获民政部"全国先进社会组织"荣誉。

图1-3　青海回族撒拉族救助会荣誉奖状

(四)宁夏慈善组织的成立

宁夏慈善组织多成立于2015年以后,于2016年成立的组织相对集中一些,如固原原州区雨露社会工作服务中心、固原市西固爱心志愿者协会、海原县义工联合会、宁夏同心海兴帮扶中心、宁夏回乡帮扶中心、银川雨露社会工作服务中心、同心文化发展促进会、宁夏同心伊光帮扶中心、灵武市斯文慈善爱心协会、宁夏特殊儿童健康公益协会、宁夏同心平安爱心协会等组织,都是在2016年注册成立。

2010—2015 年期间成立的组织,在宁夏就属于早期慈善组织,主要有石嘴山市爱心互助协会(2010)、宁夏昊善社会工作服务中心(2013)、固原市宁南爱心公益社(2013)、海原青年爱心公益协会(2014)、同心爱心救助协会(2014)、吴忠市春蕾天使爱心会(2015)、同心霞光公益慈善发展中心(2015)等。还有一些成立时间不足 5 年的慈善组织,如固原市原州区博福爱心服务中心(2017)、暖阳爱心公益协会(2017)、吴忠市黄河善水慈善协会(2017)等。

总体而言,宁夏慈善组织在甘宁青三省(自治区)中发展较为落后,组织成立时间短。相比较甘肃和青海两省,由于宁夏的慈善组织成立时间晚,组织规模小,机构还不成熟,所以整体上社会影响并不大。

二、慈善组织发起人

本课题详细探究了甘宁青慈善组织的发起人,了解组织发起人的身份以及创立组织的原因。调研中发现,甘宁青慈善组织的发起人呈现两方面的鲜明特征,一是发起人多民族的特征,另一是创建慈善组织原因多样性的特征。

(一)慈善组织发起人的民族多样性特征

1.慈善组织发起人民族多样性。课题组对甘宁青慈善组织负责人的基本情况进行了问卷和访谈调查。调查结果如表 1-7 所示:

表 1-7 慈善组织发起民族分布

问 题	选项	百分比(%)
您的组织发起人是以下哪个民族?	汉族	26.6
	回族	58.6
	东乡族	6.12
	撒拉族	4.08
	藏族	3.4
	蒙古族	0.2
	其他	1

调查显示,在甘宁青慈善组织中,慈善组织的发起人以少数民族居多。根据表 1-7,在受访的 200 个慈善组织中,58.6%的慈善组织的发起人是回族,26.6%组织的发起人是汉族,6.12%组织的发起人是东乡族,4.08%组织的发起人是撒

拉族,藏族发起人占 3.4%,蒙古族占 0.2%,其他少数民族占 1%。

2. 甘宁青少数民族占比情况

甘宁青慈善组织中少数民族发起人所占比例较高,这与甘宁青地处西北地区且少数民族居多的实际相吻合(图 1-4 甘宁青少数民族在总人口中的比重)。表 1-7 中各少数民族发起人所占比重基本与各少数民族在甘宁青三省(自治区)的分布相一致。

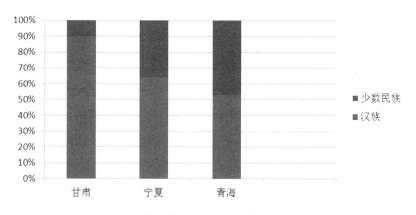

图 1-4 甘宁青少数民族在总人口中的比重

根据第 6 次全国人口普查数据公报,甘肃省 90.57% 的人口为汉族,全省各少数民族人口占总人口的 9.43%,少数民族比例非常低,其中全国两个回族自治州之一的临夏回族自治州就隶属于甘肃省。临夏也是甘肃省两个少数民族自治州之一(另一个州为甘南藏族自治州),临夏州的少数民族占全州总人口的一半以上,达到 59.7%。东乡、撒拉、回族、保安等多个少数民族信仰同一个宗教,东乡族和保安族是以临夏为主要聚居区的甘肃特有的少数民族,但回族依然是临夏少数民族中的多数。

宁夏全区常住人口中,汉族占 64.58%,各少数民族共占 35.42%,其中回族占 34.77%,回族几乎是宁夏少数民族中的主体民族。

青海省常住人口中,汉族人口数量与少数民族人口数量差距不大,占总人口比重相当。汉族人口占总人口的 53.02%,各少数民族人口比重为 46.98%。在青海的少数民族中,人口总数由多到少分别为藏族、回族、土家族、撒拉族、蒙古族和其他少数民族,分别占少数民族人口比重 24.4%、14.83%、3.63%、1.90%、

1.77%和0.40%。由此,甘宁青三省(自治区)慈善组织的发起人以少数民族居多,与这三省(自治区)的少数民族人口数量及分布比相符合。

(二)慈善组织创建原因多样性的特征

为什么要成立慈善组织,具体调查结果如表1-8所示。调查问卷得出的结果,42.55%的慈善组织是因行业自发成立的,因慈善理念而成立的组织占34.04%,12.77%的慈善组织是因企业自愿而成立的,还有10.64%的慈善组织是因政府部门发动而成立的。问卷结果显示,甘宁青慈善组织成立的主要原因在于行业自发。

表1-8 成立慈善组织的原因

问 题	选项	百分比(%)
成立慈善组织的原因?	政府部门发动成立	10.64
	企业自愿成立	12.77
	发起人慈善理念	34.04
	行业自发成立	42.55
	原有政府部门转制而成	0

以上数据是调查问卷给出的结论,但在对甘宁青100位慈善组织创建者面对面访谈中,慈善组织的发起人对成立慈善组织的原因有多种解释[①]:

1.慈悯之心或报恩之念。慈悯之心或报恩说,慈善组织的发起人在困难的时期得到爱心人士的帮助,或者社会其他机构的扶持,在自己经济条件改善以后回报好人或社会。或者有些组织的发起人一贯具有慈悯之心,因为做生意或通过其他途径致富后,发自内心地想帮助穷人、弱者。甘宁青三省(自治区)都有这样的初创者。

Qgy:我自己有公司,我是生意人。自己有钱了看着街上的、乡下的、身边的可怜人,心里很难受,看不过眼,就想帮他们。自从有了慈善机构,我现在基本上24小时投入公益。

Qmy:我们这个团队最早是我一个人搞,是在1993年我卖书挣了点钱

---

① Q、G、N分别是青海、甘肃、宁夏的汉语拼音的首字母,小写字母为慈善组织名称或负责人名称简写。

以后开始的。在我没挣钱的时候我的生意比较艰难,我在火车站开百货点时,当时火车站广场扩建,把我们整个迁到滨湖路市场。滨湖路市场是一个批发市场,几乎是食品批发市场。我是做百货的,一下要转到食品,肯定有难度。那时大量资金在百货上,转到食品上没资金且没人帮忙,那时我有个举义,如条件允许,需要帮助的人我们还是要帮助。有了举义,时间不长生意就好转了。生意好转后从1993年我就开始关注中小学的学生和孤寡老人。

孤寡老人是通过社区介绍,然后带我到家里去看,学生这方面是通过办事处推荐,一开始是20个,以后30个、40个、50个。后来在我们这个地方困难的人太多了,我就发动亲戚朋友,说大家筹点钱,当时有的人赞成也有的人反对,我妻子也不赞成我,后来她说你有多大的能力自己搞。我把自己的想法告诉亲戚朋友,他们也不理解,说"好不容易挣点钱,这边说有病人,那边说有困难,尽是来要钱的"。而这些需要帮助的人总是到家里来,主要是我一天大多数时间在外边,所以这些人就找到家里来。时间一长妻子也理解了我的工作。通过公益,社区对我认可,尤其老百姓、我们的邻居,政府对我的工作都认可。无论我走到哪里,打招呼的、问候的,特别的多,经常受到人们的尊重。1993年那时在西宁搞公益的很少,几乎就没有。

Qhk:我很小就跟随父亲和哥哥到外地打工了,吃了很多苦,遭了很多罪,啥都干过,跑堂、开商店、贩卖百货、搞运输等等。稍有点基础后自己创业,但也是几经波折,到上世纪90年代中期有了自己的公司,终于从打工者变成了老板,条件逐渐地好转,生活也终于安定了下来。2010年,父母年龄大了,有落叶归根的想法,"百善孝为先",做儿子的就得守在父母的身边。于是,我陪伴父母回到了家乡。没想到回家乡后所看到的景象,改变了我以后的生活。多年未见,家乡已成为空心村,满眼的留守老人、留守儿童不断地刺激着我,所有我就有了一定要为家乡做点事情的想法。我认为给留守老人和留守儿童给钱给物解决不了问题,我要从根本上解决贫穷,而教育就是解决问题的根本。

Nbf:我上高中二年级时父亲因车祸去世,之前因抢救治疗借了六七万元钱,父亲最终没有挺过来,走了。父亲走后,家里因外债无法继续学业,我就辍学打工。摸爬滚打多年，条件好了后见到可怜的就想帮助，后来一个朋友说你一个人能做啥，还是跟着团队做吧，于是他把我拉到西固爱心社。西固爱心社这里人多，有内蒙古的、银川的，固原的，西吉的，我就带着四五个人去了。那个团队负责人指定由我负责固原的小团队。我参加后发现他们有个弊端，每次活动之后都喝酒吃饭，一大桌子菜，我很是看不惯，最后我还是自己拉个圈子。我自己的团队每次活动都是公司拿钱，我给自己公司定了目标，每年出 10 万元做慈善。

Nsax：我从小生活在贫困的农村。在我小的时候父亲就去世了，我曾经接受过邻村叔叔阿姨的恩惠。我现在××地做生意，2013 年回到自己的家乡，为了回报以前受到的恩惠，我发起了这个组织。在没回家乡之前，实际上我在某某地也做慈善，在敬老院、孤儿院。我参加的这个孤儿院是 2010 年建立的，我一直参与，直到 2013 年回到自己的家乡。

Naz：我进入慈善领域就是因为多年的信念。这个信念就是等自己有条件了，一定要帮助困难的人。我小时候家里小孩多，生活贫苦，家里不时地受到邻里乡亲的资助。未成年时我就有这么个心愿，"长大后多做一些好事，多帮助他人。"

2. 视帮助他人为事业。助人事业说，即因单纯地喜欢公益而把帮助他人作为一项事业去做，或曾经参加过公益活动，具有一定的公益理念或方法，因而成立慈善组织以帮助他人并视其为一项有益的事业。在访谈调研中，甘肃慈善组织创建者因这个原因成立组织的较宁夏和青海两地多一些。而甘肃因此原因成立组织的初创者，大多数又是因为其在大学期间或大学毕业后从事过慈善活动因而喜欢慈善事业。

Gqy：我从学院毕业后在报社做了 2 年多编辑，2005 年进入基金会工作。为什么坚持这么长时间，一是在报社工作的积淀。我从小生活在农村，对七八十年代的社会状况较为熟悉，看到了一些现象，很早就想着为穷人、为社会做些事情。二是我喜欢这个事业。我本有很多的机会到外地做翻译或经商挣钱，但都没有去，就是喜欢做现在的这个事情。再一个与我本性有关。如果喜欢钱，追求物质的享受，我也不会执着地做慈善，这可能就是"定然"吧。

Gmr:我 2001 年大学毕业,大学期间就参加支教,在农民工子弟教学点,是草根的一个组织。毕业后在教学点又做了 3 年工作,后承办人放弃了这个教学点,当时也没有其他人管理,所以我就接手了。

Gsq:大学期间利用业余时间跟随一个企业家,他所办企业主要是妇女加工,很简单的手工操作,我每天用两个小时时间给她们教汉语。那时没有公益的概念,并不清楚自己做的就是公益的事情。大学毕业后又进入一家幼儿园,东乡族的很多孩子也不会说汉语,这就触动了我,所以不仅教妇女们学习汉语,也教一些东乡族的孩子学汉语。就这样我走上了公益这条路。

注册这个机构的时候,我也还是什么都不懂,因为身体的原因,我从原来工作的地方出来,到了 B 老师机构(指甘肃兴邦服务中心 B 老师)。和 B 老师认识时间长,在 B 老师那儿做过简单的跑跑腿等工作。在 B 老师机构干了 2 年时间,也做到办公室主任,但一直觉得自己不适合做行政工作。在 B 老师机构工作时我理解了什么是公益,什么是慈善。后来因各种机缘巧合,一个资深的公益人忙于自己的事情,没时间注册自己的机构,而我因为在 B 老师那儿工作与民政打过交道,也比较熟悉程序,就帮他注册。这个公益人说你为何不给自己注册一个呢?这样,在帮他人注册的同时,我自己也注册了机构。

我喜欢做慈善、公益活动,就是让孩子们多读书。尽管这些孩子起点晚了,但还有希望追赶上。妇女这块我们就做汉语的教育,就给她们一些纯粹的汉语教育,就是基础的补充教育。教材是甘肃省民政厅制定的扫盲教材,知与能(生活中的常识)、数与算(数学)、读与写。

Nnn:2013 年我已经在跟着其他机构做,跟着银川的机构以志愿者的身份。做的时间久了,身边的很多朋友知道以后,影响到更多的人参与,然后朋友们建议成立这么一个平台,让大家一起做。因为我们经常参加外地来固原组织的活动,那时银川有个西固爱心公益社,在固原、西吉等地搞活动,我们经常参加。简单讲,就是以前我从事过公益、慈善活动,周边有一些热心人,希望我成立一个组织召集大家一起来做慈善。

还有个原因,2005 年我在单位是团书记,经常带学生到敬老院,我校定点德育教育基地搞慰问等,接触到的人或了解到的事,让我有做这方面事情的想法,也是从那时起开始做志愿者参加其他组织的活动。

3.做有意义的事情。意义说,即慈善组织的创始人出于年龄、身体、经济状况等因素的考虑,成立慈善组织做自己想做的事情,或做自己认为有意义的事情以实现个人的愿望。

Qyg:我一直因糖尿病在吃低保,孩子也大了,在外面工作。我们俩口子在家就想着干一番事业。刚开始我有个徒步群,时间长了也觉得没啥意思,里面也乱得很。杂七杂八的什么人都有,有时难免发生矛盾,所以我就放弃了。后来利用这个群,发起大家捐钱。一开始是因为一个十九岁的孩子需要做手术而家里拿不出钱来,我们就在群里募捐。这是我第一次发起募捐,那一次捐了差不多5万块。这孩子最终没救过来,去世了,没用完这钱,剩了一万多。后来我想还剩一万多,就盘算着我们慢慢地做,救助贫困、孤寡老人、贫困孩子、孤儿等,主要是做山区贫困这块儿。做的时间长了,我手上就有了3万块钱,我觉得这事很有意义,就去民政注册了。

Gljl:刚开始我们团队的这些人是在贴吧认识,后来整天聚会、吃饭,时间长了我觉得整天这样吃吃喝喝、说说唱唱没啥意思,想着还是做点有意义的事情,然后就组织了一个团队。我们团队的人多数是做生意的。

Nhhh:我在成立自己的组织之前,2015年至2017年都在做慈善,只是以个人名义在做。慈善对于我来说,一些理念根深蒂固,只是在外面做,带着我的团队在做。在外面参加了很多活动,看到了、学习到了一些公益的知识。因为身体原因我回到家乡工作后,一次参与当地组织的资助活动,进入资助对象家里时被当时的场景震惊到了,"我的家乡也有这么多需要帮助的人,我为什么在外地做慈善呢?"另一个原因,我参加的这家组织,资助形式就是拿点米面油去慰问,这种做法与我在外地接触到的东西截然不同。所以,我决定自己成立组织做这件事情。

Nygl:2013年我在浙江义乌帮哥哥做生意时,因想念家乡所以经常在网上浏览有关家乡的新闻,不时看到一些机构或组织帮助家乡的报道或图片。当时搜集了3000多张图片,有个晚上我没睡觉,看到一些穿着统一服装的志愿者在做慈善,心里就有"我也要为家乡做点事"这种想法。2014年

5月我从外地回来,先做了××县公益协会网站,联系了一些同学,告诉了他们我的想法。同学有四五十个,每人凑了100元,加上他人寄了一些,共7000多元,做了统一的服装和一些办公用品,就这样先做起来。2014—2015年就带着一帮大学生去买足球或学习用品,捐给了3所学校,还有就是买了米面油等捐给贫困户。也做了一些小活动,到敬老院,还有就是大病救助,2014年在我们县广场做了大型募捐活动,捐了67000元。2015年因我们协会发生其他事情,协会被别人利用,我就停了3个月,后来重新做协会。重新开始后我就想有一个新的起点,也才开始思考慈善的意义,目标、方向等问题。

Ngya:我从事慈善完全发自内心。我也经常给我们组织内的人讲,做这行不是偶然的,是有必然性。内心如果没有爱,是做不下去的。我们有一些成员,在机构做一段时间新鲜感没了,就走了。我作为领头人,如果没有善念在支持,根本坚持不下去。我的父亲是一个好人,在世时乐于帮助别人,他去世时很安详、没有受任何痛苦,他去世时来送他的乡亲们很多,场面很宏大,这对我的触动很大,我下决定也要做一个名副其实的好人。

××××年,在群里看到×国家部分群众受到灾难,当时微信群已经开始流行,我就在群里号召朋友们帮助受难的灾民,结果大家积极响应,捐衣捐物捐钱,计划圆满完成。之后,大家都觉得这是一件有意义的事情,于是提议让我成立一个组织,引领大家做好事。组织成立后搞了一些活动,后来大家的意见是"我们不能好事做了,却又违法了",都认为我们应该去注册。注册后,2016年团队发展最壮大,很多企业的老板都加入进来了。虽然我是一个普通农民,但带领着一些文化程度比我高的人活动,因为大家都认为我"事情做对了"。

4.偶然的原因。偶然说,即因为一次偶然的事件或机会,促使发起者成立慈善组织。

Gbf:在我很小的时候看到过奶奶、母亲帮助穷人,这对我产生影响,这只是在思想上。我真正做慈善,只是一个偶然。我家里的衣服特别多,有一天衣服把家里的衣架压折了,我当时的想法是扔了太可惜,但穿呢也穿不了,怎么办呢?后来我在网上搜了一下旧衣服如何利用,就在网上发现有爱心墙,把衣服挂在墙上面,有需要的人就拿走。那上面写着"如果有爱心你就带过来,如果有需要你就拿走"我感觉这段话很好,方式也很好。我觉得特别好,就在我家小区试了一下。也找了面墙,照着那句话写了个标语"如有爱心请带来,如有需要请带走。"没想到一挂出去特别受欢迎,衣服全被拿走了。

这面墙搞好后,特别受欢迎,后来我的弟弟说也给他放一面墙,效果同样好得很。就这样慢慢搞起来了,我们公益发起就是这样开始的。我们组织的理念就是"立足八方,为八方贫弱困难群众服务,促进民族团结,促进社会和谐"。

5. 基于宗教扶贫济弱的理念。宗教理念说,即基于宗教同情弱者、接济弱者的理念而发起慈善组织,成员也多是基于同一原因而协同建立组织或参与活动,目的是帮助贫困者摆脱危机或是改善弱者的现状。

Gcd:宗教不是提倡行善嘛。我们这个教的一些群众,读书少,文化程度低,当他们进入城市后处处受限,无论是居住条件还是就业方面,都要差很多,特别是流动在我们这个区的一些妇女,我很同情她们。我觉得我有义务帮助贫困者,在自己具备一定条件后,我就成立了这么个慈善组织,专门接济穷人、困难的人。

Nsw:我本人是信教者。起初我成立这个慈善组织有宗教的原因,因为宗教就是提倡济贫济弱嘛,但发展到现在那不是主要的。我有一个医生朋友,说当时医院有些重病患者得不到及时救治而去世,主要是因为缺血,血库没有所需要血型的血。当时我们就组织了一些志愿者去血站献血,血站的领导非常高兴。这个社会确实需要志愿者,所以我们组织这个团队太重要了。

6. 多种原因促使。多因说,即慈善组织的创建者成立、发起组织,并不是基于某一个原因,而是多个原因促成组织的建立。

Gmmf:我们这个地方特别贫困。我是个公务员,因工作原因经常下各县、乡、村,走的地方比较多,发动这个组织之前我也参与过很多组织活动。我们这个地方是深度贫困州,是国家"三区三州"之一,主要是贫困。第二原因是老百姓不知道政府的很多政策,比如大病救治的相关政策,好像老百姓跟政府是割裂的,老百姓跟政府对接不上。第三个原因就是我们这个地方资源环境比较恶劣,人多地少、山多川少,土地比较贫瘠。8 个县市都是六盘山集中连片特困片区扶贫开发重点县,比如东乡族自治县,建档立卡的贫困户特别多。

Qsg:一个方面是少数民族特殊的感情与情怀,觉得少数民族妇女这方面,因为居家的比较多,很少有参加到组织中;另一个原因就是我比较喜欢和大学生在一起,喜欢和他们打交道。我接触志愿服务特别早,2006 年我去过国外,觉得他们的慈善机构发展得比较好,妇女慈善组织搞得特别好,青少年服务做得也好,那时候早了,那个时候咱们还没怎么推动它。因为看到了,也参与了一些活动,所以特别喜欢做公益,做慈善。

Gqnl:成立之前我们这里的公益团队很多,民间慈善自古以来就比较盛行。我们的公益团队涉及的领域也非常广泛,有扶贫救助、有教育教学、有防灾减灾,还有环境保护的,反正公益涉及的领域我们这儿都有。有自发性、有正规注册的。因为我们这儿是少数民族地区,慈善的理念深入到每个人的心中,这是有利的一面。

第二个原因,是我们这儿的团队重慈善轻公益,重眼前轻长远。重眼前就是喜欢做短平快的事情,轻长远是项目化、组织化运作的这种活动意识比较淡泊;还有就是重外部轻内部。重外部就是重视弱势群体,轻内部就是不重视内部的机构建设,比如团队有 10 万元,很多团队都把这 10 万元用到救助群体上了,对自己机构的建设、人员的培训、办公场所基本上是零投入,行政上的支出很少很少,不管是捐赠人还好,还是团队的负责人、核心人也好,基本都只是看重弱势群体,而对机构内部的投入严重不足。

第三个原因,是我在参与公益时看到了一些乱象。好多团队为了追求短期效果粗犷式发展,过分追求宣传效果,有时夸大、博眼球、触及热点,这会导致爱心人士、捐赠人对团队的认可度低。你越是这样,越会导致爱心人士的反感;很多团队调动资源的能力差,政府对他们的认可度也低;在企业眼中,我们的公益团队普遍太业余,理念粗糙,导致企业不愿投入,尤其是在机构的建设和发展上不愿投钱;在基金会和大公益的眼中,对我们的公益认可度低,很多团队连办公场所都没有,即使有也比较简陋,硬件投入不足,还有专职队伍好多团队都没有,即使有也就一个专职,所以在基金会和公益眼中,我们的认可度很低。认可度一低,他在公益项目上是不会倾斜的,他也会担心自己的项目运作是否规范。综合以上原因,我们就建立了这个平台,目的就是想把这些团队专业化、规范化发展。

Nyl:我发起成立这个组织有三个方面的原因。一是之前在这个行业待了很长时间,我以前做的是社区发展。我的工作领域是儿童教育类。我从这个机构出来想着我们本土没有这方面组织,国家提倡体制改革,社会治理格局的变化,开放社会服务的一些领域,包括开放一些购买服务,所以我觉得社会组织有发展的空间。尽管政府提供了很好的资源,但还是有社会组织存在的必要,也就是一些孩子需要社会组织去做一些服务,政府毕竟做的是宏观的、大方面的工作,社会组织可以补充政府来做一些事情。

第二个方面,是我本人对这行业有感情。我曾辍过学,是从志愿者身份过来的,所以我对这个行业有独特的感情。我1987年就因各种原因再没有机会读书,开始做志愿者,从志愿者的身份走上专业的道路。所以我对这个行业特别有感情,愿意做这样的事情。

第三个原因,从社会发展上来说,由本土的社会组织提供服务,更具有持续性。我的初衷是做这么个组织,先让它活下来,然后找志同道合的人、愿意干这事的人,把机构一步一步地交给他。当这个机构能活下来,我们慢慢地交给能干的人、年轻的人,让他们接着干下去。这个机构不是世袭的,不是我个人的,它是社会的,是为社会提供服务的机构。

关于成立组织的原因,无论是回报好人或社会的说法、事业说法、偶然说法、多原因说法等,大多数的组织发起人都坦承"起初有宗教助弱、扶困因素的考虑",而组织一旦成立后在开展活动的过程中,随着时间的推移,宗教理念的因素存在,"但这已经不是主要的","成立时以宗教理念为基础,以爱心为纽带。注册后逐渐淡化宗教的成分,从组织的成员、会员到受助对象都不分民族与宗教。"

甘宁青慈善组织在成立的后期更多强调的是公益、合作、团结,民族关系等。课题组在与慈善组织的负责人访谈时,多个组织负责人强调组织的团结与合作。青海××组织负责人说:

邻居比自己的亲戚还好。亲戚虽然在血缘上近,但是距离远。亲戚当急忙有个啥事照顾不上,而邻居就能指上事,帮忙照顾。不管他是哪个民族,只要他是邻居,必须要管。

我们要与任何民族搞好关系,他有他的长处,我们有我们的短处,我们互相交流互相学习,这才能够进步。比如汉族可向我们回族阿娘学习做面点,做拉面;藏族的酥油做得好,我们回族应多向他们请教。汉族是我们中国主要的民族,你看,我们离不开他们,我们吃的、穿的,基本上都是汉族人提供的。不管怎么说,我们少数民族离不开社会,离不开家庭,你要离开社会不行,离开家庭更不行。还要把家庭的问题搞清楚,要孝敬父母,把妻子儿女照顾好,他们高兴了家里就啥事也没了。我没有什么能力,没有什么更大的想法,就是想着把家里的事情搞好,邻居之间的关系搞好,给我们辖区做点贡献。想法是有,只不过干了一点点,不算是什么成绩。那些穷人你不管他,肯定会有人管他的。我们给的钱是有限的,不可能每个月都会给他。即便想每个月给,也会有难度。

三、慈善组织的类型

甘宁青慈善组织所属类别,如表1-9所示。在受访的慈善组织中,61.40%的组织属于社会团体,34.10%的组织属于民办非企业,而基金会所占比例最低,只占到组织总数的9.1%,10%都达不到。

表 1-9 慈善组织的类型

问 题	选项	百分比(%)
您的慈善组织属于 哪个组织类别?	社会团体	61.40
	民办非企业	34.10
	公募基金会	6.80
	非公募基金会	2.30

在甘宁青慈善组织中,社会团体类组织占一半以上,民办非企业单位与基金会类组织占有少部分比例,基本上与这三个省(自治区)总的社会组织类型相吻

合(图 1-5 甘宁青社会组织类型)。根据民政部社会组织网公布的 2020 年 1 月我国社会组织的类型统计,甘宁青社会团体类组织在当地社会组织总量中所占比重分别达到 76.8%、57.99%、70.48%,都远远高于民办非企业单位,而基金会类的社会组织在三省(自治区)总的社会组织中占比都相当少。

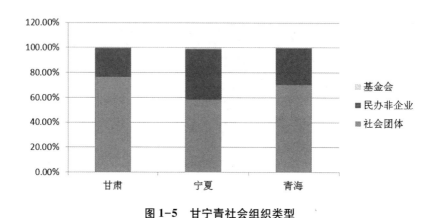

图 1-5 甘宁青社会组织类型

资料来源:根据民政部社会组织网公布的 2020 年 1 月我国社会组织的类型统计。

甘宁青慈善组织类型分布实际反映出在三个类别组织中,社会团体类组织的注册要相比其他两类组织更容易些。仅从注册资金上来说,注册社会团体类组织要求的资金要少很多。例如,在宁夏注册一个社会团体,资金不得低于 3 万元,基金会注册资金为 200 万元或 400 万元(非公募和公募),民办非企业的注册资金,根据县级、地市级、自治区级的级别层次,分别为 5 万元、10 万元和 30 万元。①

甘肃社会组织注册资金相对高一些。根据甘肃民政厅 2015 年 9 月发布的《甘肃省四类社会组织直接登记管理暂行办法》,登记省级的社会团体注册资金不得低于 50 万元,省级民办非企业单位不得低于 30 万元。慈善类组织的注册资金也是根据组织的层级确定不同的标准。

所以,注册什么类别的组织,很多慈善组织优先考虑的一个因素是注册资金的问题,其次才是组织服务的性质或服务的领域。

---

① 《宁夏社会组织登记暂行办法》。

四、慈善组织注册登记与办公场所

(一)慈善组织的注册登记

课题组对甘宁青慈善组织包括注册登记、办公场所、机构设置、资金管理与使用等组织建设情况进行了全面调研。

根据表 1-10,甘宁青慈善组织在注册资金方面,10 万元及以下的比例为 83.67%,10 万元以上 100 万元及以下的比例为 6.12%,100 万元以上的比例为 10.2%。这说明绝大多数受访慈善组织的注册资金集中在 10 万元及以下。

在出资方式方面,受访慈善组织中 95.83% 的组织为自然人出资,政府相关职能部门和企业出资的组织比例则均为 2.08%。也就是说受访慈善组织的出资方式主要是自然人出资,这与大部分受访慈善组织由行业自发成立的性质相一致。

在慈善募捐资格方面,83.33% 的受访慈善组织为定向募捐,16.67% 的受访慈善组织为公开募捐。对于是否设立慈善信托这一问题,98% 的受访慈善组织表示没有,只有 2% 的受访慈善组织设立了慈善信托。

表 1-10　甘宁青慈善组织的注册登记

问题	选项	百分比(%)
您的组织注册资金是多少?	10 万元及以下	83.67
	10 万元以上 100 万元及以下	6.12
	100 万元以上	10.2
您所在的组织以哪种方式出资?	政府相关职能部门	2.08
	企业	2.08
	自然人	95.83
您所在的组织慈善募捐资格是?	公开募捐	16.67
	定向募捐	83.33
您的组织是否设立慈善信托?	是	2
	否	98

(二)慈善组织的办公场所

甘宁青慈善组织办公场所情况如表 1-11 所示,自有产权的组织仅占受访慈善组织总数的 6.38%,51.06% 的受访慈善组织租赁办公场所,占到总数的一半以上。由会员企业提供、社区无偿提供办公场地的分别占 4.26%、10.64%,与其他组织或个人合租办公场所的组织占 12.77%,8.51%的慈善组织办公室设在慈善组织领导或成员家中,还有一些慈善组织通过临时借用等方式获得办公场所。

表 1-11　甘宁青慈善组织的办公场所

问题	选项	百分比(%)
您所在的组织办公场所属于哪种情况?	自有产权	6.38
	租赁使用	51.06
	会员企业提供	4.26
	临时借用	6.38
	社区无偿提供	10.64
	组织领导或成员家中	8.51
	合租办公场所	12.77

在访谈中课题组了解到甘宁青有一半以上的慈善组织办公室是租用的,与问卷调查基本符合。以下是甘肃和青海两种属性的办公室,一是租借办公室(图 1-6　临夏州义仓慈善公益服务中心租用的办公室),另一种是由社区无偿提供(图 1-7　社区为西宁曙光公益援助中心提供办公室)

图 1-6　临夏州义仓慈善公益服务中心租用办公室

图 1-7　社区为西宁曙光公益援助中心提供办公室

　　调研中也发现个别慈善组织办公室是由其创始人或领导成员提供的现象，如甘肃临夏青年联合会（图1-8　组织创始人提供办公室），其创始人将自己的私有住宅提供给组织做办公室。这种做法只能暂时缓解慈善组织的压力，但毕竟不是长久之计。对此，组织的现有负责人表达了"还是要改变筹资思路，走项目化道路"的想法。

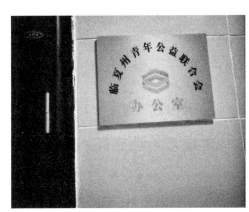

图 1-8　组织创始人提供办公室

　　在青海和宁夏两地调研中，课题组还发现了有的慈善组织将办公场所设在组织成员的家里。在宁夏甚至有慈善组织将办公室设在成员开的小饭馆里（图1-9　设在饭馆的海原县×××××）在饭馆里的慈善组织，没有专门的办公桌，没有电脑、没有打印机，没有办公的一切设备。可以想象，这样的慈善组织，它的规模以及它的运作方式怎样。

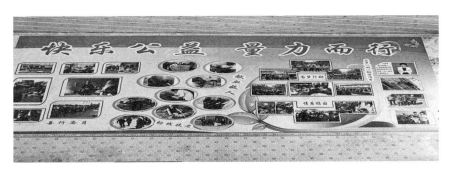

图 1-9　设在饭馆的海原县×××××

　　针对此现象,课题组特意询问组织负责人为什么不租房或想其他办法解决呢？得到的回答,无非是要将捐助者的捐助资金100%用在受助者身上。而这样的组织基本上都是小规模的、慈善运作较为传统的组织。

　　根据上述调查结果可以看到,甘宁青慈善组织规模偏小,注册资金主要集中在10万元及以下,出资方式主要依靠自然人,募捐资格为定向募捐,普遍没有设立慈善信托。绝大多数受访慈善组织无自有产权,一半以上的组织租用办公场地,由社区或是会员企业无偿提供的不足15%,其他是临时不固定办公场所。仅从组织注册和组织的办公场地来看,甘宁青慈善组织目前处于发展的起步阶段,走向成熟阶段仍有较大的提升空间。

第三节　慈善组织机构建设与管理制度

一、慈善组织机构设置

（一）机构组成基本情况

　　课题组对甘宁青慈善组织的机构设置进行了调查,表1-12为受访慈善机构设置的情况。根据该表可以看到,91.50%的慈善组织设置了理事会,44.70%的组织设置了常务理事会,44.70%的组织设置了监事会或监事,设有专家委员会的慈善组织仅占4.3%,还有40.40%的组织设置了会员代表大会。

　　在受访的慈善组织中,每个慈善组织平均约有12名理事,标准差约为11,最小值为0,最大值为68;每个慈善组织平均约有4名常务理事,标准差约为5,最小值为0,最大值为24;每个慈善组织平均约有14家会员单位,标准差约为35,最小值为0,最大值为200。

　　对于慈善组织中的会长（理事长）的专兼职情况,在受访慈善组织中,29.17%的为专职,70.83%的为兼职。可以看到,在甘宁青受访的慈善组织中,大部分的会长（理事长）均是兼职,这反映出甘宁青慈善组织的专业化程度仍然有待提升。

表 1-12　慈善组织的机构设置

问　题	选项	百分比（%）		
您的组织设置了下列哪些机构？（多选题）	会员大会	0.00		
	会员代表大会	40.40		
	理事会	91.50		
	常务理事会	44.70		
	监事会或监事	44.70		
	专家委员会（专家库）	4.30		
	其他机构	4.30		
您组织的会长（理事长）专兼职情况？	专职	29.17		
	兼职	70.83		
	均值	标准差	最小值	最大值
您所在组织现有理事多少名？	12	11	0	68
您所在组织现有常务理事多少名？	4	5	0	24
您所在组织现有会员单位多少家？	14	35	0	200

根据这些调查结果可以发现,甘宁青慈善组织绝大多数在机构建设上是规范的,都设置了理事会,部分设置了常务理事会,监事会或监事以及会员代表大会。平均来看,这些慈善组织约有 12 名理事,4 名常务理事,14 家会员单位,但在这其中也存在较大的差异,一些慈善组织没有理事、常务理事或者会员单位,一些慈善组织的理事人数、常务理事人数或者会员单位数远高于平均值。并且,在这些慈善组织中大部分会长（理事长）为兼职。因此,甘宁青慈善组织仍然处于初级发展阶段。

（二）依法依规开展机构建设

1. 组织成立。甘宁青慈善组织按照《社会组织登记管理条例》以及《中华人民共和国慈善法》的要求,依法依规进行组织的成立、机构的建设以及管理。

宁夏固原市西固爱心志愿者协会组建于 2012 年底,2015 年 12 月在固原市民政局、共青团固原市委等单位的支持以及爱心人士及社会各界的积极努力下,固原市西固爱心志愿者协会进入筹备阶段。2016 年 7 月××日,固原市西固爱心志愿者协会成立。以下是固原市西固爱心志愿者协会成立的实证过程。

固原市西固爱心志愿者协会选举办法

根据《社会团体登记管理办法条例》和本会章程的规定,制定固原市西固爱心志愿者协会第一届理事会选举办法。

一、固原市西固爱心志愿者协会第一届理事(常务理事)会长、副会长、秘书长,由本会第一届会员大会依照章程选举产生。

二、本会理事(常务理事)会长、副会长、秘书长的人选,由本会筹备会提名候选名单,报业务主管单位和登记管理机关同意后,提交会员大会进行表决。

三、选举方式为等额选举。

四、拟选举理事9名(其中常务理事4名),由参加会议的会员举手表决。选举结果须有2/3以上的会员参加、半数以上表决通过方可生效。

五、拟选举会长1名、常务副会长1名、副会长2名、秘书长1名。由当选理事以举手方式表决。选举结果须有2/3以上理事参加、半数以上表决通过方可生效。

六、会员或理事对于宣布的候选人,通过选举的方式进行表决,"另提人选"的可通过举手的方式口头提出其他人选。

选举设监票人1名,负责对选举全过程进行监督。候选人不得兼任监票人。计票人2名,负责选举全过程中的具体工作。计票结束后,由主持人(或监票人)当场宣布选举结果。

本选举办法未尽事宜,由会员讨论决定。

本选举办法经2016年7月××日固原市西固爱心志愿者协会第一届会员大会通过生效。

固原市西固爱心志愿者协会筹备组　2016年7月××日

固原市西固爱心志愿者协会成立大会

2016年7月××日,固原市西固爱心志愿者协会成立大会顺利召开。固原市国学文化促进会、宁夏义工联合会固原站、固原市残联、李德福文化大院、九龙国际、全友家私等社会团体和公益组织应邀参加成立大会。成立大会共有八项议程。

伴随着庄严的《义勇军进行曲》，西固爱心志愿者协会成立大会正式拉开序幕。

大会汇报了固原市西固爱心志愿者协会筹备情况，审议通过了《固原市西固爱心志愿者协会章程(草案)》《会费收缴管理办法(草案)》《固原市西固爱心志愿者协会选举办法》，并公开选举了西固爱心志愿者协会第一届理事(常务理事)和会长、副会长、秘书长。

图 1-10　协会讨论通过章程、会费收取以及选举办法

固原市西固爱心志愿者协会章程(草案)略

西固爱心志愿者协会会费收缴管理办法

第一条　为规范固原市西固爱心志愿者协会会费收缴与使用，保障协会充分履行职责、工作正常运行，根据《固原市西固爱心志愿者协会章程》及相关规定，制定了办法。

第二条　会费按以下标准收取:普通会员每年缴纳 100 元;理事每年缴纳 300 元;会长、副会长、秘书长每人每年缴纳 300—500 元。

第三条　会费统一缴纳日期，每年 12 月 1—30 日收取下一年度会费。

第四条　固原市西固爱心志愿者协会会员有按章程缴纳会费的义务。会员无正当理由，超过一年未缴纳会费，经催促仍不缴纳会费的，视为自动退会,收回会员证。

第五条　会费主要用于下列开支:

(一)协会日常经费支出。

(二)协会组织的交流、考察、学习、培训等支出。

(三)协会网站、期刊、宣传等开支。

(四)经理事会通过的用于其他方面业务的必要支出。

(五)协会设立专门账户,会费统一进入该账户,专款专用,按照国家有关财务制度进行管理,并接受业务主管单位和登记管理机关的监督。

第六条　会费管理坚持公开、透明的原则。

(一)理事会负责会费收支监督、检查。

(二)会费实行预算、决算制度。每年年底,常务理事会负责根据年度工作安排提出下年度经费预算草案,提理事会审议通过。协会按通过后的年度财务预算方案执行,年末按此方案进行决算。临时发生需要重大开支事项,应由理事会审议通过,并向会长报告。

(三)协会理事会每年向会员大会报告年度财务收支情况,并接受会员关于会费使用的质询。

(四)会费的支出在预算规定项目内的,由秘书长审核,会长审批。

第七条　本办法经固原市西固爱心志愿者协会第一届会员大会审议通过后实行,并报送业务专管单位和社团管理登记。

第八条　本办法由固原市西固爱心志愿者协会理事会负责解释。

2.组织架构。调研中发现,甘宁青慈善组织多数实行的是会长领导下的秘书长负责制。以下是甘肃省几家慈善组织机构图(图1-11,图1-12)。通过组织架构图,我们大致可了解该慈善组织的规模与运作模式。例如图1-11中的八方公益机构图,垂直直线型的结构是最为简单的一种组织架构,它反映了慈善组织的规模和慈善组织的活动类型,也能够说明慈善组织运作的主要方式。这种架构的慈善组织,一般人员少,组织业务不多,涉及领域不广。

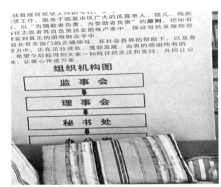

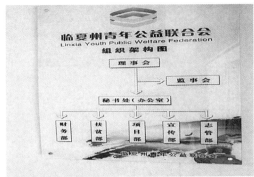

图 1-11　临夏八方公益机构图　　　　临夏州青年公益联合会机构图

　　相比较八方公益机构,临夏州青年公益联合会的组织架构较符合现代公益组织的结构。临夏州青年公益联合会实行的是理事长领导下的秘书长负责制。机构理事会下设秘书处,秘书处领导财务部、扶贫部、项目部、宣传部以及志愿者管理部等部门,秘书处接受理事会直接领导并向理事会负责。机构设有监事会,监事会对秘书长及其领导下的各部门的工作进行监督。

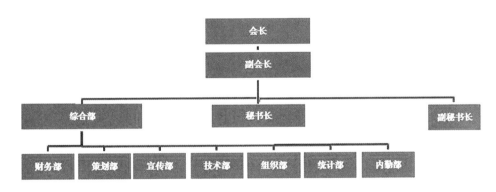

图 1-12　永靖县"在一起"爱心公益联合会机构图

　　调研中发现,由于组织服务领域、服务对象不一样,组织的结构就会有所差别,如养老机构的组织架构,就较为复杂一些(见图 1-13　循化县惠康养老服务中心机构图)

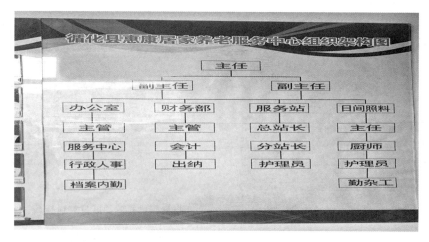

图 1-13　循化县惠康养老服务中心机构图

3.分支机构的设置。为方便服务对象以及服务项目的开展,甘宁青多个慈善组织根据工作开展情况在组织机构以下设分支机构。例如,为便于服务社区以及社区居民,宁夏昊善社会工作服务中心在多个城市社区以及农村社区设有服务站,主要有银川市兴庆区月牙湖乡小塘村社区工作站、兴庆区满春社区工作站、西夏区星光巷社区工作站,固原市原州区小川子社区工作站,西吉县田坪乡黄岔村工作站,隆德县特殊教育学校工作站,海原县老城区建设社区工作站,海原县树台乡红井村工作站等。每个社区工作站都有志愿者工作人员以及社区工作站负责人。

(三)机构建设案例

组织分化与组织成长

在甘肃比较有影响的慈善组织 QN,成立于 2016 年,它是由 21 家社会组织共同发起的民间非营利的社团,它是甘肃省 L 市社会组织中的组织。QN 有效整合了各方力量,改变了以往规模小、松散型、各干各、单打独斗的工作局面,所以在当地很有号召力与影响力。QN 如何发展成为“组织中的组织”?课题组与联合会的原秘书长 F 先生做了深入交流,以下是秘书长陈述实录:

　　理论之争与组织分化。在 2011 年我刚进入公益领域的时候,把自己定义为一名志愿者,只要是能帮助弱势者的事情,我觉得都是我义不容辞的事情,而且做起来很快乐。当时我自己开着小店,生意挺好也挺忙。但是一有公益活动我就把店里的事情撂下去参加。那时就觉得做公益比我守着店、赚点小钱更有价值、更有意义,说简单点就是公益让我更快乐。2011 年一整年的志愿服务,我主要从事搬运物资、发放物资、整顿库房,当时那个库房是 YC 的(甘肃较大的慈善组织),做的是收购二手衣服支援贫困山区。

2012 年,我开始接触大病救助。当时是我们 L 县的一个儿童患了上膜母细胞瘤,眼睛里出了一个拳头大小的肿瘤。我们通过社会各方面的帮助筹到款,打算到北京去做手术。因家属不识字不能去,而且联系到北京的一个西部儿童基金,于是我陪他们到北京。在北京武警总院成功地做了手术。

这个经历使我感觉到志愿者不仅仅是搬运物资,有时还要临危受命,挑战自己的极限。陪病患到北京做手术这个事情难度挺大,我自己从来也没有经历过,当时就是硬着头皮去了。到了以后申请床位,带着检查,找寻住宿,人生地不熟,对我来说挑战极大。

2013 年通过我们的机构,我参与了 4·20 雅安地震、7·22 岷县、张县救灾,当时是通过省上的甘肃救灾联盟参加。在雅安待了 15 天,工作是搬运救灾物资、入库出库。因为地震比较大,参与的人也多,在那里我看到、感受到了"公益的世界原来这么宏大"。我另一个身份是壹基金联合志愿者,所以我看到了公益世界的宏大,感受到职业公益人的专业水平、敬业精神、职业操守。这是 2013 年我走出去所经历的。

2014 年我在我们机构里承担了一些公益项目的实施和开展,包括叶百书柜、壹基金的净水计划、壹基金温暖包、中华儿慈会等等。通过公益项目的参与,我认识到公益不那么简单,我也从个人的发展看到了团队的发展。要么有钱搞慈善,要么有人做公益,否则这个机构永远不会成长。

2015 年通过一系列的大病救助、公益环保、组织沙龙、教育扶贫等等,我感受到了公益机构不一定要做大做全。因为经过这四五年的发展,我认为我们发展挺快的,做了各种的领域、各种的项目。但我认为小而美、有特色、有品牌才会有更大的发展潜力。

当时我们团队发生了公益理念的激烈碰撞。有些人提出要把团队做大做强,有些人认为我们就是民间公益,民间慈善,民间的搞些短平快的就行了。持短平快观点的人提出："你的那个公益项目太复杂了,要聘请专业人才,还要给他开工资,这根本不划算。我们做的慈善应该是零成本、零投入,百分百捐献给受助群体。"而持做大做强观点的人通过放眼看外界,认为我们慈善组织要走项目化、品牌化、规范化的道路。所以团队出现了理念的碰撞,结果导致分化。

我们的决策层很矛盾,我自己比较倾向走专业化道路。这也导致了我们一些初创的老队员离队了,给我们机构带来了很大的损失。那些老队员前前后后坚持了六七年,都是从人员上、物资上、资金上给过很大支持的。

组织重建与组织成长。人员分化给我们机构带来了一些损失。2016年,为了更有效地开展工作,我们机构由以前的理事长负责制改革为秘书长负责制。这是因为秘书长是在一线,最基层的,最了解基层,最了解受助群体,最了解机构发展的路程,而且秘书长是全职的,每天在一线,而决策层是偶尔来一次。我出任了组织的秘书长。

秘书长负责制给我们带来的好处就是开始大刀阔斧地改革,开源节流,夯实基础,做一些基础的工作。对内我们搞团建,内部管理,我们抓注册(当时还没注册)当时慈善法即将颁布,我们就抓紧做这件事。然后从基层、一线充分挖掘人才,挖出一个我就安排、任命一个,适合理事的就把他放在理事会,适合监事就放到监事会,适合执行工作就把他任命到秘书处。我大胆地用一些年轻人、新人,这样就充实了我们的决策层(因为老队员分化走了),也扩充了我们的捐赠人,充实了我们的执行层,也充实了我们的志愿者队伍。

之后,我们健全组织架构。以前理事会、监事会这些我们都没有。就只有一个五六个人的核心团队,这几人都是初创人员,多少年再也没进过新人。成立时这些人思想还超前,但经过几年的发展也出现了固化、与时代脱节的现象。所以我们健全机构,做好自身,为打造专业化铺路。

2017年也是困难重重的一年,在打造专业化机构的道路上真是很曲折的。主要是初创人员不理解、不支持。在我的任期内,我当时通过各种渠道给办公室充实了3个人员,想尽办法补充人员,而且一定要给发合适的工资,否则你留不住人。这样的话招人就要有条件了,至少是大学生。如果是高中毕业生,那只能做志愿者,不能做专职人员。包括我在内,专职人员3个。后来又挖掘了一些人才给我做助手,任命了4个副秘书长,都是直接把他们从志愿者提到中层,三个是本科学历,一个是硕士学历,其中有2个是小学老师。老师的好处是有两个假期,有将近3个月的时间可以做项目,而且老师本身有收入,就不从我们这儿拿工资。把他们弄到我们秘书处,这样我们的开支少但能做事情。另外2个是公务员,两个都在政府上班,我看中他们的管理理念,机构的管理、人事的发展都需要懂管理。我是公务员嘛,眼界比较开阔,对政府政策方面也比较了解。

经过一段时间工作,我发现其中的一个工作能力比较强,他姓Z,我们都叫他Z老师,现在是QN的秘书长。为啥要发展他呢?他是名乡村小学老师,当过校长,他的公益理念当时说还比较超前。再说他年轻有为,各方面敢打敢闯,和他比较,我认为自己还比较保守。

我们内部建设我觉得差不多了,有后勤部、宣传部、财务部、项目部,各部都有一个部长、两个副部长、若干志愿者,所以说基础打造得差不多了。再就是拓展的问题。我感觉Z老师在项目拓展方面能力比我强,所以2017年我从秘书长职位下来,让Z老师上。一方面我当时挺忙,另一方面也有点累了,加上我看到打造专业机构是漫长的过程,不可能短时间就成型,需要创新型的、年轻有为的人上。我转到理事会,做顾问型、辅助型的工作,其实就是退居二线。

事实证明我这样做是对的。Z老师当上秘书长之后,一年中做了大量的项目,包括壹基金儿童服务站项目、圆梦北京助学文化游项目,都是通过99公益日发起的。后来壹基金的温暖包项目,还有一些对学校的图书捐赠项目。做了很多项目,团队也上了一个新台阶。所以我认为自己当时的选择是对的,为了机构的发展,我们能进的时候就进,能退的时候也要勇于退。

2018年我们联合会的理事长要搭建这么一个平台,愿望很强烈。当时需要一个能够协调各方的人,他就选中了我,所以我现在在╳理事长的带领下,又从幕后转到台前。

通过与秘书长的谈话,我们了解到个体从志愿者到组织负责人的成长经历,也了解到慈善机构从传统机构过渡到规范化、制度化组织的发展历程。QN的理念之争、团队分裂、机构改革、组织重组的经历,是调研中受访慈善组织所遇到问题的缩影。慈善法时代甘宁青慈善组织如何定位自身、如何通过组织的建设实现组织运作的目标,是慈善组织必须认真对待、认真思考的问题。

二、慈善组织的换届

(一)组织换届基本情况

组织机构依据规章制度实现组织行动的连续性,因而本研究对甘宁青慈善组织的内部建设进行了相关的调查。首先是慈善组织的换届制度,调查结果如表 1-13 所示,从中可以看到,在组织领导人(包括会长、副会长、理事长、副理事长)的产生方式上,42.55%的受访慈善组织表示为前任会长(理事长)或理事会提名,会员大会或理事会等额选举产生,40.43%的受访慈善组织表示为会员大会或理事会差额选举产生。因此,前任会长(理事长)或理事会提名,会员大会或理事会等额选举产生,或者会员大会或理事会差额选举产生是甘宁青慈善组织领导人主要的产生方式。

对于是否依照章程的规定按期换届的问题,75%的受访慈善组织做出肯定回答,25%的慈善组织表示没有按要求如期换届。对于换届工作是否依照章程规定的流程执行这一问题,78.72%的受访慈善组织回答依流程进行,而21.28%的慈善组织做出否定回答。可见,甘宁青大部分的慈善组织是依照章程的规定,按期、按流程进行换届工作,但也存在小部分慈善组织没有依照章程规定执行换届工作。

表 1-13 慈善组织的换届制度

问　题	选项	百分比(%)
您所在组织的领导人(会长、副会长、理事长、副理事长)的产生方式为?	业务指导单位直接任命	4.26
	业务指导单位提名,等额选举产生	10.64
	前任会长(理事长)或理事会提名,会员大会或理事会等额选举产生	42.55
	会员大会或理事会差额选举产生	40.43
	根据会费/赞助费的缴纳额排序决定	2.13
您所在组织是否依照章程的规定按期换届?	是	75
	否	25

问　题	选项	百分比（%）
您所在组织换届工作是否依照章程规定的流程执行？	是	78.72
	否	21.28

（二）慈善组织换届实例

红寺堡爱心救助协会召开第二届会员代表大会①

2019年×月××日,红寺堡爱心救助协会召开第二届会员代表大会[图1-14　红寺堡爱心救助协会召开代表大会（2019）],会议由李×主持,协会会员、志愿者代表参加了会议。大会选举产生了红寺堡爱心救助协会新一届秘书长、副秘书长、副会长、监事会监事长、监事会成员。

大会伊始,红寺堡爱心救助协会会长罗××联系自身实际,详细阐释了协会的宗旨和理念,号召大家积极行动,大力参与营造"人人公益"的社会氛围,在志愿奉献过程中收获成长与快乐。

会长宣读《关于红寺堡爱心救助协会部分领导班子成员换届选举的决定》和候选人名单。

图1-14　红寺堡爱心救助协会召开代表大会（2019）

---

①　红寺堡爱心救助协会是宁夏吴忠市的一家慈善组织。

经过协会会员举手表决,新一届会长、秘书长、副秘书长、副会长、监事会监事长、监事会成员名单正式出炉。

新成员:

会长:×××

名誉会长:×××

秘书长:×××

副秘书长:×××

副会长:×××

监事长:×××

监事会成员:×××

协会志愿者定要秉承"奉献、友爱、互助、进步"志愿服务精神,做好事,做实事,为推进慈善事业健康发展贡献自己的力量。

三、慈善组织的内部管理

(一)组织的决策制度

1. 决策制度基本情况。慈善组织的决策制度,具体调查结果如表 1-14 所示(表 1-14 甘宁青慈善组织的决策制度)。对于组织重大决策的制定,65.22%的受访慈善组织是理事会或常务理事会民主决定,15.22%的慈善组织是会员大会(代表大会)决定,也有 19.56%的慈善组织是由机构负责人个人决定。

表 1-14 甘宁青慈善组织的决策制度

问 题	选项	百分比(%)
您所在组织重大决策的制定采取什么方式?	会员大会(代表大会)决定 理事会或常务理事会民主决定 由秘书处决定 由负责人个人决定 由业务主管单位决定	15.22 65.22 0.00 19.56 0.00
您所在组织制定了哪些议事规则? (多选题)	会员大会议事规则 理事会会议议事规则 常务理事会议事规则 监事会议事规则 未建立任何议事规则 其他	42.60 72.30 42.60 36.20 4.30 6.40

在议事规则方面,如表 1-14 所示,受访慈善组织中 72.30% 的组织制定了理事会会议议事规则,42.60% 的慈善组织制定了会员大会议事规则,也有 42.60% 的组织制定了常务理事会议事规则,还有 36.20% 的组织制定了监事会议事规则。调查数据表明,甘宁青大部分慈善组织遵循了民主管理原则,制定了理事会会议议事规则。较小比例的慈善组织制定了会员大会议事规则、常务理事会议事规则以及监事会议事规则。

2. 组织议事例证

东乡县禁毒志愿者协会向监事会报告年度工作

2018 年××月××日,东乡县禁毒志愿者协会管理层向监事会报告年度工作,理事长×××、会长×××,副会长×××、×××、×××,部分监事会及理事会成员参加会议,会议由×××主持。会上,×××、×××、×××依次向监事会报告年度工作(见图 1-15　志愿者协会向监事会报告年度工作),×××等主要监事会成员做点评,并提出意见建议。协会会长汇报了协会十个月的主要工作,总结协会发展过程中出现的问题,并提出加强党建、团队能力建设、提升文化软实力等方面的规划。副会长分析协会存在的不足,结合自身工作实例,浅谈了宣传在协会对外工作中的重要性,并就协会如何做大、做强、做全给出了个人建议。×××从个人成长、公益见解、协会更好发展三方面谈了自己的看法,重点从发展大学生志愿者、调动志愿者积极性、公益的商业化运营、加强志愿者培训、公益团队专业化等方面给出了独特性意见。

×××对协会近 10 个月发展所取得的成绩给予了充肯定,并对协会管理层所做的半年度工作表示了肯定。通过回顾协会发展历程,×××对协会管理层做出的规划表示赞赏,并表示只要有利于协会发展都会全力支持。

×××对协会发展中存在的问题及协会发展思路发表了自己的见解,特别强调了加强协会党建、文化建设、队伍建设的重要性。并要求协会管理层做好表率,充分挖掘志愿者的自身优势,共同把协会做大、做强,走出东乡、走出甘肃、走向全国。

图 1-15　志愿者协会向监事会报告年度工作

（二）组织员工管理制度

慈善组织相关员工管理的制度，如表 1-15 所示（表 1-15　慈善组织员工管理制度）。在内部员工的相关制度方面，55.30% 的慈善组织制定了薪酬制度，53.20% 的慈善组织制定了聘用制度，也有 42.60% 的组织制定了考勤制度，还有一定比例的受访慈善组织制定了奖惩、培训等制度。这说明有近一半的慈善组织没有制定相关的员工管理制度。目前慈善组织针对员工制定的制度主要集中在薪酬、聘用和考勤制度方面，奖惩、培训以及保障等制度相对较少。

表 1-15　慈善组织员工管理制度

问　　题	选项	百分比（%）
您所在组织针对工作人员制定了哪些相关制度（多选题）	聘用制度	53.20
	薪酬制度	55.30
	保障制度	21.30
	培训制度	31.90
	奖惩制度	36.20
	考勤制度	42.60
	其他制度	31.90

（三）办公室管理制度

在调研中发现，甘宁青慈善组织在办公室管理制度方面良莠不齐，一些组织有专门的办公室管理制度（见图 1-16　组织的办公室管理制度），但也有相当一部分的组织并没有文字性的办公室管理制度。

临夏州青年联合会内部管理制度

兰州半山民族养老院管理制度

图 1-16　组织的办公室管理制度

课题组问及组织负责人为什么没有办公室管理制度时,发现有多种原因,有的是对办公人员做了口头规定,有的是因为组织成立时间不长,办公室制度到底怎么制定还在酝酿中,还有一种原因是组织机构规模小,机构负责人认为还没有必要制定专门制度等。

四、慈善组织活动备案、信息公开

(一)活动备案

慈善组织进行活动备案和信息公开是接受外界监督的重要方式,也是慈善组织建设和管理的重要内容之一。甘宁青慈善组织在这方面的情况如表 1-16(表 1-16　甘宁青慈善组织活动备案情况)所示。

表 1-16 甘宁青慈善组织活动备案情况

	内容	有(%)	无(%)
备案	按规定重大活动报告备案	86.36	13.64
	按规定公布接受捐助信息	77.5	22.5
	按规定公布慈善支出信息	85	15

表 1-16 数据反映,在按规定重大活动报告备案方面,86.36%的受访慈善组织表示有备案,只要 13.64%的慈善组织没有备案。在按规定公布接受捐助信息方面,77.5%的受访慈善组织能够做到,而 22.5%的慈善组织没有按照规定公布信息。在按规定公布慈善支出信息方面,85%的受访慈善组织做到,没有做到的占比为 15%。可以看到,大部分甘宁青慈善组织能够按规定进行重大活动报告备案,公布接受捐助信息,公布慈善支出信息,但需要注意的是,也有小部分慈善组织并不能做到。

(二)信息公开

1.信息公开内容。慈善组织公开工作与财务方面信息如表 1-17(表 1-17 慈善组织公开工作报告与财务报告情况)所示。数据显示,87.23%的受访慈善组织每年都会向社会公开年度工作报告和财务会计报告,相比而言,只有 12.77%的慈善组织没有这样做。

在什么样的情况下公开工作报告和财务会计报告,82.61%的受访慈善组织主动公开信息,6.52%的慈善组织应要求公开信息。调研结果说明,甘宁青绝大多数慈善组织每年都会向社会公开年度工作报告和财务会计报告,并以主动公开信息的方式接受社会的监督。

表 1-17 慈善组织公开工作报告与财务报告情况

问题	选项	百分比(%)
您所在组织每年是否向社会公开年度工作报告和财务会计报告?	是	87.23
	否	12.77
您所在组织如何公开信息?	主动公开信息	82.61
	应要求公开信息	6.52
	其他	10.87

2.信息公开方式。甘宁青慈善组织信息公开方式如表1-18(表1-18 慈善组织信息公开方式)所示,33.33%的受访慈善组织通过内部刊物的形式进行,63.41%的慈善组织通过网站的形式,19.44%的慈善组织通过报纸的形式,90%的慈善组织通过微信群的形式。通过数据,甘宁青慈善组织信息公开主要是在网站和微信群,其中以微信群为主要信息渠道的占绝大多数。

表1-18 慈善组织信息公开方式

	内 容	有(%)	无(%)
信息公开	以内部刊物方式	33.33	66.67
	以网站方式	63.41	36.59
	以报纸方式	19.44	80.56
	以微信群方式	90	10

第四节 慈善组织党建工作

党的建设对慈善组织自身建设来说意义重大,通过党的建设引领组织的正确发展方向、激发组织活力、增加组织的凝聚力。甘宁青慈善组织在开展组织内部建设过程中,以党的建设为抓手,促进各项建设的顺利推进。

一、党建工作基本情况

调研中发现甘宁青绝大多数慈善组织认识到党的建设对组织建设的重要性,重视党的建设工作,成立党组织,积极开展党建工作,组织支部政治学习,以党的建设引领组织的机构建设、制度建设。各慈善组织成立学习小组,建设学习基地,如青海回族撒拉族救助会成立"习近平新时代中国特色社会主义思想讲习所"(图1-17 青海回族撒拉族救助会党建基地),邀请省内外专家讲解习近平新时代中国特色社会主义思想。不定期组织党支部成员集中学习或是外出参观学习,通过各种形式提高组织成员政治理论素养。

图 1-17　青海回族撒拉族救助会党建基地

甘宁青慈善组织重视党的理论学习,各地都会组织本党支部成员政治理论学习或在地方举办讲座,开展政治理论学习讲解,如甘肃临夏州青年联合会2018 年在广河县举办"青年讲堂",邀请从广河县走出去的青年才俊、中国原子能科学研究院研究生导师、核工业研究部兼职教授杨××博士给全州各界青年作报告(图 1-18　政治理论学习与宣讲)。

图 1-18　政治理论学习与宣讲

甘宁青慈善组织开展各种形式的宣传或参观活动,以党的建设促进团队建设。如 2019 年,甘肃一山一水环境与社会发展中心党支部在甘肃省联合会机关党委的指导下,开展以"学习新党章、践行十九大精神""不忘初心、牢记使命"为主题的活动(图 1-19　一山一水环境与社会发展中心党支部参观学习)。

图 1-19　一山一水环境与社会发展中心党支部参观学习

二、慈善组织党建工作例证

甘肃平凉众益农村社区发展协会党支部委员会 2016 年成立,平凉众益一直以党建工作推动组织建设,取得明显效果。以下是自组织成立至 2018 年党支部开展的几次主要活动。以此为例,观察慈善组织以党建促组织建设的情况。

平凉众益第一届党员代表大会

2016 年×月××日,平凉众益农村社区发展协会第一届党员代表大会举行(图 1-20　平凉众益农村社区发展协会第一届党员代表大会)。会议由平凉众益副会长马××主持,会议在庄严的《义勇军进行曲》声中拉开帷幕。会议议程主要是选举中共平凉众益农村社区发展协会党支部委员。平凉众益党员有 15 名,应到 15 名,实到 14 名,一致通过《平凉众益农村社区发展协会党委选举办法》,再进行不记名投票选举,选出平凉众益农村社区发展协会党支部书记 1 名,副书记 1 名,组织委员 1 名,宣传委员 1 名,纪检委员 1 名。

苏××代表平凉众益新当选的党委成员讲话,她讲到成立众益党支部对于众益全面发展的重要意义。党是人民的带头人,在一个公益机构更要体现党的先进性,党员同志更要争先创优,做一名合格的共产党员,一名合格的公益人。平凉众益党支部要带领全体党员,认真贯彻落实党的各项路线方针政策,真抓实干,使各项工作取得长足发展。平凉众益要以高度的机遇意识和强烈的使命感、责任感,勇挑重担,奋力前行,以崭新的风貌,良好的作风,向市社会组织党工委、公益资助人、受益人、众益志愿者以及全市人民群众交出一份满意的答卷。

平凉众益副会长马××对新当选的支部班子表示热烈祝贺,提出协会工作将以党支部为中心,自觉接受党支部监督管理,为协会志愿服务起带头作用、引领作用。

平凉众益农村社区发展协会第一届党员代表大会在《国际歌》声中闭幕。

图1-20 平凉众益农村社区发展协会第一届党员代表大会

迎"七一"众益党支部会议

2017年7月1日,是中国共产党建党96周年生日。为纪念这个具有伟大意义的节日,平凉众益农村社区发展协会党支部召开了党员大会,会议由平凉众益党支部书记苏××主持,平凉众益党支部8名党员和3名预备党员参加了会议。

会议有三项内容。一是学习中国共产党的诞生历史以及党的发展史。二是学习《2017年全市社会组织党建工作要点》的通知。由平凉众益党支部组织委员马××带领参会党员学习了由中共平凉市委组织部、中共平凉市民政局印发的《2017年全市社会组织党建工作要点》的通知。第三项内容发展三名正式党员。2016年6月,平凉众益党支部收到三份《入党申请书》,经过一年的考察期,三名积极分子成为预备党员。会议经严格表决程序,三名预备党员全票通过,被接收为中共正式党员,由平凉众益党支部组织委员马××同志带领新党员宣誓入党。

市委组织部、市民政局督查调研平凉众益党建工作

2017年8月××日,中共平凉市委组织部副部长范××、平凉市社会组织管理局党工委书记马××等一行四人督查调研平凉众益农村社区发展协会党建工作。平凉众益党支部书记苏××、会长马××及部分党员、协会工作人员参加党建汇报工作。

市委党建督查调研分为两部分,一是查看协会党建资料、会议记录、学习笔记、学习资料等相关内容,二是听取平凉众益党支部书记汇报关于开展党课学习、"两学一做"学习情况、党会开展情况等,支部书记苏××同时汇报近两年平凉众益公益项目执行情况。

汇报结束后,督查组一行四人参观平凉众益党建展板、协会办公室,协会近年来项目展板、平凉众益执行的新民路社区壹乐园儿童服务站。苏××向调研组汇报留守儿童服务的主要内容。

庆祝建党97周年"忆初心、讲奉献、话发展"主题党会

2018年6月××日,平凉众益农村社区发展协会党支部在协会党建办公室召开庆祝建党97周年"忆初心,讲奉献、话发展"支部主题会(图1-21　平凉众益农村社区发展协会主题党会)。平凉众益党支部书记、协会会长、副会长、支部组织委员等8名党员参加了主题会,会议由党支部书记苏××主持。

协会会长马××宣读了《中共甘肃省委组织部关于开展纪念建党97周年支部主题党日活动的通知》,马会长强调协会围绕《通知》内容开展形式多样的主题会。党支部书记苏××围绕"忆初心、讲奉献、话发展"主题内容,结合协会党员志愿者为协会的无私奉献精神和加入志愿团队的初心,对党员志愿者的争先创优的示范性、引领性给予肯定,并对协会所执行的公益项目和未来协会发展方向做初步规划。会议第三项内容针对协会党支部和党员出

现的问题展开了讨论。大家共同就出现的问题出谋划策,提出应对方式和改进措施,以促使协会党支部管理更规范,党员更优秀,全体党员及志愿者全心全意为弱势群体做好服务。第四项内容对两名入党积极分子转为预备党员进行无记名投票,并全票通过一名优秀的入党积极分子转为预备党员。

图1-21　平凉众益农村社区发展协会主题党会

第二章　甘宁青慈善组织运作领域与影响

　　甘宁青慈善组织在政府领导与支持下,在为政府分忧、为社会解困、为群众谋利益方面发挥了积极的功能与作用。

　　甘宁青慈善组织运作领域主要包括人类服务、灾害应对、医疗健康、生态保护等方面。通过多年持续不断地努力,甘宁青慈善组织运作产生了积极效益与影响,在助力精准扶贫、推动脱贫攻坚战的实施,链接内外部的慈善资源,推进社会主义文化建设,倡导与保护妇女儿童权益方面等,产生了很好的效益与影响。

第一节　甘宁青慈善组织服务领域

一、服务领域基本情况

　　甘宁青慈善组织服务领域如表2-1(表2-1　甘宁青慈善组织服务领域)所示,在受访慈善组织中,有87.50%的慈善组织集中在关爱妇女、儿童、老人和残疾人方面(人类服务),66.70%的组织在教育或助学领域服务,39.60%的慈善组织关注公益支持,还有37.50%的组织服务灾害应对领域,也有一定比例的慈善组织将慈善服务聚焦在社区工作、保护和改善生态环境等领域。

　　根据问卷数据,甘宁青三省(自治区)慈善服务领域重点是人类服务,其次为教育、公益支持、灾害应对、社区工作、保护和改善生态环境等方面。

表 2-1　甘宁青慈善组织服务领域

问　题	选　项	百分比（%）
您的组织慈善领域是？（多选题）	教育/助学	66.70
	人类服务（关爱妇女、儿童、老人和残疾人）	87.50
	灾害应对	37.50
	医疗健康	18.80
	法律服务	6.30
	保护和改善生态环境	31.30
	艾滋病防治/禁毒	12.50
	公益支持	39.60
	社区工作	33.30
	其他	4.20

注：为使调查对象明白问题，将"人类服务"具体化为"关爱妇女、儿童、老人和残疾人"。

　　甘宁青三省（自治区）在服务领域的排序上有些差异（表 2-2　甘宁青慈善组织服务领域排名）。根据中国公益慈善网甘肃、宁夏以及青海慈善信息平台慈善服务领域排名，甘肃慈善服务领域排名由高到低依次为：教育、人类服务、社区发展、志愿服务、公益慈善行业发展；宁夏慈善服务领域排名依次为：人类服务、扶贫与发展、医疗、法律援助、科技、文化、生态环境、减灾与救灾、公用事业、社区发展；青海省慈善服务领域排名为减灾与救灾、救助、人类服务、扶贫与发展、医疗、就业服务、其他[1]。

表 2-2　甘宁青慈善服务领域排名

排名	甘肃	宁夏	青海
1	教育	人类服务	减灾与救灾
2	人类服务	扶贫与发展	救助
3	社区发展	医疗	人类服务
4	志愿服务	法律援助	扶贫与发展
5	公益慈善行业发展	科技	医疗
6		文化	就业服务
7		生态环境	其他

[1]　根据 ca.charity.gov.cn/govwww/620000.html/统计。

排名	甘肃	宁夏	青海
8		减灾与救灾	
9		公用事业	
10		社区发展	

资料来源:根据中国慈善信息平台公布的甘肃、宁夏、青海"已入住的慈善组织"统计。

二、慈善组织人类服务领域

接近90%的慈善组织从事人类服务,这充分反映了慈善的本质就是帮助那些身处困境中的人。甘肃、宁夏、青海由于历史、地理等多种原因,经济、文化、社会整体落后于全国其他地方,社会问题尤其突出,贫困妇女、留守儿童、孤寡老人、重患残疾等群体规模大、数量多,需要帮助、救助、关爱的人非常多,所以甘宁青从事人类服务领域慈善服务的组织就特别多。

(一)扶老助老

1. 甘宁青老年人基本情况。随着我国现代化进程的加剧以及生活方式、居住环境等诸多因素的变化,老年人生活面临越来越多的问题。近些年,甘宁青老年人数量呈逐年增加的态势。据2019年甘肃、宁夏、青海国民经济与社会发展统计公报的数据,截至2019年底,甘肃省60岁及以上老年人口446.09万,占总人口的16.85%;[①]宁夏60周岁及以上人口96.97万,占全区总人口的13.96%,其中65周岁及以上人口为67.38,占9.7%;[②]青海省65岁及以上人口50.51万,占总人口的8.31%。[③]

2019年我国60周岁及以上人口占全国总人口比重为18.1%,其中65岁人口占12.6%[④]。与全国老龄人口比重相比,甘肃、宁夏、青海三省(自治区)人口老龄化状况相对较好。但按照国际标准"一个国家或地区60岁以上老年人口占人口总数的10%,或65岁以上老年人口占人口总数的7%"的标准,甘肃、宁夏、青海三省(自治区)均已进入老龄化社会。

---

① 《我省促进医养结合事业快速发展》,《甘肃日报》2020年3月31日。
② 宁夏统计局:《2019年宁夏回族自治区国民经济和社会发展统计公报》,2020年2月28日。
③ 青海省统计局:《2019年青海省国民经济和社会发展统计公报》,2020年2月28日。
④ 国家统计局:《中华人民共和国国民经济和社会发展统计公报》,2020年2月28日。

除了老年人口多、比重大之外,甘宁青经济落后,特别是农村地区经济条件差、农民生活水平低,老人、贫困、留守三因素相叠加,使得老人的问题特别突出。

2. 不同形式的敬老慰问服务。尊敬老人、关心老人是中华传统美德。甘宁青从事人类服务的慈善组织中,90%多的组织都有服务老人的活动或项目,如甘肃临夏青年联合会"银天使计划—老有所衣"、临夏八方公益爱心慈善中心"温暖礼包"、甘肃沁塬社会工作服务中心、宁夏昊善社会工作服务中心"三留守"、固原雨露"守护夕阳 富乐同行""精准帮扶·情暖夕阳"、海原县义工联合会"老年人寒冬送温暖礼包"、同心爱心救助协会"一起做空巢老人的'好儿女'"、灵武囍囍慈善协会,青海高远慈善帮扶救助会"光明助困"等。

甘宁青慈善组织针对老人们面临的不同问题,提供不同形式的服务,有对贫困、残疾老人物质上的帮助,也有对孤寡、留守、空巢老人精神上的关心慰藉。

关爱老人活动制度化。甘宁青部分慈善组织将开展为老活动、服务老人、关爱老人的活动制度化。如甘肃一些慈善组织将重阳节敬老活动制度化,在重阳节这一天开展关爱老人的各类活动,有健康志愿服务活动,有义诊、健康咨询、免费理发等爱老敬老志愿服务,也有到敬老院为老人理发、整理床铺等服务(见图2-1 敬老院为老人服务)。

甘肃永靖在一起爱心公益协会在陈井镇养老院服务

甘肃积石山县微光慈善协会慰问敬老院老人

图2-1 敬老院为老人服务

宁夏固原市原州区雨露社会工作服务中心开展"精准帮扶,情暖夕阳"项目,在官厅镇庙台村、开城镇冯庄村、下青石村、河川乡骆驼河村开展慰问活动[图2-2原州区雨露社会工作服务中心慰问老人(2019)],为近百名留守老人送去慰问物资。志愿者和老人们围坐在一起聊天、谈心,收集老人的微心愿,详细了解老人们身体、生活、饮食等方面情况,教老人们运动的一些方法。志愿者们给老人们送去慰问品以及新春祝福。书法志愿者现场为全村村民写春联、赠春联。

图2-2　原州区雨露社会工作服务中心慰问老人(2019)

服务老人常态化。甘宁青个别慈善组织将定期探望、服务老人常态化。宁夏有些慈善组织经常上门探望慰问孤寡老人,给老人们送去关爱和温暖,如宁夏海原县义工联合会自2016年12月正式注册后,常年走访慰问和定点慰问孤残老人。多年来义工联合会的志愿者们坚持为老人打扫卫生、添补生活用品、换洗衣物(见图2-3　海原县义工联合会为老人服务)。

为瘫痪在床的老师清洁身体　　　　　　为高龄老人打扫卫生

图2-3　海原县义工联合会为老人服务

再如,宁夏同心爱心救助协会多年来一直坚持看望孤寡老人,同心县预旺镇的老人是它的定点服务对象(图 2-4 同心爱心救助协会看望孤寡老人)。

志愿者们在探望老人的路上

帮助残疾老人清洁疮口

帮助无行动能力老人清洁卫生

为无儿女的老人们做饭

图 2-4 同心爱心救助协会看望孤寡老人

3. "暖冬行动"温暖老人。甘肃、宁夏、青海三省(自治区)地处西北地区,进入冬季气温骤降,天气寒冷异常,过冬对老年人来说就是个坎,很多老人在冬天生病,特别是高龄老人。每到天寒地冻时节老人们取暖问题就成为各地慈善组织和志愿者们关心的一件大事,各地慈善组织会积极行动起来,有发放煤炭的、有送棉衣棉鞋的、有送电褥毛毯的、有送营养品的,通过各种方式帮助贫困老人、孤寡老人渡过寒冷冬天这个难关。

如 2018 年甘肃省东乡撒尔塔青年志愿者协会在东乡县达板、唐汪、汪集、沿岭、赵家、那勒寺、龙泉、董岭、考勒、大树、北岭等 14 个乡镇,为 113 户困难群众、党员、孤寡老人送去共计 70 吨、价值约 84000 元的煤炭。(图 2-5 东乡撒尔塔青年志愿者协会为老人们送煤炭)

图 2-5　东乡撒尔塔青年志愿者协会为老人们送煤炭

　　甘肃临夏和政义工部落协会联合中华社会救助基金会开展的"银天使计划—老有所衣"空巢老人关爱项目(图 2-6　临夏和政义工部落协会为空巢老人发放暖冬物资),向临夏州四个县空巢老人发放总计 300 套暖冬物资爱心包,内有鸭绒服,羊皮护膝、护腰,纯羊毛袜子等。

图 2-6　临夏和政义工部落协会为空巢老人发放暖冬物资

　　宁夏昊善社会工作发展服务中心联合银川市爱心人士开展"星火相传,爱心永恒"冬季送煤炭慰问活动(图 2-7　昊善社会工作发展服务中心为贫困老人送煤炭),2018 年为银川市兴庆区月牙湖乡小塘村困难老人共送煤炭 20 余吨。

图 2-7　宁夏昊善社会工作发展服务中心为贫困老人送煤炭

青海一些慈善组织为在社区营造良好的尊老爱老的风尚,弘扬敬老爱老传统美德,常年走访慰问孤贫老人,关心老人日常生活,特别是在冬季,关心老人的温暖情况。如西宁市曙光公益援助中心从2017年开始,连续多年开展为老年人送温暖礼包活动(图2-8 西宁市曙光公益援助中心为老人送去温暖礼包)。每次为60位老人赠送温暖礼包,同时开展中医养生理疗活动。

图2-8 西宁市曙光公益援助中心为老人送温暖礼包

4.节日资助。有些慈善组织在少数民族节日中,会在族群内发起慈善募捐活动,以节日礼包的形式发放给周边的贫困空巢老人、孤寡老人、残障致困家庭。如甘肃兰州义仓、甘肃善泉城乡发展中心、临夏市八方公益爱心慈善中心、张家川博爱慈善中心、青海阳光公益、西宁夏都公益、宁夏海原青年爱心公益协会、灵武市斯文慈善爱心协会等组织,都会在少数民族节日中救济、救助孤寡老人、孤残儿童。在一年一度的少数民族节日里,发放200、300元不等的礼包给老人,让老人感受到大家庭的温暖,已成为部分慈善组织常规活动(图2-9 节日资助)。

(二)关心保护儿童

在人类服务领域中,关爱老人、扶助儿童是重点多数,即"一老一小",而留守、困境儿童又是"一小"中的重点多数。

1.困境儿童基本情况。留守儿童是我国自改革开放以来形成的一个特殊人群。据民政部、公安部和教育部2016年的摸排数据,中西部留守儿童占我国农村留守儿童总数的90%多。2018年民政部统计数据显示,我国农村留守儿童达687万,四川、安徽、湖南、河南、江西、湖北、贵州7省留守儿童占全国总数的

甘肃临夏市爱心慈善中心斋月物资发放

固原博福爱心公益社斋月探望老人

图 2-9　节日资助

69.5%。公开数据与 2016 年对比后的结果显示,全国农村留守儿童数量呈下降趋势,减少约 205 万人。其中,甘肃下降比例在 40% 以上,青海下降比例在 20%以上。①

　　尽管甘肃青海留守儿童下降趋势明显,但总的来说,留守儿童、困境儿童仍然数量不小。如甘肃在 2019 年共有留守、困境儿童 19.6 余万人,其中农村留守儿童 5.8 余万人、困境儿童 13.8 万余人②。在甘宁青三省(自治区)中人口流动

---

　　①　中华人民共和国民政部网:《图表:2018 年农村留守儿童数据》,www.mca.gov.cn/article/gk/tjtb/20180900010882.shtml。

　　②　甘肃省民政厅网:《甘肃省全力做好农村留守儿童关爱保护和困境儿童保障工作》,2019-10-1,www.mca.gov.cn/article/xw/dfdt/201910/201910000020576.shtml。

较慢的青海省,2016 年留守儿童达 1.8 万余人。2019 年全省共有留守儿童 14228 名,相比 2018 年增加了 1721 名。海东市是青海省留守儿童最多的城市,留守儿童人数近万名,达 9481 人①。相比甘肃、青海两省,宁夏农村留守儿童较少,留守儿童数量为 4693 名②。

2. 留守、困境儿童服务。留守儿童的保护与关爱,关系到我国未成年人的健康成长,也关系到和谐家庭与社会的建设。甘宁青的慈善组织人类服务领域中,为儿童提供的服务集中于对留守儿童、困境儿童的关爱与资助上。在具体服务中,又有对农村留守儿童的、涉毒家庭儿童的、女童的、城市流动人口的不同类型儿童的区分。如甘肃兴邦社会工作服务中心的"牵手计划"、"为东乡'花儿'献爱心、送温暖"、东乡撒尔塔青年志愿者"同行鞋力—快乐奔跑"、平凉市少数民族文化教育促进会、西宁曙光公益援助中心"花季护航,为爱出发",固原雨露"助力留守娃快乐成长"、固原宁南爱心公益社"宁夏公益同行——守护家乡的春蕾"等组织项目计划,都是针对儿童的慈善服务。

3. 农村留守、困境儿童服务。

甘肃农村儿童服务实证。甘肃兴邦社会工作服务中心执行的中央财政"支持积石山县教育扶贫及留守儿童关爱"项目,通过学生素质拓展活动、三期阅读推广、故事会、安全知识课堂等一系列活动,激发学生的学习兴趣,开拓学生们的视野,促进积石山县刘王小学的孩子们健康成长。

甘肃兴邦社会工作服务中心开展的这些活动能够极大地改善贫困山区留守儿童学习物资缺少、孤闭、自我保护意识弱、个人卫生差的现状。比如安全教育,对 5 所学校的受益儿童分别开展以地震和交通安全为例的儿童安全教育,让学生们认识地震、交通事故造成的原因,学会判断灾害来临时的风险,认识交通安全标识,当发生灾害时如何求救,家庭必备安全应急包的设计等内容,提升儿童自我保护意识;儿童性别保护教育,教育儿童认识自己的身体,如何分辨和防范性侵犯,遇到性侵害时应该怎么做,如何自护和求救,使未成年人学会自我保护的能力;卫生与健康教育,告诉儿童什么

---

① 青海民政厅:《全省农村留守儿童动态监测情况》,Mzt.qinghai.gov.cn/html。
② 朱磊:《莫让留守儿童的安全"失守"》,《人民日报》2017 年 8 月 10 日。

是身体健康、心理健康和道德健康,如何让身体健康,了解不良的生活习惯
会造成什么后果,食用垃圾食品的危害,怎样养成良好的卫生习惯和饮食习
惯;儿童心理支持的培训,让儿童了解父母外出务工不易,使其理解父母。
教育儿童争做在校尊重老师、同学,在家做爷爷奶奶的小帮手,鼓励孩子们
学会自信、自立、自强。

　　为农村留守儿童营造健康、快乐、和谐的成长环境,树立儿童自信、自
强、阳光的心态,甘肃平凉众益于2016年启动大寨乡和新民路社区留守儿
童服务站,通过开展不同的兴趣班、亲情互动、儿童平安小课堂、儿童健康课
堂及心理支持活动、团队活动等课堂与活动设计,达到培养儿童的兴趣爱
好,让儿童学会理解父母,促使儿童身心健康发展,提升儿童自我保护能力,
树立儿童团队协作精神,增加孩子之间相互的理解与沟通等目的。经过两
年多的服务经历,2018年平凉众益实施甘肃福彩支持的关爱留守儿童项
目,对平凉六县两区留守儿童物资援助、心理支持、山区学校开展减防灾安
全教育、卫生教育、性别保护、感恩教育等一系列活动。(图2-10　平凉众
益农村社区发展协会关爱留守儿童)

图2-10　平凉众益农村社区发展协会关爱留守儿童

　　为农村困境儿童发冬服。有的组织在寒冷的冬季为山区孩子送去防寒冷衣
帽,让农村的孩子也过上暖冬。如甘肃永靖在一起爱心公益协会,每年冬季都会
发动爱心捐助活动,为农村孩子募集新的棉衣棉裤,并组织志愿者到农村去发放
(图2-11　永靖在一起爱心公益协会为山区儿童发放棉服)。

　　宁夏农村儿童服务实证。宁夏昊善社会工作发展服务中心"寓教于乐、快
乐成长"志愿者支教服务项目,即是针对农村留守儿童开展的支教服务项目。
银川市月牙湖乡小塘村是一个移民搬迁村,村中年轻人大多在外务工,留守儿童

图 2-11　永靖在一起爱心公益协会为山区儿童发放棉服

相较于银川其他农村特别多。外出打出人员将孩子留给在家的妈妈或老人照看,而他们多数没有文化,不能全面照顾好孩子,特别是学业的辅导。宁夏昊善社会工作发展服务中心特招聘大学生志愿者,根据留守儿童在学习成绩、智力水平、身体发育、思想品行和心理健康等方面的综合表现,有针对性地制订学习、辅导计划。留守儿童的心理健康、安全意识、兴趣爱好也是支教的重要内容,在教育、辅导孩子课业学习之余,昊善发展服务中心还为儿童举办"绿色出行"交通安全宣传、"守护家园"环保宣传、手工与绘画课程、"化工实验"科普宣传、"阅读与理想"等有关心理的、安全的教育或兴趣爱好活动。

宁夏吴忠市宁南青少年服务中心同样是通过支教的形式服务于留守儿童的慈善组织(图 2-12　吴忠市宁南青少年服务中心在红寺堡支教)。该服务中心服务对象为吴忠市红寺堡区的留守儿童。红寺堡区位于宁夏中部干旱带,是全国最大的生态扶贫移民集中区。移民区的农民来自宁夏南部山区,绝大多数文化程度低。移民区的青壮年以外出打工者居多,无精力也无能力照顾孩子。为此,宁南青少年服务中心设计"你好·农村"项目,为留守儿童开设文化艺术课程以及心理、科普、法律、卫生等知识的教育与培训。

在宁夏也有慈善组织专注于孤儿服务,如宁夏吉财协会,在做老人服务的同时,也关注生活在农村的孤儿。吉财协会每年都会不定期地为孤儿送各种

图 2-12 吴忠市宁南青少年服务中心在红寺堡支教

礼物,组织孤儿参加一些课外的实践活动(图 2-13 宁夏吉财协会为孤儿送上礼物)。

图 2-13 宁夏吉财协会为孤儿送上礼物

宁夏海原义工联合会自 2016 年起,每到冬天都会为农村孩子发起暖冬行动,联合会的兄弟姐妹们都自愿捐出钱财,给孩子们购买爱心棉衣。如 2018 年冬季,宁夏海原义工联合会志愿者自筹善款 15570 元,为孩子们购买爱心棉衣,受益学生达 226 名。

甘肃城市流动儿童服务实证。随着城市化进程的加快,大量农村人口涌进城市。流动人口逐年增长,跟随父母到城市里生活、读书的儿童日渐增多。为使流动儿童拥有健康的心理、平等的学习机会,一些慈善组织为城市流动儿童提供多种多样的关爱服务,有物质资助的、有教育关护的、有健康安全关护的。甘肃省是甘宁青三省(自治区)中流动人口最多的省份,以下列举的是在服务流动人口中较有影响的几个慈善组织。

甘肃兰州是整个西北地区流动人口最多的城市之一,七里河区是甘肃首府城市兰州市较有名气的流动人口聚集区。这里流动人口密集,聚集了回族、东乡族、保安族、撒拉族等7万多少数民族人口,其中很大一部分是来自甘肃偏远山区、因生态恶化进城谋生的失地农民。这些进城的失地农民既没有文化又缺少技能,在城市里很难找到合适他们的工作,只能以捡破烂、蹬三轮和出卖苦力为生,生活大多都很贫困,逐渐成为城市边缘化的弱势群体。他们的子女因交不起学杂费、语言不通、心理障碍和年龄偏大、证件不全等原因,无法进入公办学校学习,流动家庭儿童失学现象特别严重。

五星坪社区、骆驼巷社区、柏树巷社区是兰州七里河区流动人口最为集中的、流动儿童最多的、安全、卫生环境最差的社区。甘肃省内几个有影响的组织如甘肃兴邦社会工作服务中心、甘肃益启公益慈善中心、兰州穆睿流动人口服务中心、甘肃善泉城乡社区发展中心等,都坐落于七里河区这几个典型的城乡接合部,致力于城市流动儿童的关护与关爱。

甘肃兴邦社会工作服务中心为七里河区五星坪社区的流动儿童开展防震减灾的教育活动。通过视频观看,知识讲座,模拟演练和畅想设计环节,给孩子们讲解发生自然灾害时的避险方法及急救的措施。为七里河区五星坪社区的流动儿童服务的,还有成立于2003年的兰州穆睿流动人口服务中心。十几年来穆睿流动人口服务中心一直致力于流动儿童的教育问题,为社区的流动儿童建立了流动儿童图书馆和流动儿童托护点(图2-14 兰州穆睿流动人口服务中心流动儿童图书馆与托幼中心)。

甘肃善泉城乡社区发展中心是兰州市七里河区另一家在城市流动人口服务中较有影响的慈善组织,该组织位于兰州市骆驼巷。组织负责人从2006年起就专注流动人口服务,为骆驼巷社区的流动儿童不定期地举办各种公益活动。(图2-15 骆驼巷的孩子们受邀到兰州财经大学)在骆驼巷社区,流动儿童都知道那个漂亮的"张老师"(善泉城乡社区发展中心的负责人)。

图 2-14　兰州穆睿流动人口服务中心流动儿童图书馆与托幼中心

图 2-15　骆驼巷的孩子们受邀到兰州财经大学

对留守儿童的物质关怀很必要,但是平等发展、心理健康关怀更显急迫。甘肃益启公益慈善中心在城市流动儿童教育关护方面较有声望。甘肃益启公益慈善中心是甘肃省成立较早的慈善组织之一,在甘宁青公益领域界较有影响。

益启公益慈善中心前身是兰州爱心教育服务中心,成立于 2002 年。从成立之初爱心教育服务中心就从事流动人口社会融入与城市流动儿童的扶贫。益启公益慈善中心建立了失学儿童公益教学点,专门招收流动人口贫困家庭子女并实行全面免费教育。慈善中心有日常班和课余辅导班 4 个教学班,2017 年有学生 200 名,大多为城市中流动人口子女,其中孤儿、单亲家庭、服刑人员子女、智障残疾者占了 2/3 以上。中心教师和志愿者由退休教师和兰州各大学的大学生志愿者组成。益启慈善中心为流动人口的孩子们建设了绿色电脑室、公共阅览室及文化辅导站等。

4.关注女童健康与安全。近年来不时爆出一些女童受伤害恶性事件,反映出女童教育特别是农村女童的健康教育或安全教育的薄弱。为促进女童健康成长,感受到成长的喜悦和快乐,养成良好的卫生习惯,增加自信心,甘肃宁夏青海部分慈善组织致力于女童安全保护与教育,并以"春蕾健康包""健康成长包""爱心礼包"等形式,给农村女童或青春期的女学生发放礼包。在发放过程中,通过向女生讲授青春期的生理变化、生理卫生健康知识和初步性知识,教育女生如何保证自己的健康和维护自己不受到伤害的方法和技巧,从而降低被侵害的概率,让每一个女童都能平等地享受成长的快乐美好(图 2-16 永靖在一起爱心公益协会向女童讲授健康知识及发放爱心礼包)。

图 2-16 永靖在一起爱心公益协会向女童讲授健康知识及发放爱心礼包

甘肃临夏州的部分慈善组织近年来也活跃在女童服务领域。2018 年,临夏州青年公益联合会与兰州益而伊公益团队、积石山县青年志愿者协会携手为积石山县寨子沟乡善家小学和刘集乡陶家小学捐赠留守女童爱心"健康成长包"。成长包内含女生生理健康知识读本 1 本、日用卫生巾 2 包、夜用卫生巾 2 包、少女内衣 1 件、保暖内衣 1 套、纯棉内裤 2 条、小毛巾 2 条、护手霜 1 瓶、擦脸油 1 瓶、洗发水 1 瓶、洗面奶 1 瓶、牙膏 1 支、刷牙杯 1 只、32 寸洗脸洗脚盆 2 个。捐赠"健康成长包"的同时青年公益联合会为留守女童讲授基本生理知识和自我保护知识等(图 2-17 临夏慈善组织联合为小学生发放"健康成长包")。

图 2-17　临夏慈善组织联合为小学生发放"健康成长包"

　　一些农村女童由于父母外出打工不在身边,而监护的老人们又容易忽视女童身体的变化,生理知识欠缺给一些女孩子造成心理压力。如女孩的第一次月经来潮,该如何处理? 有的女孩子不知所措,"家里纸巾都用光了还止不住血。我只能剪几块棉布衬到裤头上"。有的女孩感到恐惧,以为得了不治之症,"一直在流血,我真怕自己会死掉。"没有人提醒,没有人指导,没有人安慰,这是一些农村女童不得不面对的难以启齿之事。甘宁青个别慈善组织意识到服务女童健康的重要性与必要性,将关注重点放在女童的卫生健康教育与防护,如宁夏固原雨露社会工作服务中心多方协调,通过宁夏金凯信市场运营管理有限公司经理的积极联系,争取到聚成企业家们的支持,在偏城中学设立"聚成团队复制企业家爱心助学基地",并捐赠 10 万元用于偏城中学女生的 100 套"春蕾健康包"(图 2-18　固原雨露社会工作服务中心向偏城中学女童发放"春蕾健康包")。

图 2-18　固原雨露社会工作服务中心向女童发放"春蕾健康包"

（三）关爱扶持妇女

人类服务中的另一重点人群就是妇女。西北地区妇女的主要问题是贫困、经济不独立导致的缺乏自信心、缺乏社会参与与社会尊重。因此,为妇女提供服务主要是使其掌握一定的本领与技术,使其有自信心、经济独立或提高改善家庭经济状况。调研了解到,在甘宁青三省(自治区)有四分之一的慈善组织开展针对妇女的慈善服务,较有影响的组织如青海西宁曙光公益援助中心、青海高远帮扶救助会、甘肃一山一水环境与社会发展中心、甘肃善泉城乡发展服务中心等组织,都有针对妇女们的关爱帮扶服务。

1. 青海省扶持妇女例证

青海西宁曙光公益援助中心通过举办培训班提高妇女技能。青海西宁曙光公益援助中心,从2014年就针对贫困妇女举办针织班、刺绣班、手工班、扫盲班等培训班,其目的在于提升妇女个人素质以及经济社会地位。在开设培训班的基础上,曙光公益援助中心连续多年举办针织类、绣品类、面点类、菜品类等才艺展示和厨艺比赛,再通过才艺厨艺作品义卖的方式,资助需要帮助的贫困妇女(图2-19 妇女们的刺绣、针织、厨艺作品)。

图2-19 妇女们的刺绣、针织、厨艺作品

2.甘肃省扶持妇女例证

甘肃善泉城乡发展服务中心举办技能班。针对流动到兰州市的农村妇女无文化、无能力、无技术的现实,甘肃的一些慈善组织通过办技能班或扫盲班,提高妇女们的素质与技能。如甘肃善泉城乡发展服务中心通过举办各类培训班提升妇女的文化素质和经济能力,连续多年陆续开办了妇女扫盲班、粘钻绣培训班、缝纫班、刺绣班、美容护理班等(图2-20　甘肃善泉城乡发展服务中心为妇女们举办培训班)。

图2-20　甘肃善泉城乡发展服务中心为妇女们举办培训班

甘肃一山一水环境与社会发展中心扶助农村妇女发展。关注农村妇女的发展与成就,一直是甘肃一山一水环境与社会发展中心致力的服务。一山一水重点服务领域是农村社区与生态环境,但在做这些项目过程中,会将培育发育能力与扶持妇女发展相联系。

一山一水环境与社会发展中心2015年在平凉市崆峒区大寨回族乡清水岭村、老庄洼村、穆家村、油坊村和上杨回族乡小岔村5个村实施的"绿色母牛银行"项目,专门成立了社区妇女组织,借项目执行机会锻炼妇女管理社区的能力,发掘社区妇女人才,让女性积极参与社区管理,改变以往以男性为主导的社区工作管理方式,同时提升妇女在家庭的地位。社区妇女组织主要工作包括积极参与项目管理,协助项目组做好协调工作,在社区妇女中起到带头作用,动员社区居民积极参与项目活动。自项目开始以后,社区妇女组织成员在项目管理中,起着非常重要的作用。

"绿色母牛银行"项目的实施,不仅对项目受益户、社区环境产生了重要影响,也对农村妇女产生极其深远的影响。妇女们通过项目既增加了收入,也树立了自信心,提升了参与社区管理活动的积极性。正如妇女组织中的成员自己表达的那样,"以前我从不敢在别人面前说话,现在也敢站在很多人面前勇敢表达自己的想法……""以前开村民大会或是社区会议都是男人的事情,现在我们也敢、也愿意参加村子里的事务讨论""现在每一次项目活动都邀请村里的女人参加,感觉我们被重视了,这就让我有了能干成事的信心"。

女性健康是慈善组织聚焦女性服务的另一个主要内容。一些慈善组织积极联系本地医院、专家或邀请外地专科医生为妇女进行诊疗、咨询服务。如甘肃一山一水环境与社会发展中心、青海高远帮扶救助会等组织,经常性地为妇女开展一些健康讲座或义诊活动,以提高妇女关注自身健康的意识。

2018年一山一水特别邀请专家为平凉市崆峒区大寨回族乡、上杨回族乡的5个村的108名女性举行妇女健康知识方面的讲座。专家为妇女们讲解了有关妇科常见病的发病原因及处理办法,以及女性日常卫生保健常识,并提醒女性朋友们多加关注自身健康,提高生活质量。针对农村家庭乱用、滥用药物问题,专家也讲解了抗生素类药物的危害性,同时特别提醒妇女们在日常的生活中,一定不能乱给家庭成员服用抗生素类的药物。讲座中,专家也针对孕龄妇女的孕育常识进行了解答。

(四)关心残疾人员

自古以来,对残疾人员的帮扶救助是慈善事业的重要内容也是重点领域。甘宁青慈善组织中专门针对残疾群体服务的组织并不多。课题组分析认为,因为这部分人群的服务需要专业的人员、需要更多的时间、需要更多的资金,甚至需要专门的场地,一般组织难以承担。对这部分人群的照护与扶助,大多数是以社会工作方法为主的慈善组织开展,如宁夏昊善社会工作发展服务中心、甘肃慧灵智障服务中心等组织。

2017年宁夏昊善社会工作发展服务中心开展为银川市一级特困残疾人提供个性化服务项目。服务中心用社会工作的方法,根据不同残疾类型为西夏区

152 户残疾人员开展各类小组活动,包括视力小组活动、听力言语小组活动、智力精神小组活动和肢体小组活动。专业的方法不仅让残疾人员感受到社会的关爱,更能增强他们融入社会的自信心。

　　海原义工联合会其身是中卫市义工联合分会,也是宁夏成立较早的慈善组织之一。联合会成立之初的宗旨,就是为老人和孩子服务,特别是正式注册以后,将服务的重点放在了残疾孤寡老人上。联合会长期上门为残疾老人服务,为他们擦洗身体、打扫卫生、定时送日用品(图 2-21　海原义工联合会为老人清洗前后)。

图 2-21　海原义工联合会为老人清洗前后

　　兰州慧灵智障服务中心是甘肃省第一家借鉴港台等地先进的服务理念和模式,专门为 14 岁以上的智障人士提供专业化、社区化服务的民间公益机构。兰州慧灵成立于 2008 年,在兰州市的城关、七里河两区共开设有 3 个日间训练中心、3 个晚间居住服务式家庭、2 个智障人士职业训练中心、1 个青年智障人士艺术中心、1 个青年智障人士画室。慧灵有各类专业人员 22 名,社会工作专业毕业的大学生员工占工作人员的 70%。从成立至今,兰州慧灵已提升 500 多名智障人士独立生活能力并使其融入社区,目前每天仍为近 60 名各类心智障碍学员提供专业的社区化社会工作服务。

三、教育服务与助学服务

　　根据问卷统计,教育与助学是甘宁青三省(自治区)慈善服务的第二大领域。甘宁青地处大西北,地区环境恶劣,水资源缺乏,交通与通信落后,少数民族人口居多,如青海省化隆回族自治县,县内有回族、汉族、藏族、撒拉族等 15 个少数民族,少数民族人口占总人口的83.6%①。种种原因导致三省(自治区)人口受教育程度普遍偏低,发展教育事业较为困难。例如东乡县车家湾乡马脊梁村大坪小学,地处大山深处,交通不便,信息闭塞,2016年学校只有2位老师5个年级13名学生。经济、文化、社会的落后,促使人们越来越关注当地的贫困学生以及教育事业的发展。

甘宁青慈善组织开展教育服务主要有三种方式;一是资助学校以改善教学条件,二是兴办学校以发展教育,三是资助贫困学生以完成学业。其中资助学校以改善教学条件是绝大多数慈善组织近几年教育服务的方式。

(一)资助学校以改善教学条件

甘肃、宁夏、青海三省(自治区)服务教育的慈善组织起初都是通过为农村学校捐图书、体育用品的方式,帮助学校完善教学设施,改善教学条件。甘肃东乡撒尔塔青年志愿者、新星公益慈善中心、甘肃兴邦社会工作服务中心、兰州爱心教育服务中心、西宁市曙光公益援助中心、固原市雨露社会工作服务中心、宁夏海原青年爱心公益协会等组织,每年都以实物捐赠的形式资助学校教育。以下是甘肃三个慈善组织资助学校的实例。

1. 个案一:甘肃兴邦社会工作服务中心助学

甘肃兴邦社会工作中心成立于2005年,是甘肃省内成立最早的慈善组织之一,也是甘肃省内公益组织中的领军组织。它是一家集多种社会服务的综合性的社会组织,自成立后先后通过网络众筹、链接社会资源、申请项目等方式为青年创业技能培训、教育扶贫等服务筹集资金。在过去5年,甘肃兴邦社会工作中心利用争取的资金支持,在东乡族自治县大树学区实施了一系列支持教育的服务项目,如新建和修缮了学校厨房、洗澡间、卫生厕所、蓄水池、操场硬化、教学楼修缮等基础建设项目,为学校提供专业的社工服务,为学区孩子们送去过冬棉衣,为全学区各学校配套体育器材、体育用品和学习用品。通过兴邦社会工作中心的精心组织与协调,在公益组织和爱心人士的支持下,东乡县大树学区所属小学各个方面都发生了很大变化。校园环境得到美化,校园活动也丰富起来,学生的学习积极性有很大提升,学生的视野也得到拓展。

---

① 青海省化隆县,https://baike.so.com/doc/6576841-6790605.html。

2.个案二：甘肃新星公益慈善中心助学

甘肃新星慈善公益中心多年来不间断地为农村学校捐助实物。甘肃省临夏州积石山县柳沟乡张郭家小学,生源主要是张郭家村以及周边地区适龄儿童,是一所健全的农村小学。尽管当地政府也在大力地投入和支持学校的基础教育,但是受地理位置以及交通、信息等的影响,在2015年时学校还是缺课桌、图书类的基本教学用具。甘肃新星公益慈善中心经多方募集,给张郭家小学捐赠了63套全新课桌椅及6张讲台,给全校学生购买了学习用品及体育用品并搭建了图书阅览室。后期又为甘肃会宁青江驿小学搭建了图书阅览室,共计捐赠价值1万元的图书及书柜。

新星慈善公益中心为定西市临洮县窑店镇翻山小学赠送学习必需品、体育用品、电脑、图书以及热水器。所赠热水器解决了因离家远只能在学校吃自带干粮的91名孩子的饮水问题。2017年为临夏州广河县李家湾小学和广河县蔡家窑小学的孩子们捐赠全新的图书和体育用品。

为张郭家小学助学捐赠

为会宁青江驿小学搭建图书阅览室并捐赠图书

图 2-22　甘肃新星慈善公益中心捐资助学

3.个案三:甘肃东乡撒尔塔青年志愿者协会助学

甘肃东乡撒尔塔青年志愿者协会以大学生为主体,在刚成立的第一年时间里,服务领域重点集中在偏远山区学校教育援助上。黑石山小学、车家湾乡马脊梁小学和大坪小学都居偏远山区,学校条件极为简陋。2016年学校操场无硬化,学生无校服。甘肃东乡撒尔塔青年志愿者协会为解决学生无校服困难,向社会发出"绿色校园,校服接力"的倡议,为三所学校筹款购买校服。

倡议发出后得到爱心人士的大力支持和慷慨解囊,所筹款为黑石山全校一至六年级学生购买校服130套,北岭乡仓房小学学生购买棉衣78件,车家湾乡马脊梁村马脊梁小学和大坪小学购买爱心校服、爱心鞋、耳套58套/件。协会还将所筹款剩余金额用于硬化学校操场、购买学习以及体育用品等,硬化小学标准篮球场地400平方米,校园铺砖800平方米,共7万元左右。东乡撒尔塔青年志愿者协会在成立仅1年的时间,累计资助、发放各类助学金8万多元。关爱山区各类残障学生3000多名,捐赠价值约7万元的校服及各类学习、体育用品,对偏远山区的教学援助在当地很有影响。

(二)兴办学校以发展教育

1.建设学校。在甘宁青慈善组织中,有些助学服务的慈善组织通过自己建校培养中小学生,或开办培训机构对特殊人群培训以提升其素养或能力。在甘宁青建设学校的慈善组织中,青海省循化县撒拉尔民族文化帮扶促进中心的影响较大。

金 星 系 列

金星系列是课题组对金星幼儿园、金星小学、金星职业技术学校的统称。"金星系列"由循化县撒拉尔民族文化帮扶促进中心创始人马××创办。马××是循化县积石镇新建村人。企业家马××在外经商返乡后,看到乡村很多留守儿童无人看护、无人教育的情况,决心投身慈善教育事业,遂于2011年在自己的家乡积石镇新建村建设金星留守幼儿园。

幼儿园建设好后随着城市化的进展,留守幼儿越来越多,原有的幼儿园根本无法容纳逐渐增多的留守儿童,后又新建面积达2500平方米的三层教学用房。扩建后金星幼儿园可容纳幼儿300人,2017年有教学班6个,和城市幼儿园一样开设有大班、中班和小班,解决了积石镇新建村周边200余名留守儿童的幼教问题。幼儿园有教职工32人,教师均由教育部门考核并持有教师资格证。

2011年初建的原彩钢房金星留守幼儿园　　　　　　　　新建金星留守幼儿园

图 2-23　新旧金星留守幼儿园

2014年,循化县撒拉尔民族文化帮扶促进中心创始人又自筹资金建设金星留守小学并于2016年正式招生。金星留守小学不仅配备了充足的教学仪器和电教设备,而且也配备了符合资质的教师队伍,达到规定的农村小学标准。

针对留守学生在完成义务教育后中止学业多、就业困难的问题,循化县撒拉尔民族文化帮扶促进中心创始人在留守儿童幼儿园和小学运行不长时间后,又创办了循化县金星职业技术学校。职业技术学校总占地面积85亩,总建筑面积7500平方米,有两幢教学及宿舍楼。职业学校配备45台计算机,标准环形跑道运动场和标准篮球场,以及相应的教学配套设施和办公设备设施。2018年学校开设了学前教育、会计、旅游外语、老年人护理四个专业。

金星幼儿园、金星小学、金星职业技术学校是社会力量参与教育领域服务的典范。循化县撒拉尔民族文化帮扶促进中心正是通过教育服务的方式,让农村儿童深切感受到来自社会的关爱与呵护,也给农村留守学生提供了未来就业发展的机会。

2.兴办教学点。有些慈善组织通过开设培训班、辅导班、教学点等方式,为特殊人群提供教育服务。针对西北农村不识字妇女多、农村家长不重视子女教育、留守儿童放学后无人看管、女童教育、儿童安全教育被忽视等现象,甘宁青三省(自治区)一些慈善组织根据自身条件,积极开办各类教学点,为这些特殊人群提供多方面的教育服务。

为不识字妇女开设扫盲班的有兰州市城关区崇德残疾困境儿童服务中心、甘肃善泉城乡发展中心、兰州穆睿流动人口服务中心、西宁市曙光公益援助中心。

为流动学生家长开办培训班的有甘肃善泉城乡发展中心、甘肃兴邦社会工作服务中心、甘肃益启公益慈善中心、平凉众益农村社区发展协会等。

专门为女童开展心理、卫生、安全教育的组织主要有甘肃兴邦社会工作服务中心、甘肃益启公益慈善中心、甘肃新星公益慈善中心、临夏星光公益协会、西宁市曙光公益援助中心。

开展儿童安全教育较有影响的有甘肃新星公益慈善中心开展的儿童防烫伤安全教育,宁夏吴忠市春蕾天使爱心会、宁夏同心爱心救助协会和甘肃东乡禁毒志愿者协会开展的远离毒品教育;针对留守儿童放学后无人看管、课业无人辅导的问题,一些慈善机构特别是具有社会工作专业方法的机构开设有"四点半课堂""公益助学站",如宁夏昊善社会工作发展服务中心、宁夏吴忠至善社会工作发展服务中心、甘肃善泉城乡发展中心、兰州穆睿流动人口服务中心、西宁市曙光公益援助中心等。

教授孩子们掌握一些自我安全保护的知识,已成为甘宁青个别慈善组织服务的重点内容。如甘肃新星公益慈善中心为儿童防烫伤提供安全教育服务,甘肃益启公益慈善中心做的留守儿童的自我防护教育。

甘肃益启公益慈善中心城市流动儿童教育

甘肃益启公益慈善中心在兰州市小西湖成立兰州爱心教学点,主要面向流动家庭儿童开展学龄前免费公益教育。兰州爱心教学点从成立后,主要工作方向一直是适龄或超龄边缘社区流动儿童的学前教育。

益启爱心教学点的设置对于流动儿童来说意义非常大。原因有三:一是外来儿童普遍汉语水平较低,甚至不通汉语,其父母及监护人的汉语水平通常也不高或者发音含混,导致这部分儿童在未来接受学龄教育时必然出现理解困难;二是长期的生活习惯及性格特点容易导致部分儿童社会融入困难及自我身份辨识困难;三是由于流动儿童家庭本身文化水平不高,难以辅导儿童课业而导致流动儿童厌学、辍学现象时有发生。

经过爱心教学点志愿者老师们的语言培训,教学点的流动儿童大都能够准确理解语意,用比较标准的普通话进行交流,基本具备接受学龄前阶段教育应有的水平。通过爱心教学点努力联系社会各方面资源力量开展的社会融入活动,能够拓宽流动儿童的眼界,丰富他们的知识,提高对所在城市的认知水平,提高流动儿童的自信心和心理健康水平,培养他们的才艺兴趣及能力。同时经过爱心教学点的假日辅导班对学龄儿童的课业辅导,能够提高他们的学习成绩和学习兴趣,有助于巩固入学率,降低或杜绝辍学现象的发生。

兰州爱心教学点成为孩子融入社区、融入城市、融入社会的一个平台。爱心教学点不仅为流动儿童开展学前基础知识教育,还为流动儿童举办心理健康教育讲座。比如,针对即将从幼儿园进入小学的学前孩子心理适应困难问题,举办如何纾解心理与如何妥善衔接的专题讲座(图2-24　甘肃益启公益慈善中心为儿童做安全讲座)。对儿童进行系统而连贯的交通安全知识教育,进行以冬季防火、用电、防冻、防滑等为重点自我保护常识教育。教学点也致力于提高流动人口文化素质教育。教学点分期分批不定期地举办过流动儿童家长时事、安全、法律基础知识方面的教育以及流动妇女健康知识讲座。

图2-24　甘肃益启公益慈善中心为儿童做安全讲座

甘肃新星公益慈善中心儿童防烫伤教育

甘肃新星公益慈善中心,是甘肃省首家致力于资助女童持续教育和关注儿童安全的省级公益慈善机构。2017年新星公益慈善中心承接中国社会福利基金会烧烫伤关爱公益基金的"远离烫烫小怪兽"课堂项目。"远离烫烫小怪兽"课堂,着重提高家庭中尤其是儿童的"四个能力"培养,即避免烧烫安全意识能力、消除烧烫隐患识别能力、突发烧烫应急处置能力、预防烧烫知识传播能力。"远离烫烫小怪兽"课堂专门针对儿童身心发展特点,以科普教材、教学辅具、科普动画片、情景剧、互动游戏等形式,让孩子在互动体验中掌握预防烧烫伤常识和烧烫伤急救知识。

以下是2018年新星公益慈善中心"远离烫烫小怪兽"课堂的足迹(图2-25新星公益慈善中心"远离烫烫小怪兽"课堂)。

3月23日,"远离烫烫小怪兽儿童课堂"走进兰州柏树巷爱心教学点,新星公益对爱心教学点的154名儿童进行了预防烧烫伤安全知识的科普;

4月13日,"远离烫烫小怪兽儿童课堂"走进张掖市民乐县永固镇总寨小学,学校86名学生接受了防烫伤安全教育;

4月18日,"远离烫烫小怪兽儿童课堂"走进武威古浪县大墩小学,武威市凉州区小红帽公益创业中心进行了预防烧烫伤安全知识的科普;

4月18日,"远离烫烫小怪兽儿童课堂"走进临夏州广河县李家湾小学,1—6年级6个教学班的117名学生参加了培训课;

4月18日,"远离烫烫小怪兽儿童课堂"走进定西临洮县太石镇巴下小学,小学6个教学班71名学生全部参加安全教育;

9月26日,"远离烫烫小怪兽儿童课堂"安全教育走进甘肃临夏广河黄家沟小学,小朋友们非常喜欢安全教育课程,校领导也给予很大的支持,兰州城市学院社工系大四优秀学生全程参与,让全校166个小朋友了解和掌握了预防烧烫伤知识;

9月27日,"远离烫烫小怪兽儿童课堂"安全教育走进甘肃临夏广河县李家湾小学,兰州城市学院社工系大四优秀学生全程参与,全校134个小朋友了解和掌握了预防烧烫伤知识。

图 2-25　新星公益慈善中心"远离烫烫小怪兽"课堂

（三）资助贫困学生以完成学业

根据课题组统计,甘宁青慈善组织中80%以上的组织有资助贫困生的慈善活动或项目。例如,宁夏海原县属国家级贫困县,很多年青一代的父母渴望摆脱贫困,但因为知识匮乏,依然如上辈人一样只能依靠出卖苦力维持生计。他们经历了没有知识的苦楚,也把所有希望寄托在孩子的身上,希望孩子能够通过知识改变命运,过上更好的生活。但是,因为家境贫困,孩子上学之路困难重重,甚至无法正常继续学业。

宁夏海原义工联合会2017年发起月芽助学圆梦计划,帮助边远贫困地区资质较好的孤儿、单亲、留守、特困的孩子接受教育。圆梦计划通过社会力量为海原县周边偏僻乡村的41位孤儿、困境困难学生（大学生和高中生25人,初中生和小学生16人）提供一对一助学。助学标准因学生不同学习阶段而有差别,小学生和初中生每人每月200元,高中生和大学生每人每月300元（表2-3　海原县义工联合会资助学生标准）。海原县义工联合会多次为贫困学生发起爱心募捐,为多所小学捐赠校服和学习用品并且每年为海原县的贫困学校筹集图书。

表 2-3 海原县义工联合会资助学生标准

事 项	标准	数量	金额
小学生和初中生助学金	200 元/人·月	16 人,9 个月	28800 元
高中生和大学生助学金	300 元/人·月	25 人,9 个月	67500 元
心理辅导费(聘请专业心理辅导老师对受助学生进行心理辅导,每月 2 次,每次 50 元)	100 元/月	9 个月	900 元
项目执行费(项目执行人员交通费、餐费与志愿者补贴)	5766 元		
中华少年儿童慈善救助基金会管理费	3034 元		

甘肃 80%的慈善组织开展过助学活动。以临夏临聚力爱心公益慈善中心为例,2018 年 1 月,临夏临聚力爱心公益慈善中心助学部带着总价值 7000 余元的爱心物资,到位于和政县新营乡山城小学,为学生们带去过冬必备的棉衣、棉鞋,口罩等生活用品和学习用品(图 2-26 临聚力爱心公益慈善中心为山城小学捐赠)。

图 2-26 临聚力爱心公益慈善中心为山城小学捐赠

1. 女童教育。女童教育是衡量一个国家和地区社会进步程度的重要标志。女童教育不仅关系女童个人,而且关系到国家的未来,它的重要性不言而喻,"教育一个男人,受教育的只是一个人;教育一个女人,受教育的则是几代人。"在我国西北地区,越是经济、社会落后的地区越忽视教育尤其是女童的教育。甘宁青一些地方都存在不同程度的女孩子失学、辍学问题。通过女童教育帮扶,支持贫困地区女童享有平等受教育权,使她们突破自我,挑战平庸,成为一个独立、自信的女生,是甘宁青一些慈善组织的服务内容和目标。

女童教育个案

甘肃慈善组织对东乡县、康乐县女童教育

甘肃兴邦持续关注东乡县女童教育

东乡县东乡族女童失学、辍学现象在甘肃省内较为严重。为了鼓励东乡族山区学生家长支持女童上学,激励女童刻苦学习,也为了让村民看到教育带来的改变,甘肃兴邦社会工作服务中心持续关注东乡县的教育事业,尤其关注女童教育。服务中心广泛动员社会力量支持女童回到校园顺利完成九年义务教育,支持女孩子接受中高等教育,于2017年成功众筹了东乡族女童助学项目。助学项目立项后,兴邦服务中心开始在东乡县大树学区10所学校进行走访,了解当地女童的家庭状况,和学校老师一起动员辍学女童返校。通过与教育部门、教师、家长和学生的多次沟通,确定首批90名辍学女童,对其进行资助,帮助她们完成学业。2018年"女童助学计划"发放涵盖大树学区和大塬学校的140名初中生和小学生,发放金额达到7.2万元。自2017年9月至2019年1月,甘肃兴邦服务中心共资助235名东乡族女童得以继续在小学和初中接受教育,项目累计资金40余万元,一定程度上减轻了家庭供养学生的经济负担。

甘肃兴邦服务中心在给女童助学金的同时,不忘教育家长认识女童上学、接受教育的重要性。在一年一度的集中发放助学金的仪式上,兴邦中心负责人都会通过生活中的实例给女童及家长讲述教育的重要性,举例说明在生活中不同教育程度的人在职业上、收入上、社会地位上以及个人综合素质的差异。中心负责人强调助学金是对孩子和家长精神上的鼓励,希望受到资助的女孩子们能够在上学的路上走得更远。兴邦服务中心以及爱心组织和爱心人士对孩子们寄予厚望,希望孩子们珍惜来之不易的机会,刻苦学习,自信自立,胸怀理想,为改变家乡的面貌作出贡献。服务中心也对家长提出要求,希望学生家长们自力更生努力改善生活,克服生活困难,尽最大力量支持女娃上学,让孩子通过接受教育摆脱贫困。

康乐崇善社会工作服务中心对康乐县女童助学

临夏康乐县是深度贫困县,女生终止学业的情况时有发生。临夏市最早注册的康乐崇善社会工作服务中心,2018年发起"困境女童扶持计划"。困境女童扶持计划为康乐县2所学校贫困女生提供一对一的助学服务,受助女童共108名,其中康丰初中60名,胭脂初中48名。每位女生享受助学金1500元,总计162000元。

女童教育个案

宁夏慈善组织助力女童认识自我、树立信心

一些组织关注女学生的失学、辍学问题,还有一些慈善组织关注女学生的未来就业问题。女孩子能够平等地接受教育、能平等地就业,才能增强她们继续学习的信心,也能提升家长们支持女孩继续受教育的决心。

在甘宁青贫困农村,很多初中生看不到自己未来的方向,学业无望者早早辍学,随便干一份工作。由于缺少知识或技术,他们很难长时间拥有固定的工作,往往频繁地换工作,谋生的本领只有在艰难的实践中积累。而职业生涯规划教育能够让农村的初中生看清自己未来能做什么,激励他们向着自己的目标迈进,激励他们看到并相信教育能够给予自己未来更多的选择。相比于男孩,女孩对职业教育有着迫切的需求。固原市原州区雨露社会工作服务中心积极参与陕西妇源汇性别发展中心的"职业生涯规划"项目,通过对学生的兴趣、特长、性格、家庭影响、家庭经济、学科能力等多方面进行客观分析,结合社会未来发展对职业的需求及职业本身的发展空间给学生们提出合理化建议,同时帮助学生认识自我、认识未来社会的职业需求,设定自己的职业目标。

2.资助贫困大学生。近几年国家通过助学贷款、奖学金、助学金等多种助学政策,资助贫困家庭学生完成高等教育,但甘宁青三省(自治区)依然有因贫困不能继续学业的大学生。一些服务于教育事业的慈善组织,聚焦于为大学生提供助学资助。

甘肃兴邦社会工作服务中心,针对贫困家庭的大学生,经过长时间探索,联合了一些有志于帮助贫困大学生的基金会、企业家,特设立大学生无

息贷款。受助学生可以从大学一年级开始申请兴邦小额助学无息借款,毕业后用4年时间还清借款。与国家助学贷款相比,兴邦小额助学贷款能够更大程度地减轻学生的借款压力,开创了民间金融资助贫困大学生的新渠道。在借款给学生的同时,甘肃兴邦服务中心特别注重对借款学生志愿精神、服务意识的培养。中心每年都会组织借款学生定期开展帮助弱势群体志愿服务,使他们学会感恩和回馈社会,其中很多学生成为兴邦社会工作中心的长期志愿者。针对大学生就业困难的问题,兴邦服务中心组织借款学生开展创业技能培训,教授学生掌握就业方法和技能,引导他们积极就业和创业。

在服务于贫困大学生上,青海回族撒拉族救助会在西北地区甚至全国声誉较高。青海回族撒拉族救助会2004年成立,机构成立以后始终把教育救助特别是大学生救助作为工作的重中之重。救助会通过直接资助和提供无息贷款两种方式,对因无力支付学费而濒临辍学的贫困学生进行救助。截至2017年初,救助贫困中小学生和大学生共计10098人,其中大学生4384名,中小学生分别为2142名、3572名。在救助会的资助下,一大批家境贫寒的学子得以进入国内知名的高等学府。有的优秀学子远赴海外深造,他们学业有成后回到国内、省内成为建设祖国和家乡的栋梁之材。

四、社区(村居)服务

社区服务是政府组织或社会组织以社区为基本单元,为社区居民提供的物质或精神方面的服务,其内容以公共服务、志愿服务、便民利民服务为主,具体包括社区就业、社区社会保障、社区救助、社区卫生和计生、社区文体、社区流动人口、社区治安等方面的服务。因为人类服务的对象或居于城市社区或居于农村社区,所以,社区服务的很多内容与人类服务有重合,如孤寡残疾服务、老人儿童服务、流动人口服务等,这也是调查问卷显示甘宁青三省(自治区)慈善组织有33.3%的服务在社区的主要原因。根据社区服务的福利性、群众性、群(整)体性特征,结合实地走访观察,本研究认为从事社区服务的慈善组织要远远高于调查问卷得到的数据。

社区服务的对象是社区成员,同时社区成员也是社区服务的主体之一。慈善组织是由社区个人成员组织的集合体,慈善组织数量越多、服务越活跃,才能够为社区提供多样的服务。由于城市生活水平以及接受公共产品服务的差异性,城市社区与农村社区在社区服务内容、服务方式上同样存在着差异性。城市社区居民更多的是精神方面的需求,如城市流动人口的就业、流动儿童教育、流动妇女的待遇,城市孤寡、空巢、失独老年人的照顾,城市的环境与卫生等。而农村社区更多的是物质方面的需求,社会力量助学、助医、助教、扶贫多是物质方式的帮助。以下是甘宁青服务城市社区与农村社区的几个代表性慈善组织。

(一)城市社区服务

甘宁青地区服务城市社区的慈善组织,比较有影响的有青海西宁曙光公益援助中心,甘肃兰州半山民族养老院、康乐崇善社会工作服务中心等。

1.西宁市曙光公益援助中心社区文化建设。西宁市曙光公益援助中心坐落于西宁市国际村社区,是西宁市较有影响的慈善组织。援助中心从2005年创建伊始就致力于学习型社区的创建。援助中心长期专注于本土面点传承保护工作,组织社区居民开展面点制作培训。中心在国际社区开展了多项文化服务,其中有影响的项目之一"曙光摇篮之手",培训了国际社区周边近千名妇女。2017年、2018年连续两年承接了政府购买项目"老年人面点传承能力提升服务",为国际社区及其周边社区200多位老年人提供了交流、学习面点的平台,既提升了老年人制造传统面点的技艺,更丰富了城市老年人的精神生活,创造了社区和谐、融洽的欢乐气氛。

曙光公益援助中心的老年人面点传承能力提升项目,分批分期为老年人举办培训班、交流座谈会、竞赛展示会,形式多样的项目活动经常能吸引到社区中老年人的踊跃参加。以2017年第一期第一批培训为例,援助中心在国际社区的协助下,对服务对象进行入户走访调研,最终确定40位老人参加面点培训,60位老人享受送面点礼包服务活动。培训中,面点老师给大家讲解传统面点文化,使每位参与者了解传统面点背后不仅有文化因素,也有家族的、历史的社会因素。培训结束之后,曙光志愿者们学习制作面点,将制作的600多个点心、240多个油香、60盒麻花、60盒千层饼馍馍及时送到社区内的60位老人家中。在经过连续几次培训后,援助中心为老人们举办了成果交流会以展示老人们的面点手艺。(图2-27 西宁市国际社区老年人面点参展作品)

图 2-27　西宁市国际社区老年人面点参展作品

　　2.康乐县城东社区城市老年人日间照料中心。甘肃临夏的康乐崇善社会工作服务中心,源于 2011 年成立的康乐县陇人青年志愿者协会。2018 年 5 月,受康乐县民政局委托,康乐崇善社会工作服务中心运营康乐县城东社区老年人日间照料中心。老年人日间照料中心以提高城东社区老年人生活品质为出发点,为满足老年人个性化的需求,康乐崇善服务中心为照料中心配备了麻将机、象棋、跑步机、单车等设施。2018 年 6 月,康乐崇善社会工作服务中心联合政府相关部门以及县其他社会组织在老年人日间照料中心举办以"迎七一建党,传递浓浓温情,家外之家有温暖"为主题的爱心捐书、免费体检、爱心剪发等活动,为中心老人们募集了部分医疗设备以及 100 余册图书,初步解决医疗设备不足的问题以及老年人个性化、多样化的阅读需求。康乐崇善社会工作服务中心在重阳节这天,举办"九九重阳节,浓浓敬老情"庆祝活动,为老年人发放黄手环、老花镜,并邀请医生为老人们进行基础健康检查,同时讲授老年卫生保健知识。

　　3.服务城市社区的其他组织。在甘肃省兰州市,由于流动人口大多聚集于七里河区,这里的慈善组织重点针对流动人口集中的社区开展不同类型的服务,如五星坪社区为老年人养老服务的半山民族养老院、为流动儿童服务的兰州穆睿流动人口服务中心,骆驼巷社区为儿童服务的甘肃善泉城市发展服务中心,拱北沟社区为流动儿童教育服务的兰州益启公益慈善中心等。

近些年,从国家层面推动地方基层实践的"五社联动",将公益慈善服务与基层治理创新、社区服务紧密结合。各地社会组织包括一些慈善组织积极参与"五社联动",申请国家或地方的项目,以社区为平台,以社会工作人员为支撑,为社区居民提供多样化的、个性化的服务。根据调研走访,课题组发现能够参与"五社联动"项目的基本是在当地社会组织中发展基础较好的组织,如宁夏的昊善社会工作发展服务中心、宁夏至善社会工作服务中心、宁夏固原原州区雨露社会工作服务中心,甘肃的兴邦社会工作服务中心、一山一水环境与社会发展中心、临夏州义仓慈善公益服务中心、平凉市众益公益协会,青海省的西宁曙光公益援助中心、青海高远慈善帮扶中心等。

(二)服务农村社区

甘宁青慈善组织中还有一些将社区服务的重点放在农村,调查中慈善组织的负责人反映,相比较城市社区,他们认为农村更需要政府、社会的政策与帮扶。在甘宁青服务农村社区的慈善组织中有影响、有特色的,主要有甘肃沁源社会工作服务中心、一山一水环境与社会发展中心、平凉众益农村社区发展协会等。

1.一山一水环境与社会发展中心农村社区服务。甘肃一山一水环境与社会发展中心,简称一山一水,组织成立时就明确提出"公平地满足脆弱社区的发展"的使命,实现"人与自然和谐、实现社区善治"的愿景。一山一水环境与社会发展中心关注社区发展,包括扶贫、环保、灾害管理和农村社区能力建设。自成立至今,一山一水持续地关注西部欠发达地区的农村社区综合发展,不断探索推动农村社区可持续发展的模式。

以一山一水环境与社会发展中心实施的西北少数民族地区农村生态扶贫项目为例。2015年在香港嘉道理慈善基金会的资助下,一山一水在甘肃省平凉市崆峒区大寨回族乡和上杨回族乡两个项目点5个村实施扶贫。项目名称为"绿色母牛银行",即在项目点通过村民大会选出项目户,给项目户家投入一头良种繁育母牛。两年后当项目户家的母牛生产并存活后,把自家的母牛滚动给同村的另一户贫困家庭。

该项目给贫困户资助母牛的同时,要求农户必须种植 2 亩苜蓿和 2 亩薪炭林。为激励农户诚信发展,同时也为示范推广清洁能源设施,一山一水还会对养奶牛效益好且按规定种植苜蓿和薪炭林的农户,奖励一台价值 800 多元的节能炉。该项目周期三年,项目资金共 250 万元,直接帮助大寨回族乡清水岭村、老庄洼村、穆家村、油坊村和上杨回族乡小岔村 5 个村 453 户家庭 2000 多人受益。项目期间,一山一水还会对农户进行农业技术培训、健康培训、环境教育培训,让农户更科学、有效地改善家庭贫困状况。

一山一水环境与社会发展中心与民政部、财政部、世界银行、亚洲开发银行、联合国开发计划署、联合国妇女署、壹基金、(香港)施永青基金、(香港)嘉道理慈善基金会、德国米苏尔基金等国内外多个机构合作,已实施国内外发展机构资助的项目 500 多个,项目资金超过了 1.5 亿元,用于甘肃省及其他 24 个省份的贫困地区的扶贫发展和灾害救援项目,使 20 多万贫困人口和灾民受益。

2. 平凉众益农村社区发展协会推动农村社区发展。平凉众益农村社区发展协会成立时间并不长,至今不过 5 年的时间,但在甘肃平凉地区的社会组织中,众益农村社区发展协会在服务农村公益事业上有不错的口碑。众益在发展的五年中,一直践行着"推动农村社区发展"的使命,积极倡导与参与平凉农村社区的建设、环境保护、科普教育、扶贫开发、扶老助残、抢险救灾工作。仅在 2018 年,众益协会在平凉农村开展的服务近 10 项。以下是平凉众益农村社区发展协会 2018 年的活动记录。

协调全市 9 个公益组织筹资为农村儿童发放温暖包,共计发放温暖包 2210 个,使 2210 个农村困境儿童受益;

承接壹乐园音乐教室项目建设,为崆峒区 8 所农村小学捐赠音乐教室一间。包括教师培训、音乐器材捐赠、教室装修材料等建设,项目总价值 80 万元;

在大寨乡村、东关办事处东郊社区建设壹乐园儿童服务站两座,为辖区流动、留守儿童常年提供服务;

以发展家庭经济为策略资助农村贫困学生 15 人,每人每年价值 1000 元高产羊两只,用于繁殖饲养,增加经济收入,改变家庭贫困现状;

联合益博云天平台为唐湾小学援建电教室一间,捐赠笔记本电脑 40 台;

联合中国电科电子装备集团有限公司为梁东小学捐赠电教室一间,包括教室装修、图书架、阅览角、儿童科技实验教具、电脑8台,电脑桌8组、投影等器材;

联合爱心人士为崆峒区特困家庭捐赠资金2.5万元。

3. 甘肃沁塬社区发展中心服务农村老人。服务社区工作总是以某一具体人群为依托,如甘肃沁塬社区发展项目以服务老年人为本。为激发农村老年人的内生动力,健全老年人社会支持系统,减轻农村养老负担,改善农村家庭和社区关系,恢复和发展农村社区自我服务功能,自2017年7月,沁塬社区发展中心重点开展农村社区服务。在张家川刘堡村、赵湾村开展为老服务,为农村老年人提供文化娱乐、健康促进、精神慰藉、生活照料、增加老年人收入等多项服务内容。

为取得服务农村社区的良好效果,甘肃沁塬社区发展中心充分调动志愿者们的积极性。在项目开展期间,合理安排志愿者照料老人的时间,以保证持续为社区特殊老年人提供不间断服务。针对不同老年人的情况,提供家庭卫生清理、洗发梳头、指导服药等(图2-28 沁塬社区发展在张家川开展中秋节活动),服务对象所在的村民委员会对沁塬社区发展中心社区养老照料及其他服务工作给予充分肯定与支持。

图2-28 沁塬社区发展在张家川县开展中秋节活动

(三)城乡社区综合服务

甘宁青个别发展好的慈善组织,社区服务的领域较为宽广,不仅为城市社区服务,而且在农村社区各项公益事业的发展上也取得不错的效果。

宁夏社区服务个案。宁夏昊善社会工作服务中心是在宁夏服务城市与农村社区内容多样、服务领域宽广、服务方法专业的典型性组织。

宁夏昊善社会工作服务中心是宁夏首家社会工作机构,成立于2013年,服务中心秉承"乐善好施,助人自助"的慈善理念,以社会工作的方法在宁夏推进慈善事业的发展。昊善自成立以来,通过公益创投、"五社联动"等多种融资方式,在宁夏多个社区提供服务。如在宁夏海原县海城街道黎明社区、银川西夏区星光巷社区、隆德县特殊教育学校、固原市小川子等社区的儿童、青少年服务;在宁夏陶乐养老中心、宁夏阅海养老中心、银川市兴庆区月牙湖小塘村、西吉县田坪乡黄岔村、银川星光社区开展的老年人服务;在银川市西夏区星光社区开展的社会组织培育服务;在银川市兴庆区满春社区、海原县建设社区开展的社区矫正服务;在海原县红井村开展的贫困人口服务等。

总之,昊善服务中心自成立之日就立足社区,为城市社区或农村社区居民开展困难求助、矛盾调处、权益维护、心理疏导、行为矫治、关系调解等综合服务。

五、医疗健康服务

(一)送医赠药义诊服务

甘宁青三省(自治区)山地多、丘陵多,身处交通不便地区的人口较多。为解决农村人口、偏远山区人口的用医用药问题,部分慈善组织在医疗健康领域提供服务。

在青海,高远慈善帮扶救助会、青海回族撒拉族救助会、青海爱心之帆三个组织都在医疗服务方面有突出贡献。如青海回族撒拉族救助会自2005年6月开始先后与青海红十字医院、中国人民解放军第四医院、解放军第536医院等大型医疗机构合作,深入青海省边远地区开展面向贫困人群的"送医送药"义诊活动,还积极协助基层防范和化解各类医疗纠纷,协调减免贫困患者相应的医疗费用等。表2-4是青海高远慈善帮扶救助会2016—2018年在医疗领域开展的服务。

青海高远慈善帮扶救助会医疗服务

表 2-4　青海高远慈善帮扶救助会医疗服务（2016—2018）

时间	地点与服务对象	服务内容与效果
2016 年 1 月	在化隆县甘都镇	由内科、外科、妇科、呼吸科、肛肠科和超声科六位专家组成的医疗义诊团队，针对三高、消化系统、腰腿痛、呼吸系统疾病、妇科疾病义诊和普及预防知识义诊活动，并免费为村民发放价值近万元的药品，受益人数多达 200 余人
2016 年 12 月	在循化县惠康养老院	携手西宁市第一人民医院，开展"义诊进惠康·关爱送上门"活动，为生活在惠康养老院和由惠康提供居家服务的百位老人进行义诊
2017 年 3 月	在循化县道帏乡	开展义诊活动，受邀义诊大夫根据该地区群众常见病、多发病的实际情况，为该乡立伦、俄家、铁尕楞、拉科、三木仓等五个村的撒拉、藏、回、汉等民族 500 余名村民对症给药，免费发放价值近 1 万余元的药品
2017 年 6 月	在门源	开展"送医下乡为民义诊"志愿服务活动，给村民免费检查、免费看病、免费送药
2017 年 11 月	在化隆	与第二人民医院、德恒隆乡卫生院进行义诊活动，为 200 多名患者进行详细的检查和治疗，并发放近 13000 元的药品
2017 年 11 月	在西宁	与青海省第五人民医院联合进行义诊活动，陆续在西宁中庄社区、铁路花园社区以及胜利巷社区进行糖尿病专科义诊。通过医务人员对低保户糖尿病患者及高龄糖尿病患者地筛选登记，帮扶救助会为符合义诊活动要求的贫困患者，每人补助 200 元的购药款，义诊现场发放近万元的治疗糖尿病和高血压的常用药
2018 年 11 月	在白庄镇	协同循化县民族医院白庄分院开展主题为"健康心理·快乐人生"的义诊活动，包括糖尿病、高血压、心血管等慢性病在内的近 270 余人次患者得到现场诊疗，现场发放总价值共计 11749 元的相关药品
2018 年 11 月	化隆县群科镇卫生院	救助会邀请化隆县第二人民医院四名专科医师，为群科镇四个脱贫村近 270 名慢性病患者提供专业、细致的诊疗服务，并向就诊患者免费发放近 1.2 万元的药品
2018 年 12 月	化隆县牙什尕卫生院	开展义诊活动。为当地包括建档贫困户患者在内的近 200 余群众送去健康关怀，现场发放价值 8000 余元的药品

　　青海高远帮扶中心发挥联系社区与社会纽带的作用，多方联系西宁市各大医院专家，深入青海各偏远山区、养老中心，为村民及老人开展义诊服务（图 2-29　高远帮扶中心义诊活动）。

在化隆县甘都镇义诊（2016）　　　　　在循化惠康养老中心义诊（2016）

在循化惠康养老中心义诊（2016）

在循化县道帏乡义诊活动（2017）

图 2-29　高远帮扶中心义诊活动

青海高远帮扶中心除了联系医院专家开展义诊活动以外,还多方争取资金建设乡村诊疗所(室)以改善基层卫生院医疗条件。2016 年 3 月,高远帮扶中心援建的门源县青石嘴大滩卫生院竣工。新建卫生院在原有的 13 个基本科室的基础上,新增开了公共卫生科、卫生监督协管科、健康教育室、全科医疗科。卫生院为三层框架结构,面积 958 平方米,共投资 240 万元,其中 53 万元为高远帮扶中心引进科威特慈善协会的捐款,用于建设和购置部分医疗设备。慈善协会捐款投入有效地发挥社会组织的作用,解决政府新建卫生院资金不足的困难,为政府减轻极大的负担。卫生院建成后每天平均就诊人数30余人,累计年受益人数达11000多人。在2016年春季之后,高远慈善帮扶中心出资40万元参与援建化隆县牙什尕卫生院业务办公楼,该楼的建成使基层医务工作者拥有更好的行医环境,也使当地患者能够更舒心地就诊。(图2-30 高远慈善帮扶中心援建的卫生院)

援建门源县青石嘴大滩卫生院(2016) 　　援建化隆县牙什尕卫生院业务办公楼(2016)

图2-30 高远慈善帮扶中心援建的卫生院

(二)对农村学生的健康服务

甘宁青地区少数民族居多,农村在教育、经济、文化、医疗等各个方面非常落后,农村孩子们口腔健康、心理健康、女性健康等往往不被家长重视。以口腔病为例,农村地区儿童口腔疾病的患病率比城市儿童要高很多,儿童龋齿、虫牙、牙周疾病等在农村的发病率很高,其中很大一部分是儿童没有保护牙齿的知识,没有养成勤刷牙原因导致的。针对这种情况,个别慈善组织行动起来为农村孩子普及口腔健康知识和口腔义诊活动。如2017年甘肃新星公益慈善中心在广河县魏家咀小学进行口腔知识和口腔健康义诊活动(图2-31 甘肃新星公益慈善中心在广河县口腔义诊活动)。

(三)医疗健康扶贫

健康扶贫包括医疗卫生服务、医疗保障、疾病防控和公共卫生等。为缓解因病致贫或因病返贫的家庭或个人,在甘宁青三省(自治区)还有一些慈善组织通过募集善款资助大病患者就医,或对因病致贫的个人和家庭给予慰问救济。甘

图 2-31　甘肃新星公益慈善中心在广河县口腔义诊活动

肃省的八方公益爱心慈善中心,青海省爱心之帆志愿服务中心、回族撒拉族救助会、夏都公益志愿服务中心,宁夏的海原青年爱心公益社等组织,都有针对不同人群大病救助的服务。以宁夏海原县青年爱心公益协会和青海爱心之帆为例。

1.医疗健康扶贫宁夏个案:宁夏海原县青年爱心公益协会大病救助

宁夏海原县青年爱心公益协会是海原县首个民间自发性青年公益组织,成员主要由海原青年大学生及海原县在外工作人员组成。从成立伊始,海原县青年爱心公益协会重点服务领域就在大病救助上。仅以 2016 年为例,海原县青年爱心协会大病、重病资助如表 2-5 所示。

表 2-5　宁夏海原县青年爱心公益协会健康扶贫(2016)

时间	内　容
1 月 15 日	为重病患者田××捐助 35600 元
2 月 22 日	为海原县山门新村孙××(因疾病致使左脚脱落需手术)筹划捐款 177728.82 元
3 月 10 日	为患有肾衰竭尿毒症李×发起爱心募捐活动
6 月 4 日	为海原县术台乡大嘴村薛××治病发起募捐,至 7 日募集 10 余万元
7 月 18 日	走访海原县树台乡红井大队灰条沟村肝硬化患者李××老人家
9 月 18 日	看望海原县红羊乡"爬山女"田××,并通过新视野传媒有限公司拍摄纪录片的方式募捐,至 9 月 23 日收到捐款 15913 元
12 月 14 日	通过视频为海原遇难者司机冯×募款

2.医疗健康扶贫青海个案:青海爱心之帆大病救助

爱心之帆全称青海爱心之帆志愿者服务中心,中心成立于 2005 年,是青海省成立较早的慈善组织之一。爱心之帆倡导"每日一元,日行一善"的慈善理念。爱心之帆志愿者服务中心成立以来,服务的重心一直是大病资助与探望病患。同样以 2016 年的大病重病资助为例,爱心之帆发起的医疗救助、抚慰活动如表 2-6 所示。

表 2-6　青海爱心之帆医疗健康扶贫(2016)

时间	内　容
2 月 26 日	为吐鲁番公益领头人、心脏病手术患者蔡××募捐
3 月 2 日	为患多病的幼儿马××——舌下腺囊肿、急性肺炎、急性呼吸衰竭、先天性心脏病病危募捐
3 月 11 日	为肝硬化患者马 X 募捐,至 5 月 10 日,共募集 13050 元
3 月 14 日	为尿毒症患者李××募捐
3 月 21 日	到医院探望糖尿病患者马××
4 月 22 日	为平安县古壁乡一岁四个月幼病儿马×募捐,至 5 月 10 共募集资金 4624 元
5 月 1 日	分别到住所、医院探望病患宋××、马××、马××、安××,并各给予 3000 元、1500 元不等的现金
5 月 1 日	为大通县城关镇铁家村遭煤气爆炸冶××募捐
5 月 29 日	为化隆县德恒乡东加村 8 岁孤儿、患有眼疾的马×募捐
6 月 4 日	探望西宁白血病患者杨××,祁连县冰沟村白血病患者马××
6 月 19 日	探望西宁烧伤病患马××一家三口,患有眼疾的马××,肝硬化患者马××各捐助资金 3000 元
6 月 25 日	为大通县前窑村马××家募捐
7 月 6 日	再次为化隆县德恒乡东加村 8 岁孤儿、患有眼疾的马×募捐
7 月 8 日	为 14 岁白血病患者马××募捐
7 月 13 日	资助化隆县牙什尕镇参果滩一村五岁重病儿童、湟中县鲁沙尔镇脑瘫患儿各 1 万元,并为两名儿童募集手术费与治疗费
7 月 13 日	到西宁第五医院探望 6 位尿毒症患者,每人捐赠 300 元礼包及 300 元慰问金
11 月 29 日	为 1 岁 10 个月急性非淋巴血病患者褚××发大病救助基金 2000 元
12 月 11 日	为重度烧伤患者马×募捐
12 月 16 日	看望为治疗下肢坏死性筋膜炎而负债的冶××;探望乐都县摔伤男孩马××
12 月 18 日	再次探望下肢坏死性筋膜病患冶××

时间	内　容
12月20日	探望互助县因意外摔落至头骨碎裂的马××
12月20日	为祁连县八宝镇冰沟村杨×换肾募捐
12月20日	探望多种病症的重病患者马××
12月23日	再次探望互助县意外摔落至头骨碎裂的马××
12月23日	探望患者小××
12月30日	探望多巴镇双目失明的马××
12月31日	探望病患女孩张×

通过慈善组织的服务记录,我们可以看到服务于医疗领域的甘宁青慈善组织,主要是以医疗义诊和大病资助方式提供服务。但在访谈调研中,一些从事大病救助服务的慈善组织表达了"会逐渐退出大病救助"的想法。他们认为国家的医疗保障逐年在完善,特别是新型农村合作给农民实实在在的帮助。青海爱心之帆志愿者服务中心负责人的说法比较有代表性:

> 医疗保障这方面国家已经做得很好了。因为国家做了很多,我们只是在国家有缺陷的地方、顾不到的方面做。国家尽管报销很多,但对一些特别贫困的家庭,他在国家报销之外自己承担的那部分都拿不出,我们对这些人资助。虽然我们搞了很多年,但现在决定把它作为临时项目。一是国家政策日益在完善,报销比例越来越高,我们资助的对象不断在变化;二是这些人一旦有问题就来找我们(慈善组织)这并不是好事,他们应该先自己想办法,自己来解决问题。我们的想法是你在自己着手解决后,实在想不到办法、没有出路的时候再来找我们,由我们机构想办法解决。大病救助国家做得很好,我们只是适当地做些补助,这是我们的想法。

六、减灾救灾与生态保护服务

(一)减灾救灾服务

调研中发现,甘宁青各慈善组织在服务领域中,会根据组织的专长有所倾斜,但绝大多数负责人都表示,当发生灾害时组织会全力以赴提供帮助。早在2008年的5·12汶川大地震以及2010年青海玉树四次地震中,甘宁青三省(自治区)慈善组织积极行动,以各种形式参与抢险救灾与灾害重建。如青海回族撒拉族救助会为玉树的灾后重建募集了107万元现金,在灾后一周年,带着10万元善款进行再次慰问。

自2016年以来,甘宁青慈善组织对发生在本地区内外的各类自然灾害不遗余力地从人员到物资予以支持与援助。2016—2018年,主要有以下几次大的灾害救援:

1."8·20下马关雨灾"。2016年8月20日,宁夏同心县下马关、韦州等乡镇遭受短间时强降雨,10个村庄遭受暴雨和山洪灾害,其中下马关镇受灾最为严重,最大降水量达到126.8毫米,1700多农户庭院进水,1300多农户房屋进水,约200农户围墙不同程度受损,当地油用牡丹等5000多亩农作物受灾,道路毁损20公里左右。

灾害发生后,同心爱心志愿服务团、同心霞光公益慈善发展中心等爱心团队前往灾区(图2-32 同心慈善公益组织抢险救灾中),帮助政府抢险救灾,转移安置受灾群众,并到下马关移民村洪涝灾害受灾村民家中帮助解决实际困难。灾民家中遭受淤泥,各爱心团队齐心协力帮助清理村民家中淤泥,随后协助专业抢险人员为受灾群众搭建帐篷、安置临时居住场所。

图2-32 同心慈善公益组织抢险救灾中

2."8·22夏河洪灾"。2016年8月22日,甘南州夏河县发生洪雹灾,临夏青年联合会(当时组织名称为"临夏青年公益联盟")迅速行动起来,向甘肃公益救灾联盟申请救灾物资,并紧急从天水、成县备灾仓库中调拨总价值29.5万元的30顶12平方米单顶救灾帐篷和500个壹基金温暖包支援夏河(图2-33 临夏青年联合会驰援灾区)。

灾后第三天,在临夏青年联合会召集下,由 21 个成员机构共计 28 名志愿者、两辆救灾物资车组成的联合救灾小组紧急奔赴夏河县进行支援。洪雹灾害过后一周,临夏青年联合会到甘南州,为拉卜楞藏民小学受灾严重家庭的 500 名学生送去价值 19.25 万元壹基金温暖包。

青年公益联合会出征甘南灾区(2016)

为拉卜楞藏民受灾严重家庭学生发放温暖包

图 2-33　临夏青年联合会驰援灾区

3. "3·14 岗诺尔培训学校火灾"。2017 年 3 月 14 日晚,甘南州合作市岗诺尔藏餐烹饪技能培训学校因暴雪致线路问题引发火灾。甘南州消防官兵、合作市相关负责人接到火警后第一时间到现场指导及指挥灭火工作,但因火势凶猛,校园内的物资无法转移,个把小时学生宿舍物资和学校库房里的食材化为灰烬。火灾扑灭后,学校检查学员人数并将他们统一安排转移至安全宿舍区。全体学生无人受伤,但是突发火灾使得学生们所有生活用品化为灰烬。

合作市岗诺尔烹饪职业技能培训学校,是 2009 年甘南州旦巴教育文化发展促进会协助甘南师范学校民师部举办的藏餐厨艺班,面向全国五省藏区的牧民孩子提供技能培训,学校 60% 的学生是孤儿、特困家庭游牧民的孩子。火灾发生后学校负责人发布求助信,急需被褥126套、15—32岁年龄段男女衣物等。甘肃一山一水环境与社会发展中心在接到救助后迅速协调联系,后与金昌市大爱无疆公益协会达成协议,合作支援技能培训学校。三天之后,在一山一水环境与社会发展中心与金昌市大爱无疆公益协会全力合作下,100床被子、200双鞋、500件衣服、100袋大米、126套女士保暖内衣,总价值10万余元的物资顺利到达学校与学生手中[图2-34 一山一水与金昌市大爱无疆公益协会合作救灾(2017)]。

图2-34 一山一水与金昌市大爱无疆公益协会合作救灾(**2017**)

4.“8·8九寨沟地震”。2017年8月8日在四川阿坝州九寨沟县发生7.0级地震,甘肃公益救灾联盟得到消息后,迅速协调成员机构组织调动物资,在不到20小时时间内调动公益救灾联盟兰州备灾仓库、天水备灾仓库的急需物资奔赴灾区。其中,天水陇右环境保育协会与天水公益者联盟四家机构筹集的物资包括折叠床300张、12平方米帐篷40顶、36平方米帐篷10顶,兰州公益联盟调集物资包括50米彩条布307条、12平方米帐篷100顶、36平方米帐篷40顶。[图2-35 甘肃公益救灾联盟天水与兰州机构调动物资赴灾区(2017)]

图2-35 甘肃公益救灾联盟天水与兰州机构调动物资赴灾区(**2017**)

5．"7·18东乡暴洪灾"。2018年7月18日,甘肃东乡县突发多年未遇强降水天气。在2个多小时内,那勒寺、果园、凤山等乡镇最大降水量达到114.1毫米,导致果园、凤山、达板等乡镇暴发山洪,造成群众房屋受损、道路损毁、人员伤亡的重大灾害。临夏州青年公益联合会、州义仓慈善公益服务中心、州临聚力爱心公益慈善中心、市八方公益爱心慈善中心等慈善组织迅速行动起来,成立"7·18东乡暴洪灾"联合救灾应急小组。同时,联合应急小组利用壹基金联合救灾项目甘肃公益网络平台申请调拨壹基金救灾物资,紧急驰援甘肃东乡。

甘肃一山一水环境与社会发展中心壹基金救灾项目工作人员在接到申请并在灾区调研后,迅速根据灾区需要调拨救灾物资[图2-36　临夏各慈善组织"7·18"洪灾救灾(2018)]。参与的慈善组织第一时间投入到救灾行动中,服从安排,积极行动,与当地救灾的武警官兵、公安民警及所有奋战在抗洪救灾一线的工作人员并肩作战,防洪、排水、清淤、登记、搬运、发放救灾物资、搭建帐篷、疏导群众、协助交警现场指挥交通等。

图2-36　临夏各慈善组织"7·18"洪灾救灾(2018)

从7月18日洪水暴发到7月25日,东乡县禁毒志愿者协会组织40余名志愿者,分成3个小组赴果园、达板、凤山三个受灾区,在灾区持续坚持八天参与救援工作。在果园镇,志愿者们搭建救灾应急帐篷、协助开展防疫、交通疏导、引导爱心人士物资交接搬运、修建安置点临时道路等;在达板镇,志愿者们帮助指挥部后勤工作人员发放物资、维护秩序、协助登记爱心物资;在凤山乡,禁毒志愿者们清理道路、受灾家庭庭院和房屋内淤泥、安置点卫生垃圾,开展爱心慰问活动,安抚受灾群众情绪[图 2-37　东乡县禁毒志愿者协会"7·18"抢险救灾(2018)]。

图 2-37　东乡县禁毒志愿者协会"7·18"抢险救灾(2018)

(二)生态保护服务

调研中甘宁青慈善组织负责人谈到当地的贫困现状,表示对习近平总书记提出的"绿水青山就是金山银山"的理念与发展战略相当认同。慈善组织将改善生态环境与脱贫攻坚相结合,不遗余力地参与政府组织的植树造林活动,或是自发组织绿化活动。在生态脆弱区、黄河水源地开展植树造林和绿化环境的活动,已成为甘宁青部分慈善组织制度化的服务。

1.生态脆弱区义务植树。甘肃省临夏很多地方山大沟深,条件恶劣,资源匮乏,是"国列省扶"重点贫困县。甘肃当地的一些慈善组织,如兰州博爱志愿者协会、临夏市爱心救助会、临夏州义仓慈善公益服务中心、临夏州临聚力爱心公益慈善中心、临夏市八方公益爱心慈善中心、临夏市星光公益协会、永靖县在一起爱心公益协会、东乡县禁毒志愿者协会、和政义工部落协会等,每年都会组织或参加植树活动。如图 2-38 所示,2018 年甘肃一些组织在临夏州青年公益联合会的组织下,参加为东乡县大树乡捐赠价值 10 万元果树苗木捐赠暨义务植树活动。

图 2-38　联合当地慈善组织义务植树（2018）

　　平凉市崆峒区同样是甘肃生态较为脆弱地区,当地社会组织在每年的植树节都会踊跃参加植树造林活动。平凉众益农村社区发展协会在崆峒区农村发起绿色进社区活动后,吸引很多的志愿者和村民加入。众益农村社区发展协会不仅号召村民植树,而且每次在植树活动后,都会向村民们宣传种树对当地的好处以及农村白色污染造成的不利影响(图 2-39　众益发动村民植树并宣传环境保护知识)。协会也会利用植树机会,要求村民们减少使用塑料袋,自制布兜购买物品,处理好自己的生活垃圾。树种好以后监管是个大问题,毕竟协会离村落远,难以随时监管村民乱牧乱伐。平凉众益负责人和村民们一起定制林地保护制度,由村民们自管。村民自荐做绿林的管理员,做浇水看护工作,保证所植小树的成活率。

图 2-39　众益发动村民植树并宣传环境保护知识

　　2.“保护母亲河,共建公益林”。在甘肃临夏,还有专门从事生态保护的组织——临夏州生态环境保护协会。临夏州生态环境保护协会筹建于 2012 年,于 2014 年 12 月正式成立。该协会以“绿色河州,生态家园”为宗旨,生态环境保护协会在筹备期就发起"保护母亲河,共建公益林"活动,分别在积石山县大河家镇韩陕家村、小关乡吴家堡村、东乡县河滩镇大塬村、临夏县营滩乡标山村、东乡县河滩镇汪胡村尕山生态治理点组织开展了十余次植树造林活动。参与人员超过3000多人次,为推进实施临夏州"生态立州"战略,保护黄河上游水源地工作做出突出贡献。图2-40所示的是临夏州临聚力爱心公益慈善中心作为协办单位参加的,由临夏州生态环境保护协会主办,州内各公益组织和爱心企业协办的第八届"保护母亲河,共建公益林"植树造林活动。

图2-40 临夏州生态环境保护协会组织的植树活动(2018)

3."亲子生态林"认植。为激励人们种树护林的积极性,甘宁青慈善组织在生态保护服务领域不断探索,摸索出多种保护生态的好方法。如在宁夏固原地区,固原原州区河川乡母家沟村生态状况脆弱,环境保护压力极大。为传播绿色发展、保护环境的理念,原州区雨露社会工作服务中心在固原市发起"我是一只小蜜蜂,我有一片小树林"的亲子生态林认植志愿服务项目。雨露社会工作服务中心将生态林认植与助力脱贫攻坚相结合,为"亲子生态林"认植示范户,每户发放中华蜂2箱并提供蜜蜂养殖相关培训。项目通过提供有效的生态服务(扶持养殖中华蜂)开展生态保护,帮助社区通过可持续利用本地资源开发生态友好型产品,在社区倡导以生态友好产品为元素的经济可持续发展模式,从而达到生态保护与社区居民经济创收的协调发展。

第二节 甘宁青慈善组织运作的效益与影响

甘宁青地区社会组织无论在数量还是规模上,都难以达到全国平均水平。

但三省(自治区)的慈善组织在各地政府引导与支持下,在为政府分忧、为社会解困、为群众谋利方面都发挥了积极的功能与作用。

一、助力精准扶贫,推动脱贫攻坚战的实施

精准扶贫是指针对不同贫困区域环境、不同贫困户状况,运用科学有效程序对扶贫对象实施精确识别、精确帮扶、精确管理的治贫方式。精准扶贫是针对粗放式扶贫而言,于2013年11月习近平总书记在贫困地区考察时首次提出。党的十九大进一步提出扶贫的机制、原则与目标,"要动员全党全国全社会力量,坚持中央统筹省负总责市县抓落实的工作机制,强化党政一把手负总责的责任制,坚持大扶贫格局,注重扶贫同扶志、扶智相结合,深入实施东西部扶贫协作,重点攻克深度贫困地区脱贫任务,确保到2020年我国现行标准下农村贫困人口实现脱贫,贫困县全部摘帽,解决区域性整体贫困,做到脱真贫、真脱贫"[1],打赢脱贫攻坚战上升为国家战略目标。

甘宁青地处西北地区,三省(自治区)共有人口3905.88万人,经济发展水平历来落后于全国水平。表2-7反映2019年全国地区生产总值与人均可支配收入。通过横向比较,甘宁青经济发展水平与国内其他省份差距比较大。2019年甘肃全省地区生产总值8718.3亿元,人均地区生产总值32995元;宁夏全年地区生产总值为3748.48亿元,人均地区生产总值54217元;青海全年全省地区生产总值2965.95亿元,人均生产总值48981元。2019年甘宁青人均可支配收入方面,甘肃人均可支配收入19139元,宁夏24412元,青海22618元[2]。

如表2-7所示,2019年全国省份中地区生产总值低于1万亿元的有5个省,甘肃、宁夏、青海都列位其中,分别位于全国倒数第五、三、二名。2019年全国人均可支配收入30733元,甘肃、青海两省位于后五位,其中甘肃省人均收入不足2万元,位列全国末位。

---

① 《中国共产党第十九次全国代表大会文件汇编》,人民出版社2017年版,第38页。
② 数据均根据国家统计局网站公布的数据整理。

表 2-7　2019 年 31 省份地区生产总值与人均可支配收入

地区	地区生产总值（亿元）	地区	人均可支配收入（元）
广东省	107671.07	上海市	69442
江苏省	99631.52	北京市	67756
山东省	71067.5	浙江省	49899
浙江省	62352	天津市	42404
河南省	54259.2	江苏省	41400
四川省	46615.82	广东省	39014
湖北省	45828.31	福建省	35616
福建省	42395	辽宁省	31820
湖南省	39752.12	山东省	31597
上海市	38155.32	内蒙古自治区	30555
安徽省	37114	重庆市	28920
北京市	35371.3	湖北省	28319
河北省	35104.5	湖南省	27680
陕西省	25793.17	海南省	26679
辽宁省	24909.5	安徽省	26415
江西省	24757.5	江西省	26262
重庆市	23605.77	河北省	25665
云南省	23223.75	四川省	24703
广西壮族自治区	21237.14	陕西省	24666
内蒙古自治区	17212.5	吉林省	24563
山西省	17026.68	宁夏回族自治区	24412
贵州省	16769.34	黑龙江省	24254
天津市	14104.28	河南省	23903
黑龙江省	13612.7	山西省	23828
新疆维吾尔自治区	13597.11	广西壮族自治区	23328
吉林省	11726.8	新疆维吾尔自治区	23103
甘肃省	8718.3	青海省	22618
海南省	5308.48	云南省	22082
宁夏回族自治区	3748.48	贵州省	20397
青海省	2965.95	西藏自治区	19501
西藏自治区	1697.82	甘肃省	19139

资料来源：国家统计局 2019 年国民经济与社会发展统计公报,2020 年 2 月 28 日。

根据国家扶贫办统计数据,截至 2019 年底,全国还有 52 个贫困县未摘帽、2707 个贫困村未出列,其中未摘帽的 52 个贫困县中甘肃和宁夏共占 9 个。甘肃 8 个县未实现摘帽,有陇南市的西和县、礼县、宕昌县,临夏州东乡县、临夏县,定西市通渭县、岷县,庆阳市镇原县。宁夏回族自治区的固原市西吉县未完成摘帽任务。

无论从全国还是地区看,甘宁青三省(自治区)实现脱贫任务重、压力大。2013—2019 年各地贯彻实施国家扶贫和精准扶贫工作期间,正是社会组织蓬勃发展的阶段。甘宁青三地的慈善组织在开展慈善事业的同时,自觉地将慈善服务与政府的脱贫攻坚任务相结合,在扶贫济困、助教助学、安老助孤、恤病助残、救灾环保等方面助力精准扶贫。

(一)扶贫济困覆盖面广、模式新颖

扶贫济困是慈善的本质也是慈善的核心。甘宁青慈善组织发挥了慈善"帮助需要帮助的人"最本质的特征,不管从事或擅长哪个服务领域的慈善组织,都在扶贫济困方面发挥了不小的作用。

在甘肃,慈善组织的扶贫活动是常态。以临夏州义仓慈善公益服务中心为例,公益慈善中心经常举行扶贫活动,仅 2019 年 5 月就先后开展了 5 期爱心物资发放活动(图 2-41　临夏州义仓慈善公益服务中心爱心物资发放),给临夏市区及市郊、积石山县、和政县的 186 户五保户、贫困户,发放价值近 10 万元的面粉、食用油、大米、醋、鸡蛋、大枣、茶叶和衣物等爱心物资,同时给每户配备了临夏各大商场商家捐助的衣服、裤子、鞋子等爱心物资,使困难家庭基本生活得以改善。同年,为和政县新庄乡光明村开展爱心物资发放活动,共计发放衣服 2000 件、鞋子 600 双,受益群众达 700 多人。在先锋乡慰问单亲、老弱病残家庭,为他们送去了衣服、鞋子、面粉、大米、食用油等生活必需品。

图 2-41　临夏州义仓慈善公益服务中心爱心物资发放

在青海,阳光公益志愿者服务中心、西宁夏都公益志愿服务中心、爱心之帆、青海高远慈善帮扶救助会、回族撒拉族救助会、循化县益众社会公益服务中心等慈善组织,对困难家庭、困难学生、贫困乡村或给予经济上的短暂扶持,或给予产业的长远帮扶,推动不同贫困户脱贫步伐。如青海回族撒拉族救助会自 2005 年开始,每年募集数十万元的面粉、大米、清油、牛羊肉等生活必需物资,慰问西宁、海东、海北、黄南、海南等地 5 万多贫困群众。

家族式济困活动悄然兴起

随着人民群众生活条件的不断改善,传统的家族式济困方式悄然兴起。一家有难,百家支援成为中华民族传统济困的美德。作为一种慈善文化的传承和延续,苦家湾家族是有着 600 多年历史记载的家族,家族式济困救助延续了几百年,成为家族的传统,也是一种家族历史慈善文化。为了实现和规范家族慈善活动,提升家族文化品位,苦家湾家族调整思路,摸索改变传统的济困救助模式,求助依托青海回族撒拉族救助会,成立"青海回族撒拉族救助会苦家湾家族爱心救助小组",在青海回族撒拉族救助会的具体指导下开展实施济困救助工作。

2017 年,青海回族撒拉族救助会在苦家湾家族爱心救助小组的精心安排下,对 11 户特困家族成员,其中孤寡老人 4 户,残疾家庭 4 户,特困户 2 户,教育救助 1 户,进行逐一的慰问并进行详细了解登记,为以后精准扶贫、跟踪脱贫做好档案资料工作。通过利用回族、撒拉族等少数民族自己的节日,到苦家湾家族救助的困难户开展慰问活动,激发家族成员的积极性和参与热情,使更多的族人把善款或爱心物资送到确实有需求者的手中。

协同家族开展救助扶贫活动,是社会慈善救助的一部分,也是精准扶贫的重要环节。青海回族撒拉族救助会摆脱以往的传统济困救助模式,拓展思路,充分挖掘社会资源,尝试与家族合作开展济困救助工作。精准扶贫到户到人,建档立册,跟踪济困救助,使家族弱势群体早日脱贫,为精准扶贫探索出新模式。

(二)助教助学助益政府教育扶贫工作

扶贫工作包括很多内容,但教育扶贫是从根本上扭转贫困、实现脱贫目标的关键。甘宁青从事教育扶贫的慈善组织,无论是在基础教育、职业教育还是降低贫困家庭学生就学负担等方面都对政府教育扶贫工作助益很多。

相比于宁夏和青海,甘肃助教助学的慈善组织更多一些。甘肃省兴邦社会工作服务中心、爱心教育服务中心、兰州穆睿流动人口服务中心等组织捐助学校、资助贫困生,发动社会力量以各种形式开展助教助学服务。以下是甘肃省和青海省的慈善组织教育扶贫个案。

1. 甘肃教育扶贫个案

兴邦社会工作服务中心在临夏教育扶贫

广河县阿力麻土乡寺沟村,农田陡峭水土流失严重,群众用水困难,手机没有信号信息闭塞,道路崎岖根本无法通车,教育落后,文盲代代沿袭。十多年前,寺沟村有一所村小学,仅仅一间教室,一位老师,最多时有16名小学生。兴邦社会工作服务中心在了解情况后,将服务中心的第一个三年计划选择在阿力麻土乡寺沟村。兴邦社会工作服务中心携手社会贤达和当地政府,投资9万元,将原来村小重新修建成四年制小学,使寺沟村近50户家庭的孩子能在家门口读书至四年级。借着兴邦社会工作服务中心捐资修建寺沟村学校的机会,乡、村干部和群众向县领导谈了许多村里的困难,于是县政府加大扶贫力度,出资20余万元为寺沟村修建了一条出山公路,投资40余万元在寺沟村陡峭的山地上修建了水平梯田。修建梯田不仅提高了土地亩产量,还阻止了水土流失。兴邦社会工作服务中心还协调相关机构给寺沟村通上了电话、修建了通信塔,解决了寺沟村信息不畅的问题。

阿力麻土乡的山庄村没有自己的小学,孩子们到最近的赵家村上学也要走5里山路,很多适龄儿童因此不去上学,或者直到10岁左右能挑战崎岖山路了,大人们才放心让孩子去念书。得知情况后,兴邦社会工作服务中心引荐慈善机构与乡政府合作,投资50余万元在山庄村建成六年制小学。学校选址在山庄、郭家、后山三个村交界的地方,以使三个村的孩子都能在学龄期入学。

东乡族自治县大树乡黄家村是东乡族聚居区。136户村民居住在大山深沟中,该村86%家庭中的男性成员在农闲时都要外出务工。即使如此,这个被深山沟壑围绕着的村庄依然改变不了贫困局面。事实上,临夏回族自治州的七个县,均处于黄土高原腹地的山区,十年九旱,属于国家级贫困地区和贫困县。在这些贫困地区,如果孩子争气,一家中有几个考上大学,给家长带来的不是惊喜,反而是沉重的负担和无形压力。如何能让考上学的学子继续求学,既能解决孩子未来也能解决贫困家庭的负担,经过长时间探索,兴邦社会工作服务中心联合有志于帮助贫困大学生的基金会、企业家,开创了民间路径的贫困大学生助学借款渠道。相比国家助学贷款而言,受助学生可以从大学一年级开始申请"兴邦"小额助学借款,毕业后用4年时间还清借款即可。如果毕业后就业特别困难,可以根据实际情况,延长还款时间。

图 2-42　兴邦资助的东乡族大树乡黄家村小学新建前后

　　像兴邦社会工作服务中心这样的助学助教服务,在甘肃的慈善组织有很多。各慈善组织通过教育扶贫的途径,力图从根本上解决地方贫困的现实,助力政府打赢脱贫攻坚战。

　　2.青海教育扶贫个案

回族撒拉族救助会教育扶贫影响大

　　青海回族撒拉族救助会所有的慈善工作以捐资助学为中心开展。组织成立15年的时间里,为近70000名各族群众发放3000多万元慈善救助金,救助中小学及大学贫困生1万多名。除了资金上对大学生的支持,救助会还特别重视大学生的个人品德和能力建设培养。救助会每年会利用假期组织救助对象进行1—4天的素质与能力培训,然后鼓励与支持培训的学生参与山区留守儿童关爱活动、支教助学、大型公益活动志愿服务,以此形式回馈慈善组织以及慈善爱心人士。救助会资助的千余名大学生志愿者已参与了青海省民和、门源等7个县33所中小学校的支教助教,累计行程万余公里。

(三)安老助孤,解决老年人多层次、多样化的服务需求

看望慰问老人,关心爱护孤儿,不仅从物质上捐助,而且从精神上慰藉,甘宁青慈善组织在安老助孤方面发挥的作用日益得到政府和社会的认可。

1.安老服务。随着空巢、失独、失能老人的日渐增多,如何让老人们安度晚年成为社会关注的重点。自2016年国家提出全面放开养老服务市场以后,各地的社会组织积极承接政府转移的养老服务职能。甘宁青的一些慈善组织或以政府购买服务,或以申请基金项目或自我筹建的形式,开展居家养老或机构养老服务。

例如在甘肃,甘肃简公益发展中心的畅家巷社区老年人身心关爱项目、嘉峪关市康怡园养老公寓关爱老人服务项目、金昌市的金川区社区公共服务中心的扶老助老项目、敦煌市益佳社会工作服务中心的"暖巢联动　你我同行"社区老人养护项目、酒泉市肃州区心怡康养老服务中心的扶老助老示范项目、张掖市的高台县居家养老综合服务中心的助老项目、庆阳市的庆阳居家养老服务中心助老项目,都是针对老人不同需求开展的多样化服务。

在宁夏,宁夏昊善社会工作发展服务中心"爷爷奶奶一课堂""爱心暖阳为老服务",固原原州区雨露社会工作服务中心的"银天使计划""守护夕阳,福寿同行",固原市宁南爱心公益社的"爱老行、夕阳情"关爱老人、"迎新春、关温暖"探望孤寡老人,同心爱心救助协会的"做空巢老人的好儿女",海原县义工联合会"冬季送温暖,关爱孤寡老人"等项目活动,对宁夏各地老年人提供日常服务与个性化服务。

在青海省,由循化县益众社会公益服务中心开办的循化惠康养老服务中心,按照老人们的不同需求,将服务中心工作分为居家养老、社区养老和机构养老三部分,以政府购买服务的方式,为老人们提供多层次、个性化的全面服务。截至2019年,养老院机构养老的有近百名老人,全部实行免费。居家养老的老人覆盖全县约3000名老人。青海回族撒拉族救助会每年都把孤贫老人作为一项常规慈善项目,所承办的"中央财政支持社会组织参与社会服务项目""尊老敬老

孤贫老人关爱行动"等慈善项目,将孤贫老人慰问和救助作为项目重点,使老年人享受到来自社会和政府的关爱,树立乐观积极生活的信念与勇气。

2. 助孤服务。在甘宁青地区,一些孤儿因各种限制性要求达不到政府保障申请条件,得不到基本保障因而造成诸多负面问题。在国家和家庭或替代性赡养之外,甘宁青各地慈善组织在救助孤儿方面发挥了重要作用。

宁夏银川市民族综合福利院最早是兴泾镇一所民办孤儿院,2007 年由爱心人士创办。截至 2018 年,孤儿院收养 150 名孤儿,其中 12 名已完成大学学业,14 名就读于大中专院校,1 人留任部队。随着孤儿成长、成人,孤儿院更名为银川市民族综合福利院。目前福利院以养老服务为重点,兼顾孤儿、残疾人服务。福利院设有困境儿童服务部,老年人与儿童共享天伦之乐,提高了老年人的幸福指数。银川市民族综合福利院先后荣获"全国首届公益慈善项目大赛金奖""中国慈善透明榜样奖""5A 级社会组织""首届宁夏精准扶贫慈善项目大赛银奖"等,成为宁夏慈善城市一张亮丽的名片。

在青海省,青海高远慈善帮扶救助会为了切实解决一些孤儿的实际困难,自 2008 年起号召和组织省内爱心企业和爱心人士对不能享受国家孤儿福利保障以及家庭低保范围之内的 238 个孤儿家庭提供资助,其中男性孤儿 144 人,女性孤儿 94 人。截至 2019 年救助人次达到 2000 人次,资助金额达 180 万元。项目辐射到西宁市、湟中县、大通县、化隆县、民和县、平安县、互助县、海西州、黄南州、海北州等 13 个县 25 个乡 50 多个行政村。为了保证资助的孤儿健康快乐成长,每年工作人员按计划对各州县孩子进行家访,给孩子们送书包、文具、衣物、鞋子、牛奶面包等生活学习用品,为他们提供最基本的生活学习保障。

(四)恤病助残,助力精准脱贫

在我国大部分农村地区,大病重病家庭以及残疾人家庭是贫困群体的主要多数。扶助病患、帮助残疾是甘宁青各地慈善组织精准扶贫、助力政府实现脱贫的重点工作。

在甘肃省,临夏州义仓慈善服务中心通过聋哑人社会融入帮扶项目,推动聋哑人树立自信心、很好融入社会。如中心 2019 年组织为期 7 天的"圆梦北京"活动,使 28 名听力有障碍的学生在快乐中感受到来自社会的关爱(图 2-43 临夏州义仓慈善服务中心组织特殊学校的学生北京研学)。

图 2-43 临夏州义仓慈善服务中心组织特殊学校的学生北京研学

二、内外部资源的联系与链接

相比国内其他地区的慈善组织,甘宁青慈善组织起步晚、规模小、能力弱,自身拥有资源不足。但随着慈善组织不断成长与壮大,一些慈善组织能够运用自身优势,主动将各地慈善资源联系、协调,以推进本地慈善事业的发展。

(一)基金会或慈善项目的链接

近年来,甘宁青慈善组织通过持续努力,链接到的较大慈善基金会或慈善项目主要有以下:

壹基金。壹基金成立于 2007 年,重点关注灾害救助、儿童关怀与发展、公益支持与创新三大领域,它主要包括温暖包、壹乐园、净水计划、海洋天堂计划、儿童平安计划、紧急救灾和灾后重建等"5+2"的品牌项目。2016 年至 2018 年三年间,壹基金累计在贫困地区投入项目资金达 1.1 亿元,受益人数达到 120 万人次①。

壹基金项目实施是通过资助全国公益组织的方式实现的,已全部覆盖甘肃省。甘肃一山一水环境与社会发展中心于 2010 年与壹基金建立合作关系,从一线服务到专业化服务的探索,从灾害议题的推动到甘肃联合救灾平台的建立,从自身能力建设到整个甘肃公益组织的孵化与培育,从单一项目的合作到壹基金品牌项目全国枢纽的建设,一山一水环境与社会发展中心将壹基金各项目落实到甘肃全省的角角落落。截至 2017 年,壹基金在甘肃省公益项目资金投入共计 7119.28 万余元,支持 1638 家/次社会组织在 289 个/次县实施项目,项目覆盖

---

① 壹基金:《壹基金参与脱贫攻坚工作报告(2016—2018 年度)》,公益时报网,2019 年 10 月 17 日,http://www.gongyishibao.com/html/gongyizixun/17458.html。

3287 所/次学校,共计 607949 人/次受益。

壹乐园儿童服务站项目。壹乐园儿童服务站项目是以壹基金为资助方的慈善项目,旨在加强儿童在健康卫生、防灾减灾、流动儿童社会融入等方面的能力,为孩子们营造一个快乐的童年生活。在甘肃兴邦社会工作服务中心协调下,2016 年11 月壹乐园儿童服务站项目在兰州七里河五星坪流动儿童服务中心和东乡县大树乡中心小学启动。壹乐园儿童服务站项目的实施,为东乡县大树乡中心小学的留守儿童和兰州市五星坪社区的流动儿童提供良好的学习生活环境。

壹基金净水计划项目。净水计划是壹基金与可口可乐中国合作试点项目,于 2013 年在全国受灾地区以及没有干净饮水的学校推广与实施,目的是使受灾地区民众和农村儿童享有足量、安全和负担得起的饮用水。净水计划项目通过为农村地区学校提供校园净水设备、水杯和儿童水与卫生健康培训,改善校园饮水环境,促进儿童饮水安全的认知与习惯养成,使其在学校获得安全的饮用水。甘肃一山一水环境与社会发展中心由于其在甘肃及西北地区的影响力,成为净水计划全国枢纽机构,负责协助项目地点及地方合作机构的选择,项目的启动、传播、财务代管与总结,协调各相关方推动项目的落地执行,监督地方合作机构按照项目进度推进和完成项目。2018 年一山一水环境与社会发展中心为近 200所学校安装净水设备 200 余台(图 2-44 一山一水环境与社会发展中心参加净水计划执行伙伴培训),给超过 25 个伙伴机构开展水与卫生健康教育培训,支持伙伴机构进入学校开展水与卫生健康教育,促使项目学校的学生饮水卫生意识提升,使学生养成更加良好的饮水卫生习惯。

图 2-44 一山一水环境与社会发展中心参加净水计划执行伙伴培训

壹基金温暖包。壹基金温暖包是壹基金 2011 年启动的项目,主要针对受灾地区儿童的应急生活及心理关怀需求特别设立。温暖包于每年 10 月开始发放,包中配置的应急生活物资以保暖御寒物品为主,包含棉衣、棉靴、帽子、围巾、手套、袜子、美术套装、绘画本、袋鼠玩偶、书包、儿童减灾读本、护手霜、收纳纸箱 13 件物品,帮助孩子度过灾后的寒冷天气。

2018 年,在一山一水环境与社会发展中心协调组织下,壹基金发放甘肃省第一批 8000 个温暖包。8000 个温暖包分别放置兰州仓库 3137 个、平凉仓库 3201 个、天水仓库 1662 个。随后 8000 个温暖包被运往甘肃兰州、庄浪、酒泉、平凉、天水、临夏、庆阳、白银、康县、秦安、宁县、金昌、平川、泾川等地(图 2-45 壹基金温暖包在甘肃各地启动)。

泉城乡社区发展中心	大爱无疆志愿者协会	瑞泽社会工作服务中心
平凉市	"益路同行"志愿者	秦安县
宁县	孝和文化传播中心	泾川县

图 2-45　壹基金温暖包在甘肃各地启动

2018年由宁夏同心县执行机构将筹集到的温暖包980个[图2-46 壹基金在宁夏同心发放温暖包(2018)],内含雪地靴、耳套、围巾、手套、棉袜、冻疮膏、袋鼠公仔、绘画套装、减防灾读本、书包、彩箱等12件物品,总价值357700元的温暖包送到同心县孩子的手中,在寒冬季节将社会的温暖送到980个13岁以下的孤儿和残疾儿童手中。

图2-46 壹基金在宁夏同心发放温暖包(2018)

中国社会福利基金会爱小丫基金。2018年5月,中国社会福利基金会爱小丫基金落户甘肃临夏。临夏州青年公益联合会、临夏州义仓慈善公益服务中心、向阳花公益、广河在线网志愿者协会等8家执行机构,分别在临夏县河西初级中学和广河县火红小学实施小丫包项目。自小丫包2018年5月启动,先后共面向临夏8县(市)的24所学校(学区)共计3028名女生发放小丫包,其中妹妹包1803个,单个价值65元,姐姐包1225个,单个价值88元,总价值227689元。小丫包基金项目促使公益组织快速成长,加强临夏慈善组织之间的合作与资源共享,推动慈善组织携手并进共同提升。

扬帆计划。"扬帆计划"是中华思源工程扶贫基金会设立的助学公益项目,由新浪扬帆公益基金独立运营,旨在通过互联网平台捐助课外图书、体育用品、益智航模、有声读物等助学物资。举办夏令营、开办扬帆生态教育移民班、开展思源方舟安全减灾防灾教育、援建思源水窖、援助优秀教师等活动,帮助偏远贫困地区的孩子增长见识、开阔视野,增强他们建设家乡的使命感,最终培养一批改变中国未来农村面貌的优秀人才。"扬帆计划"是首个通过互联网实现自助式捐赠的公益新模式。

甘肃新星公益慈善中心是"扬帆计划"甘肃对接机构,2018年在甘肃新星的支持下,扬帆临夏志愿者站成立。扬帆临夏志愿者站为临夏公益机构发展搭建开放的公益平台,为乡村学校对接更多优质资源,让乡村的孩子受益,让坚持一线的教育工作者受益。

爱阅公益基金会。深圳市爱阅公益基金会于 2010 年注册成立。基金会以"高品质儿童阅读推动美好未来"为愿景,致力于推动儿童阅读的发展及儿童阅读品质的提升,让每一个孩子通过高品质阅读打开探索世界的大门,享受阅读的乐趣,成长为终身阅读者。

西宁市曙光公益援助中心于 2018 年参加深圳慈展会后,与爱阅公益基金会建立联系。在曙光公益援助中心的努力运作下,2019 年 2 月争取到深圳爱阅公益基金会的资助,基金会为援助中心捐赠"爱阅图书 100"两套,共计儿童用书 200 本及教师用书 20 本。"爱阅图书 100"适合 6—12 岁儿童阅读的 100 本优秀童书和教师阅读的 10 本图书,曙光公益援助中心在接收到爱阅基金会的图书后,经过图书入库、整理并成立了"爱阅图书角"(图 2-47　爱阅基金会为曙光公益援助中心捐赠的图书),为孩子们提供了一个良好的读书环境,受到家长及学生的好评。

图 2-47　爱阅基金会为曙光公益援助中心捐赠的图书

妇源汇控辍保学项目。助力社会组织控辍保学是基于陕西妇源汇性别发展中心多年来公益组织支持及能力建设经验,在探索提高西部贫困地区儿童,特别是女童在校就读比例低的解决过程中,形成一个整合基金会、社会组织、专家的人力、技术和资金的资源网络,并使得该网络能持续地发挥作用,为西部地区社会组织助力。陕西妇源汇性别发展中心成立于 2008 年,工作领域包括农村妇女和社区发展、儿童保护与发展、民间公益组织搭建与发展。

　　2016 年 9 月,"助力社会组织控辍保学项目"在银川启动,固原市原州区雨露社会工作服务中心作为项目成员之一,就项目的设计思路,成员组织各自的角色定位,校园里存在的辍学现象,辍学风险高的学生问题以及学生职业生涯规划、焦点治疗、行动研究等内容提出自己的思考。2017 年,固原市原州区雨露社会工作服务中心与西吉清源和谐社区服务中心、石嘴山市大武口区馨语社会工作服务中心联合,在妇源汇基金的支持下,开展宁夏辍学保控项目工作(图 2-48 陕西妇源汇辍学保控项目在宁夏固原实施)。

图 2-48　陕西妇源汇辍学保控项目在宁夏固原实施

　　深圳花样盛年慈善基金会。自 2014 年以来,甘肃东乡县与深圳花样盛年慈善基金会建立联系,深圳花样盛年慈善基金会每年会通过东乡县的慈善组织为学校捐献物资。2016 年基金会联合深圳花样盛年慈善基金会、深圳市艺学堂艺术教育培训中心,在东乡撒尔塔青年志愿者协会协调下,为东乡县 7 个学区 50 所学校孩子发放爱心物资。2018 年深圳花样盛年慈善基金会爱心鞋发放活动第 69 站在东乡县举办。东乡撒尔塔青年志愿者协会和亲情树爱心公益团队分 5 个小组队,为东乡县坪庄、董岭、关卜、五家四个学区 30 所学校学生分发爱心鞋 4600 余双,总价值约 23 万元。

　　成美慈善基金会是海南一家有影响的慈善组织,它是集教育、医疗、文化、环保四大服务领域的地方性公募基金会。成美慈善基金会的项目涉及扶贫济困、健康医疗、乡村体育及音乐教育、青年社会创新、少数民族大龄辍学女童职业教育等。成美慈善基金会的项目遍布全国。"情暖少数民族女孩""爱助事实孤儿""中国青年创想计划"是成美慈善基金会的三大品牌项目。"情暖少数民女孩"项目覆盖海南、云南、贵州、新疆等 12 个民族地区,创新性地解决民族地区大龄女童的教育问题,资助贫困女孩就读护理、药剂、学前教育、酒店管理等专业。2017 年"情暖少数民族女孩"项目对接甘肃和宁夏。如甘肃临夏市星光公益协会作为项目的监管方,为家庭贫困的学生每年发放 6000 元的助学金,还利用成美基金会每年提供 1000—5000 元的社团发展资金,进行女童公益志愿社团孵化,助力女童社团发展,为大龄女童提供参与校园事务管理及社团实践的机会。

成美慈善基金会的"爱助事实孤儿"项目,是全国关注度较高的项目,该项目致力于推动事实孤儿群体政府保障体系的建立。2018 年"爱助事实孤儿"项目经宁夏昊善社会工作发展服务中心链接落户宁夏(图 2-49　成美慈善基金会"爱助事实孤儿"项目落户宁夏)。2018 年,"爱助事实孤儿"项目资助宁夏 594 名学生,资助金额共计 970000 元。其中银川市 136 人,占资助总数的 23%;吴忠市 139 人,占总数的 23%;中卫市资助 235 人,占到 40%;固原市 78,占到总数的 13%;石嘴山市 6 人,仅占 1%。受助孤儿男女比例相当,男女比例为 50.3:49.7;资助儿童数量以年龄段划分,0—5 岁 45 名,6—11 岁 268 名,12—14 岁 167 名,15—18 岁 114 名。

爱助事实孤儿项目启动　　　　　　　　爱助儿童"梦想蛋糕"制作

图 2-49　成美慈善基金会"爱助事实孤儿"项目落户宁夏

中国滋根助学项目。滋根项目是中国滋根乡村教育与发展促进会(简称滋根)实施的项目。滋根成立于 1995 年,以支持中国最贫困人群的发展为组织使命,它的业务范围包括理论研究、学术交流、业务培训、专项援助、国际合作、咨询服务等,涉及学校教育、成人教育、医疗卫生及环境改良等领域。滋根长期支持贵州、云南、四川、湖北、山西、河北等省的 200 多个学校和村寨的多种发展。2016 年 4 月,在甘肃兴邦社会工作服务中心的协调运作下,中国滋根开始支持甘肃慈善事业。同年,中国滋根为东乡县汪集学校、大树学校和龙泉学校 107 名贫困孩子发放了每人每年 500 元的助学金,在大树和汪集两个中心学校配备 25 个班级图书角,总支持资金 82000 元。

中国儿童少年基金会"圆梦光明宝宝行动"。2016 年 8 月,宁夏吉庆公益基金会与中华少年儿童慈善救助基金会《读者》光明行动合作发起"圆梦光明宝宝行动宁夏站"项目,资助宁夏贫困家庭弱视儿童接受免费弱视治疗。项目发起后,吉庆基金会通过腾讯乐捐发起"为弱视娃治疗筹盘缠"公益项目,筹集善款 92165.05 元,为参加治疗的弱视儿童和陪医家长募集往返交通费以及 500 元生活费,解决贫困家庭经济负担。2017 年该项目资助 52 名宁夏贫困家庭的弱视儿童接受免费弱视治疗。2018 年资助 8 名弱视儿童前往西宁市光彩明天儿童眼科医院接受治疗。在吉庆基金会的资助下,患有弱视的孩子们视力都有不同程度提升。

中国儿童少年基金会"HELLO 小孩"项目。"HELLO 小孩"是中国儿童少年基金会 2015 年发起的爱心项目。项目面向贫困学生和留守儿童学生群体,以爱心套餐形式为他们提供学习生活必需品。2018 年宁夏吉庆公益基金会与中国儿童少年基金会链接,争取到"HELLO 小孩"公益项目,使 900 多名困境儿童受益。2019 年争取到 20 万元的包含有口琴、保温水杯、雨伞、健康应急包、毛笔、棉帽、围巾的公益爱心套餐。宁夏同心爱心公益协会、海原县义工联合会等多个慈善组织,通过宁夏吉庆公益基金会搭建的这个平台,将公益爱心套餐发放给西吉县王民乡小岔教学点、中宁县大战场乡李文军爱心小院、平罗县灵沙学校、惠家区红果子小学以及海原县三所乡村小学,让 1038 个农村孩子体验到特别的新年快乐。

(二)其他社会资源的链接

甘宁青慈善组织在积极链接慈善基金会或慈善项目的同时,想方设法与一些草根组织、爱心企业(家)、媒体、社区沟通链接,尽最大努力争取社会物质和精神的支持。

链接企业资源。企业资源是慈善组织争取的稳定的、有力的社会资源,越来越多的慈善组织意识到链接企业资源的重要性。

2018年,宁夏昊善社会工作发展服务中心联合宁夏金河乳业,为银川西夏区152户一级特困残疾人发放春节礼包,为他们送去节日问候和祝福。慰问活动的积极意义在于,在全社会营造理解、尊重、关心、帮助残疾人的良好氛围,让生活困难的残疾人过上一个欢乐、祥和的春节。

2019年4月,宁夏昊善社会工作发展服务中心通过链接社会爱心企业,为海原县高湾村的190余位贫困户儿童募捐了价值3000余元的鞋子和裙子,在高湾村"心连心"志愿者服务队的协同下,将爱心捐助送到贫困户孩子的手中。

在甘肃,2018年平凉众益农村社区发展协会联合甘肃华跃环保科技有限公司,将净饮机免费投放在医院、汽车站、高铁站、地铁站、火车站、飞机场等人流较大的场所,为大众出行饮水提供便利和健康。

争取爱心人士资助。甘宁青也有一些慈善组织积极争取爱心人士或其他组织到本地、本组织参观、调研,在参访中介绍组织的基本情况以及发展愿景,争取社会的支持。例如,2017年同心爱心救助协会接待来自上海的两位长期从事公益的女士。当得知两位女士比较关注西北地区农村儿童的教育时,同心爱心救助协会负责人将当地大学生为家乡孩子们暑期义务支教的故事讲给她们听。两位女士深受感动,当场表示要在同心爱心救助协会设书屋。返回上海后,她们按照与协会志愿者们商量好的书单,将儿童读物分批寄到了同心爱心救助协会(图2-50　同心爱心救助协会链接上海爱心女士捐赠的图书)。图书室建好一段时间后,当她们得知爱心救助协会图书室图书十分匮乏,种类特别单一的状况后,立即发动身边力量,不断为图书室建设"添砖加瓦"。

图2-50　同心爱心救助协会链接上海爱心女士捐赠的图书

再如 2018 年 11 月,在东乡县禁毒志愿者协会的邀请下,北京泰平慈善基金会负责人到甘肃东乡进行实地考察,开展座谈交流,走访梅滩、叶家、和岘等村校。当了解到东乡偏远村校学生们缺少学习用书时,提出为班级建立一个图书角,给孩子们提供一些与他们年龄段相适应的课外读本,为孩子们创建阅读和学习的新天地。2019 年 3 月,北京泰平慈善基金会理事会在甘肃东乡启动"益读图书计划——泰平读书角"(图 2-51 链接北京泰平慈善基金会为学校建立读书角),为那勒寺学区黑庄、瓦房,坪庄学区大坡、东坪,柳树学区红庄,东塬学区包岭,关卜学区叶家、梅滩、上王家、和岘 10 所村校 53 个班级建立读书角,捐赠图书 1 万余册,使 1500 余名学生受益。

图 2-51 链接北京泰平慈善基金会为学校建立读书角

机构间牵手合作。机构间牵手是慈善组织间通过合作的方式搭建慈善平台,链接慈善资源。

临夏青年公益联盟与义乌市幸福博怀公益协会对接公益资源。2016 年 11 月开展为临夏州五县、市乡村小学贫困儿童捐赠爱心绒裤的"丝路公益行——关爱临夏百校儿童行动",发放绒裤共计 1 万余条,总价值约 15 万元。2016 年在东乡撒尔塔青年志愿者、宽定微公益、甘肃兴邦社会工作服务中心协会的协调下,西安天驹投资集团、上海申远空间设计有限公司、陕西正淇环保工程有限公司、杭州馨儿慈善全球代购网店等爱心企业及爱心商家,走访慰问东乡县 29 所山区学校、11 户贫困户,为车家湾等乡镇 11 户孤寡老人每户送去 1200 元的善款,以及价值 450 元的米、面、油、鸡蛋等慰问品。资助 7 名品学兼优的小学生,每生助学款 1200 元,价值 15750 元的爱心物资。2017 年在宽定微公益和东乡撒尔塔志愿者的努力运作下,馨儿全球代购网店杭州店为东乡县 12 所偏远小学的 500 多名学生,送去杭州市社会人士捐赠的 500 份"六一"儿童节爱心礼物,以及上海申远空间设计有限公司捐助的爱心校服与爱心学习用品等物资。

再如宁夏与福建机构间的牵手计划。牵手计划是宁夏与福建两省社会工作服务机构根据民政部《社会工作服务机构"牵手计划"实施方案》而实现的"牵手"。"牵手"经过双方共同的努力,互相学习经验,有效地助力脱贫攻坚。"牵手计划"2017 年启动后,宁夏昊善社会工作发展服务中心积极行动起来(图 2-52　宁夏昊善"牵手"晋江市启航社工服务中心),与晋江市启航社工服务中心牵手,共同为宁夏农民劳务输出寻找机会。经两地社会工作机构的努力,银川月牙湖乡小塘村青壮年劳动力 2018 年、2019 年分批次劳务输出到福建省,有效地解决村民季节性劳务输出的问题,极大地改变村民收入不稳定的状况。

图 2-52　宁夏昊善"牵手"晋江市启航社工服务中心

获取专家智力支持。资源链接不仅是物质资源的链接,还包括文化的、理念的、人才的链接。甘宁青一些慈善组织发挥自身优势,邀请省内外的公益学者、专家、实践领域人才,为本组织或是其他联合组织讲解专业知识、交流实务经验。以青海西宁曙光公益援助中心为例。2017 年 7 月,曙光援助中心邀请成都童萌社会工作服务中心的老师,交流童萌工坊 0—3 岁儿童社区亲子实务能力提升经验,并开展为期两天的能力提升培训。参加培训的慈善组织有青海高远慈善帮扶救助会、青海回族撒拉族救助会、西宁市星光特殊儿童服务中心、西宁城东区部分幼儿园、化隆上多巴全托幼儿园、曙光公益援助中心等八家机构。

调动社区资源。甘宁青一些慈善组织还积极调动社区资源开展服务。仍以银川市慈善组织为例。2017 年 11 月,银川心连心爱心志愿者协会携手银川市阅海万家社区,前往吴忠市同心县下马关镇,向同心县爱心救助协会捐赠 700 余册图书(图 2-53 银川心连心爱心志愿者协会携手社区捐赠图书)。

图 2-53 银川心连心爱心志愿者协会携手社区捐赠图书

善用媒体资源。甘宁青慈善组织还利用媒体资源举办慈善活动。如图 2-54 所示,2018 年同心爱心救助协会为解决长期资助的部分困境家庭孩子温暖过冬问题,主动联系新消息报,建议新消息报将一年一度的公益品牌项目"新年新衣"在救助协会举行。12 月新消息报"新年新衣"公益活动在同心爱心救助协会开展,47 个孩子收到新棉服(图 2-54 宁夏新消息报为困境儿童"新年送新衣"),让孩子们在寒冷冬季收到独一无二的"新年礼物"。

图 2-54 宁夏新消息报为困境儿童"新年送新衣"

甘宁青慈善组织通过与较大影响力的基金会、慈善项目或社会企业与爱心人士关系运作,链接各种形式的资源并将其分配到最需要的人群,极好地发挥了社会资源再分配的作用,同时也满足了资助者与受助者各方的需求。

三、推进社会主义文化建设

甘宁青各类慈善组织用仁、爱勾勒出一幅幅温暖友爱的社会风气画面,为社会文化传统、行为模式、道德观念以及时尚要素的发展与进步、为慈善公益使命和慈善素质的完善与规范,不断地践行慈善组织的初心,在传播中华优秀传统文化、推进社会主义文化建设方面发挥了重要的作用。

(一)传播中华传统文化

仁爱体恤、尊老爱幼、帮扶互助等传统理念的传播。慈善组织通过自身活动将仁爱、互助、诚信、公平等传统理念在社会中传播,促进中华民族优秀传统文化的继承与发扬。在调研中部分慈善组织的发起人或负责人谈到从事慈善工作给家人或社区带来的变化,如青海西宁市的某个慈善组织的负责人说:"慈善有一个潜移默化的宣传作用,那就是告诉人们世间还有爱,还有一些管闲事的人。"对社会上一些不理解慈善活动,认为慈善是吃力不讨好的、得不偿失的一件事情,西宁市某慈善组织负责人表达了他的看法:"我回复他们的经常是:当我们老了的时候,不后悔。我们想通过自己的行动,影响下一代,告诉他们不要太物质了,而是要善良。"

传播优秀文化是慈善之外的效益。慈善不是资助他人的短暂行为,而是通过慈善行为传递中华传统价值观念与优秀品质。正如甘肃某组织秘书长所说:"我们搞的是扶贫济困送温暖,拉近人与人之间的距离,冲淡贫富分化带来的仇富心理,增加人与人之间的亲和力。我最看重的不是给人送的 300 元或 500 元的温暖包,而是它带给我们的社会价值。对慈善组织的志愿者来说,是一种感动、感化,感恩自己现在过的生活状态,能让他们变得更加善良;对社会来说,传播的是一种正能量;对贫困人员来说,给他们带去一些问候关爱,让他们看到希望,不要对社会产生绝望,不要让绝望对他们形成太大的压力。我最看重慈善之外的效益。""我们要通过行动传达这样一种理念——帮助别人是有乐趣的,也是有利于自己的。我们现在帮助人了,将来如果自己遇到困难了,也会得到他人的帮助。这是一种互惠。今天你帮了我,明天我不帮你,那是不可能的事,三十年河东三十年河西,每个人不可能一直都是平顺的……"

甘肃的一些慈善组织在多年前发起"墙上爱心餐",今天依然在一些地方实践并发挥作用(图 2-55　甘肃"墙上爱心餐")。人们认为这种方式让暂时处于困境的人有尊严地渡过难关,让他们重塑生活的希望和勇气,并感受到社会的温暖。有人评价:"它让我们的城市充满温暖,让人与人之间传播感恩、诚信和互助的社会风尚。""一碗面感动一座城,它让人们感受到了一座充满爱的城市气息。""它增加了人与人之间的亲和力,让互助互信成为习惯,成为引领社会的时尚。""当这面墙树起来时,她树起了人们友善、亲和、互帮互助、关爱弱势、积极向上的精神文明新气象。""它首先从爱心人士、公益团队、爱心店、受助者之间树立了一种诚信合作的模式,让诚信之花烂漫遍野。"

图 2-55　甘肃"墙上爱心餐"

（二）少数民族优秀文化艺术传播

甘宁青少数民族多、优秀民族文化丰富多彩。一些慈善组织在挖掘、传播、培育少数民族文化方面大有作为。如青海曙光公益在妇女方面主要做"摇篮之手"项目。"摇篮之手"项目是组织少数民族妇女做一些本土的、即将消失的一些手艺的培训,然后提供一个平台,让她们有机会展示。同时作为一个服务老人的项目,主动与政府购买服务对接,即在100个老人中挑选40个年轻一些的、有手艺的,举办面点培训,给年轻人传承、教授。培训中做好的面点,通过志愿服务送到社区一些老人家中,也送到一些少数民族家庭中,让大家品尝不同少数民族风味、样式的面点,既培养和挖掘一些匠人,也交流了传统的、民族的食品,达到了民族团结的效果。

有教授少数民族传统面点培训班,也有关于少数民族绘画、剪纸等民间艺术的培训与交流。如图 2-56(图 2-56　众益农村社区发展协会培训儿童剪纸)所示,甘肃平凉众益农村社区发展协会聘请民族剪纸艺术家在社区为孩子们举办剪纸学习班,让孩子们通过每周两次的系统学习,喜爱剪纸,并将剪纸艺术传承下去。

图 2-56　众益农村社区发展协会培训儿童剪纸

（三）社区文化教育与宣传

随着国家文化建设步伐的推进,甘宁青部分慈善组织逐渐配合政府开展移风易俗工作,日益重视社区优秀文化的培养与宣传。以宁夏固原雨露社会工作服务中心为例。服务中心曾聘请老师在社区组织开展"弘扬传统文化移风易俗共建幸福家园"宣讲活动(图 2-57　社区"弘扬传统文化移风易俗共建幸福家园"宣讲活动)。

图 2-57　社区"弘扬传统文化移风易俗共建幸福家园"宣讲活动

利用社区讲堂 宣传中华优秀传统文化

"树家风、传家训、立家规"宣讲活动。家风是一个家庭或家族最为重要的、无以替代的精神财富,它影响到家庭的每一个成员。家风也是一个家庭甚至家族的魂魄之所在,支撑着家庭的进步与发展。有家才有国,良好的家风是国家文明的基础。固原市原州区雨露社会服务中心在政府支持下,在固原多个农村开展"树家风、传家训、立家规"家庭教育宣讲活动,向群众讲解良好家风对孩子、对家庭、对国家的重要意义。老师结合生活的典型例子,给社区居民讲解德性的本源、中华孝道、家道、夫妻之道以及老年人养生之道等,引导居民从自身做起、从家庭做起,重家风、传家训、教知识、育品德。"树家风、传家训、立家规"宣讲活动,对弘扬中华优秀传统文化、促进社会的和谐发展产生深远意义。

"好家庭、好家教、好家风"宣讲活动。2018 年,固原雨露社会工作服务中心承接固原原州区妇联的政府购买服务,开展"好家庭、好家教、好家风"家庭教育宣讲活动,为原州区南关街道、北塬街道、古雁街道下辖的 35 个社区数千人次,讲解家庭教育的重要性及其基本原理、家庭教育的原则方法及各年龄段儿童的家庭教育要点,回答家长们提出的现代家庭教育中出现的常见问题并给出一些有效的家庭教育建议。(图 2-58 "好家庭、好家教、好家风"家庭教育宣讲)

图 2-58 "好家庭、好家教、好家风"家庭教育宣讲

中华优秀传统文化教育宣传,提升群众的文化素养,在如何对待他人、如何对待工作、如何对待社会、如何对待家庭等方面都有一个全新的认识,有助于保持个人日常生活和工作的平和心态,有利于促进和谐家庭、和谐社区的共建。

（四）社会主义核心价值观的践行与培养

1.引领青年学习先进。甘宁青慈善组织的主力军就是中青年,他们通过国庆日、雷锋日、环境日等各种纪念日举办活动,影响和带动青年学习先进,在扎实的慈善服务中宣传与践行社会主义核心价值观。

如甘肃临夏青年联合会在每个雷锋日都会联合本地其他慈善组织,开展形式多样的活动宣传雷锋精神。以甘肃临夏青年联合会组织的2018年学雷锋系列活动为例(图2-59　"雷锋行动"系列活动)。

学雷锋系列活动引领青年学先进

在全国第55个"学雷锋纪念日"到来之际,临夏州青年公益联合会联合本州多个慈善组织开展各种活动,纪念雷锋、弘扬雷锋精神,传播友善、平等、和谐等社会主义核心价值观。临夏州青年公益牵头广河县编办、广河在线网志愿者协会开展以"弘扬雷锋精神、践行志愿服务、助力脱贫攻坚"为主题的志愿服务活动,深入广河县买家巷镇董家河村慰问困难群众。

鉴于三月正值农耕时节,切身考虑到困难群众的实际需要,慰问活动向困难群众发放促进庄稼生长的硫酸铵,共慰问困难贫困家庭40户,向困难群众送去价值3000多元的慰问品并传达社会各界的祝福,使他们感受到党和政府的关怀和社会主义大家庭的温暖。

临夏州青年公益联合会与临夏市爱心救助会共同开展"给敬老院老人一些温暖"活动。在临夏市东关敬老院进行慰问、座谈交流,慰问活动为敬老院近20位老人送去价值近2000元的大米、鸡蛋、食用油等生活用品;临夏州青年公益联合会联合临夏市八方公益爱心慈善中心在木场儿童福利院举行慰问活动。联合会、慈善中心与爱心企业一道为孩子们送去糖果、饼干、蛋糕、水果、干果、饮料等物品,还送去白糖、大枣、大米、食用油、豆浆冲剂等生活物品以及体育用品。

临夏州青年公益联合会发起的系列活动,包括临夏市星光公益协会开展的100名"公益小明星"户外实践活动;临夏州生态环境保护协会开展的"环保小卫士"评选活动;临夏州义仓慈善公益服务中心开展的"健康义诊"活动;临夏市八方公益爱心慈善中心开展的"儿童福利院爱心午餐·联谊"

活动、临夏州临聚力爱心公益慈善中心开展的 60 户"单亲妈妈关怀"首发活动;临夏市爱心救助会开展的"敬老院送温暖"活动;永靖县在一起爱心公益协会开展的"敬老院联谊"活动;康乐县陇人青年志愿者协会开展的"关爱留守儿童"活动;东乡县禁毒志愿者协会开展的"禁毒宣传"活动等。

图 2-59 "雷锋行动"系列活动

如图 2-60(图 2-60 同心霞光公益慈善发展中心一年一度献血活动)所示,宁夏同心霞光公益慈善发展中心每年都会发动本组织的成员,在固定的时间无偿献血,以组织的实际行动诠释"奉献、友善"的意义,弘扬文明新风,向社区、社会传递着温暖的正能量。

图 2-60 同心霞光公益慈善发展中心一年一度献血活动

2.树立公益榜样与道德楷模,传播正能量。甘宁青一些慈善组织及其成员,他们的慈善事业和行为得到政府或公益行业的肯定并给予奖励,在鼓励组织更好发展的同时,通过榜样的模范作用,将积极的正能量传向社会。正如甘肃的一个慈善组织负责人所说:"我们做慈善其实不仅仅是在物质方面给人们什么,最重要的是散播爱的气氛,将爱的气氛散布在我们的星球上,提升这个世界的能量,这样我们的世界才会越来越美好。"

甘宁青三省(自治区)设立各种奖项,鼓励先进、树立榜样。如三省(自治区)各地方每年都会举办十佳公益组织评选活动,"十佳公益组织"活动在行业内掀起学习先进组织的热潮。

以宁夏为例,宁夏由新消息报和阿里巴巴天天正能量联合主办"志愿者关爱行动",评选十佳公益组织及其项目。已经评选出的十佳公益组织及其项目,包括李嘉诚宁养院、固原市爱心志愿者助学中心、宁夏义工联合会、中卫市义工联合会、银川市雷锋车队志愿者协会、西部爱心公益社宁夏站、宁夏无偿献血志愿服务队、同心爱心救助协会、新消息公益志愿三部、大爱清尘宁夏项目区等。

为鼓励慈善组织在扶贫领域发挥更大作用,在社会树立公益榜样,培养本地慈善文化,宁夏举办精准扶贫慈善公益项目大赛。表2-8为2017年宁夏首届精准扶贫慈善赛组织及其项目。

表2-8 2017年宁夏首届精准扶贫慈善组织及其项目

奖别	获奖项目名称	获奖机构名称
金奖	关爱春雷万里行	吴忠市春蕾天使爱心会
	"润苗"行动孤儿救助项目	同心民族文化发展促进会
	宁夏公益组织沁动力	宁夏昊善社会工作发展中心
银奖	"你的路不孤单"救助涉毒家庭留守娃公益项目	同心爱心救助协会
	爱心江聚一个家	西吉县思源残疾儿童助学中心
	金兔养残疾人爱心互助	吴忠市高闸镇残疾人综合服务中心
	博学社区书屋公益项目	银川市民族综合福利院
	义工进社区服务全覆盖	中卫市义工联合会

奖别	获奖项目名称	获奖机构名称
铜奖	乡村合唱团	西部爱心公益社宁夏站
	筑巢引凤"聚贤堂"	大武口区馨语社会工作服务中心
	特困双残家庭脑瘫儿童康复救助	宁夏特殊儿童健康公益协会
	一级特困残疾人家庭子女教育帮扶社工服务项目	宁夏正阳社会工作服务中心
	三社联动助社区家庭发展	固原市乐康身障者社会化服务促进会
	寻救宁夏尘肺病患者	中华社会救助基金会大爱清尘宁夏项目区
	为爱筑巢	李文军爱心小院
	公益人物纪实	马成明
	筹建宁夏公益山庄	慈悯合作社
	海原县"空巢老人护航工程"	海原县青年志愿者协会
	"常回家看看"关爱留守孤寡老人	红寺堡宁南志愿者协会

宁夏每三年还会开展"自治区优秀志愿者个人奖、组织奖"评奖活动。该奖项经自治区党委批准,由自治区团委、宁夏志愿者协会联合授予全区志愿服务领域的优秀组织和个人,旨在发挥先进典型示范引领作用,弘扬"奉献、友爱、互助、进步"的志愿精神,弘扬社会主义核心价值观。

甘宁青一些慈善组织也通过国家层面的奖励,扩大正能量的影响力。中央文明办主办的"我推荐我评议身边好人"活动,自2008年起开展,由中国文明网对候选人事迹进行集中宣传展示,主办方综合候选人事迹感人程度、社会反响及网上点赞评议等情况,确定"中国好人榜"上榜好人名单。2017年宁夏同心爱心协会副会长榜上有名。通过"中国好人榜",人们了解了宁夏同心爱心协会副会长的好人好事,社会上掀起了学习模范的热潮。表彰奖励先进组织与个人,树立公益典范,传播正能量,促进社会主义核心价值观在日常生活中的培育与践行。

四、倡导与保护妇女儿童的权益

在我国一些不发达地区,由于传统文化、教育、宗教或其他方面的原因,妇女、儿童的权益得不到充分的保障。甘宁青慈善组织在妇女的文化教育权、劳动权益、报酬权益以及儿童抚养权、监护权、教育权等方面的倡导与保护发挥了重要的作用,有力地促进妇女儿童的权益保障。

1. 儿童权益的保障。儿童的生存、保护和发展是提高人口素质的基础,直接关系到一个国家和民族的前途与命运。中华民族素有"爱幼""携幼"的传统美德。甘宁青慈善组织继承发扬"幼吾幼以及人之幼"的传统美德,在儿童的生存权、发展权、受保护权和参与权等权益的保障方面,给予高度关心与重视,在社会上树立了关心、爱护儿童的良好风尚。在调研中,当课题组要求慈善组织负责人对自己组织进行评价,兰州市某个致力于城市流动人口服务的组织负责人说:"我们机构十几年来给整个社区流动人口提供了平台,原因是流动人口家庭的孩子上小学要缴借读费。通过我们这个平台,现在借读费全免了。借读费取消后,我们之前的这些学生必须具备五证才能上学,我们又与教育局、民政、统战等部门协调,今年从我们这儿毕业的 185 名幼儿园学生免五证进小学。也就是市上对我们的学前教育的认可。必须把这些孩子全部送进小学。我们这儿流动人口比重大,大人流动必定带动着孩子流动,在这个过程中,农村孩子流动到城市来上不了学,上不了学就来我们这过渡半个学期。新学期开始后我们就与学校接洽,这样学生可继续上学。"

2. 妇女权益保障。保护妇女的合法权益是全社会的共同责任。甘宁青慈善组织重视妇女权益的保障工作,在保障和维护妇女受教育权、就业权、参与权等方面发挥了积极作用。因甘肃流动人口较青海和宁夏多,甘肃慈善组织在流动人口妇女保障方面的很多实践经验值得宁夏和青海两省区学习。甘肃有若干个慈善组织为妇女开设各种技能培训班,有兰州特色牛肉面的培训、大龄女童计算机的培训、民族厨艺的培训、刺绣培训、面点培训等。培训结束后一些慈善组织会想办法协调安排培训妇女到一些餐厅、宾馆、家政公司工作。通过培训班的学习以及走上工作岗位,有效增强了妇女走出家庭的信心。

女性青少年被剥夺受教育权是甘宁青个别地方普遍存在的问题。一些女孩子到城市里,稍微大一点甚至初中没毕业家里就不让读书了。即使孩子很优秀,也会让辍学在家待着或出去打工,不几年就出嫁了。甘肃一些慈善组织致力于女性青少年权益保障,通过举办培训班,促进女性青少年就业的措施,保障女性青少年的合法权益。2014—2017 年,经甘肃慈善组织的链接,甘肃一些大龄女童得到"北京农家女"(贫困农村妇女扫盲以及技能培训的机构)的支持,甘肃一些大龄女童有了进一步学习的机会。"北京农家女"三年培养了很多大龄女童,减缓了女童早婚早嫁的不良现象,增强了女童的自信心,促进女童社会地位的改变。"北京农家女"也受到贫困家长们的欢迎。

慈善组织通过文化上扫盲、技能上培训,改变了甘宁青一些妇女和儿童的困境。通过慈善组织的身体力行,既保障了妇女儿童的权益,同时也推进政府、学校、社会在保障妇女儿童权益方面做出更大的努力。

3.倡导与保护妇女儿童权益个案

甘肃益启公益慈善中心——促进边缘人群的公平发展

甘肃益启公益慈善中心秉承"开启公益新历程,推动边缘人群社会融入,促进社会公平和谐发展"的宗旨,积极开展救助流动(留守)困境儿童完成学业、推动流动儿童城市融入、大龄女童关爱等工作。

甘肃益启公益慈善中心通过建立教学点,探索和开创城市边缘化社区流动人口教育的新模式,改善流动人口子女的教育现状,同时通过建立图书室、绿色电脑室、文化辅导站等多种形式致力于中华优秀文化的传承和保护,以文化教育扶贫的理念推动边缘化群体融入主流社会,促进社会的公平和谐发展。

中心下设教育培训、扶贫救助、文化辅导和志愿者管理四个工作部门,并建有失学儿童教学点、绿色电脑室、公共阅览室及文化辅导站等,机构有专职人员 12 名,核心志愿者 60 余名。

中心实施教育扶贫项目近十五年,已有3000 余名失学儿童在教学点接受扫盲教育,并先后向公办学校输送分流2180 余名学生,使那些因缴不起学杂费、语言不通、心理障碍和年龄偏大、证件不全等原因无法进入公办学校学习的流动家庭失学儿童,尤其是大龄女童圆了上学的梦。通过益启公益慈善中心的努力使失学、辍学孩子进入校园,不仅向社会传达了弱势群体的声音,而且搭建了爱的平台。

中心开展的教育扶贫项目,引起媒体和公众的极大关注,省内外媒体先后报道 200 余次,也曾得到了南开、北大、兰大等高校志愿者和美国、韩国、新加坡等海外志愿者的服务,并建立起了比较系统的志愿者服务网络。

五、救灾环保助推新发展理念实施

甘宁青慈善组织发起或组织的救(防)灾以及环境保护,在西北地区树立起社会参与抢险救灾、治理环境的良好风尚。

　　青海回族撒拉族救助会在玉树"4·14"地震发生后,采购价值18万元的炒面、酥油、茯茶等受灾藏族同胞急需的生活用品和药品,急速送往灾区。救助会的工作人员以及组织的志愿者也第一时间赶往灾区抗震救灾。不久后又多方募资100万元慰问受灾群众。在玉树地震一周年,青海回族撒拉族救助会为玉树州囊谦县东坝乡中心寄宿学校258名藏族在校小学生发放文具背包,手工编织毛衣和25800元助学金,并为结古镇敬老院的藏族同胞发放了价值1.6万元的药品。三次玉树赈灾活动使3000多名藏族同胞受益,以坚强谱写了一曲藏族和回族、撒拉族民族团结,亲如兄弟的感人乐章,充分彰显了青海各族人民团结和睦、守望相助的美好品格。

　　甘宁青慈善组织日益认识到生态扶贫对西北贫困地区的重要性,每年的植树节各慈善组织积极参加。如在青海省,循化县益众社会公益服务中心为发动群众保护环境,发起了"参与农村环保,共创多彩循化"项目。项目以农村垃圾拉运为切入点,通过与积石镇新建村村民以及志愿者签署《农村垃圾拉运》协议的形式,广泛动员各种社会力量积极参与循化县的环境保护工作。在甘肃临夏,当地的社会组织包括慈善组织,积极响应临夏州生态保护协会组织的每一次生态保护活动。一年一度的"保护母亲河,共建生态林"已连续举办了九届。如图2-61所示(图2-61　40多家组织参加临夏州生态保护协会发起的植树活动),2019年的植树活动吸引了40多家组织、企业及志愿者约500人参加。

图 2-61　40 多家组织参加临夏州生态保护协会发起的植树活动

第三章 甘宁青慈善组织物质资源运作

物质资源是组织生存与发展的基础与条件。物质资源的运作不仅体现组织内部运营管理的能力,也体现组织在处理外部关系、协调外部资源、争取外部协作、创造组织可持续发展的能力。慈善组织物质资源运作包括慈善资金的运作、慈善项目的运作以及慈善组织资产的运作。

第一节 甘宁青慈善组织资金运作

资金运作是慈善组织物质资源运作的基本,也是维持组织生存的最根本条件。慈善组织资金运作,具体包含慈善资金的筹措、资金的使用、资金的管理等多方面。甘宁青慈善组织在资金运作上,除存在与国内其他地方慈善组织资金运作方面的共性外,同时具有一定的地方特色。

一、慈善资金筹措

(一)慈善资金来源基本情况

甘宁青慈善组织与国内其他地区公益组织一样,组织资金主要通过社会募捐、组织会员缴纳会费、服务性的收入、政府购买服务等,具体收入来源如表3-1(表3-1 慈善组织的资金来源)所示。在慈善资金的来源方面,受访慈善组织资金72.90%来源于社会捐款,50.00%来源于企业资助。也有35.40%资金来源于不同宗教信仰群众的出散(施舍)收入,这部分慈善收入大约占这些慈善组织资金比重的一半。政府购买服务的资金也占有一定比例,有22.90%的慈善资金来源于政府购买服务。会费收入、政府拨款也是部分慈善组织的收入之一,但这两部分收入在甘宁青慈善组织中所占比重并不高。

慈善组织最近一年的捐赠收入,平均为34.53万元,标准差为58.28万元,最小值为0,最大值为316万元,捐赠收入的数额相差较大。

表3-1 慈善组织的资金来源

问 题	选项	百分比(%)	
您所在组织慈善资金的来源为? (多选题)	政府拨款	14.60	
	企业资助	50.00	
	政府购买服务	22.90	
	服务性收入	10.40	
	会费收入	20.80	
	社会捐款	72.90	
	经营收入	4.20	
	投资性收入	4.20	
	宗教收入	35.40	
	均值	标准差	最小值	最大值
最近一年您所在组织的捐赠收入为? (万元)	34.53	58.28	0	316
用于慈善资助项目支出为? (万元)	38	58.94	1.4	312

上表说明甘宁青慈善组织的资金主要来源于社会捐款、企业资助、宗教收入以及政府购买服务等,其中对于一些慈善组织来说宗教收入占慈善资金收入较大的比重。组织在捐赠收入上呈现较大差距,有的组织在最近一年没有任何的捐赠收入。

(二)慈善组织资金来源实证

具体慈善组织的资金来源渠道有哪些?各部分收入在组织资金中所占比重如何?甘肃兴邦社会工作服务中心是西北地区慈善组织中成立较早的一个组织,它在甘宁青地区慈善事业领域中占有很重要的地位。通过甘肃兴邦社会工作服务中心的收入,我们可以清楚地了解慈善组织资金的构成与来源。

甘肃兴邦社会工作服务中心创始于2005年,是一个集社会组织能力建设、城乡社区发展、教育扶贫为一体的综合性社会服务组织。兴邦社会工作服务中心以驻校社工和欠发达地区的贫困大学生综合支持项目为特色。成立至今,甘肃兴邦服务中心实施了近百个社会公益项目,取得了良好的社会效益。

2004—2016 年甘肃兴邦社会工作服务中心收入如图 3-1(图 3-1 甘肃兴邦 2004—2016 年资金收入)所示,2005—2007 年,兴邦服务中心收入为 357137.47 元,2008 年收入为 347434.14 元,收入有所下降。2008 年后,除在 2011 年收入下降外,其他年份收入都较 2008 年增加。2009 年收入为 494075 元,2010 年为 526671.87 元。2012 年收入上了新台阶,突破 100 万元,达到 1170601 元,之后几年一直保持在百万元以上。2013—2016 年分别为 1671624.29 元、1190077.79 元、3058584.72 元、4125164.75 元。

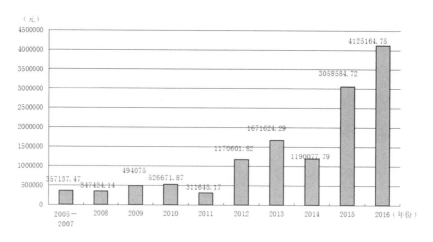

图 3-1　甘肃兴邦 2004—2016 年资金收入

2004—2016 年甘肃兴邦社会工作服务中心各年收入来源以及各部分所占比例如图 3-2、图 3-3 所示。2004—2016 年兴邦服务中心的捐赠收入总数为 11759792.64 元,占所有收入的 88.73%;来源于政府的收入达到 1220000 元,占到收入总量的近 10%,达到 9.21%;提供服务收入达 66490.45 元,占到收入总量的 0.50%;其他收入为会费收入、投资收入和其他收入,数目不太多,其中会费收入只有 3000 元,占 0.02%;投资收入为 5 万元,占 0.38%;其他收入较多一些,为 153733.93 元,占总收入的 1.16%。

图 3-2、图 3-3 反映了甘肃兴邦资金收入构成部分以及各部分所占比重情况,也印证了甘宁青慈善组织收入的问卷调查数据。这充分说明社会捐助是甘宁青慈善组织收入的最大来源,社会捐助中企业捐助数额较多,是社会捐助的主

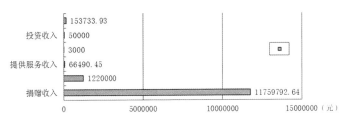

图 3-2　甘肃兴邦 2004—2016 年收入来源

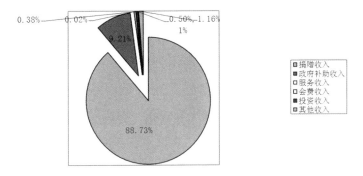

图 3-3　甘肃兴邦 2004—2016 年收入构成

体。甘宁青慈善组织的另一大收入来源于政府,或是政府购买服务,或是政府拨款等其他扶持与补助,在全部收入比重中所占份额也较为突出。会费收入、服务收入以及投资收入三项总和在组织收入中所占份额较低,这充分揭示出慈善组织在资金运作上的短板。

二、甘宁青慈善组织资金运作渠道及问题

(一)政府购买服务数量小

1.多种原因阻碍慈善组织购买政府服务。通过问卷得知甘宁青慈善组织资金绝大多数来源于社会捐款,无论是在政府拨款还是政府购买服务方面都并不多,分别占 14.6%、22.9%。访谈中课题组了解到的数据远远要低于问卷中的数据。当问到"组织资金从哪里来"的问题时,绝大多数慈善组织回答来源于社会,其中有社区居民的,也有企业界的。

对一些慈善组织为什么没有政府购买服务收入的问题,受访的慈善组织有多种解释:

Gljl：目前我们没有申请项目，是觉得没有适合我这个团队做的项目。

Qxd：我们机构申请过两次政府购买，一个是陪你阅读，一个是扶老助老。这两个都是目前正在做的活动，也刚刚向政府提起申请。转型的目的就是通过做项目争取更多的资金，这是我们存在的最大的问题。

Qaxf：以前没想过向政府去申请项目。因为我们就是根据捐助人的愿望，帮助他们找困难者。他们想施散，但不知道从哪里能够找到贫困的人或贫困的家庭，我们建立平台后这些人找到我们。

Qyg：政府项目我们申请很困难，好像都被人拿完了。我们刚开始也不懂，他们项目都下来了，我们才知道××组织拿了政府项目。我们组织没有大学生，也没有人好好关注网站呀、新闻呀。我们总是不知道政府的一些消息。

Qwn：没有做过政府项目，申请过但没有成功。我们的业务都不是与政府项目完全吻合的。但政府非常关心我们，从2016年开始到现在，每次政府的培训都会逐一通告，我们会让员工去参加。

Njc：申请过政府项目，是在2018年，结果没有通过。项目是孤儿捐资助学，因为孤儿捐资助学我们2016年做了一整年，一年资助了30多个孤儿，也有一些学生。我后来总结申请政府购买没有成功的原因，是我们不会写申请书。看看中了的那几家，实际在我们这儿做得并不怎么样，我个人认为。

Nhhh：我们当然想申请，但条件不具备。申请政府项目年限达不到，2017年3月组建，5月成立，但今年民政局的项目要求的是2015年成立的组织，明年是2016年成立的组织，后年才能推到2017年的组织，到那时我们才能达到要求。第二，因为我们年限不够没有申请星级级别，这就是很多项目把我们卡在这儿了，不管你有多大的抱负、多大的能力，好多申请卡在这儿你没法做。

Ngya：有，今年申请没有通过。时间不够3年，就这一个时间的问题就把我们卡住了，管你做得好与不好。肯定在想申请政府项目，我每天都在想。

根据慈善组织负责人的述说，影响甘宁青慈善组织政府购买服务的主要原因有四点:一是认为自己做的服务领域与政府购买项目不符合,自觉不参与申请;二是对政策不了解,不清楚政府购买服务相关政策;三是自我评估组织能力不足,或基本条件不具备。比如,不具备组织成立 3 年的时间,组织未获得星级组织的资格,组织缺乏专业人才,或是组织撰写申请书能力欠缺等;四是有的组织主观地认为申请政府购买很困难,所以没有主动去争取。

2. 政府购买服务项目不均衡。与政府联系较为密切,争取政府项目较多的慈善组织,在甘宁青地区都为数不多,比如甘肃的一山一水、宁夏的昊善社会工作服务中心、青海西宁曙光公益援助中心等。这几个组织负责人在访谈时都提到,组织在成立初期确实有资金紧张的情况,但自从参与政府购买服务以后,资金困难的局面有所缓和。组织工作的重点就是想如何将资金用好,为服务对象提供更好的服务。然而,大多数慈善组织负责人认为购买政府服务项目费用太低,不能解决组织的资金问题。下面是甘宁青慈善组织负责人对购买政府服务后的看法。

　　Gss:我们资金目前没有多大的问题,因为承接的项目比较多。农牧厅、教育厅、发改委等,每年的中心任务就是怎么把项目完成并做好。社区发展以及公益机构培育这两块,资金来源于基金会的多。社会智库较多来源于政府。我们承接一些发改委的项目,最终资金来源于省。亚行的项目如跟农牧厅的绿色金融项目,我们做贷款评估,世行向甘肃自然文化遗产保护监测包括新疆的环境监测还有教育厅的职业教育监测,这些最终都是通过当地府来招标,我们通过招标得到的。争取资金这方面没有太多障碍。

　　Qhk:像我们这样的机构,尽管是政府购买,但资金并不多。一个老人按类分,有 A 类、B 类和 C 类,每类政府给拨的钱不一样,服务费也不一样。一个月 40 元的服务费,那远远不够。A 类的老人我们要每天去他家一次,B类、C 类的如果老人打电话我们就得去。没电话就等于没需求,那样的话我们就一个月去一次,平常我们提供力所能及的事情,如工作人员带着修电、理发、医疗等工具去家里给老人服务。

　　Nyl:第一个项目是通过腾讯乐捐平台中国少年儿童基金会认领的一个项目——助理留守娃快乐成长,这是在农村偏僻地方做的项目。这是我们筹的第一笔资金有 3 万元。做了 2 年的服务,在一个学校每周都送志愿者去服务。随后申请到了民政厅福彩公益金 2016 年的公益金,做三社联动项目。借这个项目,申请到中国扶贫基金会,还有陕西富远基金的项目支持。去年得到深圳一家企业赞助。所以,我们的基金全部是定向的,资金是干啥的,用在啥地方都清清楚楚,其他的行政费用我们在项目里分摊。

3. 争取政府购买是组织未来资金运作的方向。尽管甘宁青多数慈善组织没有从事政府购买服务,但调研中不少慈善组织负责人表示争取政府购买是以后组织努力的方向,但前提是必须先把自己组织建设好。

Qaxf:转型的目的就是通过做政府项目争取更多的资金,缺少政府资金支持是我们目前存在的最大问题。

Gygb:目前我们没有政府的项目,但以后要申请。要有政府的项目,这是必需的。我们跟共青团很合作的,只要他们有活动我们都会参与。如团委搞的一些活动,它会把工作分配下来。政府购买的这块,我们这个地方空白。所以我们现在先把自己发展起来,把路铺好。

Ngya:考虑过向政府申请,利通区民政局和残联有项目招标,我们申请了没中。社会组织的一些工作由政府买单,以后肯定要走这一步,不然走不动的。我们最早资助的一个双脚外翻的女孩子,我们过去每天在群里能募集到几千元,可是持续地搞,人们的兴趣逐渐淡了,疲劳了,后来募集到的资金少得可怜。

Gzyq:当然想参与政府项目。政府如果购买我们的服务,我们也就比较轻松。而且政府购买的话,那就说明比较认可我们机构以及我们所做的事情,很多事情做起来就顺畅了。

4. 政府购买服务个案

宁夏昊善社会工作发展服务中心购买政府服务

成立于 2013 年的宁夏昊善社会工作发展服务中心,组织资金以政府购买服务为主。如 2019 年,宁夏昊善社会工作发展服务中心有 4 个服务项目,共 60 万元左右。2018 年有 6 个项目,包括购买服务共 120 多万元。宁夏昊善社会工作发展服务中心从成立之时就坚持走专业化的道路,如表 3-2 所示,宁夏昊善社会工作发展服务中心已完成多个政府购买服务项目。

表 3-2　宁夏昊善社会工作发展服务中心项目

项目领域	项目名称	项目来源
儿童青少年	宁夏移民地区流动青少年社工服务与救助项目	团中央
	助力残疾家庭儿童实现心"升"服务项目	中华儿童慈善救助基金会
	海原县海城街道黎明社区留守儿童服务项目	自治区民政厅
	特需关爱青少年服务项目	贺兰县团委
	西夏区星光巷社区"伴我飞翔"外来务工子女生活规划项目	自治区民政厅
	隆德县特殊教育学校困境儿童社会工作服务项目	自治区民政厅
	西夏区"向阳花"特需关爱青少年服务项目	西夏区团委
老年人服务	陶乐县养老中心老年人心灵关爱与精神慰藉项目	自治区民政厅
	宁夏阅海养老中心老年人心理慰藉康复服务项目	宁夏阅海养老中心
	银川市兴庆区月牙湖小塘村"三留守"人员服务项目	宁夏福彩公益金
	西吉县田坪乡黄岔村"三留守"人员服务项目	自治区民政厅
	银川市社区公益创投之老来"伴"助老帮扶结对项目	银川市民政局
	崇安社区进行了居家养老服务	银川市兴庆区民政局
	银川市社区公益创投"爷爷奶奶一课堂"项目	银川市民政局
社会组织培育	固原市小川子社区"三区"社会工作服务项目	宁夏"三区"社工专业人才支持计划
	银川市西夏区社会组织评估项目	西夏区民政局
	西夏区星光巷社区三社联动服务项目	银川市民政局
残疾人服务	银川市一级特困残疾人个性化服务项目	银川市残疾人联合会
贫困人口服务	海原县红井村贫困人口社会工作服务项目	自治区民政厅
	牵手计划	自治区民政厅
社区矫正服务	银川市兴庆区满春社区矫正服务项目	福彩公益金
	海原县建设社区矫正服务项目	福彩公益金

宁夏昊善社会工作发展服务中心在政府购买服务方面具有丰富的经验。以下是服务中心总干事对组织资金运作的介绍。

课题组:调研了很多慈善组织,大多数都认为获得政府购买服务很困难。而你们组织已完成或正在实施多项政府购买服务,你认为自己为何能够承接到政府的购买?

总干事:现在购买服务都是通过招标来做的,招标方案有一些基础的得分项,如机构执行的项目、机构的评估等级、机构的影响力,这些要素就是一个积累的过程。你前几年做得好,通过评估获得奖励,就具备了一些基础的条件。第二就是我们做过项目后有丰富的经验,项目策划方案写得比较科学、合理。第三就是我们组织的口碑好,在哪个项目点获得了好的效果,获得好的评价,在慈善公益这个领域大家都比较清楚。比如去年吴善服务中心承接的 6 个项目,第三方评估全区 41 个,前 10 个都是我们吴善的项目,第一名、第二名、第六名都是我们组织的。去年首届社会工作案例评奖,共 21 个案例奖,我们吴善就拿了 6 个奖。这都是积累。

课题组:你认为宁夏政府在购买服务这方面有哪些问题?

总干事:政府购买服务没有持续化,因为项目都是一年或半年期,没有持续性,不利于服务的开展和组织的发展。购买资金也是波动性的,政府既想让社会组织多做事,又想尽量地减少购买资金,这对组织人员的稳定性极为不利。还有就是政府对社会组织的支持力度还是小,如办公场地、经费没有保障,行业机构普遍没有安全感,年轻人尤其是社会工作毕业的学生不愿从事公益、慈善工作,而目前从事这方面工作的多数是非专业的。这就是这个行业目前的情形。希望国家的政策逐渐地向社会组织倾斜。

课题组:在政府购买服务方面你有什么好的建议?

总干事:在政府机构改革方面,民政部门越来越倾向社会服务的职责和功能,可从机构设置上体现出,如将儿童福利司、老年福利司单设出来,这种政策导向是非常好的。但是财政购买服务体量过小,没有纳入市县的财政预算里面,所以政府购买服务量小的话,这个项目就很难做,这就是制约社会组织发展的短板。第二是社会组织立法要加快。第三,对组织来说,不能过度依赖政府购买,互联网筹款这方面还是要加强,新媒体公益也要积极参与。

(二)会费收入低

1.实行会员制但收费低。根据问卷情况,甘宁青慈善组织资金收入中,会费收入占比很低。访谈中部分组织的负责人表示,根据组织制度有会员收入规定,但实行起来较随意。会费的收缴没有硬性规定,多数情况下是会员单位或个人根据收入的多少随意给,在青海、宁夏这种情况都比较普遍。

Qxd:现在有一些理事单位,本身就是企业。企业会员占的比例并不大。根据我们的章程,一个理事单位一年缴 2000 元,个别效益好的会给个一两万元。个人会员一个月 5 元。经费特别紧张。

Qwn:就是微信群里募捐。1 元、2 元、5 元的。社会上对我们关注得多,而且支持得也多。为啥?就是因为我们的正能量,我们取得的都是实打实的成绩。我们的会计是会计公司的专职会计,不要我们一分钱。我们的志愿者都积极支持我们,出车、出力任何活动都是自己掏腰包。我们公益的支出不用爱心人士捐的款。我们这些成绩确实是实打实的,所以我们自己也感到很自豪。

有企业捐赠。一些企业一年给我们 3000 元。有 5 个固定的企业会员。每年数额不定,2017 年才固定每年每个企业会员收 3000 元。

Qyg:我们团队有 20 个队员,这 20 人每月捐 30 元,这是必需的。

Nsax:实行会员制,会员一年 100 元,部长 200 元,会长 500 元。

Nxg:我们实行会员制,但金额很低。

2. 会费收入不牢固。调研中部分慈善组织也向课题组反映会费收入这部分并不可靠。之所以不可靠,有两种情况:要么是会员进出组织不固定,参加或退出很随意;要么是缴纳会费不固定,因各种原因不能及时缴费。

Qmy:我们有一部分企业会员,但企业会员是靠不住的。生意好了来了,生意不好了就不来了,打电话也不会接的。今年跟了我十几年的企业家,因为生意不行了,好几个今年都没有来。我打电话被拒绝了,说生意不行没挣上钱,就不参加活动了。但又有新的企业家进来,我不是在做宣传片、广告嘛,有新的客户,我就给他们讲,你说你的产品好、信誉好、有钱,对社会你有什么贡献,你没有,我没法给你做片子。对方问那你的意思呢?我说,你为社会做贡献,拿出来一些资金帮助困难群众解决他们需要帮助的事情,大学生上不起学的给点钱,有病的你给点钱,有困难的家庭你根据他们的要求帮助一下呗。

Gbf:我们有 2 个群,一个是注册群,另一个是大群,大群有 200 多人。我们不刻意地拉人进来,自己愿意做的、有想法的进来。一开始是这个 50 元那个 100 元捐,后来做得好了就有企业赞助。到注册后我们就转型了。现在主要做的是农村助学。

有固定的企业会员,大约十家。没有要求缴会费,全都凭自愿。企业每年有多少慈善计划,他完全按照自己的计划给我们,我们不提出具体数额。

Gmmf:为什么没考虑收会费? 我们临夏的情况是,组织太多了,一个人可能同时是好几个机构的会员。你收我也收,难免造成会员反感或导致资源浪费。有些资助家里很贫穷,很多团队都在支持,所以我们慢慢转型到助学上了,我们临夏周边中小学条件还是很差。

Nnn:有企业会员,我们的名誉会员有企业的老总。现在有志愿者400多人。如我们发现困难家庭或贫困孩子,都是我们的会员献爱心。最近我在想着把我们固原市的一些单位或企业准备挨个都跑一下,起码发动当地的资源。其实爱心人士、爱心企业家是不缺的,缺的是他们不了解,当他们想献爱心时不知道给谁、怎么给,所以我想还是多跑跑,让这些爱心人士知道我们。

Nbf:我们公司这种体制是以山养山,用我们公司挣的钱来做公益。有部分资金是个人出散的,大部分是公司的和商业圈子的朋友。公司里有四个股东,我们决定每年拿出10万元,不超过这个数字。

3.会费收入个案

收取会费的慈善组织,有的专门制定会费管理的办法,有的组织将这部分内容融合进组织的管理制度中。以下为宁夏海原县义工联合会的会费管理办法,经负责人同意,现将该组织的管理办法展示如下:

海原县义工联合会会费管理办法
2019年××月×日

为规范海原县义工联合会会费收取、使用和管理,保证本会工作正常开展,根据民政部、财政部《关于调整社会团体会费政策等有关问题的通知》(民发〔2003〕95号)和民政部、财政部《关于进一步明确社会团体会费政策的通知》(民发〔2006〕123号)的要求,结合本联合会实际状况,特制定本会会员缴纳会费标准和管理办法。

一、会费收取标准

个人会员:30元/年

理事会成员 100 元/年

二、会费缴纳时间和方式

会员按年度缴纳会费。每年 10 月 1 日前一次性缴足下年会费；每年 7 月 1 日后入会的，按当年会费的一半金额缴纳。缴费可以以现金或者转账方式，公户信息如下：

户　　名：××××××××

开户行：中国农业银行股份有限公司××××支行

账　　号：×××××××××××××××××

三、会费开支范围

1. 必要的办公支出；

2. 组织举办协会大型会议、活动调研、助老助残，爱心助学，各类培训等活动的开支；

3. 编印资料、发放宣传资料等的成本费；

4. 其他应支出的费用。

四、会费管理

1. 会费由秘书处负责收取及管理，并开具《社会团体会费统一收据》

2. 本会日常经费开支由秘书长审批，重大活动或主要项目由会长审定。

3. 协会财务账目由专职会计负责，严格执行《民间非营利组织会计制度》，接受会员大会（会员代表大会）、理事会（常务理事会）和会员的质询和监督。

4. 财务收支情况由秘书处定期向会员大会（会员代表大会）报告，每年提交审计部门审计。

5. 对于无故连续 2 年不缴纳会费的会员，经常务理事会表决后取消会员资格。

本办法经 2019 年 9 月××海原县义工联合会第五届理事会表决通过后生效。

海原县义工联合会

2019 年××月×日

海原县义工联合会前身是宁夏中卫市义工联合分会，2016 年 5 月 12 日正式注册成立为海原县义工联合会。联合会自成立以来,为海原县及周边地区的基层群众提供了很大的扶贫支持,多次独立或与其他公益组织联合举办针对孤儿、残障家庭、单亲家庭、留守儿童、建档立卡户等困境儿童的一对一精准扶贫,协助政府助推脱贫攻坚。通过联合会的会费管理办法看到,个人会员一年会费30元,理事会成员一年100元。而访谈中我们得知该联合会的会员全部为农民,会员总数不超过50人。以30元/年·人,我们能够计算出联合会一年大致的收入。因此,不难想象,如果组织再无其他收入来源,经费将何等紧张。

(三)定向募捐较为普遍

在甘宁青地区慈善组织经费来源中,70%甚至更多来自企事业单位、各行各业爱心人士的或物资或现金的捐助,向社会募捐成为各领域慈善组织资金的重要部分。而在甘宁青慈善组织中定向募捐比较普遍。

所谓的定向募捐,是指向特定对象发起的募捐,主要是在慈善组织的创始人、理事成员和会员等特定范围内发起募捐。通过定向募捐筹集资金,在甘宁青地区慈善组织中较为普遍,这类组织的特定募捐对象主要是组织会员或组织的微信群群众。

1.定向募捐是组织稳定的收入来源。在甘宁青慈善组织中,有近1/3的慈善组织要么发起人是少数民族,要么组织的负责人是少数民族,还有部分慈善组织本身就是因宗教信仰而成立的组织,组织的目的就是服务于本少数民族。在这类慈善组织中,定向募捐的对象就是信教群众,宗教捐赠收入占比很高且收入来源稳定。根据问卷调查,来自信教群众捐助收入占到一些慈善组织收入的1/3,而访谈的结果也印证了这一收入大致的比例。

Qgy:我们机构资金很大一部分来自我省内一些少数民族企业家的捐赠,还有生意同人的理事单位,我们都把他们列入理事。我们共有50多个理事单位。我们资金很良性。因为做生意,考虑问题就不像其他组织,只要口袋里有1元钱就开展工作,而没有钱就干等。我们必须主动行动,这就是为什么我们抚养的孤儿从20多到现在480多名的原因。

我们也有资金困难的时候,但多数情况下只是暂时的。但我们的原则是有多少钱做多少事,所以在项目运营上不存在问题。我们能拿出100万元就不做200万元的事情。我们从来没有在网上募集过资金。

Qwn:组织资金主要是一些信教群众的出散。没有企业的支持,完全来自普通群众。

Nnwj:我们微信群内居民自愿捐款。当然注册时有 80 多个会员,最多时达到 1000 人,现在人数减少。我们没有收取会费,都是自愿的。2016 年 1 月我们成立了每天 1 元基金,当时每天都能收到 200 元。2016 年收入最高,每月基本能收到 2 元的善款。从 6 月注册到现在,已经捐出去了 64 万元。有企业会员五六个,但都是分会,他们自己做,资金不进入我们总账户内。

Nyjq:资金来源于我们的微信群,群里的兄弟姐妹们都是爱心人士并不一定是有钱人。

Glyc:因为我们是草根组织,只能通过现有活动现发帖的方式告诉群内人员,然后大家捐款。

Gmmf:在慈善法颁布以前我们在网上筹款,80%是这个方式。线下的是一些朋友、同事,听到我们搞什么活动来我办公室现场捐一些。企业捐助很少,基本都是网络支持。慈善法出台以前国家没有明确禁止筹款,我们基本上都是通过网络或线下筹款。慈善法出台以后我们就设计项目通过项目筹款,比如 99 公益筹款。

Gbf:善款是我的朋友们自己拿过来的。我有一个 500 人的微信群,还有一个正式志愿者群,基本上资金都是从这里来的。捐钱捐物等,这些百分之百捐给了受助者。有人问我的办公经费怎么解决? 实行会员制①,最少的给 10 元,最多的没上限,一万两万的都有,有最多给两万的,这就把我的办公室的费用解决了。

Nhyg:我们有个乐捐群。每天会在群里收到爱心人士的捐款。长期做的是关爱孤寡老人和留守儿童,已连续做了 3 年。当想要搞一次活动时,在群里发个消息,号召大家捐款,然后根据捐款数额确定资助的人数和金额。

2.对定向募捐的不同见解。尽管定向募捐在甘宁青不少草根组织中相当流行,是多数慈善组织特别是一些以信教群众组建的慈善组织的资金运作的方式。

---

① 这里的会员制,实际上是指通过建立微信群,向群内人员收取费用的制度。

但是,对以定向募捐为组织主要资金来源的方式,人们的观点并不是一致的。有部分慈善组织的创始人或负责人并不认可利用宗教或是面向特定群众(体)募集资金的做法,即使组织的创始人或负责人本人也是宗教信仰者。

持不同意见的人大致有三种想法,一种认为信教群众中的部分人并不富裕,不能向他们募集。第二种认为通过向信教群众募集资金的组织只能在短期内发挥作用,不能解决组织长远发展的问题,正如甘肃 YC 一个组织的负责人所说,"以宗教信仰名义向群众募集资金,这样很容易,但并不可持续。慈善组织要长远发展,还是要在资金这块下功夫、想办法。"

Qyg:其实,在少数民族人口占多数的社区,如果你真的想为贫穷的人筹资,筹得会很快。但是,对机构发展来说,这种方式持续并不长。我个人认为,资金问题还是要多方链接。

Gqy:我从来不在自己群里募捐。在圈里募集一次两次可以,如果多次再做就非常没意思了,那肯定不行,而且我非常反感这种方式。在熟人圈里找资源非常不好,这没有持续性。如果有突发的、特殊的情况,需要朋友们提供帮助,可以做一两个,这一两下做完就完了。比如像那年我们在西站有一个积石山的老人,带着他的孙子,老人年龄也不大,家里变故多,儿子得了癌症,小孙子听力有问题,在这儿做康复训练。我知道这个消息后,也没想着募捐,只是把这个消息发到圈子,结果知道的人、愿意帮助的人都自己去了。就这样的事情,一下两下就行了,多了大家也会反感的。

Gsq:我们有一个自己的群。群内的一些信教者劝我在群内募集资金,你知道的,在我们宗教有"天课"制度,但我没往这方面想过。天课针对人群是有要求的,我们机构是不能用的,除非他把钱分成几份给不同的孩子。中间有没有个人的捐款?有但是很少。说实话,我不喜欢这样做。我的想法是,我跟基金会、跟社区做项目,我不会向个人收费的。有些人说你不收费,是假装伟大吗?

我不伟大,那些受助者家里你进去看看,你恨不得把自己身上的钱都给他们。如果我向他们收钱,那是给他们制造困难,那又不是我做这个事情的初心了。你看看那些家庭、那些人,一个小小20多平方米的房子,一家大大小小近九口人就一个炕,连个做饭的地方都没有,我收啥费?怎么个收法?

让他们交个一百或两百的,我张不了那个口,即使张口了,他们也没有那个能力。如果让他们必须交费,一年交个一次两次,他们也能从牙缝里挤出来,但这真不是我能做出来的。

Nzs:建个微信群,收点红包,这样太低端了。这是我们这个地方一些慈善机构的现状。这种类型的慈善生存期不超过 3 年,慈善类社会团体在2017 年前后在××地方出现爆发期。以红包形式、微信形式筹点钱,拿着米面油慰问困难群体、弱势群体。到这些家里把实物一发活动就结束了,一方面对参加的人来说是体验生活的过程,对受助者来说,反正我也需要,乐得接受。在二〇〇几年甘肃已经这样做了,人家现在都在思考转变、改革,往一个更高层次转变。而我们慈善做得比较封闭,做得比较僵死,也就是认一个死理还不愿意学习。

Nhyg:在群里募集像个要饭的,这种事情我再不愿做了。今年开始我接受爱心企业的捐助。在群里我不再发了,不再让他们在群里捐了。

Nfly:我们不在网上募捐,以前就没有。我们接受企业或大众的捐助,但从不在网上募捐,因为我们没有募捐资质。深圳这家企业就是看到我们的服务,主动给我们捐款。另一个不在网上募的原因是,网上募捐严格上说不符合慈善法的规定,而且我认为没有持续性,而且对于机构的发展推动不是很有利。

（四）网络平台或基金会合作渐成趋势

甘宁青慈善组织在资金筹集上,除调研问卷中涉及的方式与渠道外,在访谈中课题组了解到还有其他的一些渠道:一是与大的网络平台合作,通过平台提供的项目,借助网络平台的力量募集资金;二是与国内大的基金会合作,争取基金会的项目资金支持。三是个别慈善组织创始人个人资金的添补或是创始人、负责人凭借绘画、书法、摄影等个人的能力,为组织争取更多的资金。

Qaxf:以前我们有自己募捐的平台,慈善法出来之后,根据法律我们是没有公募资格的。所以私募方式我们会规避。我们会选择在大的平台上,每年都有 99 公益。我们和 99 公益、中国少年儿童基金会有合作,他们作为平台的提供者,我们上报项目,在项目上筹款。

Ntax:我们协会在腾讯平台募款。近三年我们协会在腾讯公益筹款

837329 元,我个人贡献捐款 87803 元。

Gljl:我们机构主要对接项目。我们倡导身临其境,主张重在参与。我们反对这个出 30 元,那个出 50 元,出了钱就走人,收钱的事我们一概不做。

Gss:政府项目很少,主要是 99 公益、壹基金的、乐施会的、德国米苏尔的项目。

Gsq:资金是我到各个基金会申请来的。目前为止,政府的一分钱都没拿到,好在今年 7 月二十几号我们的中央财政下来了,把我们的命救了。我自己的二十多万将近三十万已经投进去了,部分是借的,借的侄子的以及其他亲戚的,我一辈子没欠过别人的账,愁得我头发都白了。我老公是公务员,家里被我做慈善变成穷人了。我自己还好说,亲戚的钱怎么办,注册资金就 5 万呢。

1.网络筹款。慈善组织利用水滴筹、99 公益、拍摄视频上传等网络平台或互联网方式,向社会发起募捐活动,在短时间内筹集到资金,有效地缓解受助者个人及其家庭的困境。如甘肃某个慈善组织为病患发起水滴筹筹款活动。

甘肃慈善组织通过水滴筹为严重烫伤的兄弟俩筹资,并公布阶段筹资信息:8 月✕日,我中心助医部助力积石山县郭干乡大杨家村因玩耍时不慎打翻开水壶造成严重烫伤的马✕✕(5 岁)、马✕✕(2 岁)兄弟俩水滴筹筹款。截至 8 月 31 日,共筹集款项 41680 元,其中网络筹款 26680 元,线下筹款 15000 元。

这样以组织名义为病患发起众筹,在甘宁青一些慈善组织中很常见

2.与基金会合作筹款。一些慈善组织广泛发动社会力量,积极争取外部资源,通过与外省基金会合作为贫困山区的孩子送上温暖。以甘肃东乡撒尔塔青年志愿者协会 2016—2017 年两次活动为例,了解甘宁青慈善组织与基金会合作开展捐助物资。

2016 年,东乡撒尔塔青年志愿者协会联合深圳花样盛年慈善基金会、深圳市艺学堂艺术教育培训中心、宽定微公益、兰州精准公益爱心团队为东乡县 7 个学区 50 所学校学生发放爱心物资。物资具体包括深圳花样盛年慈善基金会总价值为 22 万元的保暖雨鞋 4700 双;深圳市宝安区松岗潭头小学全体师生及家长 4000 件爱心衣物、1200 册爱心图书、400 份学习用品;

深圳市艺学堂艺术教育培训中心为北岭乡巴苏池小学捐赠 1300 册爱心图书；宽定微公益捐赠棉帽 270 顶。

2017 年杭州馨儿慈善全球代购网店爱心人士在东乡撒尔塔青年志愿者协会的协助下，到东乡县车家湾等乡镇资助 7 名小学生，为每个学生发放助学款 1200 元，并为 7 名小学生的家庭发放总价值 15750 元的爱心面粉、食用油、大米、茶叶包等爱心物资。在东乡撒尔塔青年志愿者协会前期摸排的基础上，杭州馨儿慈善网店还为东乡县其他 12 所偏远小学 500 多名学生送去 500 份儿童节爱心礼物，礼物为杭州市爱心人士捐赠。

与省内外基金会合作，在慈善资金筹集、慈善活动开展上效果极为明显，在为慈善对象服务的同时，也较好满足慈善组织机构运转的需求。在调研中部分慈善组织强调了与基金会合作后在行政开支方面的良性运作。

刚开始的行政支出是用注册资金 5 万买的，购置了电脑、桌椅等办公用品，随后就申请项目。第一个项目是通过腾讯乐捐平台中国少年儿童基金会认领的一个项目——助理留守娃快乐成长，这是在农村偏僻地方做的项目。这是我们机构筹集的第一笔资金，3 万元。做了两年的服务，每周都送志愿者去服务的学校。随后我们申请到了民政厅福彩公益金 2016 年的公益金，做三社联动项目。借这个项目，我们又申请到中国扶贫基金会、陕西富远基金的项目支持，去年得到深圳一家企业赞助。所以，我们的基金全部是定向的，资金是干啥的，用在啥地方，都明明白白。其他的行政费用我们在项目里分摊。

(五)企事业单位提供资金支持

甘宁青一些慈善组织主动与医院、企业、学校或其他企事业单位联系、合作，寻求他们在资金以及技术上的帮助与支持，为慈善对象提供服务。这样运作的优点，一是在服务上能够达到专业化的要求，另一就是能够解决服务经费的大难题。

Qhk:我们与县中心医院达成合作协议。每年 10 月给居家养老的对象提供全免费的体检，并建立健康档案以便后续的治疗。中心医院为我们的服务对象——空巢老人、五保户等提供免费住院治疗。

我们还与移动公司达成协议，免费为我们中心老人发放手机并赠送话费。在 2019 年发了 1500 部手机,2019 年之后又陆续发了 300 部手机,分乡镇去发放的,总共为 1800 名服务对象免费赠送手机和话费。

（六）积极开拓其他募集渠道

近年来随着不断有年轻人充实到甘宁青慈善组织负责人或管理者队伍中,加之组织加强了与外界的交流与学习,组织在筹资能力方面不断提升,募集资金渠道日益拓展。甘宁青慈善组织有通过个人才能筹资的、有通过组织义卖活动筹资的,也有慈善组织由组织创立者不定期地提供个人资产以维持组织正常运转的。

1. 凭借组织负责人个人才能获取资金。课题组在青海、甘肃调研中发现有个别慈善组织的管理层与负责人通过自己在制作、拍摄、书法绘画等方面的才能为组织筹集资金。

Qmy:为啥我能找上资金? 我有个特殊的工作。我给企业做广告片和宣传片,价格上非常优惠,连同给他们策划。比如今年有一个新思路肥牛火锅,6 月开张,我就给老板建议你要是开张就把这个辖区的居民慰问一下,这个开张就比较有意义。这个老板就按我的建议去做了,他给辖区的特困户每人发了 500 元,共 10 个人。最后这个老板的开张受到他们 HL 县政府的嘉奖,在当地的企业界也比较有影响,都觉得这样的开张不但新颖而且还很有意义。

现在你看,花钱不多,就 5000 元,但效果不一样。按照老板之前的意思,花钱找人唱唱歌跳跳舞什么的,我说咱们不搞这个,搞点公益,讲个话就行了,就这么简单。当时讲话的是他们辖区的书记。书记讲话中对困难群众进行了慰问,也提出辖区以后有什么困难来社区解决。后来我给他们做了一个十分钟的广告片,一般十分钟广告片最少要 3 万元,我管他要了 1 万元,宣传得也不错,发给了很大的一个网站宣传,主要是从公益的角度。

所以我的资金就这么来的。包括 YA 地产的一个马姓老板。马老板招工,通过我给他介绍我们辖区的残疾人就 35 个人,一个月一个人 500 元工资,今年已经第 4 年了。这个马老板雇了差不多 70 多个残疾人,还有其他社区的。我给他说:"挣钱为了自己没啥意思,你们不缺钱。"我对他说:"我设个项目,挣上点钱拿出来一部分搞公益。"像这样的企业家也特别多。我们每年光资助的尿毒症病人就有六七十人,再就是辖区的孤寡老人。

我现在还在想办法,我儿子现在外地做生意,我给儿子说能不能想办法凑点钱搞个孤儿院。我的想法是,不仅自己做慈善,也希望带动儿子做公益。办孤儿院的想法时间长了,软件我没啥问题,就是缺个合适的地方。我也是最近才给儿子说的,如果有人掏钱,我给政府说找块地方,我这是解决政府的困难吧。

2. 组织义卖活动筹集资金。甘宁青三省(自治区)也有通过义卖方式筹资的。通过义卖方式筹资的,在甘肃的慈善组织较多,而宁夏和青海较少。如在甘肃兰州,多个慈善组织通过义卖的方式解决办公经费,缓解资金紧张。兰州的一位组织负责人讲道:"我朋友都是生意圈的,我从不向他们募捐。我做的事情你们都看着呢,觉得行你就参与。我的原则是钱多了多做事,钱少了少做事,没钱了就停下来。实在解决不了的我们就义卖,如我能从海南拿到最好的芒果,拿到这儿来卖,一箱能赚到20元。卖个1000箱的话也能赚2万元。这些除用来支付办公用品,还有搞活动时给队员们发午餐,标准是30元/人,超过的费用自己掏。"

早在2015年,甘肃兰州就有慈善组织通过拍卖所得充实组织的资金,如兰州新星公益慈善中心组织的义拍活动。

新星公益名家书画慈善义拍活动

××××年×月××日,在兰州伊和园礼宴中心"关注贫困地区孩子、关注留守儿童"当代名家书画作品慈善夏季义拍活动举行。义拍活动开创了甘肃公益界专场书画作品公益慈善拍卖的先河。

多位当代书画名家作品现场进行慈善义拍,义拍作品为爱心书画家无偿捐赠。马西园艺术研究院院长、甘肃省老干部书画协会会长、书法班 M 老师,耘墨斋 G 老师、M 老师、C 老师,甘肃心翼社会工作服务中心 Y 老师,还有爱心画家(略)等悉数到场参与。毛泽东书法研究院名誉院长 B 先生、W 院长,兰州军区将军书画家,中铁二十一局马西园弟子 Z 老师等义捐了书画作品。义拍所得善款全部捐赠给甘肃新星公益慈善中心,用于资助贫困地区孩子以及留守儿童。

3.组织创始人个人资金支持。除了慈善组织负责人通过个人专业、技术为组织争取资金外,调研中还发现有个别慈善组织由于成立时间并不长,还没有资金来源的方向与渠道,组织的费用完全由创立者承担或者不定期的部分提供。在调研中课题组了解到甘宁青三省(自治区)都有这种情况。

Gqnl:机构资金目前是我们理事长通过他个人捐献,还有通过他的一些关系筹集到的。我们刚刚成立,还处在酝酿阶段。早先在搭建理事会过程中,有些理事会捐赠一点。

尽管我们是联合会,但目前还没有考虑收会费的事情。因为我们是自愿型的。目前就我一个专职人员,所以我的工资理事长就承包了。办公的其他费用,都是由理事长开支了。

GX:除了项目资金,其他资金我自己解决。家里做生意,生意是我自己的,挣的钱有些就投进去了。

Njq:我们机构2016年7月注册,2018年才开始认定为慈善组织。我们几个专职人员的人工补贴以及租的这个办公室,办公室一年租金2.8万元,都是由出资人的公司承担。老总给了我们两年的时间筹备,两年以后把我们独立出去,公司再不管我们了,机构的所有经费都得由我们自己想办法。

Nkd:我们办公室是租的,2.8万元一年,由出资人的公司承担。

Nqn:做公益不是谁想做就可以做的,挺难的,坚持这么多年,我感觉特别地难。2013年底我回村第一次慰问,慰问金是我自己掏的,拿了5万元。

调研中发现,资金来源以网络平台或是大的基金会的,以项目参与或项目提供为主的慈善组织,相比较其他慈善组织资金压力更小、更宽松一些。

Gqy:我觉得不存在资金紧张的现象。当然,有时缺钱是有的,可能任何一家机构都不会说不缺钱。我们主要做施永青基金项目,目前有3个项目县,康乐也算是一个。康乐是儿童的项目,张家川是养老的项目,庄浪有社区发展加生态农业的项目。养老项目是与扶贫基金会合作,施永青基金在庄浪做,康乐项目是壹基金在支持。我们绝不会在服务对象有能力的情况下给他物质上的捐赠,那是在害他而不是帮助他。这样,我们的慈善方式和多数机构是不一样的。

Gljl:扬帆计划是一种图书捐赠,以农村学生为对象。

我们每年仅做壹基金和扬帆计划这两个项目就够。因为他们对接、提供资料,物资到我们手上,统筹规划、到站统计非常麻烦。我们现在整个在转型,以前像大病救助什么我们也在做,但这种老是掏别人腰包会产生公益疲劳,导致的后果是越做越难做。我们理事会的一位长者提出"救急不救穷"。当然有特别紧急的情况发生,我们也会在微信大群里号召,前提是我们先到医院落实清楚后再发消息,任何需我们组织救助的消息只能我们管理者在群里呼吁,其他人是不允许的。但现在我们转型与大型的公益机构对接,争取他们的资源。

总而言之,通过走访课题组了解到甘宁青大部分慈善组织在资金方面存在困难,只有相当少量的组织负责人明确慈善资金不存在问题。

明确在资金方面没有困难的慈善组织,课题组通过进一步访谈得知主要有三个原因:一是组织成员以商人或企业家为主,如青海高远帮扶中心、甘肃兰州半山养老院;二是组织服务以项目方式为主,如青海西宁市曙光公益援助中心、宁夏昊善社会工作服务中心等,这些项目化的慈善组织能够通过项目融资;三是市场化、社会化的运作方式。如通过义卖、通过与企业事业单位、驻社区单位合作等市场化、社会化的方式,扩大组织资金的渠道。如宁夏昊善社会工作服务中心资金来源渠道就比较多样,正如组织负责人所说:"我们渠道比较多一些,有企业捐赠、个人捐赠、公益项目比如 99 公益等。"

表示资金没有问题的组织,如青海西宁市曙光公益援助中心较早就走上了项目化运作之路。早在 2015 年西宁市曙光公益援助中心已开始项目化的运营,表 3-3 是 2015—2016 年该组织实施的一些项目。

表 3-3　西宁市曙光公益援助中心项目

时间	项目名称	项目资金
2016 年	志愿服务能力建设项目	政府购买
2015 年	快乐巴士百村行项目	政府购买
2015 年	摇篮之手母亲美育项目	政府购买
2015 年	花季护航青少年保护项目	政府购买
2015 年	温暖随行公益助力发展项目	政府购买

三、慈善组织资金的使用

（一）项目资金普遍紧张

甘宁青慈善组织项目经费使用情况如表3-4所示。数据反映41.67%的受访慈善组织资金很紧张,29.17%的受访慈善组织资金基本够用,25%的受访慈善组织资金根本不够用。数据清楚地反映出甘宁青大部分慈善组织经费使用情况较为紧张。

从该表可以看到,受访慈善组织中37.21%的组织目前单个项目的项目经费大约在1万元以下,30.23%的慈善组织大约在1万—5万元,11.63%的慈善组织大约在6万—10万元,只有20.93%的慈善组织大约在10万元以上。由此可以看到,甘宁青近70%的慈善组织单个项目经费不超过5万元。

表3-4 慈善组织的资金使用

问 题	选项	百分比（%）		
您所在组织目前项目经费使用情况为?	根本不够用	25		
	很紧张	41.67		
	基本够用	29.17		
	略有盈余	2.08		
	较为宽松	2.08		
您所在组织目前单个项目的项目经费大约为?	1万以下	37.21		
	1万—5万	30.23		
	6万—10万	11.63		
	10万以上	20.93		
您组织收入能否满足日常开支?	完全能满足	0		
	基本能满足	34		
	不能满足	66		
	均值	标准差	最小值	最大值
最近一年您所在组织的捐赠收入为?（万元）	34.53	58.28	0	316
用于慈善资助项目支出为?（万元）	38	58.94	1.4	312

从具体的慈善资助项目支出来看,平均值为38万元,这大于受访慈善组织一年的平均捐赠收入,标准差为58.94万元,最小值为1.4万元,最大值为312

万元。这再次表明慈善组织的捐赠收入难以满足其慈善资助项目支出,因而在甘宁青慈善组织中普遍存在项目经费使用情况较为紧张的现象。

从表3-4还可以看到,66%的慈善组织的收入不能满足自身的日常开支,相比而言,只有34%的慈善组织的收入基本能满足自身的日常开支。因而,这些数据充分反映出甘宁青慈善组织中大多存在着入不敷出的现象,即包括捐赠收入在内的组织收入难以满足组织的项目经费使用、日常开支等资金需求。

慈善组织资金紧张问题,在与组织负责人访谈中,得到甘宁青多个负责人印证:

Gmr:目前项目根本不能维持组织的运营。因为我铺得比较大,主要有四大块服务,妇女和图书馆是全免费的。而且学前教育(幼儿园)只收伙食费。学前教育在山上有一个,在前面社区有一个,两个都只收每月200元的伙食费。尽管有项目,项目都是有期限的。一两年结项后,等申请下一个项目一般要等一两年,这期间机构的费用是不可能停的。像乐施会的已停了一年了,到现在还没落实呢。

Gss:我这儿完全免费,妇女们也好,孩子们也好,都是免费的。你看那些体育用品都是捐过来的,可我的孩子没地方玩呀。没有场地,总不能到马路上占人家的地方吧。最多的就是给孩子们创造条件,前天"八一"建军节带孩子到兰州烈士馆。兰州博物馆、科技馆一些地方,以前都带他们去过。我尽量创造外围条件,让孩子们走出去,不能局限在这儿。但条件还是有限,你看我们的孩子,想打个乒乓球、羽毛球的地方都没有。

Njq:资金肯定紧张得很。我们2017年举办的会议参加了600人,共耗资8万,实际捐出6万多,额外开支1万多,都是些不必要的开支。2018年搞了"百村千户"活动,计划当年做几百场困难老人活动,但现在8月了才做了8场,主要是因为缺钱,每场活动经费开支6000元。本来想着让1000人受益,实际捐款应该达到30万,现在做了8次,捐助了4万多,差距还很大。

Ngya:2017年10月我自己出资打造了一个老年饭桌。后来政府找到我让把我们这个地方的老人都管起来。截止到现在没有拿到政府的一分资助,也没见到政府的文件,只是口头说过。

Nxga：资金不是一般的困难。你看，现在我这儿堆积的求助信有100多个文件夹子，可是做不了，没钱呀。

Naz：资金是我们机构目前最大的障碍。如果有资金的话，公益创投就有实习期。公益创投，老年饭桌，项目资金过万，50个老年人吃饭。有资金我们就可以扩大资助范围。

Nza：即使我们有基金会支持、有政府购买项目，依然存在资金紧张。因为这些资金都是定向的。比如做服务的社工师多少钱工资，他们非常辛苦，在乡下很远的地方。课程设置是多少钱，必须按这个规定来办，所有的账目都要接受审计，票据都要扫描，还有银行的账户都要提交给基金会，人家来审核。财务上一旦失信是很麻烦的事情。

除了定向外的开支，其他只能我们自己来想办法。比如今天这两桶水，我们得要喝呀。还有一些无形的支出，如出差培训，这是我们面临比较困难的。有些培训很想去，但费用你得自己掏。刚刚参加的深圳、广州的培训，钱不多但也上万元。员工还是需要培训的，我们也应该给员工这样的机会。这方面的钱没着落。所以资金紧张也是现实。

Qmy：我们在资金使用方面特别的简单。比方我们慰问了70多个尿毒症患者，我们辖区慰问了300多户，然后给老板们打电话"我已经一个一个地入户完了，准备哪天搞活动你们定"。然后他们就都把钱拿过来，收钱的收钱，记账的记账。以前我们买面粉，现在是给现金。一般困难的300元，困难一点的500元，孤寡老人1000元，尿毒症患者再多给点。

（二）主动公开资金方向与开支

甘宁青慈善组织在资金使用上基本上都能做到公开、透明。每一笔资金如何来、用在哪里，如何使用等，在每次活动结束后都会通过微信或公益平台向成员或社会公布。正如甘肃临夏义仓负责人所说："我们团队从开始成立，财务一直比较公开透明。每一笔都会在网上公布。"

宁夏春蕾天使爱心会向课题组提供了一份完整的资金渠道、资金收入与开支的材料。下面以宁夏春蕾天使爱心会2019年第二季度财务公报为例，说明慈善组织在资金使用方面信息公开情况。

春蕾天使爱心会 2019 年第二季度财务公报①

2019-08-15

各位爱心天使:

根据春蕾爱心协会零成本开支、全透明管理的财务制度,现将 4—6 月善款收入支出公告如下:

一、收入总计【184309.96】元,明细如下:

1. 慈善活动善款收入【109832.7】元

2. 日行一善接力善款收入【29321.91】元

3. 企业和其他组织赞助善款【45000】元

4. 收到银行利息【155.35】元

二、支出总计【55602.45】元,明细如下:

1. 慈善活动支出【9791.33】元

2. 慈善物资采购【12052】元

3. 慈善现金资助【33700】元

慈善现金资助(4—6 月)

序号	姓名	金额(元)	序号	姓名	金额(元)
1	杨×	1500	14	马××、姬××、姬××	900
2	顾××、顾××	900	15	王××	900
3	马×	1500	16	马×	1500
4	马××	900	17	王××、王××	1500
5	杨××、杨××	1500	18	马××	300
6	马×	1500	19	李×	300
7	沙××	900	20	马××、马××	1500
8	杨××	900	21	侯××	1500
9	马××	900	22	马××、马×	1900
10	马××、马××	1800	23	马××、马××、马××	1500

---

① 资料来源:组织负责人提供。

续表

序号	姓名	金额(元)	序号	姓名	金额(元)
11	马××、马××	1800	24	朱××	900
12	马××、马×	1500	25	廉××、廉××	900
13	兰××	1500			

注:捐赠人姓名课题组做了处理。

大病救助韩××1000元(申请人:春蕾监事会副主席马××),大病救助曾××1000元(申请人:春蕾会员温×),大病救助王××妈妈1000元(申请人:春蕾采购副部长刘×)。

4. 其他支出【59.12】元,其中手续费46.12元,邮寄费13元。

本季度结余善款【128707.51】元,全部存入春蕾公户,余额为【1439775.66】元。为合理运用善款,抽出110万元做保收益理财。春蕾公户善款总结余【339775.66】元。

声明:善款的每一分将陆续用于孤残、贫困、失学儿童的关爱和资助行动中,春蕾会欢迎各位爱心天使的热心监督。

数据统计:春蕾会财务部

公告编辑:春蕾会秘书处

审核签发:春蕾会长、创始人苏×

2019年6月公益慈善活动收入公示

各位爱心天使:

在建党98周年之际,春蕾会举行的【同心同原 同庆党建】关爱春蕾慈善万里行大型主题公益慈善活动已结束,现将活动收入情况公示如下:截至2019年6月29日23:40活动捐款金额总计【30331.14】元,具体明细如下:

捐赠明细

姓名	职业单位	金额(元)	姓名	职业单位	金额(元)
苏×一家	春蕾创始人	3000	赵×	灵武个体	200
何××	春蕾副会长北京悦来颐和	2999	罗××	春蕾交通副部长吴忠佶承工贸	111.11

姓名	职业单位	金额（元）	姓名	职业单位	金额（元）
罗××	春蕾副会长财达证券北京投资银行部	2000	丁××	中国平安吴忠分公司	111.11
刘××	吴忠茅椒火辣	1001	马×	春蕾生活部长吴忠聚贤水饺	111.11
郑×	银川找宝儿童虹膜保护云	1000	谢×	春蕾监事会副主席吴忠犇辰牧业	111.12
马××	吴忠公安民警	1000	马××	春蕾采购副部长吴忠高速公路收费站	118.88
张××	春蕾会名誉主席宁夏壹玖总经理	1000	李×	银川个体	120
路×	春蕾盐池分会长盐池欧纳森商贸	1000	佳×	北京审计局部	150
马×	春蕾党支部书记吴忠忠兴绒业	1000	孙×	春蕾采购副部长吴忠为峰科技法人	166.66
杨×	春蕾副会长吴忠中捷仪表	1000	贾×	春蕾安保部长吴忠烟草公司	188.88
张××	春蕾副会长吴忠伊盛达粮油	678	马××	吴忠个体	100
马××	春蕾会监事会主席吴忠小刚二手车	666.66	曹××	北京爱心人士	600
刘×	春蕾采购副部长吴忠中达建筑	666	陈××	宁夏翔豪顺工贸有限公司	600
春蕾副会长	吴忠凯瑞门窗	500	沈××	吴忠个体	500
陈××	银川新华百货连锁超市	500	杨×	春蕾副会长吴忠聚安星	500
王××	春蕾采购部长吴忠创世胶业	333.33	马×	春蕾交通部长吴忠紫槐山庄	201.9
哈×	吴忠公安	303	李×	银川黄河银行	200
马××	吴忠爱心人士	300	徐×	银川找宝儿童虹膜保护云	200
张××	吴忠市政	88.88	张×	吴忠保温工程	200
杨×	吴忠敏宠生活馆	88.88	马××	吴忠个体	200
马××	吴忠个体	100	武××	春蕾副会长吴忠海天牧业	200
张×	自治区公安厅	100	裴××	广州大陌	200
马×	吴忠暴走的凤爪	300	马××	中宁伊鑫公司	100

姓名	职业单位	金额(元)	姓名	职业单位	金额(元)
马××	春蕾副会长吴忠苦水河家庭农场	300	刘×	春蕾盐池分会	100
程×	春蕾监察副部长吴忠大程装饰	201.9	哈××	银川鸿瑞达建设	100
马××	吴忠马宝荣诊所	200	叶×	春蕾盐池分会	100
马××	爱心人士	200	梁×	大武口个体	100
胡×	春蕾副会长吴忠JEEP专卖	200	黄××	银川爱心人士	100
马××	春蕾监事会副主席吴忠气体销售	200	刘××	吴忠光明检测	100
郭×	吴忠MPA	200	马×	银川爱康国宾	100
马××	宁夏仁德堂医药药材公司	200	陈××	春蕾盐池分会	100
王×	浙江爱心人士	200	杨××	银川电力设计院	100
高×	宁夏世仑律师所律师	200	黄××	盐池斗山新机销售	100
杨××	银川分会长自治区公安厅	100	马××	银川市区医院	100
胡×	春蕾礼宾副部长吴忠个体	88.88	陈×	吴忠宁茗香八宝茶	108
苗××	春蕾盐池分会	99.99	史××	找宝儿童虹膜保护云平罗站	66.66
张××	春蕾银川分会	100	丁××	自治区公安厅政务中心	66.66
左××	春蕾盐池分会	100	梁×	银川警院	66
刘××	中石油吴忠分公司	100	严×	吴忠政务大厅	66
韩×	银川方圆里	100	张××	银川西夏区第五小学教师	66
倪×	银川警界	50	张××	吴忠个体	58
潘×	宁夏地质博物馆	50	杨××	银川HR	50
高×	宁大幼儿园	50	张××	春蕾盐池分会	100
郭×	中国平安吴忠分公司	50	高×	春蕾盐池分会禁毒办	100
倪×	吴忠爱客商务酒店	88.88	严×	中国平安吴忠分公司	100
马××	春蕾生活副部长吴忠胖子烧烤	88.88	贺××	银川马路边边串串	100
沈×	吴忠公路分局	88	汪××	吴忠福兴达路桥工程有限公司	100

姓名	职业单位	金额(元)	姓名	职业单位	金额(元)
春雷春蕾	中宁分会	74	田××	吴忠农村商业银行	100
李×	红寺堡镇政府	66.66	李×	吴忠爱心人士	100
刘××	吴忠检察院	66.66	马×	吴忠医疗	100
李××	宁夏骏程科贸有限公司	88.88	李××	宁夏大学教师	100
赵××	银川爱心人士	100	张××	银川个体	100
郗××	自治区公安厅	100			

注:表由课题组根据真实资料制作。

2019 年 6 月公益慈善活动支出公示

各位爱心天使:

按照春蕾会零成本、全透明管理的财务制度,现将 6 月【同心同原　同庆党建】慈善活动支出公示。此次活动帮扶【21】人,具体慈善活动支出情况如下:

1. 爱心粮油

(15 份 50 斤装大米×120 元＝1800 元

15 份 50 斤装面粉×100 元＝1500 元

15 桶 10 斤装胡麻油×60 元＝900 元)＝4200 元

2. 春蕾定制书包:21 个×35 元/个＝735 元

3. 春蕾定制 T 恤:21 件×25 元/件＝525 元

4. 春蕾定制水杯:21 个×11.5 元/个＝241.5 元

5. 春蕾爱心零食:11 份×18.58 元＝204.38 元(上月结余 10 份,总计发放 21 份)

6. 春蕾爱心字帖:8 本×20 元/本＝160 元

7. 春蕾定制凉帽:21 顶×6.5 元/顶＝136.5 元

8. 春蕾定制闹钟:6 个×19 元/个＝114 元

※(本月活动支出):以上支出共计【6179.88】元,减去春蕾会提前采购储备的慈善物资【1775.5】元,实际支出【4404.38】元;

※(本月结对支出):本月结对资助支出【10600】元

※(合计支出):本月活动支出同结对支出总计【15004.38】元;

本月收入【30331.14】元,减去合计支出,剩余善款【15326.76】元将全部汇入春蕾天使爱心基金,用于长期结对资助特困孤残青少年求学。目前已结对25户42名孤残特困孩子,按月每人资助300元至600元生活费。

【声明】善款的每一分钱将陆续用于贫困、孤残、失学儿童的救助行动中,春蕾会欢迎各位天使的热心监督。

2019年6月活动餐费AA制公示

各位爱心天使:

按照春蕾会零成本开支(不花善款1分钱)、善款全部用于慈善活动的财务制度,所有成本开支参与天使将AA制,现将6月慈善活动各天使用餐情况公示如下:

1. 牛肉5斤×30元/斤=150元

2. 牛骨10斤×10元/斤=100元

3. 粉条12斤×5元=60元

3. 萝卜22.98斤×0.87元=20元

4. 一次性碗100个×0.2元/个=20元

5. 一次性筷子5把×2元/把=10元

5. 鸡精4元+盐4元+调料15元=23元

6. 葱4元+青椒6元+红椒6元+香菜6元+西红柿3元+木耳15元+蒜苗7元=47元

7. 西瓜4个72元

8. 矿泉水30元

9. 花卷30元

10. 火锅底料2袋16元(由春蕾会礼宾副部长胡×捐赠)

11. 生姜8元(由春蕾会监察副部长程×捐赠)

12. 烧烤食材(素鸡+火腿肠2箱)总计100元(由春蕾会党支部书记捐赠)

除去捐赠金额,本次活动费用开支总计【562】元。

参与活动人数【57】人(除去 7 名孩子,就餐人数成人总计【37】人,平均每人【16】元)。

【特别说明】参加天使活动当晚隆德住宿全部已 AA,请按照参加人数(孩子不计)将费用以红包形式发送至春蕾应收财务部处(为方便统计各位天使务必备注餐费)随后秘书处进行公示。

2019 年 6 月公益活动最终参与人员名单

各位爱心天使:

春蕾会【同心同原　同庆党建】关爱春蕾慈善万里行"六一"大型主题公益慈善活动已圆满结束,现将最终参与人员名单进行公示,活动总计参与【57】人,具体明细如下:

活动参与名单

序号	姓名	职务	人数
1	苏×一家	春蕾创始人、会长	五大四小
2	马××	春蕾副会长	一大
3	张×	春蕾心理咨询副部长	一大
4	虹膜保护云团队	银川找宝儿童	一大
5	严×	中国平安吴忠分公司	一大
6	吾×	中国平安吴忠分公司	一大
7	春××及孩子	春蕾副会长	一大一小
8	胡×	春蕾礼宾副部长	一大
9	叶×夫妇及孩子	春蕾盐池分会	两大一小
10	胡×	春蕾副会长	一大
11	赵××及孩子	银川爱心人士	一大两小
12	马××	春蕾会监事会主席	一大
13	刘×	春蕾会采购副部长	一大
14	马×	吴忠仪表厂	一大
15	张××	春蕾银川分会	一大
16	程×	春蕾监察部副部长	一大
17	马×	春蕾生活部长	一大

序号	姓名	职务	人数
18	姚×	吴忠柒月童颜美学	一大
19	张××	春蕾名誉主席	一大
20	贾×夫妇及孩子	春蕾安保部长	两大一小
21	赵××及孩子	春蕾财务部	一大一小
22	马×及孩子	春蕾党支部书记	一大一小
23	马××	春蕾生活副部长	一大
24	谢×夫妇及孩子	春蕾监事会副主席	两大两小
25	周×	吴忠艺术中心	

注:该表由课题组制作。

2019 年 6 月结对帮扶资助支出金额公示

各位爱心天使:

截至 2019 年 6 月活动,春蕾天使爱心会已结对资助【25】户家庭【42】名孤残、极困儿童。本月春蕾财务部通过微信、转账等方式向 25 户家庭转入月度帮扶金额总计【10600】元,具体明细如下:

帮扶支出明细

序号	姓名	金额(元)	资助理由	住址
1	杨×	500	单亲、父亲残疾、极度贫困	利通区××小区××号楼×单元×楼
2	马×	500	孤儿	海县关桥乡××行政村
3	马××	300	母女烧伤、残疾	利通区××渠中心村×××
4	马× 马× 马× 马× 马××	500	父母无劳动能力,极度贫困	红寺堡区南川乡红阳村××组
5	杨××	300	单亲、三个小孩、极度贫困	银川市西夏区军马场××队
6	沙××	300	父残母亲精神病,极度贫困	板桥乡板桥村×队
7	马×× 马×	500	母病弟残	红寺堡区上源村×××号

续表

序号	姓名	金额(元)	资助理由	住址
8	马××	500	母亡父病、极度贫困	吴忠市红寺堡镇××村××组
9	姬×× 姬×× 马××	300	父亡、极度贫困	吴忠市红寺堡镇
10	王××	300	单亲、母亲残疾,极度贫困	吴忠市红寺堡镇××新村×区×××
11	杨×× 杨××	500	孤儿	青铜峡市××村
12	顾×× 顾××	300	残疾儿童、孤儿	利通区移民村
13	马×× 马××	600	孤儿	利通区上桥街道办事处××居委会
14	马×× 马××	600	父亡,母亲残疾	利通区古城街道办事处××居委会二组
15	马××	300	孤儿	同心县马高庄乡××村
16	兰××	500	单亲,母亲失明、癌症	利通区郭家桥山水沟村×队
17	廉×× 廉××	300	孤儿,爷爷抚养	中宁县太阳梁乡白马梁村×区东××—××号
18	朱××	300	父亡母嫁,爷爷奶奶抚养	青铜峡市瞿清镇×队
19	马×× 马×× 马××	500	极度贫困	青铜峡市瞿清镇×队
20	马× 马×	600	母改嫁,父服刑,爷奶抚养	宁夏同心县丁塘镇×××村
21	侯×	500	父母残疾,爷爷抚养	吴忠市利通区金银滩镇杨马湖村××队××号
22	王×× 王××	500	父亲服刑,家庭极度贫困	吴忠市利通区金银滩镇杨马湖村××队××号
23	马×× 马××	500	父亲服刑,家庭极度贫困	吴忠市马家湖乡马家湖村×队
24	马××	300	单亲,极度贫困	宁夏同心县张家源犁铧嘴村×××
25	李×	300	单亲,母亲残疾	宁夏同心县张家源犁铧嘴村×××

注:表由课题组制。

（三）在活动中创新资金使用方式

在调研中发现一些甘宁青慈善组织在资金的使用上，既小心谨慎地使用每笔善款，也尽量地让每笔善款发挥更好的作用。慈善组织想方设法地使每一笔资金合理、有效地使用，在此过程中逐渐摸索出一些创新的方法。

1. 即时募捐+捐款循环使用

此方法是当急需救助情况发生时，慈善组织或公开或在特定圈内迅速开展募捐，然后开始救助活动。被救助者在危难结束或救助中途去世而救助金还有结余的情况下，如何使用善款？慈善组织在开展救助中探索出好的办法，即即时募捐+捐款循环使用。早在 7 年前，青海专门以大病救助为主要服务项目的青海爱心之帆志愿者服务中心，在大病救助中探索、总结出这种模式。

> 面对日益增加的需要帮助的疾病患者，如果不增强对于捐款的有效使用，远远不能帮助那么多等待帮助的疾病患者。捐款可谓"杯水车薪"，所以募集的捐款有效合理使用显得尤为重要。青海爱心之帆志愿者服务中心一直以来本着对捐款认真负责的态度，尤其自开展大病救助以来，对捐款的使用更是如履薄冰。且因疾病求助的患者越来越多，每年几乎成倍在增长。很多疾病患者所需治疗费动辄至少几万元、十几万元。爱心之帆发起的募捐次数越来越多，可募集的捐款对于大多数疾病患者来说都是杯水车薪。

> 自 2013 年初开始，爱心之帆便在大病救助中大胆实施即时募捐+捐款循环使用。循环使用的捐款主要来源于三个方面：一是救助患者捐款的结余，二是救助完毕后各项报销回款，比如新农合、城镇居民医疗、低保等；三是救助过程中患者去世，家属替亡者将剩余款再捐出。

> 在实施中捐款循环使用凸显出巨大的作用，短短两年间这一模式救助疾病患者近 30 例。

2. 政府购买+商业模式

在甘宁青地区有一些慈善机构由于业务经营得好、在地方上的口碑也好，所以政府主动找到组织，由慈善组织提供养老、抚孤、助残等服务，政府给予一定补助。但一般政府的补助是不能满足服务需求的，所以还要组织自己想办法寻找资金，政府购买+商业模式就这样产生了。在甘肃、青海都有组织运用这样的模式,如青海的循化惠康居家养老服务中心、甘肃兰州的半山养老中心。

青海循化惠康居家养老服务中心,其建设本身就是在组织创始人经商的基础上建立的,后来政府向该机构购买养老服务。但是,政府购买服务资金有限,完全依赖政府购买根本不可能解决养老机构的资金问题。所以,青海循化惠康居家养老服务中心在政府购买金外,不时地需要补充创始人其及生意伙伴的商业投入。

同样,甘肃省的兰州半山养老中心也是一家参与政府购买养老服务的慈善机构。它的资金运作就是通过机构创始人在兰州市经营的"马忠华手抓"饭馆,不定期地将饭馆的部分收入投入养老中心,这样机构才得以正常运转。

Qhk:我们有资金困难时期。像去年国家第一批养老改革试点的时候,经费有所变动,加上我们的员工中途遥远交通不是很方便,那段时间特别困难。因为我们县是少数民族聚居地,我们负责人也是出于奉献。一开始成立的时候出于实实在在为老人做事的初衷,所以即便是困难的时候,负责人也让员工上班,到处想办法筹资给员工发工资。

3. 开源节流,压缩行政开支

调研中发现,由于筹集到的资金有限,加之捐助者指定资助金额等原因,一些慈善组织对慈善活动中产生的费用如办公用品、交通费、人员误餐等费用,本着节约的原则,能压缩就压缩,能省则省,对不能通过行政开出的费用,较为普遍采用 AA 制的方式。

Gbf:有活动时产生的费用我们通过 AA 制。有一些费用一些爱心人士承担了,比如活动用车、汽油、场地等。一年内通过这样方法产生的费用不超过二三万。志愿者免费,其他人 AA 制。

当然,经费每年都很紧张。之所以实行 AA 制,最主要的原因是经费来源紧张。除此之外,还与慈善组织负责人的运作理念有关。

Glyc:最大的问题还是办公经费这块儿。我们不可能把人家拿来捐助的钱再用来发工资、发活动经费、补贴车油费、付饭钱等其他开支,这样的事情做不出来。

（四）资金使用领域的转变

调研中甘宁青有多个慈善组织讲到，为让有限的资金发挥更好的作用，加之他们认为目前国家在教育、医疗等方面扩大了保障范围和加强了保障力度，他们正在或是思考转变服务（资助）方向。之所以在资金使用领域发生转变，宁夏的一位组织创始人的说法较有代表性：

> 现在我们不做大病救助。这是因为政府的救助（保障）特别好，比如你花 1 万，政府给你报 7000 多，自己才花 3000 元，你花 10 万，政府甚至报到 9 万，你自己可能一分钱都不花。所以现在大病救助我不做，只做救急。

（五）国外资金情况

调研中发现甘宁青绝大多数慈善组织不与国外资金发生关联。对于组织不接受国外各种名义的捐助，慈善组织负责人解释这是从自身安全性方面考虑，当然也与国家相关制度的要求有关。甘肃的几位组织负责人反映了他们的想法：

> Gqy：我们组织没有国外资金。对于国外的资金，一是我们没有办法了解它的基础是什么。二是我们凭自己的能力做慈善，有多大能力就做多大的项目，不会说我们只有 5 万却抛出 10 万的项目。"有多大的胃口吃多大的饭。"基本上量身定做。我本人在海外工作过，认识很多国外的朋友，但我们的组织从来不接受国外资金，就是因为我们不很了解他们，而我们自己做慈善的资金是干干净净的。如果用了国外资金，按国家政策法规上解释，我们是没办法解释清楚的。而解释不清的东西我们宁可不沾，最重要的是我们是扎根本土。刚开始我们还不是很清楚，后来随着做大，我们发现其实我们可以对接的项目很多。

> Gmmf：我们从来不接受国外资金，这是我们机构的原则。主要是担心会产生一些说不清的问题。

> Gsq：没有国外资金。因为一旦有国外的资金，它更在意你对接的人和资质，这样，我们就会受到约束，不自由了。

三、慈善组织的资金管理

（一）资金管理概况

甘宁青慈善组织的资金管理状况的调查,结果如表3-5所示。根据该表,对于是否设立经营实体,93.88%的受访慈善组织表示没有,设立经营实体的慈善组织比例只有6.12%。对于是否有对外投资,98%的慈善组织表示没有,只有2%的慈善组织表示有。可见,在甘宁青三省(自治区),绝大多数受访慈善组织没有设立经营实体,也没有对外投资。

对于组织中是否聘有具有专业资格的会计人员,58%的慈善组织聘用专业资格的专设会计人员,22%的慈善组织没有专门会计人员,由其他专职人员兼任,6%的慈善组织有专门会计人员,但不具有专业资格。

表3-5　慈善组织的资金管理

问　题	选项	百分比(%)
您所在组织是否设立有经营实体?	是	6.12
	否	93.88
您所在组织是否有对外投资(如股票、债券、基金、房产等)?	有	2
	没有	98
您所在组织是否聘有具有专业资格的会计人员?	有专门会计人员,并具有专业资格	58
	有专门会计人员,但不具有专业资格	6
	无专门会计人员,由其他专职人员兼任	22
	其他	14
您所在组织是否有独立的账户?	有	96
	无	4
您所在组织使用的票据为?	自有收据	23.26
	行政事业单位统一收据	32.56
	发票	23.26
	其他	20.93
	统一捐赠票据	0

续表

问　题	选项	百分比(％)
您所在组织是否开展过财务审计工作?	有	75.51
	无	24.49
开展财务审计工作的形式为?	本单位独立完成	17.39
	委托会计事务所	82.61

　　调查结果充分反映甘宁青绝大多数慈善组织在资金管理方面较为规范,聘有具有专业资格的会计人员进行专门管理,但也存在部分慈善组织没有专门会计人员,由其他专职人员兼任进行资金管理。

　　对于是否有独立的账户,表3-5数据反映,96%的受访慈善组织有,只有4%的慈善组织没有。对于使用的票据种类,32.56%的慈善组织使用的是行政事业单位统一收据,使用自有收据和发票的慈善组织的占比均为23.26%,也有20.93%的慈善组织使用其他票据。

　　对于是否开展过财务审计工作,如表3-5,75.51%也即大部分慈善组织开展过,24.49%也即小部分慈善组织没有开展过。在开展财务审计工作的形式方面,82.61%的慈善组织为委托会计事务所开展,17.39%的慈善组织为本单位独立完成。

　　(二)规范财务制度

　　甘宁青三省(自治区)已注册的慈善组织,基本按照慈善法以及当地民政部门的要求,建立了规范的财务制度和财务管理办法。调研中课题组也接触到了部分没有注册的慈善组织,这些组织自己也坦承在财务规范上与已注册的组织还是有差距的。

　　以下是宁夏固原市原州区雨露社会工作服务中心2019年财务管理办法,通过它可以大致了解甘宁青慈善组织财务制度管理的实际情况(图3-4　雨露财务管理办法与财务审计报告)。

固原市原州区雨露社会工作服务中心章程

第一章 总则

第一条 本中心的名称是：固原市原州区雨露社会工作服务中心（以下简称本中心）。

（名称应当符合《民办非企业单位登记管理暂行条例》和《民办非企业单位名称管理暂行规定》的规定）

第二条 本中心的性质是由固原市原州区的自然人自愿出资举办，从事非营利性社会服务活动的民办非企业单位。

（必填栏：主要利用非国有资产、自愿举办，从事非营利性社会服务活动的社会组织）

第三条 本中心的宗旨是遵守宪法、法律、法规和国家政策，践行社会主义核心价值观，以"以人为本、助人自助"的社会工作理念，关爱服务对象，以专业规范的社会工作方法，以严谨专业的态度、跨学科群体充分发挥提供专业的社会化服务，以特定的形式来满足社会需求，促进社会和谐。

（必填说明：遵守宪法、法律、法规和国家政策，践行社会主义核心价值观，遵守社会道德风尚，单位设立的目的）

第四条 本中心坚持中国共产党的全面领导，根据中国共产党章程的规定，设立中国共产党的组织，开展党的活动，为党组织的活动提供必要条件。

第五条 本中心的登记管理机关是 固原市原州区民政局；本中心的业务主管单位是 固原市原州区民政局。

第六条 本中心的住所是固原市原州区中山北街158号411室。

第七条 本章程中的各项与法律、法规、规章不符的，以法律、法规、规章的规定为准。

第二章 业务主管单位、开办资金和业务范围

第八条 本中心的举办人是余小宁。

举办者享有下列权利：

（一）了解本中心经营状况和财务状况；

（二）推荐理（董）事（以下简称理事）和监事；

（三）有权查阅理（董）事会（局）（以下简称理事会）会议记录和本中心财务会计报告。

第九条 本中心开办资金为 5万元；出资者：余小宁，金额：5万元。

（开办资金应符合有关法律法规的规定，如为多个出资人，应分别说明每位出资人的出资金额）

第十条 本中心的业务范围：

（一）为有关政府、学校、社区、家庭或个人提供专业社工服务；

（二）开展社会服务相关机构的宣传、交流、培训；

（三）接受国内机关、企事业单位与社会各界人士捐赠；

（四）承接政府、基金会等委托的各类相关工作服务项目，开展社区相关协作服务。

设违反法律、法规或章程规定，致使本中心遭受损失的，参与决议的理事应当承担责任。但经证明在表决时反对并记载于会议记录中的，该理事可免除责任。

理事会记录由理事长指定的人员负责保管。

第十九条 理事长行使下列职权：

（一）召集和主持理事会会议；

（二）检查理事会决议的实施情况；

（三）章程、法规规定的其他职权。

第二十条 本中心院长（或校长、所长、主任等）对理事会负责，并行使下列职权：

（一）主持本中心的日常工作，组织实施理事会的决议；

（二）组织实施本单位年度业务活动计划；

（三）拟订本中心内部机构设置的方案；

（四）拟订内部管理制度；

（五）提请聘任或解聘本中心副院长和财务负责人；

（六）章程或理事会授予的其他职权。

本中心院长（或校长、所长、主任等）列席理事会会议。

第二十一条 本中心设立监事，其成员为2人。

监事任期与理事任期相同，任期届满，连选可以连任。

（理事会成员不得少于3人，并推选1名召集人。人数较少的民办非企业单位可不设监事会，但必须设1-2名监事）

（十）从业人员的工资报酬。

第十三条 理事会每年召开 2 次会议（至少两次），有下列情形之一，应当召开理事会会议：

（一）理事长认为必要时；

（二）1/3以上理事联名提议。

第十四条 理事会设理事长1名，副理事长2名。理事长、副理事长由理事会以全体理事的过半数选举产生或罢免。

第十五条 副理事长协助理事长工作，理事长不能行使职权时，由理事长指定的副理事长代行其职权。

第十六条 召开理事会会议，应于会议召开前10日将符合会议的时间、地点、内容等一并通知全体理事。理事因故不能出席，可以书面委托他人代理出席理事会，委托书中必须载明授权范围。

第十七条 理事会会议应由1/2以上的理事出席方可举行。理事会会议实行1人1票制。理事会作出决议，必须经全体理事的过半数通过。

下列重要事项的决议，须经全体理事的2/3以上通过方为有效：

（一）章程的修改；

（二）分立、合并或终止；

（三）其他重大事项。

第十八条 理事会会议应当制作会议记录，形成决议的，应当场制作会议纪要，并由出席的理事审阅、签名。理事会决

第二十二条 监事在举办者（除出资者）、本中心从业人员或其他单位任职的人员中产生或聘派。监事会中从业人员代表由单位从业人员民主选举产生。

本中心理事、院长（或校长、所长、主任等）及财务负责人，不得兼任监事。

（有关单位主要指业务主管单位）

第二十三条 监事会议行使下列职权：

（一）检查本中心财务；

（二）对本中心理事、院长（或校长、所长、主任等）违反法律、法规或章程的行为进行监督；

（三）当本中心理事、院长（或校长、所长、主任等）的行为损害本中心的利益时，要求其予以纠正。

监事列席理事会会议。

第二十四条 监事会会议实行1人1票制。监事会决议须经全体监事过半数表决通过，方为有效。

第四章 法定代表人

第二十五条 本中心的法定代表人为 余小宁（理事长）。

（法定代表人为理事长或院长（校长、所长、主任等））

第二十六条 有下列情形之一的，不得担任本中心的法定代表人：

（一）无民事行为能力或者限制民事行为能力的；

（二）正在被执行刑罚或者正在接受刑事强制措施的；

（三）正在被公安机关或者国家安全机关通缉的；

（四）因犯罪被判处刑罚，执行期满未逾3年，或者因犯罪被剥夺政治权利，执行期满未逾5年的；

（五）担任因违法被撤销登记的民办非企业单位的法定代表人，自该单位被撤销登记之日起未逾3年的；

（六）非中国内地居民的；

（七）法律、法规规定不得担任法定代表人的其他情形。

第五章 资产管理、使用原则及劳动用工制度

第二十七条 本中心经费来源：

（一）开办资金；

（二）政府资助；

（三）在业务范围内开展服务活动的收入；

（四）利息；

（五）捐赠；

（六）其他合法收入。

第二十八条 经费必须用于章程规定的业务范围和事业的发展，盈余不得分红。

第二十九条 本中心执行国家规定的会计制度，依法进行会计核算，建立健全内部会计监督制度，保证会计资料合法、真实、准确、完整。

接受税务、会计主管部门依法实施的税务监督和会计监督。

第二十六条 本中心终止，应当在理事会表决通过后15日内，报业务主管单位审查同意。

第二十七条 本中心办理注销登记前，应当在登记管理机关、业务主管单位和有关机关的指导下成立清算组织，清理债权债务，处理善后事宜，完成清算工作。

剩余财产，应当按照有关法律、法规的规定处理。清算期间，不得开展清算以外的活动。

本中心应当自完成清算之日起15日内，向登记管理机关办理注销登记。

第三十八条 本中心自登记管理机关发出注销登记证明文件之日起，即为终止。

第六章 附则

第三十九条 本章程经2019年6月20日理事会决议通过。

第四十条 本章程的解释权属理事会。

第四十一条 本章程自登记管理机关核准之日起生效。

（民办学校的章程应当由核准登记管理机关备案）

余小宁
2019.6.20

固原市原州区雨露社会工作服务中心

固原市原州区雨露社会工作服务中心财务管理办法

为规范中心的财务管理，保证中心经费的有序运作，本着公正、公开的原则，制定本中心财务管理办法。

一、严格规范项目资金管理

1.规范资金拨付和使用程序

严格票据的管理，按规定使用和统付，将资金直接拨付受益对象、服务或商品的提供方，不得通过中间人转付，更不得将资金转移到其他私人组织单位等。

资金使用应遵守国家有关现金和银行结算的管理规定，不得出现大额支付现金、超范围支付现金、公款私存等行为。劳务费及领款的发放、单笔在2000元以上的其他支出应避免现金方式支付。

2.严格资金使用的审批

应严格建立审批制度，经办人、负责人、授权批准人、财务人员应按规定履行职责。

资金应据实列支，支出报销时应明确支出科目，列明支出事由或用途。使用合法合法的票据，不得使用不合法票据或违规票据作为支出凭证，不得出现"以拨代支"、无票列支费用的现象。

3.按规定的范围和标准使用项目资金

严格资金使用管理，统筹资金使用，保证用好管好项目资金，以预算为依据。严格按照预算所明确的受益对象或服务活动的范围、数量、标准据实列支。将资金用于所规定的受益对象或社会活动，留存与支出相关的原始资料。具体如下：

(1)培训费

本着节约原则，在《实施方案》规定的标准范围内，依据预算据实列支。并按照《中央和国家机关培训费管理办法》的规定进行管理。应当保留培训通知、培训方案及日程、师资简介及资质证明、教材讲义、会场照片、参加人员（包括姓名、单位、职务、身份证号）、质量评估表及汇总表、培训班反馈、培训总结、讲课费签收单、会议场所消费的原始明细单据、电子票单单等凭证。

(2)劳务费

劳务费根据实际工时和标准，在预算范围内据实列支，应当保留劳务工作内容工时记录表，并填制劳务费支付表（签收单），劳务费或领取人员姓名、性别、身份证号码、职务电话、职务或职称等信息。工作内容和时间、劳务费金额、领取人员签字等内容。讲课费与专家咨询费应当保留能证明专家身份与能力的资料。

(3)交通费

交通费是指因工作需要必须发生的差旅费和市内交通费，本着节约原则，依据预算据实列支。差旅费参照国家有关规定执行：租销的，除票据外，报销单据中应注明出差人员姓名、出发时间、事由、起止地。费用报销中，市内交通费报销的，报销单据中应注明报销人员姓名。外出差时，起止地，费用应等等。

(4)会议费

本着节约的原则，在规定的标准范围内，依据预算据实列支。并按照《中央和国家机关会议费管理办法》的规定进行管理。应当保留会议通知、会议日程、会议材料、会场照片、相关合同（接地使用、印刷会议资料、购买会议用品等）、实际参与人签到表（包括姓名、单位、职务、联系电话、通讯地址）、会议纪要或成果、会议报告单单位提供的费用原始明细单据、打印的结算单单等凭证。

(5)印刷、宣传费

本着节约的原则，依据据实列支印刷费、宣传费。除发票和付款记录外，应保留签名合同（印刷、广告等）、印刷清单、印刷材料、刊登广告的媒体资料（样刊或底稿）等相关资料。

(6)发放物品支出

固原市原州区雨露社会工作服务中心

按照预算所明确的数量、数量、标准、金额进行发放，应当保留对着收人签字的的款物发放清单或接收记录、受益对象确认书、款项接收证书。

(7)固定资产购置支出

本着保证开展业务本功能的原则，所购置的固定资产符合项目规定的标准，数量等据实列支。保存固定资产购置或接受捐赠的原始单据、交接或完工验收及投入使用记录。

(8)其他支出

开展社会服务所必要的其他支出，应本着经济、节约、合理的原则，在规定的范围内，据实列支。

4.按规定缴纳各项税费

属于应缴收入及应缴规定缴纳的税费，对发放的劳务费按规定代扣代缴个人所得税。

二、严格执行报销制度

1.费用报销制度

项目所有费用发生后，要经会计审核、负责人审核才能报销，严格执行预算内容、标准和用途，为了完善机构财务管理，采取"先申报、审批、后支出、报销，实报实销"的原则。

2.必须有有效票据报销

固原市原州区雨露社会工作服务中心

有效票据主要指内容准予审查齐全、大小写金额一致、票面完整、清晰的正规发票、收据。所谓正规的发票是指在发票上部盖有椭圆形税务机关统一制制章，并从税务局购入的发票，并盖有购入单位的发票章。所需正规收据是指在收据上部盖有财政局统一制制的章，且从税务局购入的收据。在发生费用支出时应主动索要发票（对于汇总发票，在报销时须附上销售清单、清单应有列明购入商品时间、名称、规格、数量、单价等详尽信息）。

三、严格执行报销流程

1.具体流程

每月进行一次集中报销日后，经手人将所有报销单据整理后交会计人员审核无误签字存后，再由负责人审批签字，然后出出的处报销。

2.审核内容

费用报销由备经费用发生部门负责人审核，报销内容是否符合机构规定，报销凭证是否真实、合法、齐全；审核权限是否在合法授权范围及额度内，审核中发现手续不齐备，凭证缺失、填写错误等不符或，审核前门退回，由经办人补齐后重新安全审核。

四、严格执行物采购制度

1.采购原则

固原市原州区雨露社会工作服务中心

(1)采购是一项重要、严肃的工作，采购经办人必须高度重视。

(2)采购必须坚持"要公办事、维护机构利益"的原则，并综合考虑"质量、价格、售后服务、交货时间、资信、客户群"等要素等因素，择优选择，并确应做进一步认定采购价格。

(3)采购人员订购的物品必须与《物品申请单》所列要求、规格、型号、数量一致。

(4)物资采购应采用本机构为公户向供应商公户转账的付款方式。

2.采购流程

(1)采购经办人在"物品申请单或采购决定单"内填写所购物品的估算价格、数量和总金额。

(2)各采购经办人在提交之前必须把《物品申请单或采购决定单》交同财务部门进行审核，报该责人审批后，方能进行采购。

(3)500元以上的采购需要有2名工作人员参与，单次采购元出超过2000元，需要进行三方比价，填写起算书并加盖供应商公章，采购人员也应把结果提供交并负责人审批过后，方可与合法供应商签订采购协议。

3.采购经办人职责

(1)建立供应商资料与价格记录。

固原市原州区雨露社会工作服务中心

(2)做好采购市场行情的调查。

(3)询价、比价、议价及采购作业。

(4)所购物品的品质、数量异常的处理及交期进度的控制。

(5)做好平时的采购记录及对帐工作。

5.采购流程

(1)《物品申请单》批准签字且到财务部备案后，办理借支采购金额通知财务办进货进扣款手续。

(2)采购人员根据申请，做好比较其他价及项目期目期所相比价作采购。

(3)所有采购物品必需由仓库或使用部门验收合格签字后，才能办结手续。

5.采购付费方式

(1)由采购物发记金额多少，一律由经办人签字，财务审核，负责人审批签字后方可报销。

(2)如有报销付款时应注取得消费相供应商提供货单力单单，物品申请单方可结款或开发票。

固原市原州区雨露社会工作服务中心
2019年8月10日

固原市原州区雨露社会工作服务中心

有效票据主要指内容准予审查齐全、大小写金额一致、票面完整、清晰的正规发票、收据。所谓的发票是指在发票上部盖有椭圆形税务机关统一制制章、且从税务局购入的发票，所需正规收据是指在收据上部盖有财政局统一制制的章，且从税务局购入的收据，在发生费用支出时应主动索要发票（对于汇总发票，在报销时须附上销售清单、清单应有列明购入商品时间、名称、规格、数量、单价等信息）

三、严格执行报销流程

1.具体流程

每月进行一次集中报销日，经手人将所有报销单据整理后交会计人员审核无误签字后，再由负责人审批签字，然后出出的处报销。

2.审核内容

费用报销由经费用发生部门负责人审核，报销内容是否符合机构规定，报销凭证是否真实、合法、齐全；审核权限是否在合法授权范围及额度内，审核中发现手续不齐备，凭证缺失、填写错误等不符或，审核前门退回，由经办人补齐后重新安全审核。

四、严格执行物采购制度

1、采购原则

固原市原州区雨露社会工作服务中心

(1)采购是一项重要、严肃的工作，采购经办人必须高度重视。

(2)采购必须坚持"要公办事、维护机构利益"的原则，并综合考虑"质量、价格、售后服务、交货时间、资信、客户群"等要素因素，择优选择，并确应做进一步认定采购价格。

(3)采购人员订购的物品必须与《物品申请单》所列要求、规格、型号、数量一致。

(4)物资采购应采用本机构为公户向供应商公户转账的付款方式。

2、采购流程

(1)采购经办人在"物品申请单或采购决定单"内填写所购物品的估算价格、数量和总金额。

(2)各采购经办人在提交之前必须把《物品申请单或采购决定单》交同财务部门进行审核，报该责人审批后，方能进行采购。

(3)500元以上的采购需要有2名工作人员参与，单次采购元出超过2000元，需要进行三方比价，填写起算书并加盖供应商公章，采购人员也应把结果提供交并负责人审批过后，方可与合法供应商签订采购协议。

3、采购经办人职责

(1)建立供应商资料与价格记录。

固原市原州区雨露社会工作服务中心

(2) 做好采内参市场行情的经常性调查。

(3) 询价、比价、议价及定购作业。

(4) 所购物品的品质、数量异常的处理及交期进度的控制。

(5) 做好平时的采购记录与对帐工作。

4. 采购实施

(1)《物品申请单》批准签字且财务部备案后，办理借支采购金额或通知财务办进汇款手续。

(2) 采购人员接核准的"采购定单或物品申请表"向供应商下单并以电话或传真确定交货日期或到市场采购。

(3) 所有采购物品必需由仓库或使用部门验收合格签字后，才能办理入库手续。

5. 采购付款方式

(1) 物品采购无论金额多少，一律由经办人签字，财务审核，负责人审批签字后方可报销。

(2) 物料采购付款必须见供应商提供送货单及入库单、物品申请单方可结款或开支票。

固原市原州区雨露社会工作服务中心
2016 年 8 月 10 日

图 3-4　雨露财务管理办法与财务审计报告

(三)公开财务状况,主动接受社会监督

甘宁青慈善组织大多数按照规章制度运行,资金运作规范、有效,能够主动向社会公开财务信息。正如甘肃天水一家慈善组织负责人所说:"财务上我们从一开始成立时就分开,是单独的。有 2 个志愿者专门在做财会。有专门的财务人员。财会人员一进我们机构就表示不收一分钱,完全行善。财务人员方面,我们有三个人,设一个总管,设一个银行卡的保管,设一个密码的保管。每次活动三天之后必须公布账目。"

调研中接触到的慈善组织,绝大多数都能主动给课题组出示财务账本。通过查阅,课题组看到多数组织财务信息齐全,慈善资金收支明晰,资金使用规范合理。以宁夏同心爱心救助协会"薪火同行"项目资金使用为例,我们可清楚了解慈善组织资金来源及使用方向、使用内容,通过它也可了解到在甘宁青地区,慈善组织在财务管理方面的状况。

同心爱心救助协会"薪火同行"项目财务报告

1. 项目时间:2017 年 6 月××日—2017 年 8 月×日

该项目于 2017 年 6 月××日开始筹款,7 月××日开始执行项目,8 月

×日项目结束。

财务披露周期为：2017-06-××—2017-11-××

2. 项目简介：

薪火支教项目。由于支教对象主要是留守儿童和孤儿，当地落后的教育、父母和孩子贫乏的交流、死板的学习方法导致孩子们缺乏自主性、创造性和自信心。为此，同心本地的大学生及同心爱心救助协会在家乡举办志愿支教活动。

项目目的。救助协会在支教中采用课程小游戏，团队小作业等新的方法，让孩子们对语文、数学、英语、物化小实验等基础的课程有一些新的认知，以增强他们的自信心，同时希望支教活动能够让孩子们沉浸在快乐的氛围里。

项目效果。为期15天的支教活动如期进行，在课堂孩子们有了笑容，能够听到他们在操场上欢乐的笑声，同时，他们的课堂效率及暑假作业都得到了改变。8月4日，在同心爱心救助协会举行了结业典礼，他们精彩的表演吸引着每一位观众，伴随着孩子们的笑声，救助会同心支教活动圆满结束。

3. 善款收支：

序号	项目财务概要		金额（元）	总计（元）
1	收入	腾讯公益平台	8000	8000
		其他	0	
2	支出	项目执行成本	0	
		项目支出	8014.04	
结存				-14.04

4. 支出明细：

子项目	实际支出事项	数量	单价（元）	总价（元）
教学用品	购买教案本	50 个	3	150
	购买粉笔	20 盒	3	60
	购买碳素笔	5 盒	10	50
	购买奖状纸	50 张	1	50
	购买黑板擦	5 个	4	20
	购买文件夹	10 个	10	100
	购买笔记本	4 本	5	20
	购买黑板擦	3 个		15.45
	购买文件夹	4 个	10	40
	购买笔芯	15 盒		139.05
	购买荣誉证书	2 本		20.6
	购买奖状纸	20 张	0.4	8
	购买课外书	4 本		64
	购买荣誉证书	18 本		72
体育用品	购买羽毛球	2 盒	16.9	33.8
	购买跳绳（小）	10 个	12	120
	购买羽毛球拍	3 副	44	132
	购买篮球	1 个	160	160
	购买大绳	2 个	30	60
	购买毽子	30 个	3	90
	购买兵乓球拍	4 副		131.84
	购买乒乓球	10 个	1	10

	报销便餐费			110
	报销便餐费			55
	购买纸杯	1000		129
生活费用	支教老师聚餐			300
	购买伙食菜			187
	购买伙食电饭锅	1	240	240
	购买矿泉水	1件	20	20
	购买食料（牛肉）	8斤	25	200
	购买食料（调料）			71
	购买小米			20
	购买食料（牛肉）	4.2斤	23.81	100
	购买杯子	2个	25	50
	购买哈密瓜	3袋	20	60
	购买伙食菜			169
其他费用	吉他的邮费			59
	购买警戒线	100米		14.8
	购买袖标	30	6	180
	购买气球	20个		10.3
	购买别针	1盒	13	13
	购买礼品棒棒糖	2袋	28	56
	购买袋子	6个		12
	购买红领巾	50个	1	50
	购买条幅	6米	10	60
	后厨劳务工资			700
	十八个支教老师补贴	18人	200	3600

通过走访甘宁青大量民众了解到,社会对慈善组织的财务信息是满意的。调研中也没有组织反映在财务方面受到社会的质疑。当课题组询问甘宁青各慈善组织有无财务公开,公开后有没有接到群众不满意的问题时,基本上得到肯定的回答。正如青海的一位负责人所说:"没有听到大家的非议,总体上社会比较认可我们。"

调研中也发现一些慈善组织财务不规范的情况。如在青海省西宁市有个别慈善组织并没有财务账户,问其原因,组织负责人回答:"我们没有独立的账户。因为资金不经我的手,所以不必要。比如在××月,我们慰问了70多个尿毒症患者后,在我们辖区走访了300多困难居民,然后给老板们打电话'我一个一个地入户完了,准备哪天搞活动由你们定'。没多久老板朋友们就都把钱拿过来,他们收钱的收钱,记账的记账。以前我们买面,现在给现金。一般困难的给300元,困难一点的给500元,孤寡老人1000元,尿毒症患者再多给点。所以说我这儿不需要独立的账户,也不需要财务管理人员。我一个人就够了。"

(四)行政开支是组织财务面临的主要问题

尽管慈善法通过后,对慈善行政开支方面做了详细说明,特别明确了行政开支合法性,但调研中还是有很多慈善组织反映在行政开支方面存在很大困难。青海西宁一位慈善组织的管理者说:"就从我们组织的需求上说,我们对外链接物资或项目其实并不难。对我们这个老少边区,外地的爱心企业、组织、捐赠人,都是愿意来这儿做扶贫的。物资、资金我们不缺,我们面临的主要困难是机构行政开支成本。这对我们挺难的。因为我们当地的爱心人士,他更倾向于把钱全部用在受助群体上,不愿意资助机构的发展。"

第二节 甘宁青慈善组织的项目运作

一、甘宁青组织传统慈善模式的运作

课题组在调研中发现,甘宁青三省(自治区)许多慈善组织从成立伊始,慈善运作基本上是"确定捐助对象—寻找捐赠者—开展捐助活动"或是"承接捐赠者物资—确定捐赠对象—实行捐助"的慈善过程,日渐形成固定模式。随着慈善事业的逐渐推进,慈善组织的逐步成长,部分慈善组织开始尝试着走项目化、

专业化、制度化的慈善运作道路,而部分慈善组织还在坚持着原有的慈善运作模式。这类慈善组织一般将他们所做的慈善活动或所服务的对象称为项目,比如暖冬项目(捐赠衣物活动)、银色计划(服务老人)项目等。与现代的项目化运作相区别,我们将这类慈善模式称为传统运作模式。

(一)传统模式的慈善运作

1.传统慈善运作形式

传统模式的慈善组织在服务领域、服务对象上具有综合性、多样化特征,一般涉及领域较多,只要是社会上的贫者、弱者、困者、难者,他们都会竭尽所能地予以援助。这类模式的运作,通常形式是在确定资助对象后募集资金,资金来源多数是个人捐资或者通过慈善组织自己的平台(微信群、朋友圈)募捐。个人捐助多是本地的爱心人士、本地企业家或者商人。

传统模式的慈善活动,服务领域过多,捐助对象过杂,难免就会遇到各种问题。最大的问题是受困于慈善资金的制约,有时慈善对象确立了,却募集不到捐助资金。而有的时候捐助金来了,捐助者却对捐助对象、捐助人数、捐助数额、捐助地区、捐助形式等提出具体的、特定的要求,导致慈善组织的愿望难以实现。甘肃一位曾经担任过慈善组织的负责人对此类模式的运作做了很好的解读:

> 我以前做这个(指做慈善活动或是做机构的负责人)是基于我们少数民族的传统慈善观念。在我们的宗教节日斋月里大家都要做慈善,许多人想捐款,但是他找不到对象,而贫困的人有需要却得不到捐助。我们就是起一个桥梁的作用,挨家挨户搜集数据,调查贫困家庭和人员,然后在网上公布名单。这样,有善款的就找到我们。在捐献过程中,我们也让地方的企业家把自己的产品也捐出来,这样企业家也特别地高兴,因为这会产生广告效益。通过慈善活动,"志愿者把感动带走,捐助者把福祉带走,企业把广告带走,受助者把礼物带走。"通过这个平台,大家各自把自己的需求带走,所以这个平台(慈善团队或慈善微信群)非常开放,越做越好,越做越大。但是,这是基于以前我们宗教的慈善观念。现在,慈善法颁布后不能这样做了,私下收钱、私下发放,没有政府的或是社会的监管,这是不行的。我们这个少数民族地方的特性吧,每到宗教节日如斋月,大家都带着善款到贫困家庭里去发放,无论小团队还是大团队,大家都在这样做。所以,我们开始注

册组织,想做特色、做品牌,从自己的这个圈子里走出来。

宁夏海原县某慈善组织负责人也向课题组讲述了传统慈善的运作:"我们这儿的慈善活动经常的模式是:当想要搞一次活动,在群里发个消息,号召大家捐款,然后根据捐款数额确定资助的人数和金额。"

海原县这位负责人不仅描述了传统慈善模式,而且也谈了个人对这种模式未来发展趋势的想法,"这样的方式肯定不长久。每次为活动集资都感觉自己像个要饭的,这种方式我再也不想要了。从今年开始我接受爱心企业的捐助,在群里我不再发捐助信息了,不再让团队的兄弟姐妹们在群里捐了。"

2. 传统运作模式个案

以下是宁夏海原县××××慈善组织的 2 个项目运作案例。通过该组织从计划活动再到筹集善款到实施慈善活动,基本展示了传统慈善运作的过程。

项目一:关爱孤寡老人和留守儿童项目

一、组织介绍

海原县××××会是由民间爱心人士和爱心志愿者共同构成的民间公益组织。2015 年 5 月正式注册为海原县××××会,其前身是中卫市××××会分会。协会自成立以后,为海原县及周边地区的基层群众提供了很大的扶贫支持,多次独立举办下乡慰问活动,或者和其他公益组织携手举办公益活动。海原县××××会的大学生团队在联合会的支持下,组织发起捐书活动,每年为海原县的贫困学校筹集图书。

二、项目介绍

【解决的问题】针对无儿无女的孤残老人,空巢老人,孤残儿童,定期慰问和清洗,并给常年卧床的无儿无女的残疾老人每人准备一台轮椅,让他们能出门晒晒太阳,看看蓝天;定期慰问孤残儿童,给予他们关怀,让他们快乐成长。

【项目计划】5 台轮椅,每台 400 元×5 台＝2000 元

床单被套初定 20 套,每套 200 元×20 套＝4000 元

衣物初定老少 20 套,每套 100 元×20 套＝2000 元

其他水果、鸡蛋、米面油等,初定 20 份,每份 200 元×20 份＝4000 元

总合计 12000 元

【筹款目标】12000 元

【项目预期效果】

1. 五位残疾老人,他们因病常年卧床,从来没有出过门,因为家中贫困,没有儿女,大多借住寄养在亲戚家中,轮椅能解决他们出行问题。

2. 孤残老人和儿童,他们缺吃少穿,希望每年能给他们定期送去温暖和慰问,也能及时地缓解他们急需这些物品的现状。

三、项目实施

2017 年,海原县××××会到常年定点服务的老人家中,送去爱心物资以及温暖的问候与关照。2017 年 9 月××日,为常年定点慰问老人送去了 500 元煤块,一套内衣内裤。2017 年 12 月××日,在七营爱心驿站集中发放"冬季送温暖,关爱孤寡老人"活动温暖包。每套 300 元整,总共发放23 套,核实发放 23 户(图 3-5 慰问老人及残疾人)。

为常年定点慰问老人送去了煤块

在七营爱心驿站集中发放"冬季送温暖,关爱孤寡老人"活动温暖包

图 3-5 慰问老人及残疾人

四、资金使用情况

总共筹资 12015 元,官方平台扣去管理费,实际收到 11640 元,购买爱心棉衣共花费 7820 元,购买五台轮椅 2500 元,车费和拖运费 300 元,再加上前次给海原五所学校发放运动鞋短缺的 45 个孩子补上运动鞋 45×40 = 1800 元。

11640-7820-2500-1800-300 = 1020 元

最后结余 1020 元做"冬季送温暖,关爱孤寡老人"活动项目。

项目二:定点慰问孤残老人

一、项目背景:海原县××××会常年走访慰问和定点慰问孤残老人及儿童,已经有 5 年有余了。海原县××××会自正式注册,对老人和孩子的关爱更是不敢懈怠,每到逢年过节机构就早早地做起了准备。因为长期关注和慰问,机构的资金来源是最大的问题。为了能让老人和孩子能够沐浴到社会温暖,现借助外界爱心人士的援手和爱心,来帮助他们,关心他们,让他们沐浴社会的温暖。

二、项目介绍:韩××老人今年 98 岁,一生孤苦伶仃,几年前因为年事已高,中风瘫痪在床,现借居在南堡南中湾。2013 年政府以五保老人名义为老人申请了改造房,建成以后,因为一些家庭事情老人搬离,又住在了年久失修的土房中。近段时间连续雨水和两次 3 级地震,房子已经成了危房。海原县××××会联手当地政府有关人员和村干部呼吁社会爱心人士,共同为老人重新修建一间简易房子。现在义务工人已经确定,目前缺少购买建房材料,希望朋友们伸出援手,来帮助这位无儿无女的老人重建家园。

三、项目预算:

建房大概需要资金 20000 元整。

现已经招募到小工两人免费为老人建房粉刷等,节省人工费 2000 元。

建房需要的材料费预算:

1.砖头,大概需要 10000 块,每块包括运费 5 角,合计 5000 元。

2.门窗,中卫市市场监督管理局捐 3000 元。

3.水泥,七营兽医站梁×× 捐赠 1000 元。

4. 彩钢瓦,大概需要 2000 元。

5. 大工,预算每天 260 元,十天需要 2600 元。大工在招募当中。

6. 其他零碎,大概 5000 元。房内粉刷,地板等装修,床铺等所有生活用品。

7. 剩余捐赠善款将作为后续为老人生活费用,由海原县××××会负责人周××负责。

8. 预算和实际花费不等,待房子建成以后,报出详细准确数目。

如果有愿意为老人伸出援手可以联系我为您提供服务。

联系电话:×××××××××××

四、项目实施:

老人已由居住旧房搬至新屋,并长期得到协会人员的照顾。

图 3-6　项目实施前后

(二)围绕宗教节日运作

1.宗教节日慈善运作基本情况

甘宁青地区慈善活动的运作有一个鲜明的特点,就是一些慈善组织的活动围绕着宗教节日来运作。在甘宁青一些慈善组织因宗教信仰而成立,这类组织基本上是围绕着宗教节日开展慈善活动的。甘肃一位慈善组织的负责人介绍了自己组织的活动开展情况:

我们这个团队从理事到成员基本都是信教的。在斋月施散,这是我们信教人士必须完成的功课。按我们宗教教义,斋月舍散回赐的就特别多。大家喜欢在斋月施散,这样就形成了一种共同的方式,也就是很多人以同样的方式提供同样的服务。

我们从开斋节日做起。我小时候家里也穷过,很多喜欢的东西吃不到的。所以我们就在开斋时间发放点开斋品,大约10元钱的东西吧,每天不一样,酿皮子、西瓜,他们喜欢什么我们就发放什么。每天发放100多户,这样斋月每天也不少呢。做了一段时间,发现这样也有点问题,因为好多特别困难的人领不到东西,领不到他们就不满意,当然我们也不满意。后来到不满意的人家里一看,也确实很穷。那怎么办? 就想着对特别困难的人家加重点,叫斋月共度包,里面10斤面3斤油,100多块钱。先就是这样做的,我们的能力决定了只能这样。做着做着做到了3700多份,没想到搞了1个月,而且我们的朋友、志愿者特别积极。尽管量小但确实解决了一部分人最最基本的需求。

这样搞了一年。冬天来了,特别困难的人如何过冬? 我们就做了个冬季温暖包。针对这些人的特点,只给他们物资而不给现金。后来做了友善墙发衣服、发斋月包,再后来自己不单独做了,跟着别人活动。

现在机构就围绕我们的节日做。在古尔邦节到敬老院慰问老人,让老人感受到节日的气氛,感受到有人关心他们。再后来又发展一个项目,到福利院表演活动,让孤儿感受到大家的关爱。我们主打的项目是宰牲节拉着羊、食材到孤儿院去,让孤儿们抓羊、赶羊、烤羊,我们在家里怎么过节,我们的孩子怎么过的,就让这些孩子怎么做,浪费点没关系,只要孩子们在节日这一天高兴。

上面就些就是我们做的主要的事情。其他的如政府大型的活动、其他组织的关于环保的活动我们也参加,再其他活动我们基本不做。按照我们目前的能力,也只能做这些,其他高大上的,我们也做不来。

2. 宗教慈善运作例证

围绕着宗教节日运作,主要是利用节日筹资、将筹集(接收)到的施散(捐助)发放给受助者。下面分别以甘肃和青海的慈善组织为例,介绍以宗教节日为主的慈善筹款、慈善资助运作过程。

2020 年夏都公益斋月探望慰问活动倡议书

2020 年正值脱贫攻坚冲刺关键时期,西宁夏都公益志愿服务中心将面向西宁周边的孤寡老人、贫困空巢老人、孤儿及因病致贫的特殊困难户,开展"助力脱贫攻坚·夏都公益在行动——2020 年斋月爱心温暖包"发放活动。

一份礼包,是我们对斋月的献礼;一份捐赠,是我们对心灵的安抚;一份心意,是我们对广大兄弟姐妹的美好祝福。爱心礼包是夏都公益专门为斋月探望慰问活动定制的实惠装生活用品套装,并增配开斋专属礼物。每一份礼包将由我们的志愿者亲手交到实地调查备档的最需要的人手里。

斋月礼包经过夏都公益 10 年的不懈努力,已经成为一种新型的出散行为。它体现了集中捐赠力量,深入城乡基层,培养捐赠意识,提升斋月修为等一系列公益特性。为广大贫困家庭提供了便捷的捐赠渠道,为贫困人群搭建了关爱的平台。

你捐赠,我发放。你的每一份捐赠我们都有翔实的登记资料,你的捐赠以怎样的方式进行发放,具体发放给了哪些人,我们将在"夏都公益公众平台"实时报道,给你一份满意的明细清单。

欢迎广大兄弟姐妹认领斋月爱心礼包,您无论缴纳天课、乜提、开斋捐多少,我们会采取"个人出散、公益分发"的办法,将您的天课、乜提、开斋捐收集起来,制成"斋月礼包"送到西宁及周边地区的孤寡老人、贫困空巢老人、孤儿及因病致贫的特殊困难户。

西宁夏都公益 2020 年斋月探望慰问大礼包 200 元一份,现面向广大爱心人士征集100份爱心礼包。

欢迎有意向捐赠实物的企业或个人,请与西宁夏都志愿服务中心联系。相信爱心企业的参与会让我们的爱心礼包变得更加丰富。

5月××日第一批斋月礼包通过志愿者们努力,已经发放到了西宁市与民和县困难家庭。我们将继续深入大山,寻找最最困难的弱势人群,真正应受天课的人,为他们送去斋月礼包,分享斋月吉庆,亲自去交接大家斋月里的舍散和缴纳的天课,完美斋戒。

在出散中,只有更多的收获。有举意的请速联系我们。

征集时间:2020年4月××日至5月××日

微信:×××××××××

电话:×××××××××

八方公益爱心慈善中心斋月爱心平台活动

八方公益与大家共同度过尊贵的斋月,特建立斋月爱心平台"如有爱心请带来,如有需要请带走"活动(图3-7 八方公益爱心慈善中心斋月爱心平台活动)。呼吁每个人都参与此次活动,现需要"面粉、油、鸡蛋、西瓜"等。如果你有爱心请带来,同时也欢迎需要的人来拿,让更多困难群众过一个完美、吉庆的斋月。

另外,八方公益还需要更多热心人士参与斋月志愿活动,如有心意诚邀您的参加。

献爱心/领取爱心地址:××××××对面,××路口

负责人:×××

我们参加公益,不是为了募捐多少钱物,也不是为了拯救多少人。这世界上的穷你救不完,这世界上的病你救不尽,但我们可以把自己身边每个人的善唤醒。唤醒每一个人,让他们心里感受到什么是爱,什么是我们要做的事情。我们做公益活动其实不仅仅是在物质方面给人们什么,最重要的是散播爱的气氛,将爱的氛围传播各地,提升这个世界的能量,这样我们的世界才会越来越美好,这就是慈善真正目的和意义。爱心传递,从"我"做起。

图3-7　八方公益爱心慈善中心斋月爱心平台活动

从青海夏都公益和甘肃八方公益爱心慈善中心斋月爱心平台活动案例,可清楚地看到,尽管是以信教群众节日为主而运作的组织,但它也有清晰的服务宗旨,明确的服务对象,特定的服务方式和服务原则。通过实地走访观察,这类慈善组织的慈善物资主要是以食品为主的实物。

青海回族撒拉族救助会在古尔邦节开展慰问活动

××××年9月×日至×日,是伊斯兰教传统的节日古尔邦节。伊斯兰教各族群众同庆佳节。青海回族撒拉族救助会在周家泉党工委、社区的配合和支持下,于9月×日开展了××××年古尔邦节代宰羊慰问特困户活动。

　　救助会工作人员在节日期间接受北京及西宁教界爱心人士的"古勒巴尼"羊代宰委托后,第一时间快速完成了绵羊的选购、代宰、分解等工作。在周家泉社区主任的协助下,经过严格筛选后确定了发放对象。于9月×日早上为周家泉、杨家巷、建国路社区的65户贫困家庭和西宁地区贫困大学生家庭、周边零散孤贫老人、残疾家庭等45户办理了手续,发放"古勒巴尼"羊肉110份,共计人民币17000元,并为他们送上节日的祝福。

　　慰问活动使回族、撒拉族、维吾尔族等少数民族受益,营造了维护民族团结、促进社会和谐的良好氛围。

围绕宗教节日而运作的慈善组织,在慈善对象的选择与确定上,大多数没有严格的地区限制或宗教界定。资助对象名单是由慈善组织自己组织调查、审核确定的,或者是由所在社区、街道办事处提供资助名单。以下是课题组对甘肃、青海和宁夏三地的慈善组织负责人的访谈记录。

　　课题组:你们在资助对象上有无民族的或宗教上的考虑?

　　Qjzh:"不做区别,各少数民族同等对待。我们现在服务对象中撒拉族、藏族占到多数,撒拉族能占到60%多。这是因为积石镇是循化的经济文化中心,撒拉族人口多一些。

　　Gbf:没有区别,只要我们通过家访合适,就资助他(们),不管外界怎么评价我们,我们都会用平常心对待。

　　Npa:在资助对象上没什么特别的考虑。我们不因信仰不同而区分帮助对象。不论是伊斯兰教的节日、佛教节日还是其他宗教的节日,只要是我们帮助对象的宗教节日,我们都去慰问,都一样地去打扫卫生,发一样分量的慰问品,一直是这样。我们×××××三河镇的执行会长与我们团队的人不是一个宗教。贫穷、困难不只是某个少数民族才有,既然其他少数民族都有,那就不能区别对待。

　　Ngya:资助对象以前有限定,后来就取消了。我本人信教,我住的村子、我的朋友圈子以及接触的人大多数是同一宗教,所以一开始我们组织成立时资助的对象基本上是我们的教胞,没有特别的考虑,就是因为接触的就是这些人。后来机构变大了,活动开展得有影响了,团队的人越来越多,求助的人越来越多,这时我发现有满族的、蒙古族的求助者,我就考虑只要是适

229

合资助条件的,就应该帮助。

课题组:资助的对象是通过什么渠道得到的?

Gcd:我们的资助对象都是流动人口,是家庭自主找到我们机构来的。孩子上不了学或是中途上学有问题的,都是家长来找的。

Nhx:资助者名单现在是村委员提供,由村委考核、甄别,然后把资助的名单给我们。我们想既然注册成立了,就要把机构做正规,做大做强。

Nzs:受助者是主动来找的,更多的我们是开放的,在社区动员。

Gzyq:先推荐,然后我们家访,一周后给他答复。需要资助的人的材料我们看了,觉得符合我们的条件,就会告诉他某某天到你家来进行慰问。

Nbf:受助人都是我们微信群里的人介绍的,还有一些是乡里、村里介绍的。

Nqn:资助对象是我们通过下乡调研自己寻找的。我们各区有各区的执行会长,在你执行的地区各自调研,给我提供名单,我会在名单中确定4—6人,然后在我初审的基础上我带领团队的人下去重点考察。每次审核通过的名单不固定,物资多了我们可以增加人,物资少了再减少。在困难中找困难的人,但是不救助懒惰的人。主要救助残障的人,对那些健全的人我是不救助的,那完全是懒惰造成的贫困。还有没有劳动能力的人,比如老人。要是让我拿着东西去资助那些四肢健全的人,那他越发懒惰了。对这种人,我可以助人自助,我帮助他脱贫。

Qgy:被资助的对象我们要去下乡的。我们下乡去看这家怎么样,还打听乡里哪家贫困。没有针对哪个特定的乡村,就是平时多走村下乡,实地了解。基本程序就是下乡考察好了后募捐,然后下乡。下乡的车费、吃喝都是组织或志愿者自付。

Qhk:是主动找到我们机构的,比如前两天就有,隔壁邻居他的亲戚加入就特别好,他自己打电话来问需要什么证件。因为我们在服务对象家中贴有我们的二维码和呼叫中心的座机号。

Gmmf:在资助对象上没有宗教或是族别的限定。我们组织有明确的规定"不谈民族、不谈宗教、不谈政治"。

课题组:你们什么时候提出的"三不谈"?

Gmmf：注册以后我们自己提出的。之所以提出"三不谈"，是因为我国本来就是一个多民族大家庭。我们觉得做慈善只是针对某个少数民族或某种宗教，那就是不合适的。尽管机构发起时我们多数是少数民族，但到后期发展我们理事会或监事会就有汉族、土家族、藏族或其他少数民族。

二、现代模式的慈善运作

相比较传统的慈善组织直接向贫困、弱势者发放现金、物资的慈善模式，现代慈善运作不仅重视硬件条件（设施）的改造，更注重对弱势者的"塑造"服务。甘宁青部分慈善组织在慈善实践中逐渐探索走现代慈善运作道路。

（一）现代慈善项目运作流程

1.现代项目水平运作流程

现代慈善项目水平运作流程大致经历项目申请、项目立项、项目实施、项目结项等环节，每个环节又包括很多具体的工作，如项目申请时要做项目需求的调研、项目的策划、项目预算、项目申请书的撰写等，项目实施过程又有项目的督导、检查，项目结项环节又有项目的评估、总结等具体的工作（图3-8　青海某慈善组织项目运作流程）。

图3-8　青海某慈善组织项目运作流程

2.现代项目垂直运作流程

垂直运作是针对一些大型慈善项目而言。为保证项目顺利实施,提升项目效果,激发各地慈善组织的积极性与活力,部分慈善组织通过自上而下、层层递进的方式运作项目。

如壹基金温暖包的发放。温暖包到地方后,由市(州)协调机构移交给50家在地执行机构,再由执行机构把温暖包亲手送到孩子们手中,温暖层层递进。表3-6是2018年壹基金在甘肃的执行机构。

表3-6 2018年壹基金在甘肃的执行机构

市	区、县	执行机构名称
兰州市	城关区	甘肃一山一水环境与社会发展中心
	城关区	兰州生命之翼社会工作服务中心
	城关区	城关区公益心社会工作服务中心
天水市	秦州区	秦州区晨曦爱心公益协会
	张家川	张家川博爱慈善服务中心
	秦安县	秦安县月十团公益协会
	甘谷县	甘谷县阳光公益志愿者协会
甘南藏族自治州	临潭县	临潭爱心公益协会
临夏州	康乐县	陇人青年志愿者协会
	临夏市	临夏州义仓慈善公益服务中心
	永靖县	永靖县在一起爱心公益协会
	靖远县	春风雨露环境与社会发展中心
白银市	平川区	平川区孝和文化中心助学部
	白银市	白银市义工联合会
	会宁县	会宁小雨点爱心救助公益协会
	平川区	众诚社会工作服务协会
定西市	安定区	安定区爱心公益协会
酒泉市	肃州区	杨柳志愿者协会
	肃州区	瑞泽社会工作服务中心
	金塔县	金塔县航天爱心志愿者协会
玉门市	玉门市	玉门市青年志愿者协会

续表

市	区、县	执行机构名称
平凉市	崆峒区	平凉众益农村社区发展协会
	崇信县	崇信县大爱慈善公益协会
	华亭县	华亭县青年志愿者协会
	华亭县	华亭爱心公益志愿者协会
	华亭县	华亭县慈善协会
	灵台县	灵台青年志愿者协会
	静宁县	手拉手儿童慈善协会
	泾川县	泾川县光义工协会
	庄浪县	大爱无疆志愿者协会
庆阳市	西峰区	庆阳市蒲公英志愿者协会
	西峰区	庆阳市大爱无疆爱心协会
	西峰区	西峰区红十字会
	西峰区	庆阳市龙行天下文化爱心协会
	西峰区	庆阳市汇泽社会工作服务中心
	宁县	宁县阳光志愿者协会
	庆城县	庆城县志愿者协会
张掖市	民乐县	民乐县鹏程公益协会
	民乐县	民乐县青年志愿者协会
	民乐县	鹏程社会工作发展服务中心
	临泽县	临泽县枣乡慈善公益协会
金昌市	金昌市	金昌市大爱无疆公益协会
陇南市	成县	成县公益慈善事业协会
	武都区	光明公益联合会
	武都区	陇南聚力公益协会
	武都区	陇南心连心志愿者协会
	文县	爱心公益促进会
	礼县	蓝莲爱心公益协会
	康县	康县义工联合会
	西和县	西和县爱暖人间义工协会

　　2018年壹基金在宁夏启动,至今已达四年多。四年多时间,累计为宁夏地区11715名贫困儿童发放价值4275975元的温暖包。壹基金宁夏同心县执行机构包括同心平安爱心协会、同心县霞光公益文化发展促进会、宁夏同心蚂蚁志愿者服务协会、宁夏回乡帮扶中心、宁夏同心海兴帮扶中心等组织。

（二）现代运作主要方法

1.基金+社会工作方法。实行现代运作模式的组织,发挥组织建设、组织人才、组织支持等优势,主动链接省内外各资源,与各基金会建立合作关系,为组织争取项目资金,然后结合本组织内社会工作人才的优势,运用"基金+社会工作方法"达到组织服务的目的。表3-7是甘肃兴邦社会工作服务中心2006—2017年完成的项目,该表内容包括了项目名称、项目基金、项目的内容、项目的成效等。

表3-7　兴邦活动及其成效(2006—2017)

编号	项目名称	合作单位	项目周期	项目简介	项目成效
1	兰州市流动人口子女教育论坛	北京光华慈善基金会	2006 年 1 月	邀请甘肃妇联、高校学者、农民工教育工作者讨论农民工子女教育问题	为兰州市政协委员、人大代表提供议案材料,建议对农民工子女上学"两免一补"政策落实
2	民办学校骨干教师能力提升参与式培训	米苏尔基金会	2007 年 4—12 月	为甘肃省少数民族地区 30 所民办女校的校长和骨干教师进行 4 期能力建设培训	30 名社会力量办学学校校长及骨干老师参加培训,学校管理和筹资能力得到提升
3	民办女校老师能力建设培训	兰州大学社区发展中心	2007 年 6 月	为兰州民办女校的 20 名老师进行教学能力培训	兰州市民办女校教师教学能力得到提升
4	甘肃省社会公益组织能力建设培训	米苏尔基金会	2008 年 1 月—2010 年 12 月	对甘肃省公益社会组织进行能力建设培训	专业知识技能培训 12 期,近 400 名公益组织人员得到专业知识培训,项目管理和执行能力得到提升
5	志愿者能力提升培训	北京惠泽人服务中心	2008 年 7 月	大学生支教团队管理人员培训	10 名支教志愿者管理人员得到培训,志愿者管理能力得到提高
6	支教筹款能力实战演练项目	陕西省妇女理论婚姻家庭研究会	2010 年 1—7 月	筹款实战演练	进行筹款实践演练,从当地企业得到支持经费,完成了 10 万元筹款任务
7	甘肃省民间组织能力建设项目	米苏尔基金会	2012 年 1 月—2014 年 12 月	甘肃处 NGO 能力建设	能力建设培训 18 期600 人,举办论坛研讨会、战略规划指导、交换实习生、提供小额种子基金支持,使甘肃省NGO 能力得到提升

续表

编号	项目名称	合作单位	项目周期	项目简介	项目成效
8	志愿者培训项目	中国国际民间组织促进会	2012年7—9月	支教大学生能力建设培训	培训了30名支教志愿者,使其能力得到提升
9	机构内部能力建设及NGO沙龙项目	广东千禾社区公益基金会	2012年1—12月	能力建设	开展6期沙龙活动,NGO从业人员200多人受益。在该项目下,兴邦得到可持续发展,为相关项目的开展提供了保障
10	女校幼儿园领导人能力提升项目	加拿大基金	2013年10月—2014年2月	为甘肃临夏民办女校幼儿园领导人开展4期能力建设培训	40名民办女校幼儿园领导人通过筹资、志愿者管理、组织治理、领导人培训,能力得到提升,机构管理上了新台阶
11	大学生视频记录项目	甘肃省少数民族文化教育促进会	2014年8月	贷款大学生志愿者能力建设	为30名贷款大学生志愿者提供能力建设培训,组织参观公益机构,提升能力,激发志愿热情,志愿参加公益服务
12	甘肃草根NGO能力建设项目	上海舜益公益咨询	2014年4月—2017年12月	甘肃省初创NGO开展3期能力建设培训,并提供5000元小额种子基金支持	4年中,90家初创NGO领导人和骨干从业人员参加了筹资、项目管理、财务管理培训,通过实施种子基金项目,能力得到提升
13	促进社会组织专业化建设培训项目	中国国际民间组织促进会	2014年12月	为甘肃、青海、宁夏、陕西4省枢纽型公益组织开展组织建设专业化培训	使4省公益型枢纽组织的组织建设专业化程度得到提高
14	甘肃省少数民族地区及灾区NGO发展与和谐社会建设项目	米苏尔基金会	2015年1月—2017年12月	为甘肃省社会组织提供能力建设培训等支持	参与的NGO领导人领导力提升;组织治理更加合理;培养了一支本土公益讲师队伍;开发了本土培训教材,100家公益组织获益
15	福彩公益金—东乡大爱之行配套项目	甘肃省财政厅	2015年1—12月	机构硬件设施改善及员工能力建设活动	办公条件得到改善,员工能力得到提升

续表

编号	项目名称	合作单位	项目周期	项目简介	项目成效
16	小额助学贷款大学生能力建设项目	甘肃省少数民族文化教育促进会	2015 年 8 月	贷款大学生志愿能力建设	为 40 名贷款大学生志愿者提供能力建设培训,组织参观公益机构,提升了能力,激发了志愿热情
17	第六届西部社区服务社区创新公益论坛	南都公益基金会、宁夏义工联合会、施永青基金	2015 年 11 月	西部社区服务创新公益论坛	以"一带一路"背景下的"三社联动"和"社会治理现代化"为主题开展为期 2 天的会议论坛
18	公益地图 NGO2.0 推广项目	深圳图鸥公益事业发展中心	2016 年 7 月—12 月	建设甘肃省公益地图网络,普及互联网+公益	建立全省公益地图网络、普及互联网+公益理念
19	第二届甘肃省公益慈善年会项目	中国国际民间组织合作促进会、施永青基金	2016 年 12 月	举办第二届甘肃省公益慈善年会	邀请全省社会组织 120 余人,以社会组织参与精准扶贫为题,开展为期 1 天的年会论坛
20	嘉峪关市社会工作能力提升暨考前培训项目	嘉峪关市民政局	2017 年 5 月	为嘉峪关市民政系统工作人员进行社会工作能力提升培训	邀请嘉峪关市 120 名民政系统工作人员进行社工知识考前培训,使民政工作人员专业化能力提到提升

此表清晰地反映了兴邦社会工作服务中心的慈善之路以及运作的特征。多样的基金支持,如上社会工作方法的介入,促使各慈善活动取得良好成效,也支撑了兴邦社会工作服务中心慈善事业的现代化运作方向。

2. 项目+社会工作方法。课题组在调研中了解到,甘宁青一些慈善组织在项目化运作中将社会工作的方法引入慈善各方面的运作中,将现代慈善理念与社会工作方法结合,更大地发挥了慈善救助的价值与作用。以下是宁夏吴忠市至善社会工作发展服务中心和固原市雨露社会工作服务中心"项目+社会工作方法"运作例证。

1. "项目+社会工作方法"吴忠市个案

吴忠市至善社会工作发展服务中心于 2016 年 11 月成立,中心坚持"助人自助"的社工理念。至善社会工作发展服务中心成立后,依托国家加快社会工作发展的契机,遵循社会工作的价值理念,坚持专业化的发展方向,运用"项目+社会工作方法",已经完成多个慈善项目(表 3-8　吴忠至善社会工作服务中心项目)。

表 3-8　吴忠至善社会工作服务中心项目

项目名称	项目对象	项目目标、内容	项目来源
晨曦儿童青少年关爱行动	在上桥镇涝河桥、罗渠、中华、新民四个失地农民社区,为 29 位孤儿、外来务工子女、单亲家庭孩子服务	充分整合家庭、社区、社会资源,建立儿童青少年家庭支持网络,开展课业辅导、兴趣培养、生命教育、品格塑造、拓展训练等,引导、培养孩子积极健康心理品质和良好的行为习惯,为困难家庭的父母解决孩子教育的问题	市民政局
爷爷奶奶一堂课	儿童、青少年	邀请社区内德高望重、有一技之长的老人,走进学校或社区,为孩子们讲述历史、人物、文化、风俗、地理等方面的知识。让青少年们从老人的故事里,对生长的社区产生价值认同,建立自己与社区、族群、父母、伙伴的关系,增强孩子的自信心和自豪感。同时,让老人经过简单的培训后成为社区历史、传统文化、风土人情的讲述者,成为乡土教育的传递者,赢得社区尊重	通过中国好公益项目平台,引进四川和公益组织的品牌项目
社会组织孵化培育	民间组织	为初创期的民间组织提供资源对接、日常咨询、能力建设、注册辅导、专业培训等扶持工作,对口引导和培育民间组织健康有序发展	红寺堡区民政局委托实施
吴忠市儿童福利院困境儿童服务项目	困境儿童	帮助福利院的儿童改善其生存环境,使其在一个安全稳定正向的环境中快乐健康地成长;缓解福利院护理人员的工作压力和负担,使他们的工作得到认可,激发其工作信心和动力,消除工作中的懈怠感,能与困境儿童之间建立一个良好的互动关系;培养出一批长期稳定的福利院志愿者队伍,可以通过志愿者的宣传使社会各界人士以及政府增加对特殊儿童的关注,以促进社会政策的完善,改善福利院困境儿童的生活环境	中央福彩项目

续表

项目名称	项目对象	项目目标、内容	项目来源
贫困人口社会工作服务项目	烽火墩村	帮助烽火墩村脱贫。项目为受益贫困户无偿捐赠2只脱贫养殖羊,如一年后累计存栏达到5只羊,该养殖户须捐出一只羊,由项目团队负责捐助给第二批贫困家庭,以此类推,实现通过养殖达到村民共同脱贫的目的	利通区团委
两癌患病及特殊困难妇女关爱项目	特困妇女	对"两癌"及特殊困难妇女进行心理健康服务,帮助她们增进心理自我调节能力,度过人生中的阴霾阶段,重构社会支持网络,使她们正确对待癌症,放松心情,重拾信心,实现"助人自助"	红寺堡区妇联
残疾人居家托养服务项目	残疾人	社工通过入户回访的形式,针对各项目实施单位执行的残疾人居家托养服务的周期、时长、服务内容、服务满意度等方面进行访谈评估,并邀请残疾人服务对象对项目的满意度进行了测评。同时通过现场听取项目执行方汇报,查看项目资料等方式,从残疾人居家托养服务项目的服务内容、服务人次、服务指标、服务质量、服务满意度及项目财务规范性等内容进行现场评估	红寺堡区残联
富平社区"银龄学堂"	社区老人	项目针对金星镇富平社区35位低龄独居老人开展服务,采用小组工作和社区工作方法,以社会支持理论、互助养老理论以及增能理论为基础,通过专业的社会工理念与专业的工作方法,充分整合个人、家庭、社区及社会资源,以互助、自助的形式帮助富平社区独居老人建立完善社会支持网络,形成独居老人能自我进行心理健康疏导,独居老人之间能相互照料、相互情感支撑,从而满足独居老人情感关怀的需求,找到晚年生活快乐的源泉,提升独居老人晚年生活意义感与价值感	社区公益创投
红寺堡区贫困人口社会工作服务	贫困人口	项目结合脱贫攻坚,加强党建引领,党员带头,针对红寺堡区大河乡石炭沟村、龙源村两个村庄的贫困人口增能、村两委能力建设赋能、村民自组织培育等方面充分发挥社会工作专业作用	中央福利彩票公益金与民政部"三区计划"

通过表3-8,我们清楚地了解到吴忠市至善社会工作服务中心以项目为依托,运用社会工作的方法力图持续关注救助对象,从而最终达到解决困难与问题的目的。至善社会工作发展服务中心通过不断实践努力,积极探索宁夏慈善运作的新模式。

对当下甘宁青的慈善运作现状,吴忠市至善社会工作发展服务中心负责人表达了他的观点:

建个微信群,收点红包,捐给贫困者,这是我们宁夏一些慈善机构的做法,是我们做慈善的现状,这样太低端了。在○○年代甘肃已经在这样做了,人家现在都在思考转变、改革,往一个更高层次的转变。

这种类型的慈善生存期不超过3年,慈善类社会团体在2017年前后在吴忠出现爆发期。以红包形式、微信形式筹点钱,拿着米面油慰问困难群体、弱势群体。到这些人家里一发活动就结束了,一方面对参加的人来说是体验生活的过程,对受助者来说,反正我也需要,乐得接受。

目前慈善做得比较封闭,也做得比较僵硬,也就是认一个理,不愿意学习,因为他不懂得项目化操作。有些资助者也有些个人利益在里面,比如我听说某某资助贫困生的捐助者对人炫耀:"在受助孩子们的心里,我比他们的父母还重要,还亲。"这是错误的,即使你再怎么有钱,你怎么能取代人家孩子的父母呢?也有些人慈善做着做着就升官了,成为村书记了。有些人慈善做着做着做生意去了,发财了,凭什么呢?这都是他们基于做慈善工作的资源或是基础。

为什么说生存期超不过3年呢?因为你纯粹做这个救助的话资金量比较大。比如去年,一个大病的家属能把所有的民间组织都跑遍,从这家要2000元也行,那家要500元也行,跑上十家机构也能筹集5000元呢。可是大病救助能救助过来吗?救助不过来,所以很多慈善团体力量已经有限了,然后大病救助不做了,就一个月筹一两千块钱,买些米面油看看孤寡老人、留守儿童呀,但还是很LOW。

所以我给我们服务中心托管的一个慈善组织的负责人说,花小钱办大事,不要再做具体类的事情。把志愿者服务队伍建起来,然后拿这些钱给志愿者补贴,然后项目化运作,固定在一个镇上,做镇上的"三留守"即老人,留守妇女,留守儿童,再把儿童之家很好地运营起来。这样的话,机构的能力提升了,哪怕是 40 个服务对象,经过长期的帮助,一定会大有改变。

××××是成立时间不长的慈善组织,因为没有专业的人员,所以将他们的业务委托给我们。在我们的建议下,该机构停了一些服务。去年由我给他们运作了 99 公益,他们机构就在金积镇,所以就以金积镇为中心,做三个村或两个村就可行了。

2. "项目+社会工作方法"固原市个案

雨露社会工作服务中心是宁夏固原市原州区的一个社会组织,成立于 2016 年。尽管该组织成立时间不长,但在宁夏南部地区还是比较有影响。该组织之所以有影响,不仅是因为它项目化的慈善运作,同时也是因为运用社会工作的方法,服务效果非常显著。表 3-9 梳理了雨露社会工作服务中心成立后一年所做的项目。

表 3-9 雨露社会工作服务中心项目

项目名称	项目简介
助力留守娃快乐成长儿童关爱项目	项目主要针对留守儿童的教育、安全问题。坚持以"发挥学生的潜能,协助儿童准备好现在及未来的生活"为宗旨,建立起专业社工、大学生志愿者服务留守儿童的工作平台
社区陪读妈妈项目	项目主要为社区妇女提供子女教育技巧、个人能力提升、就业技能培训,丰富社区妇女的精神文化生活,为她们搭建一个学习、交流与发展的平台,促进家庭和谐发展
宁夏控辍保学项目	项目实施派驻社工针对具有辍学风险的学生,运用"焦点治疗"技术开展个案服务和职业生涯规划小组服务,降低学生辍学风险
"三社"联动项目	承接 2016 年宁夏福利彩票公益金社会工作服务项目,完善社区治理,开展社会工作和公益服务,加强社区、社会组织和社会工作人才队伍建设,促进社区和谐发展
家庭教育宣讲项目	2017 年 6 月承接自治区妇联"家庭教育知识大宣讲"社会服务项目。通过"树家风、传家训、立家规"宣讲活动,不断提升家庭教育指导服务的科学化、专业化和常态化水平

雨露社会工作服务中心以项目化服务内容为主,坚持社会工作核心价值以及用社会工作个案的、小组的工作方法,为儿童与妇女提供优质的、持续的服务,实现助人自助的理念与宗旨。雨露社会工作服务中心管理者特别肯定社会工作方法在实践中的应用及其效果。

负责人:虽然我们在某个学校做了三个学期一年半的服务。那些孩子刚去的时候不会排队打饭,让站个队形都很困难。我们社工人员就给他们教最基本的广播体操、儿歌,教一些音乐、美术方面的知识,还有安全防范的意识。另外,在学校做的个案服务,职业生涯的规划都不错,这可以从学生反馈的作业反映出来。社工在学校的服务弥补了部分学生因为低能力、低成绩而得不到亲情关护。学校有心理老师,但他们不是专职。也有心理咨询师,但学生想着我去心理咨询室别人就会认为我心理有问题,心理不太健康。学生有这种错误认知很正常。我们的社会工作人员用专业的方法帮助孩子,假如有些学生不爱表达,我们有悄悄话信箱,看了学生的悄悄话后我们会及时回复,答疑孩子的一些东西。这种贴心的服务对孩子的发展、包括孩子对学习和未来的职业联系起来,把他自己的潜力挖掘出来,这方面已经有了初步的起色。但要想真正改变一个孩子,我不敢说这个话,这是漫长的一件事情。

课题组:通过以上项目,发现你们的服务对象就是儿童和妇女?

负责人:对,主要是这两个。儿童项目我们服务的领域主要在固原的学校,在西吉学校也有一部分。这两个学校是距固原和西吉一样远的。比如我们正在做的项目;是申请到中国扶贫基金会的资金支持和陕西富源汇信贷发展基金会的技术力量,这是自治区妇联层面推动的。我们参与做学校社工的服务和村子里的儿童控辍保学。辍学的孩子政府通过行政手段能够把孩子叫回来,但到学校后他不一定待得住、学得好,我们是做这个补充的。

课题组:那在妇女这方面做什么?

负责人:在固原去年做了一个"陪读妈妈"项目,得到第三届宁夏志愿服务大赛的铜奖。近几年,在我们固原农村空心化现象也比较严重。农村空心化的原因很多,其中有一个原因是由教育移民和劳务移民导致的。很多家庭把孩子转到城市里来上学,这样就产生了一批专职的陪读妈妈。这些妈妈到城市里来,家庭关系因环境改变会发生一些变化,有些家庭关系好,有正向转化,有些家庭关系不好,转化就有困难、有问题,这对孩子的影响特别大。对孩子来说,从以前的农村生活转换成到城市的环境后,他会产生一些融入、适应的问题。那妈妈如何发挥作用呢? 我们开展陪读妈妈工作,把进城陪孩子学习的妈妈们组织起来,给她们教一些知识、教一些技能,也给她们教授有关女性权利以及维权的知识。

课题组:对项目的运作情况,你如何评价?

负责人:在儿童领域上,从项目化运作来说,还不是太理想。例如,前次我们对接一个基金是助学服务的,给特别困难的孩子做了教育基金的资助。这个项目怎么提炼、总结,如何呈现给他人,这是我们的短板。存在的不足,主要是项目的传播不到位、项目总结得也不太好。当然,也有好的方面。从受助人员的准确性、我们提供服务的精准性,这个方面我们还是很自信的。为项目实施做了很多的前期准备,这个我们觉得是合适的。

对留守儿童的项目,我是有信心的,因为我们真正回应到了乡村孩子的需要。

3. 现代慈善项目运作个案

甘肃兴邦社会工作服务中心能力建设项目运作

能力建设项目是甘肃兴邦社会工作服务中心为甘肃省社会组织的个人和团队提供所需要的能力提升服务,是兴邦服务中心的品牌项目。

项目内容主要包括基础培训、管理能力培训、公益讲师培训、种子基金支持、提供外出参观交流学习机会等。其中基础培训包括筹资能力、项目管理能力、财务管理能力以及志愿者管理能力等方面的基础知识和技能培训,使初创期社会组织的负责人和骨干工作人员获得最基本、最关键的行业专业知识和技能;管理能力培训包括领导力、沟通力、组织治理、战略规划等方面内容。

通过培训,增强社会组织领导者的战略发展意识和组织治理能力;种子基金支持为初创期的社会组织提供小额种子基金支持,辅以督导和一对一咨询服务。通过帮助初创期社会组织完成一个完整的小型公益项目,使其亲自操作一个公益项目从申请到执行,再到结项的过程,实现团队的锻炼成长;公益讲师培训主要是培养本土公益讲师队伍,并开发适合本地社会组织能力建设的培训教材;能力建设项目还为初创期优秀社会组织领导人提供外出参观交流、机构之间员工交换轮训等机会。通过更多的横向沟通、资源链接和媒体宣传,促进西部贫困地区和东部发达地区之间的公益合作和资源对接。

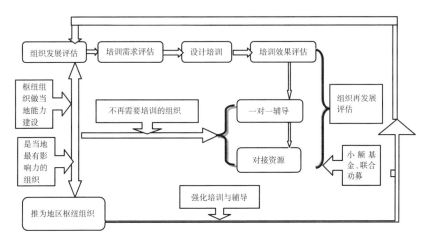

图 3-9 兴邦能力建设项目运作流程

在项目实施过程中,慈善组织对项目运行的各阶段、各环节进行督导。督导一般会采取对项目实施过程的现场观看或听取汇报、座谈交流等方式。2018 年 7 月,课题组有幸聆听了甘肃慈善组织的项目督导会(见图 3-10 甘肃兴邦社会工作服务中心能力建设培训项目督导)

图 3-10 甘肃兴邦社会工作服务中心能力建设培训项目督导

下图是甘肃兴邦能力建设项目的督导过程,通过它我们能很好地了解现代项目的督导工作(图 3-11 兴邦项目督导过程)。

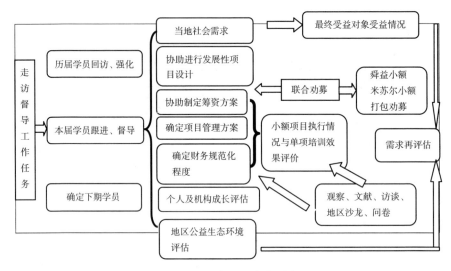

图 3-11　兴邦项目督导过程

三、项目运作的难点与问题

调研中课题组了解到,无论是传统的运作模式还是现代的运作模式,在慈善项目运作中有诸多实际困难制约着组织活动的开展。甘宁青慈善项目(活动)运作中具体难点或问题,有慈善组织自身的问题,也有慈善对象的问题。根据慈善组织负责人描述,问题概括如下:

(一)组织自身问题

甘宁青多数慈善组织负责人表示项目运作的最大难点是难以承接到项目。至于为什么接不到项目,各组织给出了多方面原因,但多数慈善组织认为是组织自身建设问题导致。正如宁夏某慈善组织管理者所说:"我们这里的机构内部建设还是有欠缺的。所以有些项目它自己不敢接,民政部门也不愿给。好多机构连人员都没有,办公室也没有,怎么做项目? 有些项目周期是半年,我认为组织做这些之前还是要强大自己的机构,先把自己的平台做好,'你若盛开蝴蝶自来',自己强大了,不光有政府的项目,还有基金会的、公益组织的,它肯定自己会找上门来的。只有把自己的平台搭建起来,财务完善、人员配备齐全,组织的能力上去了才行。"

（二）慈善对象的问题

部分慈善组织认为慈善项目运作中的难点除了难以承接到政府项目外，还在于受助对象。受助对象严重的依赖心理以及对慈善组织或组织负责人的不理解，影响了组织及其负责人的慈善积极性或项目运作的进行。根据访谈了解到慈善对象问题有两种表现：

一是受益群体依赖心理严重，视慈善组织的帮助理所应当。如甘肃一位组织负责人讲到："做到现在，自己感觉特别心酸，有些需要帮助的人没有修养，向我们求助时理直气壮。比如，昨天我接到一个求助电话，说是发生交通事故希望我们救助。自己一点都不努力，一有问题、一遇到困难就找我们，你得自己先想办法呀！我给团队的人讲'以后求助的人来了，我们要给他们好好讲一讲，我们募捐来的善款实属不易，应该把它捐助给最最需要的人，而不是一有困难就找来的'。"宁夏海原县某慈善组织负责人同样抱怨到："有时会有力不从心的感觉，我花了那么多，怎么做不完呢？确实有力不从心的时候。有些人听到我或我们的机构了，能求助的也来了，不能求助的也来的。让人好笑的是，刚刚有人来求助，他昨天出车祸今天就来求助，我说你是不是太夸张了？人家还理直气壮：'你们协会收那么多钱是干啥的？'我们为什么选择大病救助？确实有些家庭因病致贫了，确实无力翻身了，我们做的这点只能是雪中送炭，只能帮他（们）解一点燃眉之急，人家领你的情了说声谢谢，不领你的情了，默默无语地就走了。资助贫困学生，这几年我们年年都在资助，但是有几个学生能回应你？"

二是被资助者个人素质问题。调研访谈中，多个慈善组织向课题组抱怨有些受助者素质太低，不明是非，不懂得感恩。如宁夏某慈善组织负责讲："他们就不明白我们筹资不容易，不理解捐助者的好心。我们不能一再迁就资助者，越是迁就他，他越觉得我们为他做的是应该的。例如，一个单亲家庭，母亲是残疾还带着两个孩子，一个7岁一个10岁。她在第一次接受我们资助后，听别人说我们给捐的东西是政府给的，还听说我们捐的东西是旧的，她就把捐的东西都给烧了。我第二次去捐助她家的时候，给孩子拿的书包什么的，她拿着扫帚在门口等着打我呢。我感觉又可笑又害怕。后来我去了好几次，觉得这个女人不知足。其实因为她是单亲家庭，也困难，政府给的房子、低保什么的都有。我一而再、再而三给她送东西过去，她觉得我们是应该的，后来直接问我要现金。之前考虑到孩子还没有独立,不然我早就停止资助她,现在我们给她停止了,就是想等孩子自立了,上了初中,我们直接将钱打到孩子的账户,以防止这个母亲将钱花到其他上。她给我的教训就是不能一再地迁就,越迁就就越觉得我是应该给她做这些事情。同样给我的教训就是不能盲目地做资助,不汲取教训这样做来做去没什么结果。"

四、项目效果与影响

(一)项目效果自我评估

课题组对甘宁青慈善项目的效果与影响情况做了深度访谈。课题组要求慈善组织的负责人对组织已完成的项目做自我评估,结果发现甘宁青慈善组织负责人对慈善的效果评价不一。有的认为效果很好,达到了组织的慈善目的,有一定的社会影响;有的慈善组织感觉一般,认为只是完成了资助目的而已;而有的慈善组织评价效果特别不理想。关于慈善效果以及举办的慈善项目或慈善活动中受群众欢迎的内容有哪些,宁夏组织负责人的回答较有代表性:

Nzs:最爱群众欢迎的当然是壹加壹助学项目。这个从2013年开始。百姓知道得多也是比较认可的。

Njc:我认为效果不是很理想。原因是范围太大,特别大,北至石嘴山,南到西海固,活动搞得也特别频繁,一周三到四次。我们现在基本上是三个星期做一次活动,内容主要是大病救助,还有一年两次的慰问。

Ngya:慈善效果没有达到我的高度,也没有实现我的理想。我遇到一个挫折,也就是2017—2018年,按说我还要拿出五六十万元做慈善,但钱被别人骗了,是因为我信任了别人,给人家担保了60万贷款,最后是由我个人还贷。这60万本来计划的是2017年拿出30万,2018年再拿30万做慈善,但最后我因资金缺位没做成。那些本应得到我资助的家庭或个人因为我而得不到救助,我很痛心,这是我的遗憾,没有实现自己的目标。

Nyg:我个人认为效果一般吧,应该还能做得更好。以后要缩小救助范围,扩大救助资金,让更多的受助者受益。还有,通过政府或其他部门帮助我们解决资金问题。这样我们可能达到更好的效果。

Nhyg:每次活动后对我个人来说,内心是满足了,是高兴了,帮助了人嘛。但对那些残疾人、无能力的老人还有孤儿,不可能完全达成他们的心愿,这点自己总是有些遗憾。比如我们服务的一个老人说:"你们每天来一次都不为过。"那怎么可能呢,我是解决不了他的问题,因为他是无儿无女的。这老人完全没有行动能力,吃喝拉撒都在床上,我们做义工的人就是每天去也解决不了他的问题。每次去服务一次心痛一次。说把老人送到养老院去,他还不愿意。既然老人不去养老院,我们总不能撂下不管吧,但是去一次就心痛一次、回来心里沉甸甸的,难受好几天。有些团队去了给老人送点钱拍张照就走了,有些团队去用快手拍个直播也跑了。其实老人不缺钱,政府给的低保、五保还有高龄补贴共六七百元,就是没有人为他洗洗涮涮。遇到这样的事,就觉得活动不能达到想要的效果。

(二)项目反思

项目实施后的效果除了外部的(政府、企业、社会)评估外,组织自己还需对项目效果进行反思。甘宁青多数慈善组织负责人能够做到项目的效果与影响自我反思。反思的视角、内容各异,有从项目需求的、有从项目目标定位的、有从项目对象特征的,也有从项目意义与价值进行反思的。

总而言之,现代以项目为模式的慈善,它不是简单的对慈善捐助者(金)与慈善受捐者的对接,而是力图通过项目实现多方意愿。既能够实现捐助者的爱心意愿,又能使受助者得到切实的、可持续的帮助与发展。以下是甘肃沁塬社会工作服务中心负责人和甘肃一山一水环境与社会发展中心负责人关于慈善项目运作后的反思。

1.甘肃沁塬社会工作服务中心项目效果自我评价

甘肃沁塬社会工作服务中心(以下简称沁塬)位于兰州市。沁塬社会工作服务中心在扶贫基金、儿童基金、施永青基金等基金会的支持下完成多个项目,项目范围涉及甘肃康乐县、定西岷县、平凉庄浪县、天水张家川县 4 个县 6 个村庄。项目内容有社区教育、社区发展、社区基本建设、村庄老年人项目和儿童项目。老人项目是发动、组织村民自己组建服务小组,儿童项目是给偏远地区学校的学生做游戏、艺术类课程的教授。这是因为有些偏远学校的老师教不了音乐、美术,由沁塬社会工作服务中心链接资源为学生提供服务。

目前甘肃沁塬社会工作服务中心有 3 个项目,包括康乐县的儿童项目,张家川县的养老项目,庄浪县的社区发展加生态农业项目。养老项目是与扶贫基金会合作,庄浪县的项目是施永青基金支持,康乐项目是壹基金在支持。

沁塬:目前我们没有再拓展项目的计划,我觉得多了也可能做不过来。目前这几个项目能完完整整做下来、做好就不错了。我最近也在做反思,就是公益你究竟要出什么成果、能出什么成果的问题。做事情要嵌入一个什么样的价值和意义,比如,做了这么多年的工作,会发现自己没有帮助多少人真正地富裕起来,也没有多少拿得出亮点的工作。现在做什么样的选择,做什么样的定位,我觉得要重新梳理一下。比如我在一个基金会一个乡镇3个村庄里就六七百万元放进去了,现在回头看效果一般。

沁塬:我自己觉得项目效果一般,是与受益人群的需求有关系,与他们的心态有关,与他们对于自身的定位以及对未来的看法有关系。当我们做完种植的或者是生态恢复的项目时,让百姓做抗震性能好的房子,做需求评估时与他们讨论他们都说不需要,所以我们在项目实施时他们的积极性不高,这就是需求匹配不高等原因导致的。

我们现在正在做的老年人服务的项目,我觉得他们是一个比较好的人群,以前目标人群定位不准,有妇女也有男性村民,现在放在62岁以上老人,这个人群不错。原因是老年人说话基本不会有水分,不来虚的,也有时间上的保证,这可以作为我们以后的一个方向。

最终不管做什么项目,我们想要实现的就是人的发展。人的发展不单单是指经济上发展到什么程度,经济上好了其他方面没有改变,那是一个比较糟糕的结果。我觉得人的发展,教育可能是一个重要的切入点。因为某人的一句话、某个行为受到被教育者关注,他可能就走得更远一些。在服务人群的选择上,老人、妇女和儿童是重点。农村青年的要求我们不可能满足,比如他们要发展、要创业,需要大额的资金支持,对于我们来说难以做到。而老人、妇女和儿童他们的需要就更符合实际。

做这么多年项目,也看过别的组织在做大量的项目,我个人觉得很乱,有种倦怠感,反问这么多人在做这么多事,真的达到好的效果吗?近阶段我总是在思考这个问题。我们是该稍慢些或停一停,反思一下我们走的路,现在应是往高质量做而不是追求数量。比如这个村庄你做了3年、4年、5年,你发现人没有向好的方面变化,反而变坏了或是你不想看的一些情况,这让人很无力。另一种是方式上调整,除了公共的服务外,要有"精准化的服务",就是根据村庄不同的人提供不同的个性化的服务。

沁塬:是的,我做慈善项目有一些经验或是体会,毕竟已经做了很多年而且负责了很多项目,对做慈善有一些深刻体会。

第一,计划要在某个地方做项目,先要考虑与当地政府关系或者村民关系的协调。好不好协调,他愿意不愿意与你合作,这是做项目的第一考量。如果县、乡政府或者村民跟你说"你把东西拿来我自己做",那决不要进去做。

第二,村民有没有发展愿望,这是你要考虑的问题。如果村民没有什么想法,没有强烈的发展愿望,这样的村庄就不要去做项目。

第三,人际关系复杂的村庄不要去做。比如,我做过的村庄,也是后来才了解到的,一村子50户人,有一半的人因某事参与打架,村子关系极为复杂。这样的村庄,只有烂到他们自己想改变的时候你再去做项目,可能才会有好效果。不要因为看到某个村庄挺可怜的,就想去做事帮助他们,不能那样的。可怜的人、可怜的地方多了去了,一定要全面考量、慎重选择,才会让你做的事、你帮的人产生好的效益。

第四,如果打算项目往好了做,一定要考虑项目服务的对象。我觉得要在妇女、老年人群体做。

沁塬:至于做过的项目有没有达到理想的效果,我个人认为做公益的效果应该自我判定。平心而论,我对自己的努力是满意的。我在一个基金会一干就是近10年,如果人家不满意我或我不满意这个慈善事业,是干不了这么长时间的。但我对项目效果并不满意。我做了青海、甘肃多个地方项目,自我感觉效果不怎么样。当然也有闪光的地方,但总体上我觉得满意度不够。但是没办法,有些事不是我能左右的,尽力做好自己的事就可以了。但是,效果达不到理想还是有所遗憾。让一个家庭富裕起来,这是多么困难的事情,一个家庭要富裕、要发展,家庭自身的努力是关键。我们只能是协调者,并不是决策者。我们只能助他们一臂之力,并不能替他们做决定,困难就是这些。所以,我认为"自谋出路、自我发展永远比外来支持强得多"。

概括起来,沁塬社会工作服务中心对慈善项目的反思,主要包括定位服务领域、明确服务对象、提高慈善质量、获取群众支持、考察项目环境等。

2. 甘肃一山一水对项目运作基础的思考

甘肃一山一水环境与社会发展中心成立时间早,承接了区域内外很多重大项目,在获取项目支持以及开展项目运作方面有非常丰富的经验。组织负责人在全面、详细地介绍组织已完成的和正在进行的项目基础上,就项目运作的基础谈了个人的一些思考。

> 我认为项目运作的前提是一定要有明确的定位与目标。慈善机构作为社会一个补充,大家对其身份的界定还不是很清楚。你在这个社会做什么?哪些是你做的?哪些不适宜组织做?这些问题不是很清晰。大家都在摸索,还有些稀里糊涂。我们目前做得很好,有些政府部门过来找我们谈,希望承接他们的项目,主要是一些服务性的项目,如××县民政局长专门来访,希望我们把××县的养老院和儿童福利院承接过去。我们思考后认为这不是我们该做的,虽然他们承诺将会给很高的经费支持。

> 我们认为养老服务、儿童服务不是我们的发展方向。我们的社区发展主要是倡导性、示范性的项目,不是普通服务性的。拒绝的第二个原因,是它有代替性,万一哪一天××县哪个领导说这个服务必须由地方来做而不能跨地域,那么我们所有的努力都会白白付出。当然,最主要的原因是它只是一个普通的服务性的工作,不是我们机构的发展方向和目标。

第四章 甘宁青慈善组织
人力资源运作

　　人力资源是指推动社会发展和经济运转的人的劳动能力①。宏观意义上的人力资源管理,是指政府对社会人力资源的开发和管理过程,微观意义上的人力资源管理,是指组织内部对人的管理。人力资源运作是指组织人力资源管理的工作流程和运作方式,具体包括员工招聘、绩效评估、员工培训、员工激励、员工薪酬与福利等工作流程和运作方式。

　　人力资源是组织生存、发展的最重要的因素之一。随着慈善事业的不断推进,越来越多的慈善组织意识到员工这个宝贵的人力资源所拥有的具大潜力。开发和运用这一宝贵资源,对各慈善组织来说具有特别重要的意义。对甘宁青慈善组织人力资源运作进行比较,能够揭示慈善组织运作现状与未来发展趋势。

第一节 慈善组织员工运作

　　甘宁青慈善组织专职人员数量普遍较少。影响人员招聘的因素除组织经营状况不善、组织经费不足外,还与组织运作理念相关。甘宁青慈善组织员工待遇不高,专职人员流失严重。总体上甘宁青慈善组织较重视员工的专业培训与组织间的相互交流。

---

① 黄给德、莉临萍:《人力资源管理》,高等教育出版社 2005 年版,第 2 页。

一、甘宁青慈善组织人力资源基本情况

（一）专职工作人员数量非常少

甘宁青慈善组织工作人员中专职员工数量特别少。如表4-1所示（表4-1慈善组织工作人员数量），受访慈善组织的工作人员数量平均为27人，最少的只有1人，最多的有315人（注：部分慈善组织把志愿者也统计在工作人员内）。慈善组织专职工作人员最多的有14人，而还有的组织根本没有专职员工，慈善组织中专职员工平均数为5人。

调研中发现甘宁青慈善组织拥有数量不少的兼职员工。调查问卷显示有的组织兼职人员最多达73人，也有的组织并没有兼职人员。在甘宁青慈善组织员工中，平均有兼职人员数量为7人。

甘宁青慈善组织专职人员少，但每个组织都有自己稳定的志愿团队，志愿者的人数相对来说较多。有的慈善组织拥有2000多名志愿者，当然也有组织没有志愿者，受访的甘宁青慈善组织平均拥有志愿者人数为207人。

表4-1 慈善组织工作人员数量

	均值	标准差	最小值	最大值
您所在组织工作人员数量	27	59	1	315
专职人员数量	5	11	0	14
兼职人员数量	7	11	0	73
志愿者数量	207	349	0	2000

专职人员数量少是普遍现象。调查问卷与甘宁青慈善组织人员的实际情况有一些出入。课题组实地走访了解到，专职人员数量平均达到5人的组织非常少，大多数组织存在专职人员不足的问题。如西宁市曙光公益援助中心在青海省是发展较好的组织，它的专职工作人员数也只有4人，其负责人说："我们机构固定员工有4人，都是专职。平时会根据活动再招收一些兼职的。但从社会组织性质上讲，社会工作师是趋势，我们以后会倾向在这个方面努力。我们也要求现在的员工去参加社工学习和考试。我本人有社会工作师证书，是2016年取得的中级社会工作师资格证书。今年这几名工作人员都参加

了社工考试,在这方面我比较注重一些。"

（二）员工以中青年为主体

甘宁青慈善组织中工作人员年龄结构如表 4-2 所示(表 4-2 慈善组织专职员工年龄结构)。在工作人员的平均年龄方面,36.96%的受访慈善组织集中在 35—39 岁,23.91%的受访慈善组织集中在 30—34 岁,23.91%的慈善组织在30 岁以下,工作人员平均年龄为 50 岁及以上的组织仅占 4.35%。这反映出甘宁青慈善组织工作人员以中青年为主体,员工队伍呈现年轻化的明显特征。

表 4-2 慈善组织专职员工年龄结构

问 题	选项	百分比（%）
您所在组织现有工作人员的平均年龄为?	30 岁以下	23.91
	30—34 岁	23.91
	35—39 岁	36.96
	40—44 岁	6.52
	45—49 岁	4.35
	50 岁及以上	4.35

（三）员工资历较低

甘宁青慈善组织工作人员资历低,主要有两方面表现:一是文化程度普遍较低,二是取得社会工作师专业资格证的人数在工作人员总量中占比较低。

表 4-3 为慈善组织人员的学历及技术资格。根据问卷以及走访情况得知,甘宁青慈善组织员工的学历普遍不高,具备专业技术资格的员工数量同样也不高。在专职工作人员的学历结构方面,甘宁青慈善组织中大专以下的工作人员平均数为 5 人,大专学历的工作人员平均人数为 2 人,本科学历的工作人员平均人数为 3 人,硕士及以上平均人数为 1 人。数据反映出受访慈善组织中专职工作人员的学历结构以大专及以下为主,本科为辅,人员的学历整体上偏低。

专职工作人员中具有社会工作师资格证的平均人数为 2 人,有的慈善组织工作人员没有一个获得社会工作师资格证。调研中发现,具有社会工作师资格证的工作人员在性别上并没有差异,慈善组织中具有社会工作师资格证的男性平均人数为 1 人,组织中拥有社会工作师证书的男性最多的是 2 人。慈善组织中具有社会工作师资格证的女性平均人数为 1 人,有的组织拥有社会工作师资格证书的女性达到 8 人。

表 4-3　工作人员学历及专业技术资格

学历及资格证书	均值	标准差	最小值	最大值
具有社会工作师资格证的人数	2	3	0	20
具有社会工作师资格证的男性人数	1	1	0	2
具有社会工作师资格证的女性人数	1	2	0	8
专职工作人员中大专以下人数	5	11	0	60
专职工作人员中大专人数	2	2	0	9
专职工作人员中本科人数	3	4	0	19
专职工作人员中硕士及以上人数	1	2	0	9

因而,调查得出的结论是,甘宁青慈善组织的规模普遍偏小,组织日常工作和开展活动主要依靠兼职工作人员和志愿者的支持。同时,甘宁青慈善组织具有社会工作师资格证的人数也较为匮乏,这无疑会阻碍甘宁青慈善组织现代化、专业化水平的提高。

二、慈善组织员工的招募

(一)员工招聘基本情况

甘宁青慈善组织在人员招聘方面,多数组织表示困难或特别困难。如表 4-4 所示(表 4-4　组织人员招聘情况),80% 以上的组织招募人员困难,其中,64.29% 的受访慈善组织认为困难,19.05% 的慈善组织表示非常困难,相比之下,只有 14.29% 的组织认为容易。慈善组织在人员招聘方面存在困难,这对于甘宁青慈善组织的持续发展是一个重要的限制因素。

表 4-4　组织人员招聘情况

问　题	选项	百分比(%)
您所在组织在人员招聘方面的情况是?	容易	14.29
	非常容易	2.38
	困难	64.29
	非常困难	19.05

(二)影响人员招聘因素分析

有没有专职员工、给员工什么样的待遇,不仅与慈善组织的经营状况、组织资金来源甚至捐助者的情况息息相关,也与慈善创始人或负责人的人力资源运作理念紧密联系。访谈中了解到一些组织对聘用专职人员有不同的看法。有的组织认为搞慈善不需要招聘专职,有志愿者就可以了。有的组织认为聘用专职无疑增加了组织的行政成本,本着能省则省的原则,即使招聘员工也是严格限制数量。有的组织认为专职人员特别是有才能的专业人员对组织发展很重要,组织的良性发展必须要有专职人员。以下是甘宁青部分慈善组织创始人或负责人对组织员工招聘情况的介绍:

Nyg:我们没有专职人员,拿工资养人暂时还没有想这样做。像我这儿的工作,至少需要2名工作人员。招聘人员就得要给人家开工资,可是工资给开了,又对接不上项目,弄不来政府购买,拿这么多钱养人那咋行?

Nn:我们机构没有专职人员,全是兼职工作或志愿者。会长、秘书长多一点,他们来协会次数多些。没有专职人员这就是我们最大的缺点。因为专职人员要发工资,我没钱发。会计是聘请的,一年2000元。去年尝试请过助理,最后还是因为工资没法发就给解聘了。没有专职员工的主要原因,是我们机构继承了传统的观念,捐来的善款应该最大程度地捐出去。因为考虑这个想法,所以没有请专职。但是我想以后如果能争取到国家或政府的项目资金支持,这个资金是允许有行政开支,我们还是要聘用专职人员。

Qgy:我们有工作人员8名,全部是专职。我们不允许非专职人员,所有的人员都是拿工资的,包括我个人在内,这样保证我们朝九晚六地投入工作。我们所有工作人员都必须是大学生,所以我们保证他们每个月3000元工资。3000元只是起薪,还有大于4000元的,这个是不固定的。我们是正规的机构,与其他的公益组织不一样,从第一天开始就像做公司一样经营。如果完全是志愿性的,就不好对他们进行规范管理。

Qgxf:我们机构没有专职人员。我觉得没必要,我们有活动了就招志愿者,有30人固定的志愿者。

Nhyg:我们工作人员文化太低,整个团队文化程度都不高。特别是有一些经常参加活动的,年龄较大的一些程度太低,我想让他们去参加培训都没办法。

Nxga:我们只有一个专职员工。肯定是不够的,最理想的应该是 2 名,最少应该 2 个人,其中一个必须会写项目报告,另一个搞行政,这是最好的。

Gljl:工作人员专职的就一个人,其他理事经常会来办公室,有什么事一起处理。一个专职人员肯定不够用。因为经费有点紧张。今年还准备再招一个。这两个项目就够紧了,要是再增加一个项目的话,人手就够不上了。扬帆计划分布的面比较大,是农村的中小学,临夏州的七县一市的中小学。中小学只要材料上来,我们要核对、核实往上报,然后图书都会到我们这里来。最近我们设了几个县级站,分发了一些图书。

Glrq:目前专职人员就一个,大量的工作主要还是通过志愿者来做。当然有再扩充专职人员的想法,但不现实,条件不允许。专职如果有四个就很好,但目前是没办法做到。

Qyg:我也想招人进来,可是没钱呀。我们群里的人每月固定捐 30 元,一旦有什么事情,还是要求爷爷告奶奶的。

Gmr;我们现在每月给员工开 2500 元,我们想争取公益性岗位,努力过但没有争取到。我们薪金必须要提上去的。根据我们现在的工作需要,我们也想着再招一个人,但还是资金的问题。因为每年房租费是一大笔,电费、水费又是一大笔,工资一大笔,还有办公打印等开支,所以我们要招一个人的话,必须要先把办公经费解决了。最大的问题还是办公经费这块。我们不可能把人家拿来捐助的钱再挪用给其他开支,这样的事情做不出来。

当然,组织机构招聘人员数量与组织提供的业务或服务领域有关。有的慈善组织服务领域单一,组织活动有限,少量的工作人员就可满足工作需要。但有的组织服务对象多、服务领域广,就需要很多的工作人员甚至是大量的志愿者,典型的如养老机构、孤儿院等。正如青海循化惠康居家养老服务中心的管理人员介绍:"服务人员这么多,光咱这机构就很多,固定员工光我这居家养老中心的就 6 个工作人员。除非有大型活动,我们基本上不用志愿者,我们的工作人员有 68 名。这 68 人都发工资,每个月 3700 元或 3800 元。"

(三)招聘制度宽严不一

关于员工的招聘制度,在调研中发现多数慈善组织有员工的招聘制度,但在具体执行时宽严不一。如甘肃某组织负责人所说:"我们没有专门的招聘制度。因为人少也就没有定这个制度。但是我们进人是有条件的。第一他要喜欢做公益,第二至少是大学生,有文字功底。总之,热心公益是第一位的。"宁夏银川市的一位组织负责人也说道,"尽管我们没有招聘员工,但所有的制度都健全,包括聘任制度、薪酬制度、福利制度等"。

总的来说,由于甘肃省慈善事业以及慈善组织发展比宁夏和青海较早、较完善,在慈善组织员工的招募上,无论是任职条件还是聘用资格的要求上,都略高于宁夏和青海两地。以甘肃新星公益慈善中心 2017 年人员招聘为例。

员工招聘个案:甘肃新星慈善中心工作人员招募

工作人员招募条件及福利待遇

2017 年 6 月××日

一线社工(5 名)

岗位职责:

1. 负责开展日常社工服务工作,完成专业文书记录和存档;

2. 负责具体执行机构关于社工专业服务工作的决定,在规定区域、针对服务人群特点开展具有特色的社工专业服务;

3. 协助项目负责人开展相关工作;

4. 完成相关职能部门要求配合完成的工作;

5. 与服务对象建立长期稳定的关系;

6. 协调、维护机构与政府各部门、资助方、公益伙伴等相关方的关系;

7. 完成上级委派的其他任务。

任职要求:

1. 社会工作专业或社会学专业本科及以上;

2. 热爱社会工作,具有社会责任感、敬业精神和奉献精神;

3. 具有团队合作精神,有良好的文案书写能力、语言表达能力、分析判断能力、交流沟通能力和社会交往能力;

4. 已获得助理社会工作师、社会工作师资格证书者优先考虑;

5. 愿意长期下乡、出差,在城乡社区工作;

6. 有相关工作经验者待遇从优,可选拔任职于机构管理工作岗位。

工作地点:临夏市、平凉市、临洮县

驻校社工(5名)

岗位职责:

1. 负责该项目的计划、实施、完善和评估;

2. 按照项目计划开展相关服务;

3. 按照项目计划完成相关财务支出;

4. 协调与当地各利益相关方的关系;

5. 按照项目要求定期完成项目文书资料,并及时归档和总结;

6. 根据当地需求、组织变化创新、完善和改进工作;

7. 积极开展资源整合与链接。

任职要求:

1. 社会工作专业或社会学专业本科及以上;

2. 具有团队合作精神,有良好的文案书写能力、语言表达能力、分析判断能力、交流沟通能力和社会交往能力;

3. 具有在基层独立工作的能力;

4. 能够适应长期的农村驻校生活;

5. 已获得助理社会工作师、社会工作师试资格证书者优先考虑。

工作地点:平凉市、临夏市、临洮县

福利待遇:

1. 被录用社工有2个月试用期,签订劳动合同,表现优异者提前转正;

2. 工资待遇面议;

3. 为正式入职员工购买社会保险+意外伤害保险;

4. 年终考核被评为优秀员工者,有年终奖金激励;

5. 实行双休制,每天工作不超过8小时,享受国家法定节假日;

6. 享受交通、通信补助、工龄工资、出差补助等;

7. 机构提供良好的工作及学习环境;

8. 机构为员工提供丰富学习机会和晋升成长空间。

应聘流程:

1.有应聘意愿者请将简历投递至甘肃新星公益慈善中心

中心邮箱:×××××@qq.com(邮件标题请注明"应聘新星公益社工",个人简历请务必以附件形式发送);

2.简历通过初审者将收到电话与邮件回复,通知面试时间及地点;

3.参加面试人员请带齐个人身份证、学历学位证明原件及复印件,面试包括笔试环节和面谈环节;

4.通过面试者,机构将与其签订劳动合同,参加培训、进入工作岗位;

5.联系人、联系电话、邮箱(课题组略)。

通过甘肃新星公益中心的招聘通知,可以看到组织在招聘资格条件上以社会学或社会工作专业为主,无论是一线工作人员还是驻校工作人员,都有学历上的要求。慈善中心在招聘中已明确员工将享受的福利待遇以及岗位职责。调研中像新星公益中心这样较为规范的员工招聘并不多见。

(四)组织联合聘任员工

几个慈善组织联合起来共同聘用人员,即工作人员同时服务两家或多家组织,这是课题组在甘肃和宁夏发现的特殊现象。在甘肃兰州个别慈善组织由于业务单一,出于节省经费考虑,与其他组织共同聘用工作人员。在宁夏吴忠市发现有慈善组织因为缺乏专业的管理人才,同时因为业务较为单一的原因,将自己组织的事务委托给另一家慈善组织管理,包括活动的计划、开展以及项目申请等事宜。甘肃一个组织负责人讲到自己与其他组织共聘人员的缘由,"我们和另一个机构共同聘用了2名工作人员,也就是这2个人为包括我们在内的2家机构在工作。我们的工作较简单,只要项目定下来基本按要求做就了。而多数工作是由志愿者做,行政的、办公的、临时性的事务有这2个员工足够,不再需要养更多的闲人。"

三、员工薪酬和福利待遇

(一)专职人员薪酬普遍偏低

甘宁青慈善组织员工薪酬待遇如表4-5所示,45.71%的受访慈善组织的工作人员平均月工资在1500—2500元,37.14%的慈善组织的工作人员平均月工资在2501—3500元。月工资超过4500元以上的组织比例特别小,仅为2.86%,占比不足3%。

表4-5　慈善组织员工薪资待遇

问　　题	选项	百分比（%）
您所在组织工作人员平均月工资为？	1500 元以下	14.29
	1500—2500 元	45.71
	2501—3500 元	37.14
	3501—4500 元	0
	4501—5500 元	2.86
	5500 元以上	0

调研数据表明,近一半受访慈善组织的专职人员工资在 1500—2500 元之间,甚至还有 14.29% 的组织的员工工资低于每月 1500 元。专职人员 1500 元每月工资,在甘宁青地区仅仅达到地方规定的最低工资标准。以宁夏最低工资为例,2020 年宁夏最低工资如表 4-6 所示。

表4-6　2020 年宁夏最低工资标准

地区类别	市、县、区	最低工资标准 （元／每月）
一类地区	银川市兴庆区、金凤区、西夏区 石嘴山市大武口区、惠农区	1660
二类地区	永宁县、贺兰县、灵武市、平罗县、吴忠市利通区、 青铜峡市、中卫市沙坡头区、中宁县	1560
三类地区	固原市原州区、西吉县、隆德县、泾源县、彭阳县、 海原县、同心县、盐池县、红寺堡区	1480

资料来源:宁夏政府网站。

每月 1500—3500 元工资在甘宁青慈善组织中占到 80% 多,仅达到宁夏最低工资标准,反映出慈善组织工作人员薪资待遇水平普遍低下。这也是调研中很多慈善组织反映组织难以招进人才的主要原因,也是慈善组织难以留住人才的重要原因。

（二）专职人员福利待遇欠缺

组织中员工的福利待遇包括社会保障、住房补贴、交通补助、假期、培训等内容。其中社会保障包括医疗保障、养老保险、工伤保险、失业保险,等等。甘宁青慈善组织员工的社会保障情况如表 4-7 所示。

表 4-7　慈善组织的员工社会保障

问　题	选项	百分比(%)
您的组织是否为全职员工购买社会保险?	全部购置	20
	大部分购置	11.11
	少部分购置	11.11
	都未购置	57.78
您的组织是否为全职员工购置公积金?	全部购置	4.55
	大部分购置	0
	少部分购置	4.55
	都未购置	90.90
您的组织是否为参与服务的工作人员购买了意外伤害保险?	全部购置	34.04
	大部分购置	6.38
	少部分购置	10.64
	都未购置	48.94
您的组织是否与员工签订了劳动合同?	是	62.22
	否	37.78

根据调研问卷,在为全职员工购买社会保险方面,57.78%的受访慈善组织都未购置,大部分购置或者少部分购置的比例为11.11%,只有20%的慈善组织全部购置。在为参与服务的工作人员购买意外伤害保险方面,48.94%的受访慈善组织都未购置,34.04%的慈善组织全部购置,10.64%的慈善组织少部分购置,6.38%的慈善组织大部分购置,这其中以都未购置的比例居多。

在为全职员工购置公积金方面,90.90%的受访慈善组织表示都未购置,只有不到10%的慈善组织表示全部购置或者少部分购置。在与员工签订劳动合同方面,62.22%的慈善组织与员工已签订,37.78%的受访慈善组织表示未签订。

因而,从调查数据来看,甘宁青慈善组织员工的福利待遇比较欠缺,慈善组织在员工的社会保障方面做得并不到位,较多的慈善组织未能为全职员工购买社会保险、公积金以及意外伤害保险等,也存在部分慈善组织没有与员工签订劳动合同的现象。

尽管甘宁青慈善组织没有给员工提供全面、充分的社会保障,但部分慈善组织已经认识到员工福利保障与组织持续发展的密切关系。正如宁夏某组织负责人所言:"我们机构有4个专职员工,其中2个重点社工,我是协调人,还有一个做行政,都发工资。目前都没有购买社保,我是今年想把这个落实了。现在只给大家买了意外伤害保险。没有落实到养老,这也是不符合规定的。不符合劳动法用工的规定,也是不合法的。一直以来,我坚信组织越规范才能活得越长久。包括政府购买也好,它会看组织的年报,会看财务报表,它招标的时候要看组织给员工提供的社保,那都是加分项。这也反过来印证了你越规范机会越多。你规范了人家(政府)才觉得你能做好。你的可信度高,机会就会大。"

在前述分析中发现受访慈善组织普遍存在着入不敷出的现象,项目经费使用紧张,日常开支有限,这个问题无疑会反映在慈善组织对全职员工的权益保障工作上。因而,改善甘宁青慈善组织对专职员工的社会保障问题需要先从解决慈善组织的资金状况入手。

(三)专职人员流失严重

组织工作人员招聘困难,但人员招进来工作不长时间就离开,这在甘宁青慈善组织中非常普遍。表4-8反映慈善组织人员的流失情况。

表4-8　慈善组织人员流失情况

问　题	选项		百分比(%)	
您所在组织工作人员每年的流失率是多少?	70%—60%		12.5	
	60%—50%		3.13	
	50%—40%		6.25	
	40%—30%		3.13	
	30%—20%		12.5	
	20%以下		62.5	
	均值	标准差	最小值	最大值
您所在组织工作人员每年有多少人流出?	4	5	0	20

根据调查结果,平均每个慈善组织每年有4名工作人员流出,标准差为5,最小值为0人,最大值为20人。从流失率来看,62.5%的受访慈善组织每年工作人员的流失率在20%以下,12.5%的受访慈善组织流失率在30%—20%,也有12.5%的慈善组织流失率高达12.5%。因而,根据调研情况得知,甘宁青慈善组织普遍存在工作人员流失的现象。

甘宁青慈善组织人员流失严重由多种原因导致。有的是因为人员个人的价值理念,如不认同机构的慈善价值或理念、对从事慈善行业没兴趣;有的是因为慈善行业待遇低,从事慈善事业难以谋生养家;有的是做慈善难以实现自我的价值。关于人员的流失情况及其原因,甘宁青慈善组织个别负责人的介绍基本能反映地方实际。

Qxd:每个人员每月开 2500 元,我知道很低,但是没有办法。因为我们接受的捐助一般都是指定的,这笔捐款用给谁、干什么都很明确,包括我们的理事单位它所给的款项也很具体,多少用于干什么,所以用于人员开支的只能我们自己想办法。我们的房屋租赁、水电开支、人员支出等,一年下来也八九万元。如果资金来源稳定的话,我是很想给员工多开的。这是实话,目前太少了。但是,我想着一个人都不聘用了,只有我一个人来办事,这就省下很多。

Qsg:我们人员薪资不固定,会根据不同的职位有差异。一般不低于 2000 元,有高于 3000 元的,但不会太多。员工流动性不大,基本上是稳定的。

Njq:我们专职人员工资由会长个人支持。说到底还是缺钱。

Ngya:我们曾经招聘过专职人员,有的嫌工资太低,有的认为做公益不踏实,都走了。

Qgy:我们这个团队很固定。有人员流动但不是流失。大多数员工在这儿工作超过四年以上,我们会鼓励他们到更好的单位,或由我们自己的建筑单位解决。在我们这儿锻炼 2 年以上的孩子,既有爱心又有协作精神和良好的沟通能力,一般我们会介绍他们到理事的公司去。所有在 Qgy 工作的孩子,我们保证他过得好,生活的质量高。目前为止,在 Qgy 的孩子总共有 16 人,从这里走出去有 8 个。这几个过得都很好。所以我要说现在人人要学会取舍,在经济允许的情况下,尽量多做公益,这样会让自己变得更好,生活得也更好。

Gxg:是的,人员流动得比较大,但留下来的都比较稳定。我们比较开放,想做就来,想走也自由。

Gcd:我们机构目前专职人员 23 个,完全专职,因为有幼儿园的老师,所以人员较多些。

流动性特别大,当然是与待遇有关。我们每个月最高给员工开 2500

元。现在物价这么高,如果员工成家,特别是有了孩子,我们给发的这点钱根本起不了啥作用。来我这儿的,一耗就是一天,连餐厅打工的收入都不如,与其这样还不如在外面做呢,所以流动性特别大。我们员工都有资质。因为幼儿园老师要有教师证,幼儿园资格比较高。我特别需要专职的管理人员。我既要操心机构这儿,外面的生意还需要打理。一个人真是顾不过来。无论项目争取还是外部联系,都需要专业的、专职的人员。

(四)人员流失对组织发展的制约

调研中发现尽管有的组织没有聘用专职人员,有的组织聘任少量的专职,还有的组织与其他组织共同聘用工作人员,但多数组织都表达了专职人员对组织正常运转以及未来发展的重要性。

Qgy:我们到现在都没有自己的网站,因为做网站缴费挺高,现在也没多少人关注网站,所以我们只有自己的一个群平台。尽管有自己的微信群,但会写的人并不多,甚至没有。有时候搞个活动连写记录的人都没有。我们团队也有人建议把捐来的款项用一部分来支持人工费,招一些年轻人进来,我们难以获得外部消息,自己搞的活动也传不出去,毕竟年轻人对网络、文字都好一些。

Qmy:目前我们没有关于组织的任何文字的资料,因为缺少人才。也有思想认识的问题。我咨询做一个资料要几百几千元,就舍不得了。

Gqy:没有专职人员肯定是不行的,像我们这样一个机构要有一个财务、宣传、办公室、外勤,至少要四五个工作人员才可行。目前这一个员工,既要做文字工作、宣传工作,还要做外部联络工作。所以我总是根据不同的场合,变化着给他人介绍该员工身份。

Nzs:专业人才少,做不了专业的项目。政府购买、创投项目拿不来、做不了,其实还是缺乏专业人才。目前情况是,即使有钱在××招不上专业人才,即使招来了,他也得有个熟悉的过程。等刚熟悉了,又因待遇的问题走了。我们这个行业,即使给高薪,能高到哪儿去呢? 每个月3500或4000元已是高待遇了。

Njc:没有懂专业的人,很难达到理想的慈善目的和要求。因为我是一个做事追求完美的人。钱现在对我们还不是最紧迫的问题,最缺的就是人才。没有素质好点的人连个公众号都做不起来。我的团队近600人,快2年了竟然建不起来个公众号。

四、慈善组织员工交流与培训

(一)员工培训基本情况

交流与培训是员工学习、成长的一个重要途径,是组织开发人力资源的一种重要手段,也是组织为员工提供福利待遇的重要内容之一。对员工交流与培训的支持与否,能够反映组织对员工福利的重视程度。课题组对甘宁青慈善组织工作人员的交流与培训情况进行了调查,结果如表4-9所示。

表4-9　慈善组织的工作人员培训情况

问　题	选项	百分比(%)
近三年来,您所在组织的工作人员是否接受过培训?	接受过	79.17
	从未接受过	20.83
您所在组织接受过的培训内容主要有哪些?(多选题)	提高社会组织服务能力	84.60
	财务或慈善专业知识	79.50
	政策、法律信息	66.70
	所在行业领域的专业性知识	43.60
	人事、社保政策信息	23.10
	其他	12.80

表4-9数据反映,甘宁青地区绝大多数慈善组织重视员工的培训。近三年来,79.17%的受访慈善组织的工作人员接受过培训,只有20.83%的慈善组织的工作人员没有接受过培训。在培训内容方面,受访的慈善组织中84.60%的组织接受过提高社会组织服务能力方面的培训,也有79.50%的组织接受过财务或慈善专业知识方面的培训,还有66.70%的组织接受过政策、法律信息方面的培训。

问卷显示有20.83%的慈善组织员工从未接受过培训,那是什么原因导致组织员工未参加培训? 表4-10是员工未接受培训的原因。表中数据反映,经费是制约组织员工进一步接受教育培训的关键因素,有71.10%的慈善组织因经费问题未开展员工培训。有23.70%的组织缺乏培训的相关信息,同样有23.70%的组织工作多任务重,没有时间参加培训;有5.30%的组织因为培训的内容不符合组织需要,所以没派遣员工学习;另有5.3%的组织认为不需要对员工进行培训。

显而易见,组织经费紧张是员工未能参加培训的重要原因,其次慈善组织缺乏培训信息、员工工作太多不能参加的原因占比也不低,也是制约员工参加培训的主要原因。

表4-10　员工未接受培训原因

问　题	选项	百分比(%)
您所在组织工作人员不能接受培训的原因是? (多选题)	缺乏培训信息	23.70
	缺乏必要的经费	71.10
	工作太多,抽不出人员	23.70
	缺乏符合需要的培训	5.30
	不需要	5.30
	其他	13.20

进一步了解哪些知识或技能是目前甘宁青慈善组织员工最急需的培训内容? 表4-11反映慈善组织愿意员工在组织管理方面和项目经营方面接受较多培训,有15.79%的受访慈善组织希望员工接受组织管理方面的知识和项目经营方面的知识;有5.26%的慈善组织希望员工接受政策法规方面和组织策略方面的知识。

表4-11　组织急需员工培训的内容

问　题	选项	百分比(%)
根据您所在组织的实际,您认为员工最急需培训哪方面知识?	组织管理方面	15.79
	政策法规方面	5.26
	项目经营方面	15.79
	组织策略方面	5.26
	其他	57.89

因此,综合上述可以看到,在受访的慈善组织中,大多数慈善组织的工作人员接受过培训,培训内容主要包括提高社会组织服务能力、增加财务、专业知识,了解政策、法律信息等。而部分慈善组织的工作人员没有接受过培训的主要原因在于缺乏必要的经费,部分原因在于缺乏培训信息,工作太多,抽不

出人员等。目前慈善组织员工最急需的培训内容包括组织管理、项目经营等方面的知识。

（二）员工交流与培训制度及实施

1.组织重视员工培训与交流。调研发现绝大多数的慈善组织对员工的交流、培训及其与组织的成长、发展的关系有较高的认知，所以组织比较重视员工的教育与培训，上表4-9中近80%的慈善组织工作人员接受过培训也印证了这一认知。

员工为什么要交流与培训？甘肃一位受访慈善组织创始人的一番话较有代表性，"对员工当然要培训，除了民政上的培训，还有其他公益机构的邀请或组织举办的培训，我们都会去参加。只要有这样的机会，我们就会去。主要是我们要学习，要充电。大的公益团体会交流、沟通、接洽，接触的面、人多了，以后我们做就会活起来。"

2.员工培训制度化。调研中发现多数慈善组织将员工的交流与培训制度化，将其作为组织制度建设的重要内容之一。以青海西宁夏都公益志愿服务中心的员工培训制度为例。

夏都公益志愿服务中心员工培训制度

一、员工培训的目标与宗旨

（一）为提高员工素质，满足机构发展和员工发展需求，创建优秀的员工队伍，建立学习型组织。

（二）培训的目标是通过不断提高员工的知识水平、工作能力和能动性，把因员工知识、能力不足和态度不积极而产生的人力成本的浪费控制在最小幅度，使员工达到实现自我的目标。

（三）机构的培训制度与员工的职业生涯设计相结合，促进机构与个人的共同发展。

（四）培训方针是自我培训与传授培训相结合，岗位培训与专业培训相结合。

二、培训的组织策划和实施

（一）机构办公室负责培训活动的统筹、规划及具体实施。

（二）机构其他各部门负责人应协助办公室人员进行培训的实施、督促，同时在机构整体培训计划下组织好本部门内部的培训。

三、培训的形式与方法

（一）机构的培训形式包括机构内部培训、外派培训和员工自我培训。内部培训又分为员工职前培训、岗位技能培训和员工态度培训。

（二）机构新入职人员均应进行职前教育，使新入职员工了解机构的管理规范、经营业务等方面内容。

（三）根据机构的发展规划及各部门工作的需求，按专业分工不同对员工进行岗位技能培训，并可视其实际情况合并举办。岗位技能培训由人事行政部门协同其他各部门共同进行规划与执行。

（四）外派培训，包括参加各类培训班、管理人员及专业业务人员外出考察等。由机构出资外培的，机构应与参培人员签订培训合同。

（五）个人出资培训是由员工个人参加的各类业余教育培训，均属个人出资培训。机构鼓励员工在不影响本职工作的前提下，参加各种业余教育培训活动。员工因考试需占用工作时间，持准考证，经部门负责人批准办理请假手续。

（六）各级管理人员可根据工作、业务需要随时设训，人事行政部门予以组织和配合。

四、工作业绩及工作能力特优，且与企业有共同价值观的员工可呈请选派外培或实习考察。

五、培训结束后，要开展评估工作，以判断培训是否取得预期的效果。评估的形式包括：考卷式评估、实际表演式评估、实际工作验证评估等。

六、培训过程前、中、后所有记录和数据由人事行政部门统一收集、整理、存档。

七、机构投入的培训费用应严格按照培训计划实施，杜绝浪费现象。

八、机构员工培训的成果列为考绩的记录，作为年终考核的资料之一。

九、凡受训人员在接获培训通知时，应在指定时间内向组织单位报到，特殊情况不能参训，应经分管领导批准。

十、本制度经理事长核准后实施。

（三）组织员工内外部培训

慈善组织员工培训有组织内部培训和组织外部培训两种形式。组织内部培训是由本组织邀请省内外专家学者或是组织内部员工就某一专题进行深入讲解或传授。外部培训是组织派遣员工外出参加本省或省外的学习。

1. 员工培训制度化。鉴于员工培训在组织人力资源管理中的重要性，甘宁青一些慈善组织将员工培训逐步制度化。课题组了解到，近年来甘宁青部分慈善组织将参加在深圳举办的一年一度的慈展会制度化，每年会派或多或少的人员去参加学习（图4-1　宁夏同心爱心救助协会负责人参加第五届慈善展）。

图4-1　宁夏同心爱心救助协会负责人参加第五届慈善展

内部培训有对本组织专职员工的培训，也有针对志愿者开展的培训。如新慈善法实施后，甘宁青部分慈善组织对其志愿展进行的诸如志愿活动的意义、如何做一名合格的志愿者、筹款技巧、公益发展规划等相关内容的培训（图4-2　同心爱心救助协会培训志愿者）。

图4-2　同心爱心救助协会培训志愿者

2. 能力建设培训是重点。访谈中课题组了解到,组织最想让包括负责人在内的所有员工得到能力方面的培训。在查阅甘宁青若干慈善组织的档案材料时,也发现组织员工得到最多的培训集中在能力方面。表 4-12 是甘肃康乐崇善社会工作服务中心在 2018 年自己组织的或参与的培训。

表 4-12　康乐崇善社会工作服务中心 2018 年能力建设培训

时间	主题	内容与形式
2018 年 1—2 月	甘肃社工伙伴计划项目(执行兴邦社会工作服务中心资助 2 万元的种子基金)	组织自己开展的培训。为民族地区开展一场骨干志愿者培训,一场机构负责人领导力培训,四场沙龙分享座谈会。为临夏州 60 名骨干志愿者开展培训,在康乐、合作和临夏开展三场沙龙分享座谈会
3 月 7 日	康乐县社会组织与社会工作培训交流会	对全县社会组织与社会工作人员进行培训
4 月 3 日	全省社会工作与志愿服务参与脱贫攻坚专题培训班	服务中心选派 3 名员工参加培训会
4 月 7 日	参访平凉市慈善组织	联合康乐陇人青年志愿者协会工作人员、庆阳市汇泽社会工作服务中心、和政义工部落协会、庆城志愿者协会参访平凉众益农村社区发展协会、平凉益路行公益协会、平凉伊邦农民专业合作社区、东郊社区壹乐园儿童服务站、平凉志愿者服务中心等 5 家公益组织
4 月 27—30 日	康乐崇善社会工作服务中心总干事、康乐县陇人青年志愿者协会理事长参访庆阳市社会组织	学习庆阳公益行业的优秀品质和项目点工作开展运营经验,为机构的管理、发展、走出去和自我造血提供有力保障
5 月 22 日	"防灾减灾救灾能力提升"第三期培训	康乐崇善社会工作服务中心项目官员、康乐县陇人青年志愿者协会办公室主任代表两家机构参加培训
7 月 29 日	兰州公益人 2018 年千里马公益私董会	中心理事长参加
10 月 25 日	重庆政府购买服务与社会治理创新交流会	康乐县陇人青年志愿者协会创始人、康乐崇善社会工作服务中心理事长在交流会上做题为《两难中求发展——以甘肃省临夏州、甘南州为例》的政府购买社会组织服务分享
11 月 10 日—20 日	甘肃兴邦益加益学院主办的"2018 年甘肃兴邦 TOT 培训"	服务中心项目主管参加
11 月下旬	成都第四届益微论坛	服务中心项目官员参加

通过表4-12可以看到,甘肃康乐崇善社会工作服务中心2018年几乎每个月都有培训或交流,可见组织对员工能力培训的重视程度。

青海慈善组织对员工的能力培养与建设也非常重视。西宁曙光公益援助中心在员工的能力开发与培训上较有影响。表4-13记录了2017—2019年上半年曙光公益援助中心负责人及其工作人员参与或开展的能力提升培训。

表4-13　2017—2019年上半年曙光公益援助中心能力培训

时间	主题	内容、形式	参与人员
2017年7月3日	能力提升培训	邀请成都童萌社会工作服务中心的老师能力提升培训	青海高远慈善帮扶救助会、青海回族撒拉族救助会、西宁市星光特殊儿童服务中心、西宁城东区个别幼儿园、化隆上多巴全托幼儿园、曙光公益等八家机构20多人参与
2017年7月26日	"优秀父母"讲师培训	对中心讲师的授课能力培训	曙光公益援助中心工作人员一行七人
2017年8月27—29日	全省政府向社会组织购买服务培训	由省委党校行政调研部老师解读《国务院办公厅关于政府向社会力量购买服务的指导意见》(国办发〔2013〕96号)、《财政部民政部关于通过政府购买服务支持社会组织培育发展的指导意见》(财综字〔2016〕54号)等文件、政策,使学员更深入、全面学习领会政府购买服务政策	曙光公益援助中心主任参加
2018年9月20—22日	深圳举办第六届中国公益项目交流慈展会	聚焦精准扶贫、共创美好生活	西宁市曙光公益援助中心主任及员工参加
2018年10月11日	中国青海流动和留守儿童的社会保护工作能力培训	上海卓越公益组织开发中心理事长,首都经济贸易大学社会工作系教授,青海师范大学教授分别就项目书撰写的相关知识、青少年儿童的保护及如何进行项目的督导几个方面进行全面详细的讲解	西宁曙光公益援助中心工作人员参加
2018年10月22日	第三期"星火燎原"党建+社工人才项目培训班	参与式学习及团队拓展活动,带领学员学习党建实务操作流程、社会工作基础知识及财务管理等内容	曙光公益援助中心和西宁市的24家社会组织44人参加培训

时间	主题	内容、形式	参与人员
2018 年 12 月 3 日	新加坡 AFG 公益慈善筹款联盟举办的以"商业与慈善：包容性城市发展国际论坛"为主题的国际公益慈善筹款大会	探讨建立包容性城市发展路径和实现无障碍城市发展的投资机会和资源对接	西宁市曙光公益援助中心 2 名负责人参加
2018 年 12 月 9—10 日	路径与发展——青海社会组织建设研讨暨能力提升培训会	强化公益慈善活动在社会建设和社会进步中的意义和作用，提升公民参与意识，宣传和推广企业社会责任概念，促进公民和企业积极从事公益慈善活动，参与社会建设。分组讨论企业与社会组织发展、志愿服务与社会发展、社会组织能力建设相关议题	西宁市曙光公益援助中心主任及员工参加培训
2018 年 12 月 12 日	西宁市创业致富青年"领头雁"（电商精英）培训班	围绕农村电商发展趋势及互联网思维、网络市场营销及包装和品牌运营等内容进行培训。形式为组织学员实地考察优秀企业、开展体验式教学、创业分享会、课后拓展训练等	曙光公益援助中心 3 名工作人员参加
2018 年 12 月 14 日	以"建设友好环境、聚焦儿童服务"为主题的儿童社会工作研讨会	围绕社会组织建设、项目协调运作、专业队伍建设、社工行业认同、政策环境构建、互动平台建设等开展座谈研讨	西宁市曙光公益援助中心主任参加
2019 年 3 月 16 日	曙光第 39 期能力建设培训	中心主任就曙光公益援助中心的历程、理念以及项目的运营做全面的讲解。对于培训过程中各人员的工作安排，以及对中心各个项目进行介绍。以参与式培训为主	曙光公益援助中心全体工作人员参加
2019 年 3 月 20 日	儿童社会保护联合支持网络研讨会	通过访谈互动和分享交流的形式就如何加强社会组织党建工作、如何加强对儿童保护的认识等方面进行多角度探讨交流	西宁市曙光公益援助中心主任参加

组织培训：38场
培训人员：1241人次
培训对象：服务对象、
大学生志愿者、社区老
党员、社会组织工作人
员

图 4-3　西宁曙光公益援助中心员工能力培训

（四）组织交流学习

组织交流学习是组织为员工提供学习的一种形式,组织员工通过外出参观、交流或组织内部成员之间的经验交流或分享而提高能力。甘宁青慈善组织不仅重视对其员工进行培训,也重视组织之间的学习与交流。通过交流,学习经验,汲取教训,在取长补短中达到组织的成长与组织的共同进步。

1.区域内交流学习。同行间的经验教训、感悟体会是组织获取力量、避免弯路的有益方式,甘宁青各地慈善组织之间的交流互动较为频繁。组织或通过参观访、或通过沙龙等形式分享经验、交流信息。以下分别介绍宁夏和甘肃两个慈善组织在区域内交流与学习的情况。

银川市公益组织工作坊（2017）

2017年宁夏吉庆公益基金会联合宁夏昊善社会工作发展服务中心、银川市民族综合福利院邀请区内10家公益组织参加工作坊(图4-4　宁夏10余家慈善组织参加工作坊)。大家从讲好一个故事开始探索如何设计好项目,并从对"99公益日"的规则解读开始共商联合劝募大计。

交流会上,参与的慈善组织对募捐问题进行了广泛的交流与探讨。大家有一个共同的看法,就是大大小小的公益活动已经做了好多年,可出了朋友圈,没人知道自己的组织是干什么的。而每一次慈善活动筹款又不得不依赖朋友圈,一次次"伤害"朋友圈,这成为交流会上大家共有的痛点。交流中组织们就如何认识"99公益日"、如何参与"99公益日"、如何让公益传播进入公众视野、如何让公益筹款链接更多公众深入探讨。

在交流中所有参与的慈善组织达成共识,一致认为2017年的"99公益日"不仅是解决组织痛点的一次机遇,更是慈善组织拥抱互联网公益大潮的机遇。

图4-4 宁夏10余家慈善组织参加工作坊

临夏市公益沙龙(2019)

2019年2月××日,在甘肃兴邦益加益学院老师的召集下,临夏州青年公益联合会参加第二届公益跨界沙龙,沙龙在热烈的气氛下召开。白银市助残协会分享帮助盲人一起体验过红绿灯路口项目活动;金昌市大爱无疆协会会长分享关于筹资的经验;启智拓展训练负责人分享2017彩虹跑的成功经验。

2019年2月××日,积石山县青年志愿者协会秘书长、和政义工部落协会会长、副会长等到临夏州青年公益联合会进行座谈交流。交流中各组织除了介绍各自协会的近况和未来的计划外,重点对"公益+创业"模式进行深入的交流探讨与经验分享。临夏州有不少公益组织是青年大学生创办并运营的,随着学生毕业后就业压力的不断加大,如何更好地继续运营协会和实现个人发展成为各协会最重要的思考课题。

2019年2月××日,临夏市居家养老服务中心工作人员及骨干志愿者与临夏州青年公益联合会座谈交流。座谈交流主要议题包括社会组织的内部治理、发展趋势、养老助残、志愿服务等方面遇到的困惑和问题。居家养老服务中心虚心接受青年公益联合会对相关问题的指导和解答,两个机构并就进一步合作达成初步意向。

2.区域外的交流探讨。随着慈善事业的发展以及组织内部的需要,甘宁青慈善组织也重视与地区外的组织交流与沟通。如2019年4月,包括甘宁青在内的23个省(自治区)99家慈善公益机构的逾120名组织代表齐聚南京,参加爱德基金会联合南京市江宁区民政局共同主办的"第二届爱德A+伙伴能力建设营"。各组织希望通过组织间的互动联系,搭建公益机构经验交流和分享的平台,相互多取经、多学习,利用先进技术手段,提升自身发展能力,提升组织内部治理和外部资源获取的能力,推动慈善公益行业的良性发展。

在组织的交流议题上,多个慈善组织谈到参加第二届爱德A+伙伴能力建设营的学习[图4-5　甘宁青组织参加"第二届爱德A+伙伴能力建设营"(2019)]。主办方特邀来自筹款平台、媒体和公益咨询等领域的资深专家,从理论和实操两方面帮助机构理解平台思维,促成机构与平台的高效联动,提高机构工作人员对网络新工具的敏锐度,同时获得运用新工具来做传播的能力,分析社群动员和网络筹资的要素,切实提高机构的筹款能力。培训还为合作伙伴机构提供了分享和交流的平台,现场相互分享自己的一线实战经验,各机构畅所欲言取长补短。

图4-5　甘宁青组织参加"第二届爱德A+伙伴能力建设营"(2019)

交流会上,甘宁青慈善组织了解了爱德基金会如何创新思路,开拓进取,特别是它的众筹团队如何通过与全国超过 700 家公益机构开展深入合作,帮助他们通过互联网筹款超 2 亿元。"互联网+公益"要求公益机构不仅要擅长落实和开展项目活动,更要求机构员工具备传播、动员和筹款的综合能力,对机构跨界合作、资源整合等方面均是全新的挑战。多家慈善组织表示参加交流后组织成员收获特别大,特别是在拓展公益机构的资金渠道,提升公益机构的可持续发展能力方面。

3. 省际交流学习。近年来甘宁青慈善组织不仅向发达地区学习,同时不断开阔思维,打破区域局限,三省(自治区)相互之间交流分享,查找问题,探索创新。

例如,为加深甘肃临夏、宁夏银川两地公益组织的认识和了解,为搭建进一步交流和合作的平台奠定基础,2017 年 9 月,由临夏州团委书记带队的临夏公益联盟一行 40 人到宁夏义工联合会进行参观交流(图 4-6　临夏公益联盟 40人到宁夏义工联合会进行参观交流)。参观交流中,宁夏义工联合会与临夏公益联盟就机构的基本情况、运行模式、党建工作、精准扶贫帮扶、承接政府购买服务工作、义工等方面相关问题进行了细致且全面的交流与讨论,双方就推动两地义工公益志愿事业可持续发展等问题也进行了深入、坦诚的交流沟通。

图 4-6　临夏公益联盟 40 人到宁夏义工联合会进行参观交流

第二节　甘宁青慈善组织的志愿者运作

志愿者在公益组织运作中发挥着重要的作用。甘宁青慈善组织具有广泛的志愿者基础,居民和本地大中专学生是志愿者的主要来源。甘宁青慈善组织比较重视志愿者的开发与培训。

一、志愿者的基本情况

（一）志愿者的数量与主要来源

志愿者是公益组织不可或缺的人力资本。甘宁青慈善组织中关于志愿者的相关情况如表4-14(表4-14　甘宁青慈善组织的志愿者情况)所示。

表4-14　甘宁青慈善组织的志愿者情况

问　　题	选项	百分比(%)
您所在组织一年接收志愿者的数量大概是多少?	5人以下	4.26
	5—9人	8.51
	10—19人	17.02
	20—29人	8.51
	30人及以上	61.7
您所在组织接收的志愿者主要来自哪里?（多选题）	大中专院校	58.30
	普通居民	62.50
	宗教机构人员	2.10
	义工联合会或志愿者协会的志愿者	29.20
	其他	12.50

受访的慈善组织全部接收过志愿者服务。根据问卷调查结果,在一年接收志愿者的数量方面,61.7%的慈善组织在30人及以上,8.51%的受访慈善组织在20—29人,17.02%的慈善组织在10—19人。调研结果反映甘宁青慈善组织在活动中有志愿者的广泛参与,组织接收志愿者的数量普遍在10人以上。

在志愿者的来源方面,由高到低排序依次是普通居民、大中专院校的学生、义工联合会或志愿者协会的志愿者以及其他渠道,占比分别为62.50%、

58.30%、29.20%、12.50%。

（二）志愿者在组织中的作用

表4-15显示的是慈善组织对志愿者在组织中作用的评价。甘宁青绝大多数慈善组织认为志愿者在组织中具有重要作用，在调研的慈善组织中有70.83%的组织表达了对志愿者作用的认同，相比较而言，只有29.17%的慈善组织认为有一点作用。这反映出大部分慈善组织都认识到志愿者对组织生存与发展的重要性，志愿者在慈善项目运作中的重要作用。因而，每年慈善组织普遍需要接收较多的志愿者，志愿者主要来源于普通居民、大中专院校的学生，以及一部分义工联合会或志愿者协会的志愿者。

表4-15　志愿者在组织中的作用

问　　题	选项	百分比（%）
您认为志愿者在组织中发挥的作用是？	很重要	70.83
	有一点作用	29.17
	可有可无	0
	没有任何作用	0
	反倒添乱	0

对志愿者在组织中作用与地位的理解，有些组织强调志愿者就是组织的核心；有些组织表示组织没有志愿者的加入，活动就难以开展；有的组织认为志愿者在公益活动中的大量加入，才使本地公益气氛浓厚，文明程度提高；还有个别组织完全依赖志愿者，认为组织有志愿者就够了，根本没有必要再招募专职工作人员。关于志愿者的地位与作用，甘肃和青海个别慈善组织负责人谈了自己的看法：

Gbf：我们"×××"只是一个名称，下面二三百号志愿者才是我们的核心。

Gmr：我们有多个项目都是志愿者在做，我们的工作没有志愿者是不行的。我们专门由志愿者做的项目就有五个：第一，四点半课堂。孩子们放学后在我们这儿学习或写作业，这得由志愿者们监管、辅导。学生们六点半写完。写不完就不让他们回家，就是让他们养成好的习惯。作业不多，有的孩子就喜欢拖泥带水。第二，周六、周天节假日拓展，主要是户外的锻炼与培训。这需要专业的老师,有才艺的老师。第三,休息日的辅导。有 8 个大学生,这是固定的,是我们与兰州大学的×××团队的协议。他们每年来给孩子们辅导作业,已经 3 年了,我进这个社区也就 3 年。第四,妇女的扫盲。这是我们聘请外面的专业老师,他们也是志愿者,不收取报酬。第五,图书屋。这也得由专门的人员管理。

所有这些都是我们的志愿者在做,他们对我们特别重要,没有他们,我们的很多工作、项目就难以实施。

Gmmf:在"奉献、友爱、互助、进步"的志愿者精神感召下,越来越多的青年志愿者和社会爱心人士参与到公益事业当中,推动实施一大批具有时代特色的公益活动和项目,为全州和谐稳定和文明城市建设做出积极的贡献。

Qmy:我们没有专职工作人员,基本就我一个人。因为有大量的志愿者,所以我觉得没必要招聘员工。比如,我这儿有差不多 70 来个经常性的志愿者,只要有事我就带他们挨家挨户走访资助对象家庭。

二、志愿者开发与培训

(一)志愿者招募

关于甘宁青志愿者招募问题,调研中几乎所有组织负责人表示很容易,只要有活动提前发个招募公告,多数情况下都能及时招募到人。"我们微信群里有二三百人,都是志愿者。一有活动发个消息能来的都来了。"招募志愿者不存在困难,志愿者的积极性比较高。招募志愿者的程序,正如甘肃慈善组织的一位负责人所说:"在具体活动中,需要大量的志愿者协助。普遍的情况是,当需要搞活动时,提前通过网络平台发通知招募志愿者。在招募通知中会对活动做简要介绍,重点是提出对志愿者条件及活动安排。"以宁夏吴忠市儿童福利院开展中央福利彩票项目招募志愿者为例。

吴忠市儿童福利院"六一"活动招募志愿者

一、活动背景

儿童福利院的孩子与外界的孩子处在不同的生活环境当中,外界的孩子有自己的爸爸妈妈以及亲属的陪伴,而福利院的孩子能陪伴他们的只有福利院的工作人员。他们接触的人群少,娱乐活动也不多,所以儿童福利院的孩子更需要社会各界的关爱。六一儿童节是一个全世界专属于孩子的节日,在今年六一儿童节来临之际,社工希望能通过组织开展六一儿童节活动,给福利院的孩子们带来温暖欢乐和更多的关爱。希望通过六一儿童节活动,能更进一步激发社会各界对福利院孩子们的爱心。

二、志愿者岗位需求及安排

1. 岗位需求:

活动开始前志愿者需要配合社工秩序维护、安保负责、引导、接待、签到、服务,配合社会工作者在第一时间处理突发事件等,避免因为准备不足而导致混乱现象的发生。

活动一共设有九个环节,而每个环节都需要有固定的志愿者负责维持。

2. 活动时间:2019 年 6 月 1 日(周六)上午 8:00—12:00。

3. 活动地点:吴忠市儿童福利院

调研中了解到有的组织在招募志愿者时有资质或制度上的限制。如甘肃某慈善组织,对志愿者参加活动的次数就有规定,如果达不到规定要求的次数,就会相应地给以惩罚。该组织规定志愿者一年至少参加 6 次活动,如达不到次数,组织就会依据制度给予惩罚。

在高等学校较多且集中的市县,招募志愿者相对容易一些。甘宁青三省(自治区)中甘肃高校比其他两地多,调研数据表明,在甘肃慈善组织中大学生志愿者数量多,整体素质高,正如甘肃一位组织负责人所说:"大学生志愿者是我们这个地方多数机构的主体,就比如我的机构,志愿者全是大学生。"

甘肃省兰州市由于集聚众多大中专院校,特别是大学生来源于发达省份较多,学生基础以及综合素养相对比较高。兰州市慈善组织依托高校建立了良好的志愿基础。慈善组织的活动要么与高校联合,要么招募大量的高校学生志愿者,高校资源以及大学生志愿基础特别好。

携手兰州博爱、城市学院志愿者开展公益活动

××××年×月××日,临夏团州委、临夏州青年公益联合会携手兰州博爱志愿者协会、兰州城市学院志愿者团队、东乡禁毒志愿者协会,在东乡县大树乡中心小学开展以"关爱儿童,执手未来"为主题的送温暖·共联谊公益实践活动。

公益活动包括各团队志愿者、兰州城市学院师生志愿者、部分家长志愿者在内的共计200余人参加活动(图4-7 大学生志愿者在活动)。

活动有文艺会演、物资捐赠、励志发言、参观校舍等环节。活动中孩子们与大学生们同台演出,孩子们表演的"中国范""光头强""踏浪"等节目活泼欢快,大学生们给孩子表演独唱、歌伴舞蹈、合唱等节目。大学生与小朋友一起度过快乐时光。

同台表演后,志愿者们为学生发放毛绒玩具、文具用品、体育用品、衣物及床上用品等爱心物资。在一片欢歌笑语中,公益活动落下帷幕。

图4-7 大学生志愿者在活动

(二)志愿者培训

志愿者培训是提高志愿者服务水平和服务质量的重要手段。通过培训增强志愿者对志愿服务工作环境的熟悉程度,进一步提高志愿者的志愿服务水平,确保志愿者提供最优质的志愿服务。通过培训,让所有的志愿者不仅能在参与志愿服务的过程中收获到快乐,还要让他们懂得通过活动全面收集、挖掘对工作生活中有用的知识,使其更加认同志愿服务工作,也促使志愿者更积极、更热情地投身到志愿服务活动中来。

志愿者个人的成长能够推动组织的进步。但是,多年来慈善组织对志愿者的态度,是招之即来,挥之即去。慈善组织与志愿者之间并没有建立牢固基础的意愿与实际约定,志愿者队伍极不稳固。

近年来,甘宁青很多慈善组织日益认识到,稳定的志愿团队对志愿者个人成长与组织长远进步的重要性,不仅在活动上吸纳志愿者的广泛加入与多样服务,并且基于稳固队伍、提升服务质量的目的,也日渐重视对志愿者专业知识与技能的培训。如宁夏的两位慈善组织负责人谈到本地志愿者以及志愿培训所说:"我们的志愿者不少,但什么是志愿者,志愿者怎么做,一开始都不清楚。""要加强志愿者培训,让他有基本的思想能力,对公益知识有更多的认识,让他正规地去从事活动,而不是盲目地去做慈善,自己独立地去调研、辅导。志愿者不通过培训,是一个盲目的参与者,他只觉得自己是在做好事。我现在就有这个想法,冬天我们农民都有时间,我找个会议室,无偿地培训我们的志愿者,培训 10 天时间。我每次出去培训都会下载老师的课件,我就是准备回来找一些老师,将自己团队的志愿者好好培训培训。"

事实上,甘肃、青海较早启动了志愿者队伍的培训与建设。以下是新慈善法实施以前青海高远帮扶救助会以及新慈善法实施以后甘肃兴邦社会工作服务中心对志愿者培训的案例。

青海高远救助会举办"大学生志愿者基础知识培训"

××××年×月××日,青海高远救助会和西宁曙光公益援助中心联合举办"大学生志愿者基础知识培训",对青海师大、青海民大、青海大学等高校的不同院系、不同专业 40 余名大学生进行志愿培训。

培训主要以关注救助会资助的 256 名孤儿心理教育为目的,通过志愿者定向的跟踪和课外辅导等方式帮助孩子快乐健康成长。培训由西宁曙光公益援助中心老师围绕"如何做一个快乐的志愿者"为主题,就志愿精神、志愿者工作方法、服务对象等内容进行参与式的培训。为期一天的课程,参与的志愿者各抒己见,积极参与讨论,最终与高远救助会正式签约成为救助会孤儿项目志愿者。

自 2015 年 6 月开始,高远救助会携手 30 多名志愿者,并以一个志愿者负责 3 个孤儿的手拉手形式,在湟中县、大通县、民和县、平安县、化隆县、西宁市等地的 256 名孤儿家庭陆续开展家访工作。

甘肃兴邦大学生志愿者基础培训

××××年××月××日,甘肃兴邦社会工作服务中心为兰州城市学院青年志愿者协会的志愿者伙伴们做了一场志愿者基础培训。

志愿者培训的老师是由甘肃兴邦益加益学院公益培训师林 X、马××担任,甘肃兴邦员工马××、丁××负责会务工作。

培训课开始,兰州城市学院青年志愿者协会负责人向参加培训的志愿者介绍青年志愿者协会的发展状况,甘肃兴邦社会工作服务中心助学部负责人林×老师向学员们介绍甘肃兴邦助学部的发展情况。大家在观看志愿者风采展示视频中开启培训模式。

培训师通过学员互动方式向同学们介绍什么是志愿者,志愿者的基本要素,跟大家分享志愿服务和志愿精神。学员们通过讨论,发现自身的优势以及存在的不足,了解如何维系和促进团队之间的关系,明白自己为什么要做志愿者,以及如何去做一个优秀的志愿者。培训师通过讲解,告诉大家如何参与志愿服务活动,怎样做一名合格志愿者以及志愿者应该具备的基本素质,志愿者服务可能遇到的挑战和应对方法。

培训课程的最后阶段,由城市学院青年志愿者协会的志愿者们通过实际演练,向大家展示"伤口包扎""高血压急救""人工呼吸"等一系列急救措施,展现城市学院青年志愿者协会志愿者的精神风貌和志愿服务的专业水平。

(三)志愿者的志愿感悟

志愿者既是慈善活动的主力军,同时,他们也在一次次的活动中不断得到锻炼与成长。以下是宁夏和甘肃的两位志愿者在志愿活动后的感想感言。通过志愿活动参与,志愿者体会到爱的快乐与满足,体悟到"爱""信"的意义与价值。

吴忠市吉财慈善协会志愿者的感想。××××年××月×日,宁夏吴忠市吉财慈善协会为寒冬中的孤儿打扫卫生并发送过冬衣物,随后组织志愿者走上街道清理主干道环境卫生(图4-8 吉财慈善协会志愿者服务),协会的志愿者记录下一天的活动并写下感言。

吉财慈善协会组织志愿者在寒冬为孤儿加新衣

关爱孤儿,奉献一片爱心,"弱有所扶"是新时代中国特色社会主义慈善事业的核心,也是中华民族的传统美德。救助弱势群体、促进社会和谐是每个人义不容辞的责任。"我愿意成为一名优秀光荣的志愿者,我承诺,尽己所能,帮助他人,服务社会,践行志愿精神……"在庄严的宣誓声拉开了志愿服务活动的序幕。

××××年××月×日,志愿者们先后到8位孤儿家中清扫卫生并送上学习用品和生活用品,为每个孩子换了一身新衣服。马女士在我们给孩子们买鞋时一听说吉财慈善协会为孤儿买鞋,以最低的价格卖鞋给8个孩子,还有市民热心给每个孩子送上鞋。特别是我们的爱心感动了商场的人,有好几位女性爱心人士过来帮助孩子们挑衣服鞋子,随后马会长带孩子们去吃他们爱吃的,孩子们吃饱穿暖无比高兴。我们的志愿者把孩子们安全送到家,并且叮嘱孩子们的监护人要保持乐观向上的良好心态,关心关爱孩子成长。

随后,我们为疾病中禁毒专干×××送去慰问金2000元。高额的治疗费用让她并不富裕的家庭陷入困境,希望我们的帮助使她能坚定信心,早日恢复健康。下午,8名志愿者为创建文明城市,在街道公共设施清理烟头和墙上小广告,我的城市我维护。

开展此次志愿服务活动对弘扬志愿服务精神起到了良好的促进作用。志愿者们纷纷表示,今后将持之以恒地参加各类志愿服务活动,在志愿服务中陶冶情操,快乐自己,幸福他人。让爱传承爱,用生命感动生命,为需要帮助的人贡献出自己的一份力量。感恩于心,报恩于行,让报恩成为一种习惯。

协会组织志愿者慰问孤儿

志愿者在街道公共设施清理烟头和墙上小广告

图 4-8　吉财慈善协会志愿者服务

　　兰州市大学生志愿者的感悟。兰州城市学院、甘肃政法学院、甘肃中医药大学、兰州交通大学、西北师范大学的 30 名学生,参加了芝麻信用专项公益基金研发的"大学生信用素养课程——信用之旅"素质培训。一名大学生志愿者分享了培训的内容、形式以及自己的学习体悟。

大学校园里的"信用之旅"

　　××××年××月×日,在兰州城市学院教一楼 1401 教室,甘肃兴邦助学部和来自兰州城市学院、甘肃政法学院、甘肃中医药大学、兰州交通大学、西北师范大学的 30 名同学开启了一场别开生面的"信用之旅"。兴邦助学部通过深圳益加益学院,引进了芝麻信用专项公益基金研发的"大学生信用素养课程——信用之旅",这是一个面向大学生普及信用理念的素质类课程。

　　整个课程通过分享、启发和互动的方式,建立良好的课程气氛,鼓励同学们积极思考、热情参与,推动同学们采取行动维护信用。课程通过"信、

285

用、之、旅"的卡片将来自不同高校和专业的同学分组。在团建阶段,每个小组都取与信用有关的组名:"一诺千金""信信之火,可以燎原""若承必旅(履)""信?——人之言"。也同时喊出"诚信培训、铺就未来""一诺千金,童叟无欺""生命诚可贵、信用价更高""一言既出、驷马难追"的响亮口号。

课程分两个环节。第一个环节,通过头脑风暴让学生们列举很多在大学校园里的失信行为:考试作弊、约会迟到、小黄车未按规定停放、图书馆占座……培训师通过案例让学员了解失信行为或身份被冒用带来的影响就业、贷款、考公务员及背负债务等各种后果。

第二个环节,培训师通过借钱的案例与学生探讨信用,讨论中引出维护信用的三大途径:除了从道德角度出发维护个人信用口碑,从经济角度维护个人信用报告和信用评分以外,还要注意从法律途径维护信用,要做到履行契约,坚决不上失信被执行人名单。

作为大学生,除了独善其身,维护好自己的信用以外,还应具备为建设信用社会加油、添砖加瓦的责任。学生们在观看"无人超市"一天运营情况的视频后,提出了诸如鼓励大多数人继续守信、约束少部分人使其不再失信的提升"无人超市"付款率的具体建议。

临近活动结束,学生们都表达必须重视信用并在生活中维护好自身信用的心声,同时,学生们也表达做一些力所能及的事,向同学、亲友、社会宣传人人讲信用是建设美好社会的基石,人人讲信用有助于世界变得更美好。学生们也表示自己将为社会的信用体系建设做出努力。大家把"承诺行动"写在了便利贴上,形成了一棵枝繁叶茂的信用树。

第五章　甘宁青慈善组织社会资源运作

社会资源是能够为需求者提供服务的客体。社会资源分为有形的资源和无形的资源两类,社会关系是无形的社会资源,是社会资源的重要内容之一。慈善组织功能的充分发挥离不开政府、企业、媒体及公众等主体的支持。本研究依据社会支持理论,分别从组织与政府关系、与企业关系、与媒介、与社区关系等方面,对甘宁青慈善组织的社会支持情况进行分析与比较。

第一节　慈善组织政府资源的运作

政府的含义有广义和狭义之分,本研究慈善组织所涉及的政府指的是广义的政府,即包括立法机关、行政机关和司法机关在内的行使国家权力的所有机关。

一、慈善组织与政府的关系

(一)组织与政府关系基本情况

甘宁青慈善组织与政府的关系如表 5-1 所示。甘宁青慈善组织对本组织与政府关系的评价,39.58%的受访慈善组织认为关系一般,33.33%的慈善组织认为关系比较密切,18.75%的慈善组织表示非常密切,另外有 8.33%的慈善组织表示与政府相关部门联系不多。

在是否与政府建立合作关系问题的回答上,58%的受访慈善组织表明近三年与政府有合作关系,但也有 42%的慈善组织没有与政府建立关系。研究表明,甘宁青多数慈善组织与政府相关部门的关系比较密切,近三年有一半的组织与政府建立了合作关系。也有不少慈善组织与政府相关部门的关系一般,与政府部门建立合作关系的意识较为淡泊。

表 5-1　慈善组织与政府的关系

问　　题	选项	百分比(%)
您认为您所在组织与政府相关部门的关系怎么样?	非常密切	18.75
	比较密切	33.33
	关系一般	39.58
	联系不多	8.33
	不好说	0
近三年来,您所在组织是否与政府建立合作关系?	建立	58
	未建立	42

(二)组织与政府互动的具体情况

表 5-2 反映的是甘宁青慈善组织与政府的具体互动情况。数据表明,近三年来组织与政府的联系大多集中在对政府相关部门活动的支持上,有 80.85% 的慈善组织协助过政府开展政策宣传活动。有组织通过向政府反映意见或应组织的要求而与政府发生关系,59.57% 的慈善组织向政府相关部门反映过意见或提出过要求。25.58% 的慈善组织向政府相关部门提供过行业调研报告, 18.18% 的慈善组织为政府相关部门提供过行业资格和产品质量的审核认证, 79.17% 的慈善组织围绕党和政府的中心工作开展过活动,29.55% 的慈善组织为政府提供过政策建议,12.2% 的慈善组织所提建议被政府采纳,7.32% 的慈善组织曾成功地促使政府修改或停止实施某项政策。

总的来看,受访慈善组织与政府相关部门的互动主要是协助政府开展政策宣传活动,围绕党和政府的中心工作开展活动,而反映意见建议和要求,包括提供行业调研报告,为政府提供政策建议,成功地要求政府实施某项政策等在内的互动则相对较少。

表 5-2　慈善组织与政府的具体互动情况

互动内容	是(%)	否(%)
反映意见建议和要求	59.57	40.43
提供行业调研报告	25.58	74.42

互动内容	是(%)	否(%)
协助政府开展政策宣传活动	80.85	19.15
行业资格和产品质量的审核认证	18.18	81.82
围绕党和政府的中心工作开展活动	79.17	20.83
为政府提供政策建议	29.55	70.45
成功地要求政府实施某项政策	12.2	87.8
成功地促使政府修改或停止实施某项政策	7.32	92.68

通过访谈了解到,甘宁青慈善组织对与政府的关系自我评估都不错。甘肃、青海的部分慈善组织向课题组介绍了本组织与政府互动的大致情况,多数组织表达了"只要扎扎实实做事情,就能得到政府认可,就能与政府相处得很好"的观点。

Qxd:我们和政府的关系还行,每次政府通知我们开会我们一定会参加。

Gmr:我们机构与政府合作相当好。我们这几年的努力是逐渐接受政府购买项目,今年申请的项目没下来,但以后我们还会继续做,今后要加强与政府合作。

Gzy:跟政府的关系挺好的。我们是注册的慈善机构,第一,我们要按法律法规办事,只要是违反法律法规的事情我们是不会做的。只是民政局对我们的信任、支持稍微低一些,这在 LX 是比较明显的。按我的想法,公益团队多了、壮大了,会给民政部门减轻很多的负担。民政不愿干的脏活苦活全让我们做了。

Gsq:只要把事情做好了,不要耍花样,扎扎实实地做事,政府怎么会不支持呢?!

访谈中部分组织坦承与政府关系较疏远。至于与政府关系不密切、较疏远的原因,有的慈善组织归因于自己不主动,表达了希望政府能多关注自己组织的想法。有的认为政府给予组织实际的、实惠的支持不够,所以与政府保持距离。也有的慈善组织认为政府有差别地对待组织,政府倾向支持规模大的、有影响的组织,而对规模小、发展一般的组织不提供支持。甘宁青个别慈善组织负责人向课题组反映了一些与政府交往中的经历。

Qyg:我们与政府没有任何联系更别说合作了。脱节的原因不能一味归结于政府。我们作为组织和政府的衔接不主动、沟通不够,所以政府就把我们忘了。但我觉得政府是主导部门,应该走在前面,主动关心我们。

Gss:我们机构相对与政府关系疏远。在个人荣誉上,政府对我不薄,比如评选"LZ好人"、社区优秀人员,这些每年都会上报、批准我,荣誉上都给我。但真正的帮助、实在的帮助没有,没有说对我们机构扶持一下。

这么多年获得了好多的名誉,很多是政府给的,但我不需要那么多的名誉,只是希望政府多多支持我们的发展,名誉只是我个人的、一时的,但是真正存在的困难政府应该帮助解决。

Nhyg:政府对公益支持的力度不是很大。你干着他看着,如果干好了他(政府)啥话都不说,如果出现了啥问题、啥错误,那他逮住你该咋的就咋的呢。他总是担心我们给他造成麻烦。其实我们做的都是给政府减轻负担。不过,我们镇上的司法所所长在我们机构里,他一直说我们做得非常好,还帮我们团队里拉人。

Ngya:政府不关心社会组织。政府要多关心组织。如去年7月在WZ市JJ镇办的老年饭桌,按北京公司的要求,他们投资的项目资金不能用作租用房子。机构人员工资,民政局建议我们到政府,让政府帮着解决,看能否免费使用房子。我们给政府一说,政府说"政府没有义务为你们提供房子"。我们自己在JJ镇租房,一年1.6万元,从7月项目实施到今年5月,整整10个月,政府大小的领导没有一个人进去看看,看看我们到底做什么、怎么做的呢。

与政府关系不怎么样。之前我们因为办公室一事找民政局帮忙提供,答复说没地方,最后跑了多次乡政府,乡上说可以。后来找到真正的管辖地,回复说没地方。我们村委会根本不支持。政府给我们的感觉是,如果你这个组织有影响了,冒尖了,我就拼命地支持你。如果你这个组织没有出头,没有影响,对不起,我看都不看。比如我的"百村千户"项目,在外面村子有影响,但我所在的村子村委不与我们对接。

我们在别的村子做,人家领导特别欢迎,积极与我们对接,我们村子就做不了。我认为村长思想狭隘。曾经有段时间我们的办公室是邻近我们乡的一个乡政府给的，因为不方便，我们去的次数比较少。目前办公室是租的。这就是我们遇到的困惑，如果政府认可、接纳、支持，给我们提供一个办公场所很容易，这会给我们解决很大的问题。租房的费用就可以省下来直接捐给有需要的人，多好！所以我觉得政府对接这块力度不大。

那些与政府关系较疏远的组织，主观上有没有想与政府建立良好关系的愿望？多数组织有这个愿望，希望政府不论组织规模的大小，一视同仁地关注组织、给予组织物质或精神上的扶持。如宁夏 TX 县的某个慈善组织"我们特别特别地想呀。总想着靠近政府，但是靠不上"。

甘肃 DX 县的一个慈善组织同样表达了想得到政府的肯定与支持的愿望："我们希望慈善机构是跨界合作，与企业对接、与政府对接，这样才会持续发展。希望政府看到我们的作用，然后多多支持我们。政府顾及不到的底层人口的生活状态，由公益机构来担当，我们深入流动人口家庭，深入了解他们的状况，然后提供一些帮助，让他们在城市有安全感。我们发挥政府与社区的桥梁作用。"

以下是甘肃和青海两家在儿童和妇女领域较有影响的慈善组织，它们的负责人在与政府交往上有更深刻的体会。

甘肃善泉：扎实做事，政府支持

我们的工作得到政府领导认可，这是有原因的。有次省上的、市上的一些领导到我们这儿，很受感动。但一听说我们是全免费的，都不相信。就向孩子们问实情，听到孩子们回答"没收钱呀"才确信。有次我们兰州市的副市长到机构来，我在电梯迎到，进来了我给他介绍，"市长，这是我们跟大学生志愿者合作的为流动儿童和流动妇女办的课堂。"副市长摆摆手说："这都是虚的，我不看，走，我看你的学生去。"很直接很纯粹的一个领导，我特别欣赏他做事的风格。他进教室后说："你们先啥都别说，把学员们的作业拿出来我看看。我是当过老师的，我一看作业就知道她们有没有认真学，老师有没有认真地教。"正好有一沓子妇女们写完了的作业在那儿放着呢。这是我之前要求妇女们将作业放在那里的,为啥要求她们做作业?我给妇女们讲:"你们明年看今年的作业,会发现自己有一个成长的进步。你们后年再看第一年的,就发现自己成长的速度和程度。"妇女们也很自觉,写完的作业全都扔在那儿。领导拿到作业本一看一个比一个整洁,一个比一个认真,感动了,他就问在场的一个妇女学员,"说,张老师向你们收了多少钱?"女学员丝毫没有犹豫地回答:"一分都没收过呀,没收过钱。"

领导再到隔壁孩子们的教室,"张老师向你们收过钱了吗?"孩子异口同声回答:"没有。"领导这下知道了实情,回去就拨了15万元给我们。今年又对我说:"你申请经费我们再想办法。"

这说明啥?我们的工作领导们是认可的,然后各种荣誉也下来了。所以说,只要认认真真把事情做好,政府当然愿意支持。先好好工作再提合作、支持,肯定不在话下。与政府搞好关系,前提是先做好自己。

青海曙光公益:只要扎扎实实做活动,就能得到政府认可

我们和其他组织有区别。我们重点在参与政府的项目或活动,比如和民政、妇联。妇联没有项目,但它们的一些活动我们对接。和政府接触,就是一些活动可以对接着做,并不单单是要钱,而是通过参与获得政府的了解、信任,政府会以不同的方式扶助组织成长。

只要扎扎实实做活动,就能得到政府认可。我们有些活动做了将近10年,比如"快乐巴士"就是资助大通县的一些小学。那时我们就组织大学生开展对留守儿童的关爱活动。从理念设计上,不是把图书送给他们就完事,而是我们一个学校会持续做上一至两年,每个月都会组织大学生带上图书去给他们搞活动,形成一种互动交流,孩子也看到一种希望。其实给孩子们的物质并不多,书我们都会收回来的,循环利用。这个我们在大通县做了将近8个学校。学校都是一个传一个,有的是因为政府改革取消了一些教学点,活动才停下来。今年我们是一个月去3个学校,将近有900个学生在等待我们的快乐巴士,大学生带上图书和他们的才艺,心理咨询老师带上器具和他们的沙盘游戏。这个活动一直持续,今年还入选中央文明办举办的

"四个 100"学雷锋。

妇女资助这方面也是我们的主力军,也得到政府的关注与支持。妇女主要做"摇篮之手"项目,我们很多活动都是按项目做的。"摇篮之手"是组织少数民族妇女,做一些本土的、即将消失的传统手艺,培养、挖掘一些优秀匠人。我们作为一个平台,让她们有机会展示,同时把这个活动也在去年政府购买服务中对接,作为服务老人的一个项目。怎么服务老人?在100 个老人中我们挑选 40 个年轻一些的、有手艺的,举办面点培训,给那些年轻人传承、教授。另外做好的面点,我们通过志愿服务送到年龄大的一些老人家中,也送到小区中的藏族、撒拉族等少数民族家中,间接地起到促进民族团结的作用。这个项目是比较受关注的,尤其是政府,每次都会去观看。

政府对慈善事业、慈善组织的重视与关心,不仅表现在政策的支持上,还体现在政府机关、部门领导到慈善组织的参观与调研。因此,慈善组织协调好与政府之间的关系,应该为各机关或部门领导的参观与调研做好准备工作、接待工作,为政府了解慈善组织及慈善领域的相关问题,提供第一手资料,进而促进政府完善慈善事业发展的相关政策与制度。

二、慈善组织承接政府购买项目

购买政府服务是慈善组织与政府建立联系的重要渠道。近年甘宁青大多数慈善组织意识到购买政府项目的重要性,但在实际运作中,购买、承接政府项目面临一些困难。

(一)承接政府项目基本情况

课题组对甘宁青慈善组织承接政府项目的情况进行了调查,结果如表 5-3所示。根据该表可以看到,在承接政府项目的具体形式方面,29.03%的受访慈善组织是委托购买,25.81%的慈善组织是无偿服务,22.58%的慈善组织是资金补贴,还有 22.58%的受访慈善组织是其他形式。可见,甘宁青慈善组织承接的政府项目形式多样且各类形式占比比较均衡。

表 5-3　慈善组织承接政府项目

问　　题	选项	百分比（%）
您所在组织承接的政府项目是以何种形式？	委托购买	29.03
	资金补贴	22.58
	无偿服务	25.81
	其他形式	22.58
您所在组织通过何种方式获取政府项目？（多选题）	依据法律法规进行授权获取	7.40
	由政府公共平台集中招标采购	40.70
	定向签订长期合作协议	3.70
	签订短期合作协议	18.50
	定向补贴	11.10
	其他方式	37.00

　　在获取政府项目的具体方式上，受访的慈善组织中 40.70% 的组织通过由政府公共平台集中招标采购获取，18.5% 的组织通过签订短期合作协议获取，还有 37.00% 的慈善组织通过其他方式获取政府项目。研究表明，受访慈善组织主要通过由政府公共平台集中招标采购获得政府项目。

　　在承接的政府项目数量方面（表 5-4　慈善组织承接政府项目数量及考核形式），受访慈善组织承接政府项目数平均为 3 个，标准差为 3，最小值为 0 个，意味着有些慈善组织没有承接政府任何项目。在政府对委托的项目进行考核的形式上，30.77% 的受访慈善组织反映是通过项目审计的形式进行考核，15.38% 的慈善组织是通过项目绩效评估的形式，也有 53.85% 的慈善组织是通过其他形式。这表明，政府在对购买服务的慈善组织的考核上，主要是以项目审计及其他为主。

表 5-4　慈善组织承接政府项目数量及考核形式

问　　题	选项	百分比（%）		
政府对委托的项目以何种形式考核	项目审计	30.77		
	项目绩效评估	15.38		
	其他	53.85		
您所在组织承接政府项目数量？	均值	标准差	最小值	最大值
	3	3	0	10

(二)承接政府项目面临的主要困难

课题组在调研中发现,甘宁青慈善组织在与政府沟通上,特别是政府项目的购买上存在着极不平衡的现象。如表5-4所示,有的组织多次承接政府购买项目,最多的有10项,而有的组织一次都没有接领到政府项目。从总量来看,甘宁青慈善组织承接政府服务组织数量并不高,受访慈善组织平均承接购买服务量为3。所以无论从总量上还是承接平均数量来看,组织承接政府项目数量少且不均衡。

问卷进一步显示,慈善组织在承接政府项目方面存在多种困难。如表5-5所示,33.33%的受访慈善组织是因为组织人才短缺而造成承接政府项目的困难,15.15%的慈善组织因为组织自身能力不足限制了政府购买,也有资金不足和信息不对称原因,使得组织难以获得政府购买项目,这两方面的原因占比均在6.06%;有3.03%的组织将承接政府项目困难归因于政府一些职能部门不愿放权导致,还有27.27%的慈善组织没有明确表达制约组织承接政府购买服务的原因。

表5-5　慈善组织承接政府项目主要面临的困难

问　题	选项	百分比(%)
您所在组织在承接政府项目中主要面临哪些困难?	组织人才短缺	33.33
	信息不对称,无法获知相关信息	6.06
	资金不足	6.06
	税收优惠政策无法落实	0.00
	政府职能部门不愿放权	3.03
	存在法律法规方面的障碍	3.03
	缺乏透明、公平的采购程序	6.06
	缺乏相应的采购标准	0.00
	组织自身能力不足	15.15
	其他	27.27

总的来说,调研中多数受访慈善组织将承接政府项目中存在的主要问题归因于组织自身,即组织人才短缺和组织能力不足。如甘肃兰州一位慈善组织负责人说:"政府的公益项目难度很高,像财务审计、项目审核、执行监督等要求挺高,我们地县级组织承接是很难很难的,目前来说是不可能完成的任务。所以我

希望政府除了提供政府购买的项目外,能否通过当地群团组织如妇联、残联、共青团、工会,还有民政、环保等我们的上级主管部门,给我们支持一些必要的行政经费,通过奖励的方式,比如每年评选优秀团队或其他评估活动,通过奖励支持我们一点办公经费、行政经费。这方面如果能有支持保障的话,我想我们公益会发展得更好。"

三、获取政府资助与支持

（一）获取政府资助基本情况

甘宁青慈善组织获取政府资助情况,如表5-6(表5-6　慈善组织接受政府资助和支持情况)所示。对于曾经是否接受过政府部门的资助,受访慈善组织中有23.30%的组织接受过项目资金的资助,14.00%的组织接受过财政补贴的资助,11.6%的组织享受过税收优惠,还有55.80%的组织接受过政府部门其他方面的资助。统计说明政府对慈善组织的资助主要是以项目资金的形式,而税收优惠和财政补贴所占资助比重并不高。

表5-6　慈善组织接受政府资助和支持情况

问　题	选项	百分比（%）
您所在组织曾接受过政府部门资助的类别为?（多选题）	项目资金	23.30
	财政拨款	9.30
	税收优惠	11.60
	财政补贴	14.00
	其他	55.80
您所在组织的慈善活动,一般政府部门领导参加的情况为?	所有活动	6
	多数活动	18
	少数活动	54
	从未参加	22
在提出本组织的利益或愿望时,您对政府是什么态度?	非常信赖	10
	比较信赖	50
	一般	28
	不太信赖	6
	完全不信赖	6

政府能否参与慈善组织的活动,参与活动的频次,体现出政府与慈善组织关

系状况。甘宁青政府参与慈善组织活动的情况,根据表5-6,54%的受访慈善组织表示组织开展的活动,只有少数活动政府部门领导参加,22%的慈善组织表示政府部门领导从未参加自己组织的活动,也有18%的慈善组织表示多数活动政府部门领导参加。问卷说明甘宁青慈善组织与政府关系良好,政府部门领导参加过50%以上慈善组织举办的慈善活动。

(二)慈善组织对政府支持的评价

1. 对政府支持的态度

在提出本组织的利益或愿望时,慈善组织对政府的态度怎样? 组织是如何评价政府的? 受访慈善组织中有50%的组织比较信赖政府,28%的组织对政府态度一般,10%的慈善组织非常信赖政府。因而,甘宁青大多数的慈善组织对政府是信赖的,能够对政府提出本组织的利益或愿望。以下是宁夏三位组织负责人对获得政府支持的一些观点:

Nbf:我们跟团委、民政走得近,接触的机会比较多。

Ngya:我们与政府关系没得说。因为政府部门在一些工作上支持我们的,比如前段时间有个小孩丢失2天,我们参与寻找,公安部门对志愿者一路开绿灯,愿意与志愿者协助一起开展工作。总的来说慈善、公益行业政府是比较支持的。

Nyjq:政府大部分时间是支持的,但有时跟他交流时会说你做好人好事就行了,别找那么多事。但从我们角度讲,不仅仅是拿点钱做好人好事这么简单,还想着促进某些事情的解决,还想着推动某些政策的完善等。

2. 获取政府支持的经验

需要得到政府支持的慈善组织很多,如何才能获得政府部门与相关领导的关注与支持,甘宁青慈善组织各有不同的观点。

做合理合法的事情政府一定会支持。部分慈善组织认为只要做合理合法的事,政府一定会支持。如青海西宁市的一个慈善组织负责人坦言,"我们合法地干一件事情,政府还是会支持。包括社区,社区先了解你的情况,完了之后会提供各方面的帮助。搞公益必须要靠近政府,一定要跟政府打成一片,才能发展。"

不给政府找麻烦政府就会支持。也有的慈善组织认为不要给政府找麻烦就能获得政府的支持。青海西宁市的一家慈善创始人鲜明表达了他的观点:"你搞公益,我也搞公益,你跑到政府那边去要这要那,政府需要你搞公益吗? 政府有社会保障体系,他也需要钱做这做那。你不要给社会找麻烦就行了。我一直在说,搞公益我们是在给自己做,不是给政府做也不是给别人看的。做公益,我们自己得到心理上的快乐、社会上的尊重。条件允许政府就会给你支持。"

政府应提供资金以外的支持。有个别慈善组织提出,希望国家除资金支持以外在其他方面给予更多支持。甘肃某慈善组织负责人举例说:"比如慈善法规定的公募的门槛太高,好多公益组织达不到这个条件。如果降低标准,很多公益组织可能发展更有潜力。另外,每个公益组织在注册时就有一些标准,没有必要再抬高门槛。"

政府支持应该多样化。甘宁青三省(自治区)慈善组织获得的政府支持,既有授予组织荣誉、与组织联合开展活动,也有提供场地或人员的支持。经费不足尤其是办公场所开支紧张,是公益慈善圈普遍的问题。大多数慈善组织提出如果办公室开支能够节省下来,将为组织活动提供极大的便利,组织都希望政府能帮助解决这个问题。调研中了解到,在为机构解决办公地点这个问题上,青海西宁市做得比较好,像西宁市曙光公益援助中心、青海省阳光公益志愿者服务中心等组织,都是由当地政府无偿提供办公室。

> Qxd:我们机构的办公室就是政府给解决的,在西宁市城东区摩尔苑小区。是我主动去要的。我到街道办去对领导说:"我们机构每年都在帮助你们管辖社区的孤寡老人、上大学的贫困孩子,你们有需求只要提出,我们都尽量去协助完成,能否想办法给我们解决一下办公室的问题?"去了多次,结果就给了我们一套148平米房子,在公益组织里算是支持了我最大一个房子。

> QX:我们与政府关系相当好。我们机构这个楼是民政提供的。硬件设施如这个信息平台、桌椅、办公用品等也是民政提供的。

> Qsg:这几年倒不觉得政府政策上的限制,反倒认为政府对我们的发展有很大的推动。开始我们用自己的房子做,做一些老人的、妇女的活动,引起政府关注,政府很赞赏,带着上级妇联来过,也会做一些报道。随后少数民族妇女工作会得到一些支持,当然不是物质上的。2014年社区成立后在

社区建立了新的办公点,那里领导比较看重我们的工作,加之国家层面提倡社会组织建设,政府就帮助我们成长,提供办公室和提供活动场地等。

宁夏个别慈善组织的办公场所也是由政府提供的。如宁夏固原市为固原雨露社会工作服务中心在创业园区提供办公室,该组织负责人对当地政府评价较满意,"仅办公地方政府就为我们解决了难题。政府的支持为我们节省了一大笔成本,现在这个场地是申请创业园区的免费入住。假如没有创业园提供的这个场地,那我们一年租办公室费用3万—5万元就没有着落。这个政府提供的创业园,虽然是提供给电商的,但创业园认为我们提供的服务性的、非营利的,也愿意开放给我们做。目前我们在园区管理上还是排名在前面。"

政府给予慈善组织的支持,还表现在授予组织或组织负责人荣誉上,如宁夏一位负责人所说:"政府还是比较关注我们。政府给了我多项荣誉,今年'最美利通人'荣誉、2017年'最美吴忠人'光荣称号都给了我,2017年我还被自治区团委评为自治区优秀个人。"

宁夏海原县某组织负责人也表达了对政府支持的看法:"我们县民政局、团委一直都在支持我。我在团队一直强调,我们自己做好自己的事情,但总的来说还要跟着党走,跟着国家走。我们机构主要是为涉毒家庭的孩子提供援助,有些工作我们需要政府部门的扶持与帮助。"这位负责人提供了在县禁毒办支持下举办的一次活动的资料。

县禁毒办与协会联合为儿童送去别样的一天

2018年×月××日,同心爱心救助协会在同心县禁毒办帮助和支持下,为"童心路"项目内儿童送去了别样的一天。

"童心路"是以帮助涉毒家庭留守儿童健康成长为目标的项目。"童心路"的孩子们在同心县强制隔离戒毒所参观了毒品预防警示教育基地和戒毒康复人员就业帮扶安置基地,戒毒所所长为孩子们讲解什么是毒品,毒品会给个人、家庭、社会带来哪些危害以及如何正确拒绝毒品[图5-1　禁毒所所长为协会孩子讲解(2018)]。

在警示教育基地的平板电脑上,通过让孩子们参与"切毒品"的游戏,使他们体会禁止毒品使其不再祸害社会带来的积极影响。游戏结束后,禁毒办为孩子们播放同心本土禁毒微电影,孩子们对毒品给家庭带来的危害感同身受,剧中小女孩的经历触动着每个孩子的心弦。在就业帮扶安置基地,禁毒办安排一位因吸食过毒品而导致身体残疾的老人为孩子们讲述自己的经历,告诫孩子们未来的路很长,一定要遵纪守法,珍惜现在的生活。

图5-1　禁毒所所长为协会孩子讲解(2018)

第二节　慈善组织企事业资源的运作

一、慈善组织中企业会员的情况

甘宁青慈善组织与企业的关系,首先表现在慈善组织中企业会员的数量上。具体调查结果如表5-7所示。从该表中可以看到,52.08%的受访慈善组织有企业会员,47.92%的慈善组织没有。

表5-7　慈善组织中企业会员的情况

问　题	选项	百分比(%)
您所在组织是否有企业会员?	有	52.08
	无	47.92

问 题	选项	百分比(%)
您所在组织具体有多少家企业会员？	2家及以下	5.26
	3—5家	68.42
	6—10家	21.05
	11—15家	5.26
	15家以上	0.00
你所在组织成立以来企业会员的增减情况如何？	增加	45.83
	减少	8.33
	不变	45.83
企业加入您所在慈善组织的方式是？	自愿加入不用缴纳会费	48
	自愿加入但要缴纳会费	28
	强制性加入	0
	其他	24

在有企业会员的慈善组织中,68.42%的组织有3—5家企业会员,21.05%的组织有6—10家企业会员,超过10家企业会员数的慈善组织仅占5.26%,大多数慈善组织的企业会员数集中在3—10家。慈善组织从成立到目前所拥有的企业会员数量变化方面,45.83%的受访慈善组织企业会员数有所增加,45.83%的慈善组织没有变化,只有8.33%的慈善组织企业会员数量有所下降。这说明在那些有企业会员的慈善组织中,企业会员的数量大都较为稳定,并且呈现出增加的态势。

在企业加入慈善组织的方式上,48%的受访慈善组织表示是自愿加入不用缴纳会费,28%的慈善组织表示是自愿加入但要缴纳会费,也有24%的慈善组织表示是其他的加入方式。因而,甘宁青慈善组织的企业会员主要是通过自愿加入的方式,这其中小部分的企业会员被要求缴纳会费。

二、争取企业对慈善组织的支持

(一)企业支持慈善的基本情况

企业对甘宁青慈善组织的支持情况如表5-8所示(表5-8 企业支持慈善组织活动情况)。从该表可以看到,约70%的慈善组织认为企业对组织的慈善活动是支持的,其中40.74%的慈善组织表示企业比较支持组织开展的慈善活动,25.93%的慈善组织表示企业大力支持组织开展的慈善活动,也有33.33%的慈善组织认为企业的支持程度一般。可见,甘宁青慈善组织对企业在慈善事业的支持上认同度较高,认为大多数企业对自身开展的慈善活动是支持的。

表5-8　企业支持慈善组织活动情况

问　题	选项	百分比(%)
企业对您所在组织的慈善活动是否支持?	大力支持	25.93
	比较支持	40.74
	一般	33.33
	不支持	0

从慈善组织管理者的角度,如何评价企业对慈善组织以及慈善活动的支持,甘宁青个别慈善组织负责人讲述了自己组织的实际情况。

Qaxf:个人的捐助,比如一些特殊的节日,如儿童节等,会有一些爱心企业家捐助。

Qhk:为了实现医养结合的模式,我们和县中心医院达成合作协议。每年10月给居家养老的对象提供全免费的体检,并建立健康档案以便后续的治疗。空巢(老人)、五保户我们提供免费住院。我们服务中心与移动公司达成协议,由移动公司为老人免费赠送手机和话费。手机按老人所在乡镇发放,共发放两次。第一次发放了1500名,第二次发放了300名,总共有1800名服务对象享受。

Gsq:我们这个办公楼上的马总,非常有经营头脑和商业意识,更重要的是他有爱心。他鼓励我多做对妇女有帮助的事情。我的办公室就是租用他们企业的。他说只要为妇女、孩子们这些弱势群体做好事,你就折腾,就弄。说是租用,几年都没给付房租了。

Nyg:是北京的一家爱心企业,每个孩子给90元的资助,每个孩子资助9个月。这个项目不是国家的,而是爱心企业个人的一对一扶助。

(二)企业支持慈善的原因

当问及企业为什么会支持组织开展的慈善活动时,从组织负责人的角度看,企业支持组织的原因如表5-9所示:59.09%的受访慈善组织认为是企业出于社会责任,13.64%的慈善组织归因于企业家与慈善组织负责人或创立者的私人关系,认为企业(家)由于慈善理念或者宗教原因而支持慈善组织活动的,各占4.55%,也有18.18%的慈善组织认为是源于其他原因。

由于甘宁青三省(自治区)在经济发展上不同步,在社会发展方面也不平衡,所以在社会资源特别是企业资源的争取上也表现出程度不一的现象,正如宁夏的一位组织管理者所说:"南方前几年就在推进企业慈善。我们宁夏却行动缓慢。宁夏经济弱,企业少,社会支持小。这是我们搞慈善的短板。"

表5-9　企业支持慈善组织的原因

问　题	选项	百分比(%)
您认为企业支持您所在组织慈善事业(活动)的原因是?	企业社会责任	59.09
	慈善理念	4.55
	宗教信仰	4.55
	私人关系	13.64
	其他	18.18
您所在组织是否有无偿或半无偿地为企业服务的项目?	非常多	0
	一半以上	7.69
	有一些	15.38
	很少	42.31
	没有	34.62

作为企业支持的回报,慈善组织是否有无偿或半无偿地为企业服务的项目?组织回答如上表5-9,42.31%的组织表示很少给企业服务,34.62%的组织回答没有,表示有一些为企业服务的组织占15.38%。研究结果表明,甘宁青的企业支持慈善组织的目的较为单纯,大部分慈善组织很少或者没有无偿、半无偿地为企业提供服务。

三、企业资源的开发与利用

甘宁青慈善组织通过协助企业开展爱心服务,或者与爱心企业共同举办慈善活动的方式,努力争取企业物资上或是技术上的支持。

1. 协助企业开展爱心服务

近年来随着企业社会责任的提升,越来越多的企业参与到慈善(事业)活动中。企业由于对慈善领域的相关业务并不熟悉,在开展慈善活动时需要慈善组织的协助。例如,2018 年 12 月,甘肃金强实业集团为车家湾学区捐资助学时,是在甘肃东乡撒尔塔青年志愿者协会的协助下完成的(图 5-2　东乡撒尔塔青年志愿者协会协助企业捐资助学)。甘肃金强实业集团在甘肃东乡撒尔塔青年志愿者协会的协助下,为车家湾学区 546 名学生、57 名山区教师送去 12 万元的崭新的暖冬棉鞋、校服,以及学习、生活、体育用品等。再比如,在 2018 年 6 月,甘肃临夏八坊清河源公司联合临夏 5 家慈善组织举行精准扶贫送温暖活动,各慈善组织共同携手、分工协作,通过具体行动和专业水平,将八坊清河源公司的"精准扶贫温暖包"送到每一个贫困户家中,让贫困的家庭感受到企业和社会大家庭的温暖。

图 5-2　东乡撒尔塔青年志愿者协会协助企业捐资助学

协助企业奉献爱心个案:宁夏固原市爱心公益社与企业合作

固原市宁南爱心公益社是宁夏固原爱心人士以及南部山区志愿者、义工组成的爱心组织,成立于 2013 年,拥有登记注册志愿者 400 多人。宁南爱心公益社重点服务宁南山区的妇女儿童发展以及留守老人、留守妇女、留守儿童"三留"人员。宁南爱心公益社善于调动社会资源特别是企业、企业家资源。在企业和企业家的大力支持下,公益社开展了以"情暖六盘奉献宁南"为主题的上百次慈善、公益活动。截至 2020 年,宁南爱心公益社总计捐助各类物资近 50 万元,受助人数高达 5 万多人次。宁南社在 2018 年与企业联合开展的活动具体有以下:

2018 年 3 月,宁夏固原市宁南爱心公益社在国际社工日来临之际,携手宁夏亿达建设有限公司开展"幸福童享"的主题活动。"幸福童享"活动是到福利院看望儿童。

2018年6月,固原市宁南爱心公益社携手阿波罗幼儿园在固原市原州区官厅镇9所小学开展主题为"爱心温暖行"活动。活动以捐赠爱心鞋与学习用品为主,辅以对贫困家庭的家访。

2018年8月,在宁夏回族自治区成立60周年大庆之际,固原市宁南爱心公益社联合多利蛋糕坊与博源纸业到固原市原州区杨郎中心敬老院开展以"爱老行·夕阳情"为主题的关爱老人活动。固原市宁南爱心公益社20名志愿者为157名老人准备了4份生日蛋糕、3箱点心,80提生活用纸及80包洗衣粉。活动除了为老人们捐赠生活用品外,还为老人集体过生日以及为他们理发。

2.链接企业资源开展慈善活动

慈善组织发挥资源链接的桥梁与纽带作用,将企业资源与社会需求对接,针对不同人群、不同领域的需求提供服务。

链接企业资源个案:平凉众益链接甘肃华跃环保科技有限公司

2018年8月,平凉众益农村社区发展协会联合甘肃华跃环保科技有限公司开展"百城万台"水联网共饮净水机发放活动。

"百城万台"水联网共饮净水机使甘肃平凉市人民医院、平凉市第二人民医院、平凉市中医医院、平凉市妇幼保健医院、平凉市汽车东站、平凉市汽车西站、东郊社区壹乐园儿童服务站、大寨壹乐园儿童服务站等单位和组织受益。(图5-3　平凉众益农村社区发展协会链接企业提供净水机)

共享净水机由甘肃华跃环保科技有限公司免费提供并负责安装与调试、机器的运行和维护、提供桶装饮用水。平凉众益农村社区发展协会负责项目的报批和联系受益单位以及项目持续、有序开展。

水联网共享净饮机项目在确保安全高效的前提下,将净饮机免费投放在医院、汽车站、高铁站、地铁站、火车站、飞机场等人流较大的场所,为大众出行饮水提供便利和健康。设备依托自身优势,通过自身载体,视频广告和机身广告延续设备运营、供水、维护和升级。

图5-3　平凉众益农村社区发展协会链接企业提供净水机

第三节　慈善组织媒介资源的运作

一、慈善组织媒介宣传情况

（一）慈善组织媒介宣传基本情况

媒介是慈善组织获得社会支持的重要途径,甘宁青慈善组织通过媒介开展项目或者活动宣传的情况如何呢? 对该问题的调查结果如表5-10所示。

表5-10　慈善组织通过媒介进行项目或者活动宣传的情况

媒介	有（%）	没有（%）
各类电视媒体	78.57	21.43
各类报刊等纸质媒介	62.5	37.5
微信公众号	95.45	4.55
微博	54.05	45.95
网站	61.76	38.24
博客	15.38	84.62
其他自媒体	48.39	51.61

根据表5-10可以看出受访慈善组织中的大多数组织与不同媒体有接触。78.57%的慈善组织通过各类电视媒体进行宣传,62.5%的慈善组织通过各类报刊等纸质媒介进行宣传,95.45%的慈善组织通过微信公众号进行宣传,54.05%的慈善组织通过微博进行宣传,61.76%的慈善组织利用网站进行宣传,15.38%的慈善组织的宣传是利用博客,还有48.39%的慈善组织通过其他自媒体进行项目或者活动宣传。

根据数据反映,微信公众号因其运营成本低,普及方便而受到慈善组织的欢迎,成为甘宁青慈善组织常用的宣传媒介。其次为各类电视媒体、报刊等纸质媒介,被使用程度相对较低的是网站、微博、博客等媒介。

(二)慈善组织媒介资源运作个案

在甘宁青慈善组织中,部分慈善组织借助媒体向外界宣传本组织,部分慈善组织借助媒体的影响力进行资源运作,特别是吸纳人员,壮大组织。例如宁夏新消息报,每年都会借助媒体力量发动爱心捐助活动。再如甘肃东乡县禁毒志愿者协会,运用媒体效应宣传组织活动,呼吁人们加入禁毒协会,支持禁毒领域慈善事业的发展。

新消息报"新年新衣"活动,让孩子们不再寒冷

"新年新衣"是宁夏新消息报的公益品牌,开创于2012年,旨在充分发挥媒体优势,通过社会募捐等方式,发动企业和社会各界爱心人士为偏远贫困山区中小学生捐赠棉衣、棉鞋、手套、袜子等保暖用品。"新年新衣"活动从每年11月8日的记者节开始,到第二年的1月8日前后结束,是新消息报每年持续时间最长、报道力度最大、影响面最广的公益活动。

2018年的"新年新衣"活动在同心爱心救助协会开展(图5-4　宁夏新消息报"新年新衣"活动)。12月15日,新消息报"新年新衣"活动在宁夏众欣联合方经睦纬医药有限公司、宁夏依尔帅消毒洗涤有限公司、银川上医堂中医医院的支持下,到同心县爱心救助协会为47个孩子发放新棉服。一件厚衣服,足以温暖整个冬天,新消息报送给孩子们独一无二的"新年礼物",让孩子们在寒冷的冬季感受到社会温暖的爱。

图 5-4　宁夏新消息报"新年新衣"活动

二、慈善组织与媒介的互动

慈善组织与媒介的互动,包括慈善组织被宣传报到的次数、媒体物质或精神的支持、慈善组织与媒体关系协调等内容。甘宁青慈善组织与媒介互动的基本情况如表 5-11(表 5-11　慈善组织与媒介的互动关系)所示。

表 5-11　慈善组织与媒介的互动关系

问　题	选项	百分比(%)
过去三年,您所在组织被新闻媒介报道的次数?	1 次	6
	2 次	22
	3 次	16
	4 次	4
	5 次以上	52
您所在组织通常运用何种媒体表达需求?	报纸	0
	电视	7.69
	网络	0.00
	微博	7.69
	微信	80.77
	网站	3.85
	博客	0
您所在组织是否得到过媒体的资金支持?	有	0
	没有	100

续表

问 题	选项	百分比(%)
您认为您所在组织与媒体的关系怎样?	非常好	8
	比较好	36
	一般	42
	不好	0
	非常差	4
	不好说	10

(一)媒体报道次数

甘宁青慈善组织与媒介的互动关系,调查结果如表5-11所示。表中数据反映,在过去三年,52%的慈善组织被新闻媒体报道了5次以上,22%的慈善组织被报道了2次,16%的慈善组织被报道了3次。这表明大部分受访慈善组织在过去三年里都与媒体有关系,被新闻媒体关注并进行了报道。

(二)表达需求常用的媒体

在运用媒体表达组织需求方面,受访慈善组织中80.77%的慈善组织通常使用微信表达需求,还有少部分的慈善组织经常使用电视、微博等媒体表达需求。在是否得到过媒体的资金支持方面,所有的受访慈善组织均表示没有。

关于甘宁青慈善组织与媒体关系的自我评价,42%的受访慈善组织认为一般,36%的慈善组织表示比较好,10%的慈善组织态度中立。问卷说明部分受访慈善组织认为自身与媒体的关系一般,部分受访慈善组织则评价自身与媒体的关系比较好。

(三)对待媒体的不同态度

甘宁青慈善组织对媒体资源、媒体态度的观点与评价有所不同。有的组织希望本组织能引起媒体的关注,有的组织对媒体没有兴趣,不希望引起媒体的注意。有的组织抱着无所谓的态度,正如某慈善组织的管理者所言:"你想报道就报道,想宣传就宣传,反正我是不会主动的。"以下几位负责人关于组织与媒体关系的态度十分鲜明:

Qxd:我们的几次活动、几次项目,西海都市报、夏都零距离等都报道过,当然高兴媒体对我们的关注。

Gbf:与媒体的关系?不怎么样,没引起关注。我们的态度是你愿意报道就报道,不愿意就拉倒。我们的活动,觉得有必要引起关注的,就自己在微信公众号里发个消息,自己报道下。我们也没希望通过这个途径有太多的项目进来,这样做就行了。

Nzs:与媒体关系良好。只要活动有意义、有影响,自然会引起媒体的关注,不用我们主动去联系。我们地方电视台红寺堡区电视台曾报道我们机构的"研学之旅促成长最美课堂在路上"活动[图5-5 宁夏吴忠市地方电视台播出慈善组织活动(2019)]。

图5-5 宁夏吴忠市地方电视台播出慈善组织活动(2019)

(四)媒体运作个案

甘肃兴邦社会工作服务中心是一个以组织能力建设、城乡社区发展、教育扶贫为一体的综合性社会组织。甘肃兴邦以驻校社工和资助贫困大学生项目为特色。它创始于2005年,是甘宁青地区成立时间较早的慈善组织之一。自成立后兴邦服务中心实施了近百个慈善公益项目,社会效益良好。甘肃兴邦社会工作服务中心取得良好社会效益与口碑有多种原因,其中包括与各类媒体良好关系有关。表 5-12 是兴邦自成立后媒体对组织及其活动的报道与宣传。

表 5-12　兴邦新闻媒体宣传报道(2004—2017)

序号	媒体名称及出处	报道标题	出处、时间	内容简介
1	兰州晚报	我们想有个大操场	2005 年 11 月 17 日	报道兰州市农民工子弟学校的期望
2	民族日报晚刊	爱心百元温暖东乡县龙泉乡北庄湾村	第 400 期 2006 年 2 月 6 日	兴邦为 140 户困难群众发放慰问品
3	民族日报晚刊	我会写自己的名字了	第 401 期 2006 年 2 月 9 日	扫盲教育给农村妇女带来的改变
4	民族日报晚刊	小项目吸引大使到山村	第 476 期 2006 年 11 月 9 日	加拿大驻华大使访问兴邦妇女扫盲项目点
5	今日广河	给农民一对飞向天空的翅膀	总第 6 期 2007 年 2 月 10 日	兴邦在广河县实施的劳动技能培训项目
6	民族日报晚刊	技能改变命运	第 537 期 2007 年 6 月 25 日	劳动技能给农民带来的改变
7	民族日报晚刊	手艺改变了东乡妇女的命运	第 594 期 2008 年 1 月 21 日	劳动技能给少数民族妇女带来的改变
8	民族日报	阿力麻土乡抓培训建基地重输出劳务超常规发展	总第 3906 期 2008 年 3 月 10 日	兴邦和阿力麻土乡合作创办劳动技能培训基地
9	兰州晚报	农村娃城里上学学费全免	总第 9568 期 2008 年 4 月 16 日	兴邦农民工教育论坛促进教育公平成果
10	民族日报	牛肉拉面培训班图片新闻	总第 4141 期 2009 年 2 月	牛肉拉面培训班图片新闻
11	北京光华慈善基金会会刊	甘肃省临夏市光华创业校友会正式成立	第 3 期 2010 年 7 月 20 日	兴邦与北京光华合作举办青年创业培训
12	中国发展简报	助力贫困大学生有尊严地就学	夏季刊 2010 年 8 月 27 日	介绍兴邦助学贷款项目的成效

续表

序号	媒体名称及出处	报道标题	出处、时间	内容简介
13	民族日报晚刊	加拿大基金青年创业项目在我州渐露成效	第44604期 2011年1月13日	青年创业培训给城乡青年带来变化
14	社会工作（实务版）	具有民族特色的本土化筹资之路	第9期 2011年9月20日	介绍兴邦筹资经验
15	中国发展简报	"羊奶"渐少，甘肃草根NGO生存渐趋艰难	秋季刊 2011年12月21日	国际NGO减少在华投资后国内NGO的处境
16	平凉日报	小额贷款助农村妇女创业	总第6398期 2012年5月16日	农村妇女摆××通过养鸡脱贫的图片新闻
17	人民网—甘肃频道	甘肃首届公益慈善论坛在兰州举办	新媒体 2013年1月29日	甘肃论坛首届公益慈善论坛概况
18	中国社会工作	"大爱之行"实践侧记	总第226期 2015年4月5日	兴邦执行民政部"大爱之行"项目的经验
19	中国新闻网	西部社区服务创新公益论坛报道	新媒体 2015年11月29日	介绍西部社区服务创新公益论坛
20	NGO发展交流网	西部社区服务创新公益论坛报道	新媒体 2015年11月30日	介绍西部社区服务创新公益论坛
21	每日甘肃网	西部社区服务创新公益论坛报道	新媒体 2015年11月30日	介绍西部社区服务创新公益论坛
22	甘肃省民政厅网	西部社区服务创新公益论坛报道	新媒体 2015年12月4日	介绍西部社区服务创新公益论坛
23	新华网—甘肃频道	甘肃省公益慈善年会2016年十大正能量事件	新媒体 2016年12月31日	兴邦举办的2016年甘肃省公益慈善年会
24	中国新闻网	2016年甘肃公益慈善年会评出十大正能量事件	新媒体 2016年12月31日	兴邦举办的2016年甘肃省公益慈善年会
25	人民网—甘肃频道	2016年甘肃公益慈善年会在兰州成功举办	新媒体 2016年12月31日	兴邦举办的2016年甘肃省公益慈善年会

续表

序号	媒体名称及出处	报道标题	出处、时间	内容简介
26	中国青年网	2016 年甘肃公益慈善年会在兰州成功举办	新媒体 2017 年 1 月 1 日	兴邦举办的 2016 年甘肃省公益慈善年会
27	中国社会报	果园之春——甘肃省扶贫行动记	第 5 版 2017 年 1 月 13 日	兴邦社会工作人员扶贫行动记
28	中国社会工作	果园之春——甘肃省扶贫行动记	总第 289 期 2017 年 1 月 14 日	兴邦社会工作人员扶贫行动记
29	甘肃日报	帮人所需助人自助——我省社会工作发展纪实	第 9 版 2017 年 4 月 10 日	兴邦社会工作人员扶贫行动记
30	中国新闻网	民乐县团结巷社区举办第一届邻里文化节	新媒体 2017 年 8 月 25 日	兴邦团结巷社区"三社联动"项目
31	中国新闻网	甘肃"三区"项目天祝点爱心助学活动走进龙沟小学	新媒体 2017 年 11 月 23 日	兴邦"三区"社会工作人才支持计划天祝项目点

第四节　慈善组织社区及居民资源运作

一、慈善组织与社区的关系

（一）慈善组织与社区关系基本情况

甘宁青慈善组织与社区的关系状况如表5-13（表5-13　慈善组织与社区互动情况）所示。调查结果显示，绝大多数的慈善组织与社区有接触，多达80%的受访慈善组织得到过社区帮助，没有得到社区帮助的组织只占调查总数的20%。

在以何种形式与所在社区建立关系方面，27.78%的受访慈善组织是在社区内进行活动宣传，27.78%的慈善组织动员社区居民参与慈善活动，16.67%的慈善组织得到社区为慈善活动提供场地的支持，16.67%的慈善组织表示所在社区为慈善组织的活动协调关系。调查结果表明，甘宁青社区对慈善组织的支持，更多体现在对组织活动的宣传与动员上。

表5-13　慈善组织与社区互动情况

问　题	选项	百分比(%)
您所在组织的慈善活动是否得到过社区的帮助?	是	80
	否	20
社区以什么形式与您所在组织建立关系?	为活动提供场地	16.67
	在社区内进行宣传	27.78
	动员社区居民参与慈善活动	27.78
	为慈善活动募捐	11.11
	为慈善活动协调关系	16.67

　　慈善活动做得比较有影响的组织,慈善项目对象为社区妇女、老人或是儿童的组织,就越能够得到社区的大力帮助,特别是在组织办公室的提供上,社区为一些组织解决了最大的难题。如青海西宁市的曙光公益组织,他们最早的服务就是把社区青少年集中起来,由大学生给青少年上课,目前使用的办公室就是由西宁市国际社区提供的。

　　Qxd:我们和政府密切接轨,特别是和城东区社区对接。比如,今天早晨我们开展的"陪你阅读",就是和所在社区共同搞的项目。我想通过和他们联动后,能从政府那里拿到各种适合我们做的服务项目。

　　Gmr:我们与社区关系好得很。我们好多资助的贫困户都是社区给链接推荐的。我们目前工作相当于基层的润滑剂。社区的工作与我们有重合,他们可能因事务多顾不上的原因,再加上我们做家访比他们更细致一些。他给我推荐了10户,我可能资助4户。

　　Gbs:与社区搞好关系最利于工作的开展。在资金上他们没法帮我,但在场地上、智慧上给我很大的帮助。

　　(二)慈善组织与驻区单位的关系

　　甘宁青慈善组织在与社区驻区单位的关系方面,如图5-6(图5-6　组织与驻区单位关系)所示,32%的受访慈善组织表示经常联系,26%的慈善组织表示会偶尔联系,26%的组织认为与驻区单位关系一般,也有16%的组织表示与社区驻区单位没有联系。调查结果表明,甘宁青慈善组织整体上与社区驻区单位的接触不多。多数慈善组织并不清楚与驻区单位建立联系的意义,正如青海一位组织负责人说:"我们以前根本没有与驻社区单位联系的意识。与驻区单位的交往,也是近一年才有了辖区单位联系,也是因为看到这是个大趋势,我们才主动与辖区单位联系。"即使自认为与驻区单位交往频繁的组织,也仅仅达到调查总数的32%。驻区单位资源运作,甘宁青慈善组织还有很大的发展空间。

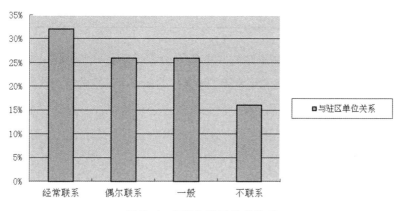

图 5-6　组织与驻区单位关系

二、慈善组织与居民关系

课题组从居民的角度了解其与社区的关系,同时也从慈善组织的视角对其与社区居民关系进行了调研,具体情况如表 5-14(表 5-14　慈善组织与社区居民的互动情况)所示。根据问卷 46% 的受访慈善组织认为社区居民比较了解组织,34% 的慈善组织表示了解,还有 6% 的慈善组织认为社区居民对自己组织非常了解。问卷说明大多数慈善组织认为社区居民对自己组织有一定程度的了解。

表 5-14　慈善组织与社区居民的互动情况

问　　题	选项	百分比(%)
社区居民是否了解您所在组织?	了解	34
	比较了解	46
	非常了解	6
	不了解	12
	不清楚	2

续表

问　题	选项	百分比(%)
本社区居民参与您所在组织的慈善活动是以下哪种情况?	高	14
	比较高	40
	非常高	6
	低	24
	比较低	14
	非常低	2

在本社区居民参加慈善活动方面,40%的受访慈善组织表示居民参与率比较高,14%的慈善组织表示居民参与率高,但也有24%的受访慈善组织认为居民参与率低,14%的慈善组织认为居民参与率比较低。这意味着甘宁青慈善组织的相关活动,社区居民的参与率比较高。下面以青海省西宁市的社区居民参与为例:

青海爱心之帆2019年的暖春助学活动,资助西宁市、大通县、湟中县的学生共计41名,其中小学生17名,初中生18名,高中生6名,共计发放助学金17100元、书包文具2322元,全部是慈善组织在社区中的单位、社区居民中筹集而来。社区企业、社区单位和社区居民,总共资助大学生82名,初中生和小学生294人,实物捐赠受益贫困学校14所,受益学生达2000余人。

从甘宁青慈善组织的视角看,高达86%的社区居民对本组织有不同程度的了解,说明慈善组织在社区中有很高的知晓度。但是,近50%的居民低参与率,又说明甘宁青慈善组织在社区中的影响力还有待提高。

第五节　慈善组织其他社会资源的运作

一、慈善组织国际交流情况

甘宁青慈善组织参与国际交流的情况,相应的调查结果如表5-15(表5-15慈善组织国际交流情况)所示。表中数据反映,甘宁青慈善组织国外资源较少,参与国际性交流机会缺乏,受访慈善组织中没有出国交流、访问过的占88%,5%的慈善组织每年有一次出国经历;3%的慈善组织每年有2次出国经历;只有2%的慈善组织有超过每年3次以上的出国机会或经历。

表 5-15　慈善组织国际交流的情况

问　题	选项	百分比（%）
您所在组织每年出国交流、访问的频率如何？	0	88
	1	5
	2	3
	3	2
	3 次以上	2
您所在组织参与的国际活动有哪些？（多选题）	参加展会	1.30
	年会	3.50
	论坛	4.80
	代表会议	2.10
	培训性会议	3.50
	研讨会	2.10
	其他	6.40
	没有参与过	88.30
您所在组织参加（计划参加）国际交流活动的主要目的是？	提升组织的国际地位	3.30
	加强组织宣传力度	13.30
	参与国际合作项目	26.70
	参与相关国际组织交流	16.70
	其他	63.30

对有国际交流经历的慈善组织进一步调研发现，组织参与国际论坛的交流占多数，其次是参加年会和培训性的会议，也有少部分的慈善组织参加国际展会。无论哪种形式的国际活动，甘宁青三省（自治区）的慈善组织在国际交流方面与其他省市的慈善组织相比，频次少且形式较为集中单一。

在参加国际交流活动的目的上，26.70%的组织参加交流是为参与国际合作项目，16.70%的慈善组织有与相关国际组织交往交流的打算，还有组织参与国际交流的目标是提升本组织的国际地位。当然，大多数慈善组织没有明确的、具体的交流目标。

二、慈善组织参加国际合作项目和国际组织的情况

甘宁青慈善组织参加国际合作项目和国际组织的情况，调查结果如表 5-16所示。参加国际合作项目的慈善组织非常少，仅有不足 7%的受访慈善组织参加了国际合作项目，多达 93.62%的慈善组织并没有国际合作项目。同时，根据

该表还可以看到,所有的受访慈善组织均没有参加国际组织。

表 5-16　慈善组织参加国际合作项目和国际组织的情况

问　题	选项	百分比(%)
您所在组织是否参加了国际合作项目?	有	6.38
	没有	93.62
您所在组织是否参加了国际组织?	有	0
	没有	100

科威特驻中国大使馆领事考察青海高远慈善帮扶救助会项目

2019 年 10 月××日至 10 月××日,科威特驻中国大使馆领事巴德尔·奥德瓦尼先生考察科威特与青海高远慈善帮扶救助会合作的项目。

巴德尔先生是新任科威特驻华领事,分管科威特外交部国际慈善工作。在考察期间,巴德尔先生一行在青海省外事办领导、青海高远慈善帮扶救助会名誉会长高×等陪同下,于 10 月××日前往化隆县牙什尕镇,考察由科威特捐资、青海高远慈善帮扶救助会具体实施修建的牙什尕镇卫生院。巴德尔先生对该项目实施情况非常满意,提出未来与青海高远慈善帮扶救助会合作开展更多慈善类项目,让更多人受益。

项目考察后,10 月××日,巴德尔先生一行与青海省外事办领导、高远慈善帮扶救助会名誉会长、副会长、理事及相关工作人员进行交流座谈。高远慈善帮扶救助会秘书长冶××就救助会近年实施的慈善关爱、生计扶贫、贫困儿童家庭及大学生家庭资助等项目向与会人员做详细介绍。巴德尔先生对救助会的工作态度、工作方式、工作成绩以及工作人员的专业素养给予充分肯定和称赞。他高度赞赏中国的慈善管理制度和精准扶贫措施,还列举科威特在国际慈善救助方面的成绩和影响。巴德尔先生提到科威特埃米尔在 2014 年受到联合国的表彰并授予"人道主义领袖"的称号,授予科威特国为"国际人道主义中心"的称号。巴德尔先生讲到慈善事业是全人类社会认可的人道主义工作,每个社会都存在陷入困境的、需要帮助的人。交流会上,巴德尔先生表示今后他将继续积极努力,为高远帮扶救助会落实更多国际慈善项目提供必要的便利和支持。

三、慈善组织国际交流合作面临的困难

甘宁青慈善组织开展国际交流合作面临的困难,调查结果如表5-17所示。慈善组织在国际交流合作方面面临资金不足、政策支持缺乏、专业人才短缺等普遍的问题。在受访的慈善组织中,表示国际交流合作困难在于资金不足的占到33.30%,缺乏政策支持的占到33.30%,表示交流困难在于缺乏专业人才、国际合作意识差的组织分别占到33.30%。16.7%的组织认为困难在于缺乏合适的项目,同样16.7%的组织认为缺少合作伙伴是国际交流遇到的困难。

表5-17 慈善组织开展国际交流合作面临的困难以及需要的支持

问 题	选项	百分比(%)
您所在组织开展国际交流合作遇到的主要困难和问题是什么?(多选题)	资金不足	33.30
	缺乏政策支持	33.30
	缺乏公众支持	0.00
	缺少合适项目	16.70
	缺少合作伙伴	16.70
	缺乏专业人才	33.30
	内部管理制度不完善	0.00
	法律制度不健全	0.00
	国际合作意识差	33.30

在国际交流与合作方面,甘宁青慈善组织需要政府的哪些支持?表5-18是组织开展国际交流合作需要的支持情况。34.78%的受访慈善组织表示需要政府优化政策环境。21.74%的慈善组织表示需要政府在资金上给予帮助,8.7%的组织回答需要政府制定国际交流与合作的相关规范条例,同样8.7%的组织希望政府转变管理态度,还有4.35%的组织希望政府完善对国际组织驻中国机构的管理机制。调查反映,在开展国际交流与合作工作上,慈善组织最大的愿望是政府优化政策环境以及增加资金支持。

表 5-18　慈善组织开展国际交流合作需要的支持

问题	选项	百分比（%）
您认为在组织开展国际交流与合作工作上还需要得到政府哪些支持？	增加资金	21.74
	优化政策环境	34.78
	制定相关规范条例	8.7
	转变管理态度	8.7
	完善对国际组织驻中国机构的管理机制	4.35
	提供项目信息	8.7
	其他	13.04

四、社会资源运作的条件与基础

慈善组织运作社会资源应该具备什么样的条件和基础,一些组织认为社会资源运作的前提是组织自身的建设,一些组织认为社会资源运作的基础受政策大环境的影响、有些组织提出社会资源运作的基础是慈善活动本土化、特色化。甘宁青每个慈善组织基于自己对慈善的理解以及组织自身的实践经验提出各自的观点。

宁夏某慈善组织负责人对本地慈善组织社会资源运作基础与甘肃和青海做了比较,提出宁夏提升慈善组织社会资源运作能力的建议。

我们与甘肃民间组织的发展还是有差距,它们已经在省内、市内有不少社会组织的行业组织,而我们在这方面却是欠缺的。我们应该学习外省,建立社会组织的行业组织,比如成立原州区社会组织联合会或协会,由行业组织带领、推动社会组织发展是件很好的事情。

要把组织自身建设好才能具备社会资本运作的能力。组织要把自己建设好,要探索适合组织内部管理的制度。社会组织管理和企业管理还不一样,企业管理好不好拿效益来考量,而社会组织指标很难定,比如拿什么维度划分员工的绩效?刚开始员工做事是抱着情感来的,冲着组织的知名度、组织的服务或者组织的福利。很硬性的绩效划分很不适合,但不划分对机构的管理又不利。我们应探索适合慈善组织内部管理的一些东西出来,这对组织质量的发展以及员工能力的提升是有帮助的,最终对我们与政府、企业、事业单位以及社会其他团体交往、相处是有利的。

第六章　甘宁青慈善组织运作的外部环境

任何组织的发展都与其所处的制度环境相关。制度环境分为正式制度和非正式制度，正式制度包括宪法与具体的法律、政策与契约，而非正式制度包括社会的价值观念、伦理规范、行为规范、文化传统、惯例风俗等。与慈善组织相关的社会团体、民非企业、基金会的备案登记制度，慈善组织的认定制度，税收制度、慈善捐赠制度等正式制度，在全国范围内并无太大的差别，而非正式制度则相反，由于地理位置、文化传统、经济社会等方面不同而具有差异性特征。因而，本研究对甘宁青慈善组织的制度环境探讨，正式制度方面从政府的政策支持与监督管理考察，非正式制度方面，从慈善氛围、慈善理念以及民众的慈善参与等方面进行考量。

第一节　政府支持与监督管理

一、政府购买服务政策支持

（一）甘宁青政府购买服务政策与措施

2013 年 11 月，党的十八届三中全会审议通过的《中共中央关于全面深化改革若干重大问题的决定》，对经济、政治、文化、社会、生态文明等各领域进行改革，其中提出推广政府购买服务，凡属事务性管理服务，原则上都要引入竞争机制，通过合同、委托等方式向社会购买。党的十八届三中全会以来，甘宁青三省（自治区）积极贯彻落实中央关于政府购买服务政策，在国务院《关于政府向社会力量购买服务的指导意见》、财政部《关于做好政府购买服务工作有关问题的通知》的基础上,根据地方实际,制定相应的政策措施。

1. 甘肃逐步加大购买力度,扩大试点范围。甘宁青三省(自治区)政府积极落实关于政府购买服务的政策。2014 年,甘肃省人民政府制定《甘肃省人民政府办公厅关于政府向社会力量购买服务的实施意见》,对购买服务的主体、承接主体、购买内容、指导性目录、购买服务范围等进行详细规定。同年,甘肃省政府制定《政府向社会力量购买服务指导性目录》,并公布 2014 年省政府向社会力量购买服务指导性目录第一批清单。

2015 年,甘肃省财政厅在各省直部门研究、梳理本部门的管理和服务事项具体清单和政府购买服务实施清单的基础上,印发《关于公布 2015 年省直部门政府购买服务试点项目名单的通知》(以下简称《通知》)。《通知》加大政府购买力度,进一步扩大政府购买服务试点范围,试点涉及甘肃省卫计委、文化厅、教育厅等 17 个购买主体,购买主体较 2014 年增长 88.9%;涉及养老、医疗卫生、社区、教育、文化、群众健身、残疾人等 32 项购买项目,较 2014 年增长 220.0%;购买金额 6142 万元,较上一年增长 476.7%。同时,甘肃省明确扩大试点范围,部分市县在医疗教育、养老护幼服务、园林绿化等领域相继试点,逐步形成中央、省级和市县共同推进改革的良好氛围①。

2. 宁夏建立健全制度办法,推进社会组织承接项目。自党的十八届三中全会提出推广政府购买服务部署以来,宁夏结合区情,研究制定政府购买服务相关政策,指导、推动全区政府购买服务工作。2014 年出台《宁夏回族自治区关于推进政府购买服务工作的指导意见》,方向性地提出购买服务的意义、方向、相关主体以及购买内容。2014 年 10 月,制定《宁夏回族自治区政府购买服务工作的实施办法》,在全区范围推开政府购买,初步形成统一有效的购买服务和工作机制;2017 年财政厅、民政厅联合下发《关于通过政府购买服务支持社会组织培育发展的指导意见》,从六个方面明确社会组织承接购买服务的相关规定。通过一系列的政策措施,至 2020 年宁夏已建立比较完善的政府购买服务制度,促进更多的慈善公益组织申请承接政府购买服务项目,使组织在项目实施中得到成

---

① 《甘肃扩大政府购买服务试点范围涉及购买项目 32 项》,中国新闻网,https://www.chinanews.com/gn/2015/05 - 04/7250774. shtmlhttp://politics. people. com. cn/n/2015/0504/c70731 - 26945306.html,2015 年 5 月 4 日。

长与发展。

自慈善法通过后,宁夏实施了一系列措施推动慈善公益组织承接政府购买。2016—2019 年,政府累计投入福彩公益金 9841.3 万元,其中用于购买社会工作和公益创制项目 2810 万元。2018 年,民政厅拨专款支持 11 个县建设残疾人康复、托养服务机构,每个服务机构补助 400 万元;拨专款 10375 万元用于养老服务体系建设项目;拨 200 万元资金补助社区社会慈善公益组织公益创投项目服务;120 万元补助社会服务人才素质提高工程项目[①]。宁夏各地方积极推进政府购买服务,鼓励慈善公益组织承接政府项目,如固原市民政局 2020 年争取到自治区民政厅养老服务项目资金 304 万元,经第三方代理招标立项,最终确定 11 家社会组织承接 4 县 1 区 27 个乡镇的项目,涉及为老年人服务的家政、生活照料、护理、健康、慰藉等,共计服务 2920 名老年人[②]。

3. 青海推行政府购买服务,着力补齐基层社会治理短板。2014 年 4 月,青海省研究并通过《青海省人民政府办公厅关于印发政府向社会力量购买公共服务实施办法的通知》,将政府购买服务列为全面深化改革工作要点。省民政厅、省财政、编办、人力资源社会保障厅等部门报请省政府相继下发、出台了《关于积极推行政府购买服务加强基层社会救助经办服务能力实施意见的通知》《青海省民政部门向社会力量购买社会救助经办服务实施方案》《关于进一步做好政府购买服务加强基层社会救助经办服务能力的通知》,进一步推进政府向社会力量购买公共服务。

2020 年 11 月,青海省颁发《青海省政府购买服务实施办法》,对政府购买服务的主体、承接主体、购买内容、指导性目录、购买服务范围等进行了详细规定。青海省政府在加大购买服务资金投入的同时,向乡镇、街道办事处基层派遣社会救助经办人员,通过困难对象排查、家庭调查、业务培训、政策宣传、困难对象走访等方式,服务救助困难群众近 100 万人[③]。

----

① 杨晓梅:《宁夏社会组织承接政府购买服务的能力现状》,《经济研究导刊》2020 年第 15 期。
② 邓蕾:《固原市政协委员呼吁加大政府购买服务助力养老事业发展》,《华兴时报》2020 年 12 月 22 日。
③ 《青海省加大政府购买服务力度着力补齐基层民政社会治理短板》,青海民政信息网,http://mzt.qinghai.gov.cn/html/show-8268.html,2020 年 9 月 3 日。

(二)政府购买服务中存在的主要问题

1. 政策执行力不够。调研中有个别慈善组织负责人反映,基层政府相关部门工作人员对国家的相关政策不了解而造成不执行上级政策或执行力度不够,对社会组织工作不支持,慈善项目运作中难以与政府工作人员沟通等问题。甘肃一家慈善组织负责人谈了他与工作人员打交道的一些经历。

> 我觉得政府的政策执行力还得要提高。比如,政府购买服务,他不给你,我总结不给的原因,第一是信任关系没有,他不信任你。第二是对慈善机构不了解。包括政府的领导和工作人员,对社会组织不了解。他的不了解还不是一般的不了解。比如我到××市扶贫办,工作人员中有一个毕业于××师大的小伙子,毕业都十几年了。我们当时是老年基金合作的项目,基金委每年在××地区有一千万扶贫项目,然后我们与这个工作人员谈。他第一个困惑是我们的钱从哪里来?我们凭什么给我们机构的人发工资?我们拿啥给员工发工资。我们就给他解释,是与基金会合作。他又问基金会为什么给我们钱?我又回答是因为我们有共同的理念,共同的目标等。然后这个××师大的老毕业生又问,老年基金会的钱从哪来?我再次回答,有些是捐的。他接着又问那些人为什么要捐,他钱多了不好吗?

> 就这情况就是这样。我们第一次与政府谈判的时候就要扫盲,后来发现这种现象不是个案,还相当普遍的。再讲一个例子。前段时间我们救灾时,相关管理部门人员的业务素质也很是让人苦恼。过去老说"政社协同,政社协同",可我们当真想与"政"协同时,真的很费劲。我们接到××村受灾求助信息后就给当地政府打电话,说我们要在下面某个村子做灾情评估。政府人员就火了,"救灾是你们做的吗?"我就奇怪了,为什么不能是我们?政府人员认为就应该是专家、学者。我就答复我们做的是快速的、简单的评估,只是感观性的,不是一个学术研究。他就坚持认为这是政府的事情,"你们插手能做什么?"我解释发放救灾物资包括帐篷发放。他呛我:"我们有帐篷,你们发什么?"我就说因为你没有,你要是有的话早就发了,下面乡村就不打电话向我们求助了,就因为你没有我们才来给受灾群众发的。他一听发火了,说怎么可能没有?这时我也特别生气,赌了他一句"不信你下村子里去看"。

　　实际情况是当时他们一个受灾严重的乡山体滑坡,有30多户人家要安置,但是乡没有帐篷。帐篷是由市里发的,可能暂时不够,让乡上自己解决,乡政府就主动找我们。我当时发了一个文件,以乡政府的名义给我们机构发了文,说明灾情状况,需要什么物资,请求支援。把章子盖上发给省厅。乡上已经求助,我们作为一个补充职能的机构,这时不补充啥时补充? 所以,一些政府领导或工作人员对国家关于社会组织的政策非常不熟悉,也不愿意躬下身子倾听。

　　2. 基层政府合作意愿较低。甘宁青部分慈善组织反映在项目执行中与基层政府打交道较困难。调研中了解到,有的慈善组织在项目运作中难免要与各级政府部门打交道,协调各种关系。个别慈善组织负责人表示与乡镇政府沟通特别不畅,在与乡镇就某些工作的协调处理关系上比较困难。困难的原因是有些基层政府出于多一事不如少一事、怕惹麻烦的心态,不愿支持、协调慈善组织的工作。如甘肃某慈善组织负责人对课题组抱怨:

　　　　就我们而言,费劲的一点是,在做农村项目时要与基层政府打交道。政府体制是自上而下的,有些工作由政府联系、协调、沟通,就比较容易,然而让我们来处理就很麻烦,比如我们在村庄要做某项扶贫工作,他们打个电话协调下去就解决了,对接很顺畅,而我们就会走非常多的弯路,这种制约、障碍挺耗费精力的,会花很多无谓的工作在这上。这是来自政府协调关系方面的障碍。我觉得与政府关系难处,是因为他们觉得多一事不如少一事,在与我们争执中政府个别工作人员会说:"我做这件事工资会提高吗? 上面没有让我做事我为什么要做呢? 你会不会给我带来其他负面的影响?"

　　　　尽管我们的项目对当地的受益人群是好的,但又能怎么样呢? 我们也走出去看过人家外地的、和我们机构性质相类似的慈善组织与政府的关系,这个组织与当地的乡长、副乡长,包括林业局的局长等已经合作10年了,他们与政府的关系相当好。

　　3. 政府对社会组织的力量认识不足。调研中多个慈善组织指出个别地方政府对社会组织的作用与力量认识不足、重视程度不够,他们质疑:"国家层面都提出要重视社会组织的力量,激发社会的活力,为什么地方上看不到社会组织的重要作用呢?"个别慈善组织提出社会组织发挥的功能被政府忽视了,提出政府要正视慈善(公益)组织的作用与功能。在这个问题上,宁夏和甘肃的慈善组织反映比较集中一些。

Ngya:政府不能忽视我们社会组织的功能。比如最近有一个8个月大的孩子,患了极严重的肝病。大夫说孩子的病可以治,预计花费30多万,因为肝源是母亲的,所以费用要少一些。二次手术时家属到民政局去,民政局给他介绍了几个协会,找这个协会或那个协会,每个协会至少捐助了二三千,他得到了3万捐款。因为他在网上、朋友圈已经发起了3次救助,最后这一次还是通过我们这些慈善组织又得到3万筹款。我觉得这个力量是很大的。在发起很多次救助后还能筹到3万元,解决这个家庭的燃眉之急,所以我们社会组织的力量是不能忽视的。还有最大一笔捐赠,马×治病共花了50万,通过社会捐赠了20多万,所以我觉得社会捐赠这方面真的不能忽视。

Nyjq:对于慈善,政府有钱但并不能一定办好,我们没钱,但我们一定能办到点子上。我们比他们做得好。如果资金的问题、人才的问题解决,我们就能搞好搞大,让更多的人得到帮助。

Naxj:政府要给初创型社会组织机会,比如在公益创投或是"三社"联动项目中,不能一直集中在那几家做得好的、发展好的组织,也要向我们这些初创型的组织倾斜,让我们也能在政府的支持中立住脚。

Gsq:希望政府和我们社会组织多互动,政府要带动企业和我们多沟通、多联结,要真诚对待我们。例如,我前天到民政局去,办公室的人很热情,"××老师你来噢,来我们多聊一聊。我惭愧得很,你们机构做得那么好,我以后要多多拜访你们。"在机关里不只这个人员,有多个人甚至领导也这样说过。但我觉得他们仅限于口头上,没有实际行动。政府要拿出实际行动和社会组织一同接近弱势群体,了解他们真正的需求,我觉得这是最重要的。我希望领导以及相关工作人员每年来我们机构看看,哪怕是指导工作,也表明是对我们的关心。截止到目前,我这儿省民政厅的一个领导都没有来过。还有就是,名义上他们对党建工作很重视,还给我这儿派了个党建指导员,可是到现在我也没见过这个指导员。

多数慈善组织希望得到政府更多的支持,特别是资金上的支持,如青海某个慈善组织负责人所说:"资金有国家的支持更好。目前我们资金比前期好多了,有很大的改善,因为我们的工作得到大家的认可了,知道资金给到我们这里比较放心,所以群众会自己把钱捐出来。当然,我们更希望国家的支持。"

个别慈善组织对本地慈善环境也有对比性思考。宁夏吴忠市至善社会工作服务中心负责人对此谈了自己的一些想法:"甘肃人做公益也好,做慈善也好,做得比较独特。从起步的时候就不是特别地依赖政府,没有政府就能生活下去。但宁夏包括慈善组织在内的社会组织,政府如果不出手的话,全部就死掉了。这也是我们几个社会组织在私底下经常聊的话题,我们要学学甘肃的一山一水、甘肃的兴邦社会工作服务中心的发展模式。所以去年民政厅拿了一千多万购买社工机构服务,确实使得很多机构得以存活。今年项目资金增加了十万,但机构的数量减少了,就又是一个很大的竞争。所以去年我们拜访了一些基金会,说说我们的优势、我们的初衷、宁夏社会组织的一些问题。要跟基金会合作这是我们意识到要转型。我们现在就跟上海的某个基金会商谈,初审已经过了。虽然资金不多,但我觉得是一个好的开头。"

4. 政府购买服务制度有待完善。甘宁青慈善组织反映政府购买服务制度还不够完善,主要体现在三个方面:一是项目公开透明度欠缺,多个慈善组织反映政府购买服务中存在不公开、不公平、不公正现象。

　　Nny:我们是老百姓,希望政府有什么好的政策或优惠能明明白白地讲清楚。

　　Ngya:我认为在购买中有问题。为什么? 一个公益组织一年内啥活动都没有做,注册时间比我还晚,却被市民政局评为 4A 级,而我们一年搞了40 多个活动什么都没有得到。我们一些公益组织都在私底下议论,那就让他一家成为 A 级吧,让他一家被政府买去吧。

二是项目经费制度不合理。政府购买服务项目经费支付时间长,过程较麻烦,影响项目进度与效果。在甘肃和宁夏曾经承接过购买政府服务的慈善组织中,个别组织负责人明确表示以后不再参与购买服务。

　　Gsq:我们以后不想申请政府项目。为啥? 做政府项目要钱太麻烦,比方我们申请的"双共同"项目,项目获批了也做了,但资金难以到位。我们是在×××统战局申请的,但资金划拨到宗教局,宗教局又拨到街道办事处。2015 年立的项目,2017 年资金还不到位。我们只能在没有钱的情况下做事,太难了。我以后真是不打算再申请了。

> Gmr:我的钱是去年拨下来的,到今年我都结项了钱还没到位。政府的项目资金支付很麻烦、不及时,既影响我们的工作,也不利于我们的发展,建议在财务上要简化。

三是购买服务时间设计不合理。部分慈善组织提出政府购买服务时间设定不合理,同时提出调整时间的合理化建议。以下是宁夏某慈善组织负责人关于购买服务时间问题的思考:

> 我们宁夏政府现在是一年购买一次服务,而在深圳是三年或五年。三年、五年正好是一个项目阶段,它的好处是服务对象是一样的,提供的人是一样的,大家关系更加紧密一些。我们现在项目服务时间是一年,当组织机构介入服务,仅熟悉、了解项目大概就需要半年的时间,然后提供半年时间服务后大家就分开了,来年由于立项的组织不固定,提供服务的人不一定相同,又要花时间去熟悉,这样,服务的效果就大打折扣。

> 政府购买服务期限应该设成一年到三年,最少三年。这对机构发展来说人员好固定。今年我这个项目招了三个人,如果明年我没项目了,这三个人咋办呢。这是我们负责人最头疼的事。又比如,今年我们组织没有招人,但突然有项目了,一下子到哪里去找人? 况且人又不是机器拿来就能用。

> 购买服务项目假如设计成三年的期限,那么人员相对固定,服务的成效就会做得更加扎实一些。我们期望政府在这方面做些改革,这有利于组织的发展,也有利于提高政府解决百姓需求的效果。

二、政府监督与管理

(一)政府管理基本情况

课题组对甘宁青慈善组织接受政府监督的具体情况进行了调查,相关结果如表6-1(表6-1 甘宁青政府监管情况)所示。从该表可以看到,在受访的慈善组织中97.90%的组织要接受民政部门的监管,这与慈善组织的类型以及活动领域有关。也有一定比例的受访慈善组织要接受组织部门、民族宗教管理部门、宣传部门、税务部门管理。在管理方式上,受访的慈善组织中91.50%的组织接受年检监管,46.80%的组织接受监管的方式为检查,也有42.60%的组织接受管理监督,还有38.30%的组织要接受评估。

对于政府机关或其他组织的监督管理,55.32%的受访慈善组织表示满意,34.04%的慈善组织表示比较满意。值得注意的是,甘宁青慈善组织表示对政府管理很满意的不足3%。

表6-1　甘宁青政府监管情况

问　题	选项	百分比(%)
您所在组织要接受哪些政府部门的监管?(多选题)	民政部门	97.90
	组织部门	20.80
	宣传部门	18.80
	民族、宗教管理部门	22.90
	统战部门	12.50
	物价部门	2.10
	税务部门	16.70
政府对您所在慈善组织监管的方式有哪些?(多选题)	管理	42.60
	检查	46.80
	问责	10.60
	年检	91.50
	评估	38.30
对政府监督管理,您持什么态度?	很不满意	4.26
	比较不满意	4.26
	满意	55.32
	比较满意	34.04
	很满意	2.13

(二)甘宁青慈善组织对政府管理的评价

1. 大多数组织认可政府对慈善组织的监管。甘宁青多数慈善组织对政府的监管表示肯定,认为政府监管慈善组织是组织健康发展的必要保障。课题组在访谈中让受访的慈善组织对政府的监管做评价,组织负责人基本上都持肯定的态度。

课题组:对政府管理你有何评价?

Ngya:政府对我们管理我觉得没问题。我们不是没有专职人员嘛,民政局多次给我们提醒,要把自己的组织建设好,年检达标,财务规范,把组织做好了,他们会帮助我们和一些大的基金会联结。

Gbf：政府最早开始时的管理，还是我们自己想的问题比较多。后期的监管主要还是资金来源等。我个人认为目前政府对公益的限制不是很强。就我们这个宗教类的慈善组织前后搞了100多次活动，也没有政府哪个部门说过这个不是或那个不是。我们所做的工作对政府是有利的，特别是一些年老的受助者，当他们接受资助时总是感激到"感谢党、感谢政府"。

从我们组织来讲，我认为政府对社会组织的培育、孵化能力不足，对社会组织的管理还是不到位。其他组织我不清楚，但就我们组织而言，政府没与我们打过交道，相关人员也没有到过我们办公室，没有对我们的组织或活动进行过指导或关怀。

课题组：你们从早期机构自发开展活动，发展到今天注册为正式的组织，这中间过程困难吗？

Qsg：不困难。在我注册时政府由于简政改革，在注册时不需要业务主管单位了，等我们注册时，民政就成主管了，不用再去找主管单位。

Gljl：我们地方上没有注册的机构有30多家，州级注册的只有我们和义仓2家，县级的不让注册。不让注册是因为我们这儿的情况比较复杂。永靖县也不让注册。在没要求注册时，这些机构都很活跃，但活动太雷同且比较低端，所以我们就慢慢和它们分开了，做专业的慈善。

课题组：没有注册的组织现在还在活动吗？

Gba：有但非常少。近一年一些宗教类团队已经开始停了。主要原因是这些团队主要是依靠一些搞企业的或从商的"天课"在做，近2年生意不行了，企业或商业的天课少了或没有了，所以就不做了。

2.完善政府监督管理的建议。甘宁青慈善组织在评议政府监督管理的同时，提出若干完善政府监督管理的建议。有的提出政府在重视社会组织力量的同时，要改进社会组织的管理。有组织建议要收缩对社会组织的注册，有组织建议要加强对组织的培训，还有的组织建议成立社会组织的行业组织，组织在政府管理之外要加强行业的管理。宁夏的四位组织负责人提出如下相关建议：

Nkd：去年我们参加民政局举办的会议，会上传达未来慈善政府买单的内容。政府应该及时地搞一些合理的、专业的培训，毕竟我们不是专业的，培训学习能促使组织正规发展，促使我们更专业化。

Nxga：政府应该提高社会组织注册质量，建议政府收缩社会组织的注册。我们地方2016年一下注册了十多个，2017年一下又注销了不少。

Nyl：政府应加强社会组织的培育。政府建设了孵化园，还应该在培育社会组织上加强。民政部门建设孵化园，一方面能解决一大批社会组织的行政费用，而且在这个平台更能实现资源共享。比如说，我们有硬件设备打印机，孵化园里其他的机构可以来用。我们组织有会计，孵化园里三家都可以用，我们一家聘任不起会计，那三家共同聘用。而且政府方便管理，组织成长起来也快。如果政府在这方面支持，还是蛮有价值的。

Nhs：政府应推动成立关于社会组织的行业组织。比如成立区域性社会组织联合会或协会，由行业组织带领、推动社会组织发展是件很好的事情。行业组织探索、规范社会组织内部管理的制度。社会组织管理和企业管理还不一样，企业管理拿效益来说，社会组织指标很难定，拿什么维度、标准划分员工的绩效？员工和志愿者刚开始做事是抱着情感来的，冲着组织或发起人的知名度、组织的服务或组织的福利等。很硬性的制度、规章划分可能不适合，但没有行业的规范对机构的管理又不利。政府应该推动成立慈善组织、社会组织的行业组织，这有助于区域内组织的整体发展以及组织成员整体水平的提升。

三、政府视察与调研慈善组织

慈善法颁布实施后，甘宁青各级政府、各职能部门不时到慈善组织办公场所视察与调研，或是出席、参与慈善组织的一些慈善活动，以视察、调研、出席的方式履行监督与管理的职能。

四、政府开展公益相关培训

政府对整个公益行业知识的宣传与普及，有利于促进慈善组织与政府交流、对接，有利于促进、加深政府与社会组织双方的了解。自慈善法颁布实施以后，甘宁青三省（自治区）不仅加强了社会组织、慈善组织管理层的培训，而且对组织员工尤其是从事大量工作的志愿者的培训。

以宁夏开展志愿服务专题培训班为例（图6-1　政府举办志愿服务培训）。

2017年11月,宁夏回族自治区文明办、民政厅、团委共同举办志愿服务专题培训班。在开班仪式上,文明办副主任高度肯定宁夏志愿服务的发展,同时提出在党的十九大精神的引领下志愿服务具备的新要求,对宁夏志愿服务工作者提出更高要求和更大希望,希望参与培训的同志争当志愿服务的引领者、策划者和推动者。

培训会邀请北京志愿服务发展研究会、中国农业大学张××教授为学员们做"志愿服务的管理与推动"主题培训。张教授结合全国各地的公益、志愿见闻,通过案例分析为学员们讲解先进的志愿服务模式、理念。张教授在讲授中不断地与志愿者学员们交流探讨,不时对学员提出的各种具体实践问题答疑解惑。

图6-1　政府举办志愿服务培训

五、树立典范,营造浓厚慈善氛围

甘宁青三省(自治区)政府通过各种方式评选先进慈善公益组织、优秀社会工作者或优秀志愿者,授予荣誉称号、给予物质或精神奖励,大力宣传先进组织与先进人物的事迹,在全社会树立慈善公益模范,营造浓厚慈善文化氛围。

以青海省为例。2019年青海省西宁市文明办、团市委、市民政局、市青年志愿者协会等,共同举办"志愿服务助力绿色发展　爱心汇聚共建幸福西宁"为主题的优秀志愿服务集体和优秀志愿者评选活动。评选活动吸引了社会各界爱心人士、广大市民也广泛关注和积极参与。评选活动通过微信投票、综合评审等环节,最终评选出在文明创建、城市管理、扶贫帮困、环境保护等各行业、各领域的

25 个先进慈善公益组织以及 58 名优秀志愿者,其中青海省阳光志愿者服务中心会长马××获优秀志愿者荣誉(图 6-2　西宁市表彰志愿服务集体与个人)。

政府评先奖优活动,通过全方位的宣传以及市民的广泛参与,树立优秀志愿服务集体与个人典范,引导市民建立"人人慈善、人人公益"的理念,营造浓厚的公益慈善文化氛围。

图 6-2　西宁市表彰优秀志愿服务集体与个人

第二节　民众的慈善认知与参与

慈善事业的发展与社会的慈善文化和民众的慈善认知息息相关。甘宁青慈善事业运作的非正式制度考察,要在甘宁青三省(自治区)的慈善文化与当地民众的慈善认知与实践活动中去把握。课题组通过问卷和访谈调研,对甘宁青慈善组织的慈善氛围、民众的慈善认知与慈善参与进行对比分析。

一、甘宁青民众的慈善认知

(一)甘宁青民众对慈善的认知

1.民众对慈善的关注。甘宁青受访民众在日常生活中关注最多的慈善活动,调查结果如表 6-2 所示,35.89%的受访民众关注最多的是自然灾害或公共卫生事件的捐赠,30.73%的受访民众关注最多的是"众筹""水滴筹"等捐赠方式,还有 15.61%的受访民众关注单位开展的慈善捐赠。

甘宁青受访民众日常生活中的慈善认知,首先为一些如自然灾害等突发事件所引发的救助需求,其次为"众筹""水滴筹"等通过网络方式所传递的捐赠方式,最后是所在单位组织的捐赠活动。

2.民众的慈善理念。甘宁青受访民众对于慈善大都秉承着这样一种理念,即慈善应是一种普遍的民众奉献社会的行为,这种行为应该发展成为一种社会文化。

甘宁青民众所具有的慈善理念,如表6-2所呈现的结果。在受访民众中66.10%的人赞同慈善不应是富人的施舍,而应成为每个人的爱心体现,人人践行慈善的理念。54.20%的人赞同慈善只在于奉献,不求回报的慈善理念。民众中还有47.70%的人持慈善不仅是一项事业更是一种文化的慈善理念。也有一定比例的人赞同诸如慈善教育要从娃娃抓起、慈善应成为每个人生活中的一部分的慈善理念。

表6-2　民众对慈善的关注与慈善理念

问题	选项	百分比(%)
您关注最多的与慈善有关的活动是什么?	单位开展的慈善捐赠	15.61
	自然灾害或公共卫生事件的捐赠	35.89
	"众筹""水滴筹"等捐赠方式	30.73
	教育	10.44
	其他	7.32
您赞同以下哪些慈善观点?(多选题)	慈善只在于奉献,不求回报	54.20
	慈善教育要从娃娃抓起	42.20
	慈善应成为每个人生活中的一部分	40.40
	慈善不应是富人的施舍,而应成为每个人的爱心体现,人人践行慈善	66.10
	有宗教信仰的人,一定具有慈善之心	21.90
	慈善不仅是一项事业更是一种文化	47.70

(二)民众的慈善参与

1.民众的慈善参与情况。甘宁青民众参与慈善活动的情况,如表6-3(表6-3　民众参与慈善活动情况)所示。67.81%的民众在过去两年中参加过慈善活动,相应地,32.19%的民众在过去的两年中则没有参加过慈善活动。

在参与频次方面,44.3%的受访民众表示自己偶尔参加慈善活动,30.65%的民众表示自己很少参加慈善活动,18.22%的民众表示自己经常参加慈善活动。

调查结果表明,甘宁青大部分民众有过慈善行为,在过去的两年中参加过慈善活动,但是在参与频次上基本上是偶尔参加或者很少参加,参与频次不高。

表6-3　民众参与慈善活动情况

问　题	选项	百分比(%)
过去两年中,您是否参加过慈善活动?	是	67.81
	否	32.19
您一般多久参加一次慈善活动?	经常	18.22
	偶尔	44.3
	很少	30.65
	从没有	6.82
您最常对哪类人群进行捐助?(多选题)	自然灾害受难者	59.40
	家境贫困的学生、儿童	62.90
	重大疾病无钱医治者	47.10
	无人赡养的老人	32.40
	贫困的残障人士	26.50
	贫困地区居民	22.50
	失业下岗人群	7.80
	其他	2.50

2.民众慈善对象的意愿。受访民众在慈善活动中愿意对哪些人群进行捐助? 表6-3 显示了相应的调查结果。62.90%的人愿意对家境贫困的学生、儿童进行捐助。59.40%的受访者经常对自然灾害受难者进行捐助,47.10%的受访人捐助的对象是重大疾病无钱医治者。对无人赡养的老人有32.4%的人会资助,还有贫困地区居民和贫困的残障人士,分别有 22.5%、26.5%的人愿对其捐助。对民众调研的结果与近些年甘宁青慈善组织重点服务对象基本吻合。甘宁青慈善组织服务领域主要在贫困的学生、重病患者和灾害受难者。

前述调查结果发现,甘宁青民众关注的与慈善相关的活动,主要是自然灾害或公共卫生事件的捐赠和“众筹”“水滴筹”的方式等,这反映出民众关注的慈善活动与其经常捐助的对象是较为一致的。

3.民众慈善参与的影响。民众对当地慈善组织的了解与他们参加慈善活动的频次之间存在怎样的关系呢? 调查结果如表6-4所示。当受访民众了解当地慈善公益组织时,41.5%的人表示自己经常参加慈善活动,42.81%的人偶尔参加,15.36%的人很少参加,0.33%的人从未参加。当受访民众不了解当地慈善公益组织时,自己经常参加慈善活动的比例跌至 6.78%,偶尔参加的比例为 47.46%,很少参加的比例则提高到 37.97%,从来没有参加的占比也从 0.33% 升至 7.8%。

表 6-4　对当地慈善组织的了解与参加慈善活动频次交互分析

		您对当地慈善公益组织了解吗?			
		了解(%)	不了解(%)	不清楚(%)	Total(%)
您一般多久参加一次慈善活动?	经常	41.5	6.78	6.11	20.23
	偶尔	42.81	47.46	28.89	41.36
	很少	15.36	37.97	48.33	31.5
	从没有	0.33	7.8	16.67	6.91
	Total	100	100	100	100
Pearson chi2(2)= 211.8605　p<0.001					

研究结果表明,民众对慈善组织的了解不仅影响民众对本地慈善状况的评价,也会影响民众的慈善参与。当民众了解本地慈善公益组织时,他们有较大的可能会提高自身参加慈善活动的频次。

同样,民众对于当地慈善公益组织建设状况的评价是否会影响他们参加慈善活动的频次呢? 分析结果如表 6-5 所示。数据反映当受访民众认为当地慈善组织建设状况好时,经常参加慈善活动的比例为 34.76%,偶尔参加的比例为 41.71%,很少参加的比例为 20.32%。当民众认为当地慈善组织建设状况一般时,经常参加慈善活动的比例下降至 18.13%,偶尔参加的比例为 42.56%,很少参加的比例则提高至 33.97%。民众认为当地慈善组织建设状况不好时,偶尔参加慈善活动的比例下降至 30.3%,很少参加的比例上升至 42.42%,还有 27.27% 的人表示从没有参加过慈善活动。

表 6-5　对慈善组织建设状况的评价与参加慈善活动频次交互分析

		您对当地目前慈善公益组织的建设状况如何评价?			
		好(%)	一般(%)	不好(%)	Total(%)
您一般多久参加一次慈善活动?	经常	34.76	18.13	0	20.59
	偶尔	41.71	42.56	30.3	41.31
	很少	20.32	33.97	42.42	31.4
	从没有	3.21	5.34	27.27	6.69
	Total	100	100	100	100
Pearson chi2(2)= 93.0524　p<0.001					

基于卡方检验结果,这些差异同样在95%的置信水平上具有统计显著性。本研究也计算了这两个变量之间的斯皮尔曼秩相关系数,为0.28(p<0.001),弱相关程度。这也就说明,民众对于当地慈善公益组织建设状况的评价,对他们参加慈善活动的程度会产生一定程度的影响。

二、甘宁青民众慈善行为与频次相关分析

在过去两年内参加慈善活动的行为与民众参与慈善活动的频次存在怎样的关系呢?对于该问题本研究进行相应的交互分析,结果为表6-6(表6-6　参与慈善活动与参与频次分析)所示。

在过去两年中曾参加过慈善活动的受访民众中有22.92%的人经常参加慈善活动,53.72%的人偶尔参加,22.63%的人表示很少参加。相比而言,在过去两年中没有参加过慈善活动的受访民众中,表示自己经常参加慈善活动的比例下降为2.77%,下降幅度较大,表示自己偶尔参加慈善活动的比例下降到27.08%,将近腰斩。而自己很少参加慈善活动的比例则上升至50.46%,增加一倍之多。

表6-6　参加慈善活动与参与频次分析

		过去两年中,您是否参加过慈善活动?		
		是(%)	否(%)	Total(%)
您一般多久参加一次慈善活动?	经常	22.92	2.77	16.44
	偶尔	53.72	27.08	45.15
	很少	22.63	50.46	31.58
	从没有	0.73	19.69	6.83
	Total	100	100	100
Pearson chi2(2)= 259.1982　　p<0.001				

结合卡方检验结果来看,该差异在95%的置信水平上具有统计显著性。这表明,过去两年中有参加过慈善活动的甘宁青民众在参与频次上相比而言具有较高水平。具体而言,相比于很少参加慈善活动,他们在参与频次上表现为偶尔参加和经常参加。反过来说,参加慈善活动频次相对较高的甘宁青民众有较大可能会在过去两年中参加过慈善活动。

三、甘宁青民众慈善参与

慈善文化的构建是以民众广泛参与慈善活动为直接基础。在慈善公益组织的建设和活动的开展中,拉近民众和慈善公益组织之间的距离,增加民众对当地慈善公益组织的了解和认识,是一项十分必要的工作。

甘宁青民众在参与慈善活动方面的比较分析,如表6-7(表6-7　现居住地与是否参加慈善活动交互分析)和表6-8(表6-8　现居住地与参加慈善活动频次交互分析)所示。

表6-7为居住地与是否参加慈善活动的交互分析结果。在甘肃受访民众中,63.38%的人在过去的两年中参加过慈善活动;在宁夏受访民众中,在过去的两年中参加过慈善活动的比例上升至70.64%;在青海受访民众中,参加过慈善活动的比例进一步上升至83.1%。

根据卡方检验结果,这种比例上的差异在95%的置信水平上具有统计显著性。不过,因为此次调查的样本量较大,较为容易呈现出统计显著性。同时,三个省份在样本量上具有较大的差距,也提示需要对呈现出的显著结果保持谨慎态度。

表6-7　现居住地与是否参加慈善活动交互分析

		现居住地			
		甘肃(%)	宁夏(%)	青海(%)	Total(%)
过去两年中,您是否参加过慈善活动?	是	63.38	70.64	83.1	67.81
	否	36.62	29.36	16.9	32.19
	Total	100	100	100	100
Pearson chi2(2)=21.8130　p<0.001					

表6-8为居住地与参加慈善活动频次交互分析结果。数据显示,甘肃民众经常参加慈善活动的比例为16.17%,偶尔参加人数的比例为42.96%,很少参加的比例为34.13%;在宁夏经常参加的占比13.22%,偶尔参加的比例上升至52.89%,很少参加人数的比例为24.38%;在青海经常参加的比例较前两个省份均有提升,为34.38%,偶尔参加的比例为36.88%,很少参加的比例为25.62%。

表6-8　现居住地与参加慈善活动频次交互分析

		现居住地			
		甘肃(%)	宁夏(%)	青海(%)	Total(%)
您一般多久参加一次慈善活动?	经常	16.17	13.22	34.38	18.22
	偶尔	42.96	52.89	36.88	44.3
	很少	34.13	24.38	25.62	30.65
	从没有	6.74	9.5	3.13	6.82
	Total	100	100	100	100
Pearson chi2(2)= 46.8935　p<0.001					

因而,基于调查分析,甘宁青三省(自治区)民众可能在参与慈善活动的程度方面存在差异。具体而言,青海民众相比甘肃、宁夏民众可能参与慈善活动的频次较高,甘肃民众次之,宁夏民众居后。不过,同样基于前述理由,对该显著结果需持谨慎的态度,还需要更多的证据进行论证和讨论。

增加民众对当地慈善公益组织的了解程度能够促进民众对当地慈善公益组织的建设状况产生积极的评价,而民众对于当地慈善公益组织建设状况的评价,不仅会影响他们对当地慈善氛围的看法,也会影响他们参加慈善活动的程度。

第三节　民众的慈善价值观

对甘宁青三省(自治区)的慈善价值观的考察,可通过民众参与慈善的原因以及对慈善文化的了解来把握。

一、民众参与慈善活动的原因

民众是如何解释自身参与慈善活动的原因呢? 对该问题的调查结果如表6-9所示(表6-9　民众参与慈善活动的原因)。受访民众参与慈善的原因中,因同情心而参与慈善活动的占比最高,超过55.20%。因为受助对象是自己所关心的人而参加的,占比32.70%。有28.10%的受访者因为受到他人的影响参加。因宗教慈善理念而参与慈善活动的占25.1%,是个不小的比例。因为慈善组织或者机构的宣传和动员、因单位组织捐赠必须参加,分别占23.2%、23%,反映出甘宁青三省(自治区)有相当一部分人参加慈善活动并非出于本心,而是因外界宣传或是由集体组织而促使。

表6-9 民众参与慈善活动的原因

问题	选项	百分比(%)
哪些因素促使您参与慈善活动?(多选题)	同情心	55.20
	受助对象是自己关心的	32.70
	受他人影响	28.10
	单位组织捐赠必须参加	23.00
	受助对象是自己感兴趣的项目	16.50
	宗教慈善理念	25.10
	慈善组织或者机构的宣传和动员	23.20
	其他因素	10.30

因此,甘宁青受访民众参与慈善活动的原因可以从主观和客观两个维度进行归纳。从主观方面,同情心、对特定受助对象的关心以及受他人影响,驱使民众参与到慈善活动中。从客观方面,慈善组织或者机构的宣传、动员和单位组织捐赠,也促使民众参与慈善活动。需要看到的是,在上述众多原因中,主观因素无疑占主导地位。

二、民众参与慈善活动途径的选择

甘宁青民众比较愿意通过哪些途径进行慈善活动呢?本研究对该问题进行了相应的调查,结果如表6-10(表6-10 民众慈善活动途径选择的意愿)所示。在受访民众中58.50%的人愿意通过学校、单位、社区等组织的捐款捐物的渠道进行慈善活动。47.70%的民众倾向的途径是通过慈善机构、基金会等第三方机构,有42.40%的民众更愿意直接和受捐助者建立联系(如结对捐助等)。通过媒体或个人发起倡议的捐款活动途径的占比达34%,达到1/3的比例,比例并不低,但相比其他途径,通过该途径行善的人数相对较少。

表6-10 民众慈善活动途径选择的意愿

问 题	选 项	百分比(%)
您更愿意通过哪种途径进行慈善活动?(多选题)	学校、单位、社区等组织的捐款捐物	58.50
	直接和受捐助者建立联系(如结对捐助等)	42.40
	通过慈善机构、基金会等第三方机构	47.70
	媒体、个人发起倡议的捐款活动	34.00
	通过宗教组织	18.30
	其他途径	4.20

参与慈善活动的途径上,甘宁青民众最愿意由具有较高公信力或者社会信任度高的学校、单位、社区等组织的捐助活动,其次为慈善机构、基金会等第三方机构发起组织的慈善活动,排在后位的是以直接和受捐助者建立联系的方式进行慈善活动。

三、民众对"慈善文化"的理解

甘宁青民众对于"慈善文化"的理解,调查结果如表6-11(表6-11 民众对慈善文化的理解)所示。在受访民众中,80.40%的人认为慈善文化是有良心、献爱心,共同去营造关爱、奉献互助的和谐社会。50.40%的民众认为慈善文化是自觉养成没有功利性地做慈善的习惯。还有39.30%的受访民众认为慈善应建立在社会伦理有序运行的基础上,也有24.4%的民众从宗教的角度理解慈善文化。

甘宁青民众对于慈善文化的理解包含了三个层面:首先,慈善文化是构建和谐社会的重要方面,这需要大家通过献爱心共同去营造;其次,对于献爱心、做慈善这一善举,需要将其培养为一种不带功利性的日常行为习惯,如此慈善文化才能得以形成;最后,慈善文化的形成需要一定的前提和基础,那就是社会伦理的有序运行,这包括法制健全、社会有序、保障完善等。

表6-11　民众对慈善文化的理解

问题	选　项	百分比（%）
您如何理解"慈善文化"？（多选题）	自觉养成没有功利性地做慈善的习惯	50.40
	有良心、献爱心，共同营造关爱、奉献互助的和谐社会	80.40
	慈善应建立在社会伦理有序运行的基础上	39.30
	在宗教思想中蕴含了"慈善文化"	24.40
	其他	3.40

四、民众对慈善机构与慈善者个人的态度

（一）民众对慈善主体的评价

在参与慈善救助活动的主体中，既有慈善机构也有慈善者个人，甘青宁民众对于这两大主体的表现是如何看待与评价的呢？对该问题的调查结果如表6-12（表6-12　民众对不同主体参与慈善活动的看法）所示。对于慈善机构参与社会慈善救助中的表现，19.01%的受访民众表示很满意，33.46%的受访民众表示比较满意，40.36%的民众表示一般，还有一定比例的受访民众表示不太满意或者很不满意。

对于慈善者个人参与社会慈善救助中的表现，在受访民众中表示很满意的比例为17.97%，表示比较满意的占调研总人数的27.86%，表示一般的比例为43.26%，也有一定比例的人表示不太满意或者很不满意。可见，无论是慈善机构抑或是慈善者个人，较大比例的受访民众评价都不高，认为这两大主体在参与慈善救助活动中的表现一般。

表6-12　民众对不同主体参与慈善活动的看法

问　题	选项	百分比（%）
对慈善机构参与社会慈善救助的表现看法？	很满意	19.01
	比较满意	33.46
	一般	40.36
	不太满意	4.69
	很不满意	2.47

续表

问　题	选项	百分比（%）
对个人参与社会慈善救助的表现看法？	很满意	17.97
	比较满意	27.86
	一般	43.26
	不太满意	7.83
	很不满意	3.08

（二）影响民众态度的原因分析

1. 慈善组织建设状况的影响

民众关于慈善机构参与社会慈善救助的态度是否与慈善组织建设状况的认知存在相关关系呢？分析结果如表6-13（表6-13　对慈善组织建设状况的评价与慈善机构表现的看法交互分析）所示。当受访民众对当地慈善组织建设状况评价为好时，有52.22%的人对慈善机构的表现很满意，38.33%的人比较满意，8.33%的人评价一般。在受访民众对当地慈善组织建设状况评价为一般时，对慈善机构的表现很满意的比例下降至9.04%，比较满意下降至34.58%的，51.67%也即更多的人对慈善机构参与社会救助表现评价一般。在受访民众对当地慈善组织建设状况评价为不好时，对慈善机构的表现很满意的比例进一步下降至5.97%，比较满意的比例则下降为13.43%，40.3%的人认为一般，还有22.39%的人很不满意。

表 6-13　对慈善组织建设状况的评价与慈善机构表现的看法交互分析

		您对当地目前慈善公益组织的建设状况如何评价？			
		好（%）	一般（%）	不好（%）	Total（%）
对慈善机构参与社会慈善救助的表现看法怎样？	很满意	52.22	9.04	5.97	19.05
	比较满意	38.33	34.58	13.43	33.6
	一般	8.33	51.67	40.3	40.34
	不太满意	1.11	4.13	17.91	4.63
	很不满意	0	0.59	22.39	2.38
	Total	100	100	100	100
Pearson chi2(2) = 362.5586　p<0.001					

从卡方检验结果来看，上述比例差异在95%的置信水平上具有统计显著性。本研究也计算了这两个变量之间的斯皮尔曼秩相关系数，为0.53（p<0.001），强相关程度。因而，这反映出民众对慈善机构参与社会慈善救助表现

的评价,确实与他们对慈善公益组织建设状况的评价有关。民众对慈善组织建设状况的评价越积极,对慈善机构参与社会慈善救助的表现越满意。这也从另一个侧面说明,当地慈善公益组织建设状况的优劣会影响到民众对慈善机构参与社会慈善救助的信心和信任。

2. 居民参与慈善频次的影响

居民关于慈善者在社会慈善救助表现的评价是否与居民个人参加慈善活动的频次存在关系呢?本研究也对该问题进行分析,结果如表6-14(表6-14 居民参加慈善活动的频次与慈善者个人表现的评价交互分析)所示。根据该分析结果可以发现,当受访民众经常参加慈善活动时,34.01%的人对慈善者个人参与社会慈善救助的表现很满意,44.9%的人比较满意,18.37%的人表示一般;当受访民众偶尔参加慈善活动时,对慈善者个人参与社会慈善救助的表现很满意的比例减少至17.02%,比较满意的比例降低至28.57%,评价一般的比例则提高到48.63%;当受访民众很少参加慈善活动时,对慈善者个人参与社会慈善救助的表现很满意的比例减少到10.84%,比较满意的比例降低到20.88%,一般的比例则提高为52.61%;当受访民众从没有参加过慈善活动时,对慈善者参与社会慈善救助的表现很满意和比较满意的比例均下降到9.62%,36.54%的人表示一般,19.23%的人不太满意,还有25%的人很不满意。

表6-14 居民参加慈善活动的频次与慈善者个人表现的评价交互分析

		您一般多久参加一次慈善活动?				
		经常(%)	偶尔(%)	很少(%)	从没有(%)	Total(%)
对慈善者个人在慈善救助的表现看法怎样?	很满意	34.01	17.02	10.84	9.62	17.76
	比较满意	44.9	28.57	20.88	9.62	27.93
	一般	18.37	48.63	52.61	36.54	43.37
	不太满意	2.72	5.47	11.65	19.23	7.85
	很不满意	0	0.3	4.02	25	3.09
	Total	100	100	100	100	100
Pearson chi2(2) = 200.0076 p<0.001						

根据卡方检验结果来看,这些比例分布差异也在95%的置信水平上具有统计显著性。这两个变量之间的斯皮尔曼秩相关系数为0.37(p<0.001),中等相关程度。因而,居民就慈善者个人在社会慈善救助的表现的看法受到居民自身

参加慈善活动程度的影响,居民参与慈善活动的程度越高,对慈善者在慈善救助活动中的作用和表现就越肯定。

五、民众对限制自身慈善行为的原因认识

根据前述调查,甘宁青受访民众主要因为同情心、对特定受助对象的关心以及受他人影响而进行慈善活动。那么,又是哪些因素限制了他们献爱心、做慈善呢? 根据表6-15(表6-15　民众对限制自身慈善行为的原因认识)所示。在受访民众中,认为自身经济实力还不够的原因占比最大,多达65.40%。其次影响公众慈善的原因,由高到低排序,善款使用公开度不高,担心捐款不能按自己的意愿使用占37.80%,民间慈善公益组织的公信力不强,专业素质不高占34.40%。

表6-15　民众对限制自身慈善行为的原因认识

问 题	选 项	百分比(%)
您认为影响您做慈善活动的主要原因是什么?(多选题)	经济实力还不够	65.40
	不知道捐款的情况	21.90
	捐款和做志愿者的渠道不畅通	31.50
	善款使用公开度不高,担心捐款不能按自己的意愿使用	37.80
	民间慈善公益组织的公信力不强,专业素质不高	34.40
	政府重视不够,相关法律法规不健全	26.30
	没有做慈善的想法	7.80
	其他因素	4.30

对于慈善组织尤其是民间慈善组织社会公信力的重要意义,在民众进行慈善活动的意愿一节中已有阐述,在这里进一步说明它是影响民众进行慈善活动的重要因素。在受访民众中,还有31.50%的人将自己不愿做慈善归因于捐款和做志愿者的渠道不畅通。其他原因例如政府重视不够,相关法律法规不健全等,也占有一定比例。

因而,对甘宁青民众来说,经济水平不高是影响自身做慈善的最主要的原因。其次为慈善组织和机构的自身建设因素,包括捐款使用的公开透明程度、慈

善组织的社会公信力。再次为进行慈善活动的相关途径不畅通,最后也有相关法律法规不健全方面的因素。

第四节　甘宁青的慈善氛围

民众对慈善、慈善组织的知晓以及评价,是观察、了解一个地方慈善氛围的重要维度。甘宁青三省(自治区)的慈善公益氛围如何? 影响甘宁青慈善氛围的因素有哪些? 本研究对该问题进行了相应的调查与分析。

一、慈善组织的知晓度与民众的评价

(一)民众对慈善组织的知晓

1. 对本地慈善组织的知晓情况。关于甘宁青民众对当地慈善组织的知晓情况,调查结果如表6-16(表6-16　民众对当地慈善组织的知晓度)所示。数据显示39.06%的民众了解当地的慈善组织,37.79%的民众不了解,还有23.16%的民众表示不清楚。这意味着超过六成的受访民众对当地的慈善组织不了解、不清楚。关于当地是否有宗教类慈善组织的问题,14.08%的受访民众回答有,18.06%的受访民众回答没有,67.86%也即更多的民众回答不知道。

表6-16　民众对当地慈善组织的知晓度

问　题	选项	百分比(%)
您对当地慈善公益组织了解吗?	了解	39.06
	不了解	37.79
	不清楚	23.16
当地有无宗教类慈善组织?	有	14.08
	无	18.06
	不知道	67.86

问卷情况说明,甘宁青慈善组织在当地影响并不高,群众对慈善组织的知晓率较低。在走访调查中部分慈善组织负责人也讲到"目前慈善在圈内热热闹闹,而在圈子外冷冷清清"的问题。

2.民众了解慈善组织的途径。甘宁青民众一般是通过哪些途径了解慈善公益组织及其活动呢？调查结果如表6-17（表6-17　民众了解慈善组织的途径）所示。受访民众中,71.00%的人是通过网络媒体了解慈善组织的,47.40%的民众通过电视媒体了解慈善组织与活动。还有34.30%的民众了解的渠道是报纸、报刊。从学习或者工作单位途径、同事或者亲戚朋友途径了解的分别占到20%以上的比例。也有小部分民众是通过社区居委会渠道了解的,通过该途径的比例相对较小。

表6-17　民众了解慈善组织的途径

问　　题	选项	百分比（%）
您从哪些途径了解慈善公益组织及其活动？（多选题）	报纸、报刊	34.30
	网络媒体	71.00
	电视媒体	47.40
	公交、地铁等移动传媒	17.00
	社区居委会	19.70
	学习或者工作单位	24.20
	同事或者亲戚朋友	27.30
	其他	6.00

调研数据反映,甘宁青民众主要是从网络媒体了解慈善公益组织及其相关活动,其次为电视媒体和报纸、报刊。网络时代,网络媒体在慈善活动中扮演着越来越重要的角色,通过网络媒体发起、宣传慈善事业成为现如今组织慈善活动的重要途径。在科学技术蓬勃发展的背景下,如何借助网络组织活动、运营组织、宣传组织、树立组织形象应是各个慈善组织不容忽视的重要议题。

（二）民众对本地慈善组织的评价

1.对本地慈善组织建设状况的评价。甘宁青民众对当地慈善组织的建设状况评价如表6-18（表6-18　民众对当地慈善组织建设状况的评价）所示,24.07%的受访民众认为当地慈善组织建设得好,67.22%的民众认为组织建设状况一般,8.71%的民众认为不好。仅从数据看,大多数受访民众对于当地慈善公益组织的建设情况是不太满意的。

表6-18　民众对当地慈善组织建设状况的评价

问　　题	选项	百分比(%)
您对当地慈善组织的建设状况如何评价?	好	24.07
	一般	67.22
	不好	8.71

2.民众对本地慈善氛围的评价。表6-19反映民众对本地慈善氛围的评价。表中数据显示,46.68%的受访民众即将近半数的人认为当地的慈善公益氛围一般,29.28%的民众认为比较好,认为很好的占比为15.43%,还有7.02%的人认为本地的慈善公益氛围比较差。因而,总体来看,较多的甘宁青受访民众对本地慈善公益氛围评价不高。

表6-19　民众对本地慈善氛围的评价

问　　题	选项	百分比(%)
您认为本地的慈善公益氛围如何?	很好	15.43
	比较好	29.28
	一般	46.68
	比较差	7.02
	非常差	1.59

二、慈善组织的组织形象与民众评价

形象,从心理学角度就是人们通过视觉、听觉、触觉、味觉等各种感觉器官在大脑中形成的关于某种事物的整体印象。组织形象是组织内外对组织的整体感觉、印象和认知,是组织状况的综合反映①,组织形象是组织的总体特征和实际表现在社会公众中获得的认知和评价。

组织形象的分类方法很多,根据不同的分类标准,组织形象可以分为组织的内在形象和外在形象、组织实态形象和虚态形象、组织正面形象和负面形象、组织直接形象和间接形象、组织主导形象和辅助形象等。同理,慈善组织的组织形象依据不同的标准划分为若干类,本研究仅从组织的规范化建设、组织的社会评

---

①　吴柏林:《公共关系理论与实务》,中国人民大学出版社2013年版,第249页。

价、组织的社会效果等维度对甘宁青慈善组织的组织形象介绍分析。

（一）组织形象的基本情况

甘宁青慈善组织在本地的组织形象如何？课题组从慈善组织的规范化建设、组织的社会评价、组织的社会效果等方面对三省（自治区）的民众进行了调查,结果如表6-20(表6-20　民众对当地慈善组织的组织形象评价)所示。

在慈善组织的规范化建设方面,受访民众中有40.49%的人给了3分,25.74%的人勾选了4分,15.39%的人勾选了5分;在社会各界对慈善的评价方面,35.69%的受访民众勾选了3分,30.33%的民众勾选了4分,16.21%的民众给了最高分5分;在慈善救助的社会效果方面,受访民众中有34.65%的人勾选3分,4分有26.25%的人勾选,给满分5分的仅占18.37%。

表6-20　民众对当地慈善组织的组织形象评价

问　题	选项	百分比(%)
慈善组织的规范化建设	1分	5.17
	2分	13.2
	3分	40.49
	4分	25.74
	5分	15.39
社会各界对慈善的评价	1分	4.05
	2分	13.73
	3分	35.69
	4分	30.33
	5分	16.21
慈善救助的社会效果	1分	6.69
	2分	14.04
	3分	34.65
	4分	26.25
	5分	18.37

为进一步从总体上把握受访民众的评价状况,本研究计算了三个方面各自的均值,分别为3.33分、3.41分、3.36分,略高于3分不及4分,将这三个维度合并起来计算出总体评价得分均值为3.36分。这意味着,甘宁青民众对本地慈善组织形象,包括规范化建设、社会评价、社会效果在内相关内容评价一般。

(二)甘宁青组织形象比较分析

甘宁青三省(自治区)民众对本地慈善组织形象的评价得分均值,具体结果如表6-21(表6-21 民众对当地慈善组织的组织形象评价各地得分均值)所示。

表6-21 民众对当地慈善组织的组织形象评价各地得分均值

	甘肃(均值)	宁夏(均值)	青海(均值)	方差检验
慈善组织的规范化建设	3.35分	3.19分	3.51分	p=0.0127<0.05
社会各界对慈善的评价	3.38分	3.33分	3.61分	p=0.0363<0.05
慈善救助的社会效果	3.30分	3.30分	3.61分	p=0.0125<0.05

在慈善组织的规范化建设方面,甘肃得分均值为3.35分,宁夏为3.19分,青海为3.51分;在社会各界对慈善的评价方面,甘肃得分均值为3.38分,宁夏为3.33分,青海为3.61分;在慈善救助的社会效果方面,甘肃得分均值为3.30分,宁夏为3.30分,青海为3.61分。

经过方差分析发现三省(自治区)的评价得分在95%的置信水平上具有显著差异,结合各省的得分均值来看,青海民众对本地慈善组织整体形象评价最高。甘肃和宁夏则较为接近,甘肃民众对本地慈善组织形象评价略高于宁夏。

三、甘宁青慈善氛围比较

甘宁青三省(自治区)在慈善氛围方面是否存在差异呢?对该问题的分析结果如表6-22(表6-22 现居住地与当地慈善氛围的交互分析)所示。根据分析结果所示,在甘肃受访民众中,认为本地慈善氛围很好的比例为13.64%,认为比较好的比例为23.84%,认为一般的比例为51.27%;在宁夏受访民众中,认为本地慈善氛围很好的比例较甘肃省略有提升,为15.42%,认为比较好的比例则上升至31.67%,认为一般的比例相应地下降为46.25%;在青海受访民众中,认为本地慈善氛围很好以及比较好的比例均较甘肃和宁夏都高,占比分别为22.84%、48.15%,而认为本地慈善氛围一般的比例则相对较低,为28.4%。

表 6-22　现居住地与当地慈善氛围的交互分析

| | | 现居住地 | | | |
		甘肃(%)	宁夏(%)	青海(%)	Total(%)
您认为本地的慈善公益氛围如何?	很好	13.64	15.42	22.84	15.43
	比较好	23.84	31.67	48.15	29.28
	一般	51.27	46.25	28.4	46.68
	比较差	8.85	6.25	0.62	7.02
	非常差	2.4	0.42	0	1.59
	Total	100	100	100	100

Pearson chi2(2)= 68.9151　p<0.001

结合卡方检验结果,这些比例差异在95%的置信水平上具有统计显著性。表中数据反映,对于慈善氛围的感知,青海民众评价较高,其次为宁夏,再次为甘肃。不过,由于青海和宁夏的样本量相对较小,对于这一显著统计结果需要持谨慎态度。

四、甘宁青慈善氛围影响因素分析

(一)民众慈善参与的频次对慈善氛围的影响

在前述调查中发现促使民众参与慈善活动的一个重要驱动力是受他人影响,民众参与慈善活动的频次是否会影响当地的慈善氛围呢? 分析结果如表6-23(表6-23　慈善氛围与参加慈善活动频次交互分析)所示。受访民众经常参加慈善活动与偶尔参加、很少参加、从没有参加的,对本地慈善氛围的评价有较大的差别。经常参加慈善活动的,认为慈善氛围很好的占比达39.13%,比较好的占27.8%,一般占8.45%,比较差占2.67%,非常差占到5.88%。很少参加慈善活动的,对本地慈善氛围评价很好的17.39%,比较差占42.67%,非常差占23.53。从没有参加慈善活动的人,对本地慈善氛围的评价,好评降低,差评明显提高。从没有参加慈善活动的人,认为本地慈善很好的降低至3.73%,非常差的提升至58.82%。

表 6-23　慈善氛围与参加慈善活动频次交互分析

		经常(%)	偶尔(%)	很少(%)	从没有(%)	Total(%)
您认为本地的慈善氛围如何？	很好	39.13	39.75	17.39	3.73	100
	比较好	27.8	48.88	20.77	2.56	100
	一般	8.45	45.27	39.64	6.64	100
	比较差	2.67	33.33	42.67	21.33	100
	非常差	5.88	11.76	23.53	58.82	100
	Total(%)	18.34	44.12	30.67	6.87	100
Pearson chi2(2) = 236.2371　　p<0.001						

通过比例分布情况可以看到，受访民众参加慈善活动的频次不一样，对本地慈善氛围的评价相应发生变化。民众参加慈善活动的频次越低，对本地的慈善氛围评价越差，民众参加慈善活动的频次越高，对本地慈善氛围的评价就越好。因而，本地民众慈善参与频次是影响当地慈善氛围的重要因素，这说明提高民众慈善参与率是营造良好慈善氛围的重要途径。

(二)民众对慈善组织的了解程度影响慈善氛围

1. 对慈善组织的了解影响慈善氛围。对当地慈善组织的了解是否会影响民众对当地慈善氛围的评价呢？本研究对该问题进行了相应的分析，结果如表 6-24 所示(6-24　对当地慈善组织的了解与慈善氛围的交互分析)。当受访民众对本地慈善公益组织表示了解时，34.1%的人认为当地的慈善氛围很好，42.62%的人认为比较好，22.3%的人认为一般；而当受访民众对本地慈善公益组织表示不了解时，认为当地慈善氛围很好的比例下降至5.76%，认为比较好的比例下降至 25.42%，认为一般的比例上升为60.34%。同时，结合卡方检验结果，该比例差异在95%的置信水平上具有统计显著性。

表 6-24 对当地慈善组织的了解与慈善氛围的交互分析

		您对当地慈善公益组织了解吗?			
		了解(%)	不了解(%)	不清楚(%)	Total(%)
您认为本地的慈善公益氛围如何?	很好	34.1	5.76	8.29	17.41
	比较好	42.62	25.42	21.55	31.24
	一般	22.3	60.34	54.7	44.17
	比较差	0.98	7.8	13.26	6.4
	非常差	0	0.68	2.21	0.77
	Total	100	100	100	100
Pearson chi2(2)= 192.1869 p<0.001					

这表明民众对当地慈善公益组织的了解与对当地慈善公益氛围的评价之间存在显著的相关关系。提升民众对本地慈善公益组织的了解程度,有利于在主观上营造一个良好的慈善公益氛围。

2.慈善建设状况评价影响慈善氛围。民众对当地慈善组织的了解是否影响他们对本地慈善组织建设状况的评价呢? 分析结果如表 6-25 所示。根据该表可以看到,当受访民众了解当地的慈善公益组织时,46.23%的人认为当地慈善公益组织的建设状况是好的,认为一般的比例为 52.46%。相比而言,当受访民众不了解当地的慈善公益组织时,只有 10.96%的人认为当地慈善公益组织建设状况是好的,认为一般的比例则提升至 80.48%。根据卡方检验结果,该差异在 95%的置信水平上具有统计显著性。因而,由于民众对当地慈善公益组织的陌生,导致民众对本地慈善公益组织的建设状况产生了消极的评价。

表 6-25 对当地慈善组织的了解与慈善组织建设状况评价的交互分析

		您对当地慈善公益组织了解吗?			
		了解(%)	不了解(%)	不清楚(%)	Total(%)
您对当地目前慈善公益组织的建设状况如何评价?	好	46.23	10.96	6.25	23.8
	一般	52.46	80.48	72.16	67.53
	不好	1.31	8.56	21.59	8.67
	Total	100	100	100	100
Pearson chi2(2)= 178.4892 p<0.001					

　　民众对于当地慈善组织建设状况的评价是否影响他们对本地慈善氛围的感知呢？对该问题的分析结果如表6-26所示。当受访民众认为本地慈善组织建设状况好时，评价当地慈善公益氛围很好的比例是47.31%，比较好的比例为38.17%，一般的比例为14.52%；当受访民众认为当地目前慈善组织建设状况一般时，评价当地慈善公益氛围很好的下降至8.03%，认为比较好的比例下降为31.93%，认为一般的比例上升到54.88%；当受访民众认为当地目前慈善组织建设状况不好时，评价当地慈善公益氛围很好和比较好的比例进一步下降，分别为2.99%、8.96%，认为一般的比例为47.76%，还有34.33%的人认为比较差。

　　基于卡方检验结果，这些差异在95%的置信水平上具有统计显著性。本研究也计算了这两个变量之间的斯皮尔曼秩相关系数为0.53（p<0.001），具有强相关程度。因而，在很大程度上，民众对当地慈善公益组织建设状况的评价会影响到他们对慈善氛围的看法。

表6-26　对慈善组织建设状况的评价与慈善氛围的交互分析

| | | 您对当地目前慈善公益组织的建设状况如何评价？ | | | |
		好（%）	一般（%）	不好（%）	Total（%）
您认为本地的慈善公益氛围如何？	很好	47.31	8.03	2.99	17.01
	比较好	38.17	31.93	8.96	31.44
	一般	14.52	54.88	47.76	44.59
	比较差	0	4.97	34.33	6.31
	非常差	0	0.19	5.97	0.64
	Total	100	100	100	100
Pearson chi2(2)=325.5910　p<0.001					

第七章　甘宁青慈善组织运作特色与未来

　　甘宁青慈善组织运作具有组织建设规范与散乱并存、组织运作领域宽泛与具体并存、组织物质资源运作传统与现代并存、组织社会资源运作不足与充分并存等方面特点。

　　甘肃慈善组织运作特色更加鲜明。在慈善对象、慈善领域、慈善活动、慈善模式、慈善机构运行中,地域性特征比较鲜明;甘肃支持型慈善组织运作效果日益彰显;甘肃组织运作向公益方向转变的意识更强烈;甘肃慈善组织社会资源运作更丰富。

　　转变慈善运作的理念,完善慈善运作的方式,改革慈善机构的制度,以解决慈善组织存在的运作领域同质化严重、运作能力薄弱、运作专业化程度较低、运作专业人才匮乏、运作制度环境不佳等突出问题,是甘宁青慈善组织未来良性运作、持续高质量发展的必然趋势。

第一节　甘宁青慈善组织运作的特点

一、组织建设规范与散乱并存,规范性组织较多

　　甘宁青慈善组织在组织的成立、内部建设上规范与散乱并存,即有的慈善组织在组织的注册、备案、办公场地、内部制度建设上较为规范,而有的组织或者没有注册登记、或者没有固定办公场所、或者没有内部完整的制度建设。慈善组织在组织建设上规范与散乱并存,但是规范性的慈善组织较多。

（一）组织建设的规范性

规范的慈善组织是组织正常运作的前提，也是组织良性、持续运作的必然要求。甘宁青慈善组织依据国家的法律法规以及组织的章程而建立。在组织内部制度的建设、组织机构的建设、组织的财务管理、组织的分支机构以及组织的党建等方面，基本上都能遵循《中华人民共和国慈善法》以及基金会、社会团体、社会服务机构等社会组织管理《章程》《信息披露制度》《重大活动备案报告制度》等规章制度，按期进行登记机关和主管单位的年度年检工作。

1. 慈善组织依据组织章程以及《慈善法》规定的组织设立条件而建立，较大比例的慈善组织是因行业自发而成立的，慈善组织大多数属社会团体类和民办非企业类。组织的创始人发起、建立慈善组织的原因多种多样，但在甘宁青地区，因宗教理念而成立组织的占有不小比例。甘宁青部分在 2016 年以后成立的组织，其成立多是由地方政府自上而下推进。

2. 在组织的登记、备案上，绝大多数慈善组织在民政部门正式登记、注册，注册资金主要集中在 10 万元及以下，出资方式以自然人出资为主，募捐资格大多数为定向募捐，慈善组织基本上没有设立慈善信托。甘宁青地区慈善组织中的大多数组织依靠租赁、社区无偿提供、临时借用等方式获得办公场所，也有小部分的慈善组织没有独立的办公场所。

3. 在组织的机构建设上，甘宁青绝大多数慈善组织依据组织章程或是慈善法的要求，设置了较完整的组织架构。大多数慈善组织根据组织的规模以及组织服务的领域或对象的不同而合理设置机构。甘宁青地区慈善组织基本上都能够按照章程开展会员大会或是理事会，基本能够按规定进行机构的换届工作。

4. 慈善组织账务方面，甘宁青慈善组织在财务制度上参差不齐，但在资金的筹集、使用上基本都能做到财务公开透明。财务会计方面不仅仅是按照民政部门的年检要求提供，而是在每次的活动结束后，以微信群、公众号、网站的方式及时在本组织内或是面向社会公开。

6 月✕日在收到求助电话后，甘肃新星公益慈善中心临夏站负责人同临夏志愿者实地核实、赴甘肃省人民医院住院部 10 楼烧伤科 18 床落实烫伤女童的情况，在家属的授权下发起倡议，短短几天，善款涌续（图7-1　支付宝、微信、银行卡收到的捐款明细）。

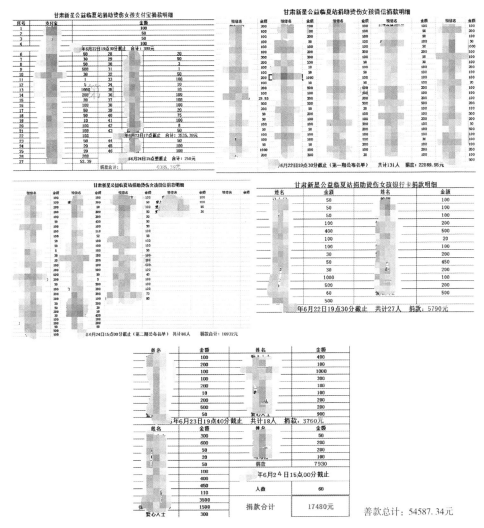

图7-1 支付宝、微信、银行卡收到的捐款明细

以上是甘肃新星公益慈善中心募捐事由以及捐款明细详实记录。事实上，课题组在调研中发现几乎所有接触到的慈善组织都能做到财务公开、透明，善款的来源以及去向一清二楚。甘肃的一位组织发起人概括很到位："善款清清楚楚、明明白白，这是我们做慈善的良心，也是我们当地做慈善的优势。"

（二）组织建设的散乱性

调研中课题组发现在甘宁青三省（自治区）都存在一些散乱性的慈善组织。

这些组织包括没有注册的、没有办公地点的、没有工作人员的、没有规章制度的、没有规范组织机构的、没有慈善活动文字记录的、组织没有开展任何活动的，等等。

1. 宗教慈善组织小、散、乱。"宗教乃慈善之母"。因甘宁青地区多民族、多宗教的特点，部分慈善组织其成立或是慈善活动开展，受到基督教、佛教、伊斯兰教等宗教教义与宗教制度的影响，或多或少带有宗教慈善的性质。与其他慈善组织不同的是，宗教慈善组织是"以宗教信仰为纽带形成的组织"，它既有宗教信仰的依托又超越其信仰，因为"它的善款来源和服务对象在很多情况下是部分信仰的社会大众"[1]。

宗教慈善事业是整个慈善事业发展过程中的一个重要组成部分，它依托庞大的信仰宗教人口，对社会慈善事业作出积极贡献，成为现代社会保障制度有益且重要的补充。[2] 基于宗教教义与中国传统文化的滋养，宗教对慈善事业的作用不容忽视。但是，甘宁青宗教慈善组织普遍存在小、散、乱的现象。宗教慈善的小、散、乱主要表现在以下三个方面：

一是因宗教理念不愿注册为正式的慈善组织，如一些未注册的草根机构认为"慈善重在做了什么，而不是有没有形式上的东西""我们只要把善事做了，没有必要在民政上注册""我们的理念是把问题解决了，有没有手续不重要，政府承认或是不承认不重要"。

二是注册了的慈善组织，因为宗教理念而不愿进行组织的制度建设，比如组织活动文字记载、组织的规范性建设等。在甘肃或青海，课题组发现都不同程度地存在这样的组织，某些宗教慈善组织缺乏慈善活动的相关文字记录，也没有建立组织的任何制度。青海省西宁市某家慈善组织负责人坦言："我个人觉得没有必要文字记录或者资料存档，我们每次活动后在微信圈发一发。按照我们的教义，左手出散的不必让右手知道，所以，我们做这些不是给别人干的，更不是给别人看的，自己圈子内的人知道就行了。"

三是因宗教理念而固守传统的慈善运作模式。表现在慈善对象的选择和慈

---

① 郑筱筠:《中国宗教公益慈善事业的定位、挑战及优势》,《中国宗教》2012 年第 3 期。
② 郑功成:《社会保障》,高等教育出版社 2007 年版,第 334 页。

善活动的开展两方面。其一,在慈善对象选择上,甘宁青个别宗教慈善组织只救助本宗教内的群众,特别是一些以宗教节日或少数民族节日为主的慈善活动或项目,资助方提出的资助条件就是本少数民族的或是本宗教内的人。其二,在慈善组织活动开展上,一些慈善组织基于宗教理念而固守传统的慈善活动运作模式,不愿尝试项目化的、制度化的、专业化的慈善运作模式。

　　2. 非宗教慈善组织内部建设散乱。甘宁青慈善组织的散乱性,除了一些小、散、乱的宗教慈善组织外,还存在一些在组织内部建设上极为松散的非宗教慈善组织。这些组织内部建设的散乱,有以下三种表现:

　　其一,表现在组织的注册上。部分慈善组织因没有资格或不具备条件而没有注册。如甘肃省某慈善组织负责人说:"注册省级组织需要 30 万元,这对我们来说比较困难,在 2016 年以前才是 5 万元。另外,现在注册社会组织必须要有 3 个以上社会工作师资格证。无论是从注册资金还是人员资格上我们都没有这个能力,所以就一直没注册,但是活动我们一直没有停止过。""××省××市没有注册的机构有 30 多家,县级的不让注册。我们这儿的情况比较复杂,××县也不让注册。"

　　其二,表现在组织的慈善活动上。有的组织仅仅开展过少量的活动,有的组织已经停止活动。"一些没有注册的社会组织也在活动,但是非常少,近一两年一些慈善组织已经停止活动了。主要原因是这些慈善组织依靠一些做企业的或经商的资助在做,近 2 年经济下滑,生意不行了,企业家或经商者的捐助减少或者停止了,所以慈善活动就不做了。"

　　其三,表现在组织机构建设上。组织机构建设不规范,或者是没有工作人员,或者是没有办公室,如甘肃一家慈善组织秘书长介绍,"我们这里的机构内部建设还是有欠缺的。好多机构连人员都没有,办公室也没有,怎么做项目? 所以有些项目它自己不敢接,民政部门也不愿给。有些项目周期是半年,我认为你做这些之前还是要强大自己的机构,先把自己的平台做好,自己强大了,不光有政府的项目,还有基金会的、公益组织的,它肯定自己会找上门来的。只要把自己的平台搭建起来,财务完善、人员配备齐全,组织的能力就上去了。"甘肃的另一位负责人说:"目前我们机构的架构不是很健全,有两家机构因资金紧张共用工作人员,这不是很合理。""没有注册,不能取得项目,没有项目就没有资金保障,没有资金无法固定地址和人员,造成人员流动性比较大,组织机构极不稳定。"

二、组织运作领域宽泛与具体并存,具体运作较少

甘宁青慈善服务领域较为宽泛,服务对象不够具体。既关注教育教学又扶助医疗事业的发展,既服务于农村社区又服务于城市社区,既关注贫困学生、留守儿童又帮扶老人、妇女、残障等弱势群体,专注于某一具体服务领域或者特定慈善对象的组织数量很少。

(一)组织运作领域的宽泛性

根据问卷、访谈以及观察各慈善组织近几年活动的轨迹,课题组发现甘宁青大多数慈善组织在服务领域方面有宽泛性的明显特征,即许多慈善组织的服务领域并不专注于一两个方面,而是从事多个领域。分别以甘宁青一些有影响的慈善组织为例:

在青海省,青海回族撒拉族救助会在做贫困大中学生教育救助的同时,也从事扶贫济困、医疗救助、灾难救援、志愿服务等多个慈善领域。青海夏都公益、爱心之帆、循化县益众社会公益服务中心、西宁市曙光公益援助中心等,同样在人类服务、医疗健康、灾害应对多个领域运作。

在甘肃省,甘肃兴邦社会工作服务中心是甘肃省有影响的一家综合性慈善组织,既开展本省内社会组织能力建设,又从事教育扶贫、农村生计发展;甘肃东乡撒尔塔青年志愿者协会通过开展青年志愿者服务活动,帮助老弱孤残、特殊困难家庭、偏远山区学生等弱势群体,同时,也开展抢险救灾、环境保护与社区治理等服务;甘肃平凉众益服务领域有农村社区发展、灾害管理、环境保护、儿童发展等领域,既关爱农村留守、孤寡老人,也提供留守儿童心理支持、卫生健康、安全意识、成长陪伴等服务。

在宁夏,宁夏吴忠市公益爱慈善协会、吉财爱心志愿服务队、一家亲爱心协会、黄河善水慈善协会、宁夏固原原州区雨露社会工作服务中心、宁南爱心公益社、宁夏昊善社会工作发展服务中心、宁夏至善社会工作发展服务等,都是宁夏较有影响的几家综合性的慈善组织。比如,宁夏固原宁南爱心公益社致力于助学、助困、助老、助残、环保等领域,服务于宁南山区的妇女儿童发展及留守老人、

留守妇女、留守儿童人员;宁夏海原县义工联合会的服务领域也较为综合,开展扶老、助学、助残、社会救助、心理纠正、环境保护等慈善公益性服务。

总之,甘宁青慈善组织基于慈善"关怀弱者、帮扶贫困"的理念,服务领域宽泛,凡是有需要帮助的人群、需要援助的领域,他们都会顾及,无论是老弱病残、鳏寡孤独、济危解困还是灾害抢救。

(二)组织运作领域的具体性

有一些慈善组织在经历了宽泛的服务领域后,逐渐地精简服务领域,向具体的、专门性的领域发展,如在教育助学方面较有影响的,兰州穆睿流动人口服务中心关注于边缘社区流动人口妇女和儿童的素质与能力的培养与提升。该中心主要针对孩子、妇女、外来务工人员、贫困大学生,开设妇女扫盲班、幼儿学前教育、法律伦理培训班、社会实践培训班等。对外来务工人员进行文化扫盲和普及基本法律知识,增强他们的法律意识和家庭伦理意识。给在校大学生提供实践机会以提升他们的社会实践能力。

同样专注于教育与培训的,如青海西宁市曙光公益援助中心致力于留守儿童与妇女的教育,对留守儿童提供心理关怀、学习辅导与素质拓展,给予妇女教育培训和专业技能提升,使她们平等、公正地融入社会。

专注于社区工作的组织,例如,甘肃善泉城乡社区发展中心为城乡社区流动人员、留守人员提供服务,开展预防城乡社区未成年人犯罪及心理健康疏导,城乡社区家庭综合服务,城乡社区志愿服务等。

专注于具体服务领域个案。青海高远慈善救助会是青海省内一家较有影响的民间慈善组织,它的慈善服务重点集中在孤儿及其家庭抚助、卫生医疗改善、汲雨水窖开发等三个领域。高远慈善救助会筹建于 2008 年,于 2009 年 1 月正式注册。高远慈善救助会从筹建起就在青海省海东地区探索做精细化项目。经过 20 多年的摸索、实践,救助会逐渐凝练出自己的品牌项目。以下是高远慈善救助会负责人关于救助会具体服务领域及其项目的详细介绍。

青海高远慈善帮扶救助会:凝练项目,做精做强

我们最先做的是抚助孤儿项目。开始扶助 23 个孤儿,最早是西宁市的,直到 2009 年底孤儿增加到 73 名,这时已突破西宁的界限,涉及海东贫困地区的孩子。每个孤儿我们都要家访,我们有自己的孤儿认定标准。孤儿的标准有两个,一是父母双亡,另一个是父亲去世。为什么父亲去世了也认定为孤儿?是因为我们青海是以男性为主的家庭,如果父亲去世了,母亲多数会改嫁。我们抚养和关护的孩子都必须在 10 岁以下,一经抚养和关护必须持续到 16 岁,这是第一个项目。如果我们抚养的是女孩子,有 16 岁到 17 岁考不上高中终止学业的,会出去找工作或打工什么的,我们就终止抚助。

抚助孤儿我们每个月发 200 元的生活费。2014 年之前是每月发放,2014 年之后每 2 个月发放,2016 年后每季度发放,保证每年 2400 元的生活费。保证每户每月一次的家访,这是必需的。我们抚养的孤儿数量逐年在增加,从机构成立之初的 23 名到 2009 年的 73 名,2009 年之后每年都在递增,从 180 名到 270 名,直到 2016 年底递增至 530 名,覆盖了海东地区所有的贫困孤儿。

抚孤项目的亮点还在于我们在抚养孤儿的同时,还资助孤儿家庭子女接受高等教育,即被抚养人的兄弟姐妹如果有考上大学的,我们会继续资助他们,一个学生每学期 500 元的助学补贴,主要是生活补贴,其他费用让学生自己通过国家助学贷款。我们主要是生活上的资助,保证他基本的生活。我们现在抚养的孩子有 3 岁、2 岁甚至 0 岁的,如果他的哥哥或姐姐上大学,我们也资助他们。我们的资助家庭尽量让他出一个读书人,目的给家庭产生一个造血功能。

500 个孤儿我们至少是从 1500 个家庭中筛选的,一定是贫困山区、贫困区域的赤贫的家庭,针对这些家庭的经济、社会地位都是一个畸形状态,基本上 500 个家庭会有 400 多个家庭母亲会改嫁。母亲不改嫁只有两种可能,一是年龄在 45 岁以上,二是家庭有 3 个或以上孩子,或还有残疾人。这样的家庭母亲会在家里,一般成员是奶奶、爷爷、孩子自己和妹妹、母亲。这样的家庭基本是务农家庭,只有他的哥哥或弟弟是家庭的经济来源。

为什么我们每年要进行家访、回访,就是关注他的身心健康发展包括他的精气神。鼓励他们积极向上,努力改变现状。因为我们是草根组织,所以我们的鼓励他们很接受。因为我们要走二三百公里才能到这样一些地方,他们很是感动。我们要给他基本的生活费,没有任何条件就是要让他上学。经过我们的资助,这样的家庭现在有考上大学的。在资助的同时我们会帮助他们对接青海回族撒拉族救助会,当然上学后会有助学贷款、补助等,会由学校主导。

我们的第二个项目是卫生医疗项目。主要目的是改善人居环境和人文道德素养,提高他们的意识包括文化意识和致富意识。让他们脱贫,我们希望他们脱贫,从大山走出去。现在有大量的人出去打工,我们开设卫生医疗项目主要是针对他们存在的卫生问题、健康问题。这个项目我们从来没有独立做过,都是与当地的卫生局合作。在卫生局认为有必要的、有意义的工作上我们扩大或延续,比如医疗卫生队下乡、贫困山区修建卫生室、给流动村医建医疗站,这都是与国家的工作合并后我们援建的项目。

第三个项目是汲雨水窖项目。青海和甘肃的交界处是青海最严重的缺水区,海东地区靠近黄河却吃不上水。我们从 2011 年开始做汲雨水窖项目,就是给缺水地区挖集雨水窖。从 2013 年我们看到人工打 25 米就可以挖出水,机器打 40 米可以打出水,2014 年我们开始找施工队进行机打水,我本人也有个施工队,到现在打了超过 180 眼水窖。这 180 眼水窖,最浅的 30 米,最深的 90 米,解决了青海贫困山区的人畜饮水问题。现在浦麻地区刚刚铺设上自来水管,但我们的水窖在 2014 年就打完了,那里打不了水的。还有化龙的上龙地区,是藏区,上个月我刚去,说是在这个村落的最底下的地方可能会打出水。现在动力电协调不了,如果协调好了我们就会工作。还有我们跟政府合作,政府铺设管道,我们打井,他们做大型的水塔,然后通自来水,这就是我们民间机构做一些拾遗补缺的事情。

三、组织物质资源运作传统与现代并存,传统模式比重大

慈善组织物质资源的传统与现代,既是指组织在价值理念上的传统与现代,也是指在具体实践中的传统与现代方法或手段。甘宁青慈善组织无论是资金运作还是慈善活动运作,仍以传统的"筹资—救助"模式为主,部分组织已经具有慈善物质资源运作项目化、专业化、品牌化的变革意识,或正处在从传统模式向现代模式转型的阶段。传统与现代的运作模式在甘宁青慈善组织物质资源运作

中并存,传统运作模式的慈善组织占比大。

(一)物质资源运作传统模式

慈善组织物质资源运作的传统性体现在慈善资金筹集的传统与保守,以及慈善活动运作的传统与保守。甘宁青较多的慈善组织在物质资源运作上缺乏现代的慈善理念与方法,这些慈善组织坚守传统的慈善运作模式,在资金筹措上主要的形式是团队成员"月捐",向社会人员以微信形式定向募集。在慈善活动开展上,基本程序是到贫困地区或贫困家庭考察、家访—确定慈善对象—募集资金—开展扶助。在慈善救助的形式上,主要局限于物资的发放。

传统性物质资源运作带来的直接后果就是资金的紧张。慈善资金困难、紧张是全国慈善组织的一个共性问题,但是,在甘宁青地区表现得尤其突出,调研中90%以上的慈善组织反映资金问题是组织面临的最大难题。

传统慈善运作模式个案。海原青年爱心公益协会和宁南爱心公益社是宁夏西海固地区较有影响的两家组织。以下是海原青年爱心公益协会2017年的一次募捐活动,以及固原市宁南爱心公益社2018年全年的慈善活动简录。通过两家慈善组织活动记录,从中可以看出组织在资金和活动运作方面的基本特征。

海原县爱心公益协会慈善运作

××××年×月×日,海原县爱心公益协会会长田××接到患者张×父母的求助电话,经爱心公益协会信访部审核走访,情况公示如下:

15岁少年张×,是宁夏海原县××乡××自然村人,不幸患结核性脑膜炎,家庭极度贫困,孩子病情虽能控制,却因高昂治疗费用无法进行治疗。张×的父母是地地道道的农民,家庭所有经济来源是父母种地所收,家贫不以自足,再加上张×的病情严重,急需大量的医药费,使原本拮据的家庭更加雪上加霜。高达10万元的医药费,对于这个家来说,实在是困难。

张×的前期医药费都是东拼西凑,所有的钱都已经花光了。张×已住院20多天,现在还在医院观察。爱心公益协会到医院探访,他仍旧昏迷不醒。院方提醒家属,错过最佳治疗时间,张×的病情会愈加严重。

在此,爱心公益协会呼吁社会各界爱心人士,共同伸出援手来帮助这家走出困境。为了张×父亲那悲催的眼神,为了整天守候在病房里眼睛红肿的母亲,我们一起携手和他们共渡难关吧。

平则少献,达则多施,让我们视自身情况,一起为了孩子,为了孩子的一切! 感谢你们!

孩子父亲电话:××××××××××

孩子母亲电话:××××××××××

固原市宁南爱心公益社慈善活动(2018)

2018 年 1 月×日,固原市宁南爱心公益社 18 名志愿者驱车到西吉县西滩乡何庄小学,为学校仅有的 29 名学生发放"新年新衣"。学校坐落在村委会大院中,一间教室有十几平方米大,十五张破旧的课桌,孩子们的学习环境极为简陋。

2 月×日,固原市宁南爱心公益社一行 20 余人,到中河一个特殊的家庭看望四个孩子。这个特殊的家庭,父母失踪近两年,家中四个孩子只能由年龄最大的、年仅 12 岁的姐姐支撑着四口之家。志愿者们给孩子们置换崭新的被褥,还带去棉衣及洗衣机,为他们收拾家中卫生,购买生活用品及课外书。

2 月×日,宁南爱心公益社志愿者和固原宝发农牧有限责任公司的余×总、×××女士相约前往中河看望四个父母失踪的孩子。固原宝发农牧有限责任公司的余×总、×××女士为孩子们送去衣物和生活用品。女孩鞋子 69 元,内裤 6 条 50 元,男孩两套内衣 70 元,女孩两个背心 20 元,女孩一套内衣 39 元,两个小孩保暖内裤 38 元,洗碗毛巾,挂窗帘挂钩 15 元,水果,油饼 27 元,餐巾纸 6.9 元,蔬菜、鸡蛋、酸奶 83 元,薄毛毯两条,被套被单一套,小方被 1 条,小孩鞋子两双,大毛巾一条,旧衣服若干等,孩子毛绒玩具及扭扭玩具车等 8 件,总计 500 余元。

2 月×日,固原市宁南爱心公益社的志愿者分别前往中河乡丰堡村、头营镇农科村、三营镇孙家河村以及黑城镇等地看望 8 名孤寡老人,为老人们送去了 8 套老有所"衣"老年温暖包(温暖包内装有羽绒服、羊毛护膝、羊毛护腰和羊毛袜)及大米和面粉、八宝粥(饿了么固原站捐助)等生活用品。

3 月×日,固原市宁南爱心公益社携手宁夏亿达建设有限公司,开展了主题为"幸福童享"看望福利院儿童活动。活动负责人把所有志愿者分成三个志愿者小组,每个小组都有自己的任务。活动现场有的在辅导上学的儿童写作业,有的陪儿童做游戏,还有"爱心妈妈"们在福利院社工的讲解下帮助儿童梳洗。

6月×日,固原市宁南爱心公益社携手阿波罗幼儿园在固原市原州区官厅镇9所小学,开展主题为"爱心温暖行"——第一站活动。活动以爱心鞋与学习用品捐赠为主,活动首先在原州区官厅镇刘店小学开始,然后在官厅镇其他8所学校进行"爱心温暖行"活动。

6月×日,固原市宁南爱心公益社到原州区彭堡镇撒门小学与中河乡包堡小学,开展主题为"爱心温暖行"第二站活动。活动共有558名学生受益,其中撒门小学361名学生,包堡小学197名学生,活动得到了所有师生的高度认可与肯定。

8月××日,在宁夏成立60周年大庆之际,固原市宁南爱心公益社携手多利蛋糕坊与博源纸业走进固原市原州区杨郎中心敬老院开展以"爱老行·夕阳情"为主题的关爱老人活动。活动中固原市宁南爱心公益社20名志愿者为157名老人准备了4份生日蛋糕、3箱点心,80提生活用纸及80包洗衣粉。活动分三部分,为老人集体过生日、捐赠生活用品及爱心理发。

11月××日,固原市宁南爱心公益社携手宁夏师范学院政史学院青协及爱心驿站共30名志愿者,在感恩节当天到固原市原州区敬老院看望老人,为老人们理发、打扫卫生等。

10月××日,固原市宁南爱心公益社在西吉县陶堡村小学发放爱心鞋。

12月×日,在固原九龙国际商业广场,固原市宁南爱心公益社携手固原市公益组织举行温暖包发放启动仪式。

(二)物质资源运作的现代模式

慈善组织物质资源运作的现代化,体现在慈善组织在慈善资金的筹措以及慈善活动项目化、品牌化、专业化的开展。

1.慈善运作的项目化

慈善运作的项目化主要是指以项目为主体的筹资机制。项目化筹资机制是组织将所要提供的慈善服务以项目的形式设计,以项目为筹资主体,通过多种方式筹集慈善资金。简言之,慈善项目就是一个平台,通过这个平台,将政府、社会、企业、爱心人士链接,筹集慈善所需资金。

项目化运作在甘宁青慈善组织运作中逐渐成为一种趋势。要突破传统定向的、圈子内的资金筹集,是甘宁青慈善组织谋变革的一项主要内容,正如青海一位组织负责人说:"我们反对这个出 30 元,那个出 50 元,出了钱就走人,我们机构对收钱的一概不做。我们主要对接项目。因为我们的理念跟其他团队不一样。我们不热衷做表面化的工作,我们还是扎实地做事并想办法转型。我们的任务是把平台搭建好,我们做的一些事情也是在锻炼自己、帮助自己,是自我的一种提高。近几年圈子内募捐我们基本不做了,最主要做的就是基金会对接的项目。刚转型过来也不可能有那么多的项目,我们计划着要接触其他的基金会、做其他的项目。"由传统的资金筹集向项目化的、市场化的资金运作方向转变已渐成趋势,网络筹资、项目筹资、市场筹资等方式,甘宁青部分慈善组织已经在尝试运作中。

项目化运作个案。同心爱心救助协会是 2015 年在宁夏同心县注册的、专注于涉毒家庭留守儿童救助的慈善组织。组织经过三年多的传统运作实践,逐渐走上项目化运作之路。

爱助事实孤儿资助项目同心站启动暨发放

2018 年 10 月×日,同心县"益路童行梦想起航"爱助事实孤儿资助项目启动。活动由吴忠市至善社会工作发展服务中心豫海镇社工服务站举办。活动邀请同心县民政局、共青团同心县委员会、豫海镇人民政府、豫海司法所等各部门领导以及同心县爱心救助协会受助孩子及家长约 70 人共同参加。

豫海镇社区矫正项目前期运用社会工作的个案工作方法、小组工作方法等,了解到辖区内有困境孤残儿童 47 位,其中 24 位是社工站直接或间接服务对象。豫海镇社会工作服务站秉持提供专业有效的服务使命,帮助事实孤儿减轻困境,几经努力,社工站通过合作伙伴争取到海南成美慈善基金会发起的"爱助事实孤儿"公益项目资助。

截至 10 月初,同心县豫海镇社工站联合同心爱心救助协会等本土社会组织伙伴,上报近 380 名事实孤儿资料,最终海南成美慈善基金会确定首批同心县资助名额 104 名,金额为 174400 元。

2. 慈善运作的品牌化

品牌,就是产品的牌子,是由图案、文字、符号、标记等构成的产品的标志。在商业、企业领域,品牌意味着市场,品牌体现着企业的经营理念。随着公益组织、慈善组织数量的增加,组织间的竞争也日益加剧,为使组织立稳脚跟、脱颖而出,组织的品牌化建设就不容忽视。品牌化的根本就是创造差别使自己与众不同。甘宁青慈善组织部分负责人谈到组织运作的创新时,涉及到组织的品牌化建设,"我们在想着把以前做的有亮点的活动该保留的保留,今后要把重点放在政府购买上。现在的这个活动是我们自己筹集资金在做,我们想把这个做得更好,争取从政府那儿把这项服务购买来。只要政府认可了,我们打算第一年做小一些,后面争取做得更大些。我们也计划着目前这个项目做成总项目,再做一些子项目。我们经常开会讨论怎么转型。已经跟不上社会的步伐了,压力也比较大。"

甘宁青地区慈善组织在运作过程中,部分已形成自己的品牌。如青海高远慈善帮扶救助会的"爱心机井项目""孤儿项目",青海回族撒拉族救助会的教育救助项目,西宁曙光公益援助中心的"快乐巴士""花季护航""摇篮之手""老年人面点传承能力提升服务"等品牌项目,爱心之帆的"大病探望"品牌;宁夏昊善社会工作服务中心的"三留守""爷爷奶奶一课堂"品牌项目,同心爱心救助协会的"童心路"品牌,固原雨露社会工作服务中心的"守护家乡春蕾""守护夕阳福寿同行"品牌;甘肃八方公益的"节日共渡包"品牌,临聚力的"单亲妈妈关怀"品牌,甘肃义仓的"儿童服务站"品牌项目,兰州穆睿流动人口服务中心的"流动儿童"品牌、甘肃一山一水"母牛银行"品牌,甘肃新星慈善中心的"远离烫烫小怪兽"品牌等。

品牌化运作个案。曙光公益援助中心是青海一家专注教育的民间组织,是青海省成立较早的慈善公益组织,初创于 1999 年。曙光公益援助中心在青海省较有影响,主要原因是它坚持项目化、品牌化的发展之路。曙光援助中心 20 多年发展中,逐渐打造出有影响的、知名度较高的几个品牌,如"快乐巴士"项目、

"花季护航"项目、"摇篮之手"项目、"温暖随行"项目等。曙光组织运作在注重品牌化的同时,坚持专业化的运作模式,这也是曙光能够保持活力、持续发展的根本原因。下面以曙光的知名品牌——"快乐巴士"项目为例,观察曙光的品牌化、专业化的运作。

"快乐巴士"快乐行(2019年3月)

快乐巴士3月明德小学之行:3月××日,快乐巴士启动2019年第一次活动,带领青海师范大学10名大学生志愿者前往大通县韭菜沟明德小学开展活动。在志愿者老师的带领下,分别为7个班教授不同的快乐课堂内容,开展不同形式的兴趣课堂活动。

一年级(1)班:学习一些课外的小常识;学习绕口令;练习字词分辨,咬字能力。一年级(2)班:通过拼音猜字游戏、偏旁部首找朋友游戏、同音字区分游戏的方式,调动小学生学习的积极性;二年级:学习关于跆拳道的相关知识,基本礼仪及动作;三年级:让学生们了解校园安全、生活安全、交通安全等相关知识;四年级:教学生学会选择生活中的必需品,减少对手机的需要,学会自主学习和思考;五年级:教古典音乐、传统音乐、现代音乐,让孩子们了解音乐,提高音乐审美素质。

快乐巴士3月药草滩小学之行:3月××日,曙光公益援助中心前往大通县塔尔镇药草滩小学开展第二次快乐巴士活动。与以往志愿者不同的是,中心招募的是来自青海民族大学的学生,他们共有九人参加活动。在他们及三名中心工作人员的带领下开展快乐课堂、图书阅读,以及为六个班开展不同内容的兴趣活动。同时,活动邀请青海省空竹协会的两位老师给四年级的学生开展抖空竹学习课,得到学校老师和学生的喜爱,授课取得良好的效果。

为贯彻《国家中长期语言文字事业改革和发展规划纲要(2012—2020年)》,中心引进北京师范大学少年传媒学院的"青少儿普通话与口才培训中心"口才培训课程,第二次快乐巴士活动,通过前期对大学生志愿者口才方面的培训以及本中心工作人员的学习,对学校6个班级分别进行口才课程的教授。口才课第一节,每个班分别进行了一级第一单元的口才训练课程。从口部操开始到呼吸训练,再到自我介绍及绕口令的学习。教学每个环节紧紧相扣,加之孩子们对口才课兴趣很高,上课积极配合老师,课堂效果极佳。

快乐巴士3月泉沟小学之行:3月××日,曙光公益援助中心在大通县塔尔镇泉沟小学开展3月的快乐巴士活动。活动共有来自青海师范大学的7名志愿者参加,在他们的带领下开展口才课程、图书阅读,以及为7个班开展不同内容的兴趣课堂活动。同时,中心邀请青海盛德心理咨询有限公司的两位老师给四年级的20名学生开展沙盘游戏活动。

在口才课堂上,老师们分别从口部操、呼吸训练、现代汉语普通话字词练习以及绕口令四大部分进行教学。孩子们踊跃回答问题,积极地配合老师所提要求,用心感受语言带来的奇妙感受与魅力。

快乐巴士4月明德小学之行:4月××日,西宁市曙光公益援助中心在大通县塔尔镇明德小学开展快乐巴士总第108次活动。活动在青海师范大学志愿者的带领下开展快乐课堂、图书阅读,以及为7个班开展不同内容的主题活动。分别是:绘画课、音乐课、中国国画欣赏课、非洲鼓体验课、空竹课、户外拓展课。特邀青海省空竹协会的两位老师为四年级的学生讲授空竹的学习。

在活动开始之前,对每个班开展课程前的调查问卷。通过问卷了解到在校学生之前从未接触过口才培训的相关课程。虽然在上课期间能够回答老师所提出的问题,但是在平时的交流中基本都无法用标准的普通话进行交流。对于绝大多数孩子来讲,都有强烈意愿进行口才方面的培训,因为在学校期间,不管是参加演讲比赛、朗诵大赛等语言类竞赛,还是在班级内进行班干部竞选等,都需要用出色的口才去完成。

经过调查发现,多数孩子在口才方面都存在说话胆怯不自信,语言组织能力差,普通话不标准等现象。他们也希望通过口才培训课,能够吐字清晰,字正腔圆,能够活泼开朗、自信大方,具有组织和领导力,在班级内担任班干部,同时善于表达,喜爱读书,语文成绩有所提高。基于这一系列的需求,中心在活动前期对大学生志愿者进行网上评课,进行口才课专用话术及授课方法的培训,甄选出普通话标准,教学水平较高的志愿者老师为孩子们授课,力求高质量培养孩子们的表达水平。

快乐巴士4月药草滩小学之行:4月××日,西宁市曙光公益援助中心在大通县塔尔镇药草滩小学开展快乐巴士总第109次活动。活动开展快乐课堂、图书阅读,以及为6个班开展不同内容的主题活动,分别是益智积木拼装课、音乐课、绘画课、非洲鼓体验课、空竹课、户外拓展课。青海省空竹协会的两位老师为四年级的学生讲授空竹学习。明德教育的四位老师也作为曙光的志愿者参与活动。

活动结束以后中心工作人员、志愿者老师与学校领导进行简短总结。志愿者老师们讲述上课出现的问题以及自己应对的方式。学校老师充分肯定快乐巴士活动取得的成效,并对以后的活动提出一些宝贵的建议,同时也希望快乐巴士活动能够一直开展下去。

化隆县阿什努乡中心完小气象科普互动快乐巴士活动:4月××日,西宁市曙光公益援助中心与青海省气象学会共同前往化隆县阿什努乡中心完小,开展"气象科普互动快乐巴士活动",活动为快乐巴士的第111次。援助中心为当地学校的师生带去气象知识读本,有效普及有关气象的知识。另外在曙光志愿者的带领下为该校六个班级的学生开展快乐口才课堂及多彩有趣的兴趣课堂。

快乐巴士5月明德小学之行:5月×日,西宁市曙光公益援助中心在大通县韭菜沟明德小学开展快乐巴士活动。活动在曙光工作人员及志愿者们的带领下开展快乐课堂、口才竞赛及为7个班开展了不同内容的兴趣课堂,主要有益智积木拼装课、剪纸课、户外拓展课、轻泥手工制作课、花棍课,等等。

活动结束以后,志愿者老师与学校老师分别总结2019学年度第二学期的快乐巴士活动。志愿者老师就学生在口才方面具体的提升做出综合评价。学校各班语文老师们也纷纷表示,语文课堂上明显感觉学生在表达方面有所提升,尤其在朗读或者分角色表演的时候,感情充沛吐字准确,着实让老师们欣慰。同时志愿者老师们也对自己工作取得的成效倍感欣喜,对今后工作能力提升信心满满。

快乐巴士5月药草滩小学之行:5月××日,西宁市曙光公益援助中心在大通县塔尔镇药草滩小学开展快乐巴士总第113次活动。活动在曙光工作人员及青海师范大学志愿者的带领下开展快乐课堂、口才竞赛及为6个班开展益智积木拼装课、剪纸课、户外扩展课、益智游戏通关等不同内容的兴趣课堂。

学校校长总结快乐巴士一学期工作,认为经过快乐巴士一学期口才课程的教授,学生在语言表达方面有较明显的改善,在词汇量与写作方面进步较大。户外拓展的这些活动项目受到老师学生的喜欢,平时体育课期间老师也会组织学生进行空竹、花棍的练习与表演,提升了学生的参与性与积极性。他也希望快乐巴士能够一如既往地在药草滩小学开展活动,学校老师也会全力配合中心的各项工作。

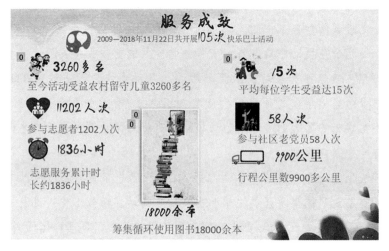

图7-2 快乐巴士品牌成效

以上只是青海西宁曙光援助中心"快乐巴士"在三所学校一个学期的工作,事实上"快乐巴士"项目是西宁曙光援助中心通过十多年努力打造的一个品牌。从一般的资助活动发展到今天的品牌项目,与组织的管理层、负责人的现代化理念息息相关。随后,以"快乐巴士"为契机,曙光援助中心先后建设了"花季护航""摇篮之手"等多个品牌。曙光援助中心组织运作的专业化、品牌化,使它在社会组织激烈竞争中脱颖而出。由于援助中心的良好运作以及树立的良好口碑,援助中心申请到多项政府购买服务以及获得多项省内外的奖励。

3. 慈善运作的专业化

慈善与社会工作的日渐融合,是慈善组织物质资源运作专业化的体现。尽管慈善与社会工作都是以帮助他人为目标,但两者在助人理念上各自的侧重点。慈善和社会工作都是助人,但社会工作强调的是施助者与受助者"双方双向的互动"①,强调用专业的、科学的方法帮助需要帮助的人。甘宁青部分慈善组织在多年的实践中,已逐渐认识到社会工作在慈善事业中的重要地位,部分慈善组织已由过去单纯的资金发放、物质帮助开始转向慈善对象潜能的激发、心理的疏导、技能的培训等心理健康和能力提高的帮助。

<h3 style="text-align:center">崇乐康善陪伴成长　驻校社工项目</h3>

崇乐康善社会工作服务中心陪伴成长、驻校社工项目是与北京市西部阳光农村发展基金会合作的项目。项目在康乐县八丹小学开展,直接服务人数 393 人,间接服务人数为 1000 人。

针对学生普遍存在的一些吃完饭不洗碗,随地乱倒剩饭剩菜,在吃饭过程中追逐打闹,说脏话的现象,驻校社工运用个案方法、小组工作方法开展专题课堂,通过社工课堂让学生对不文明现象进行互相监督。

项目服务期总共开展 60 节社工课,包括陪伴成长、驻校社工项目的介绍,户外趣味游戏的开展,学生阅读兴趣的培养,安全健康小课堂和中国传统礼仪文化讲授等。

阅读兴趣的培养结合歌路营项目——新一千零一夜的睡前小故事,让学生们平时不但能阅读在社工室内所借阅到的图书,而且能在睡觉之前听到小故事。通过阅读兴趣的培养,不仅提高小学生们的阅读量,而且创造一个安静的休息环境。通过安全健康小课堂和中国传统礼仪文化的学习,学生们逐渐养成饭前勤洗手,饭后及时清洗碗筷的习惯,学生们努力克服说脏话的坏毛病,同学之间相互友爱、尊重的习惯也渐渐养成。

甘宁青慈善组织物质资源运作的模式,现代与传统模并存。现代的项目化、专业化、品牌化运作模式只是在部分慈善组织中探索、实践,如青海西宁曙光公

---

① 谭丽:《社会工作在创新社会治理中的作用研究》,《中国社会工作》2014 年第 33 期。

益援助中心,甘肃兴邦社会工作发展服务中心、一山一水环境与社会发展中心,宁夏昊善社会工作服务中心等少数运作良好的组织。但这样的慈善组织在三省(自治区)凤毛麟角,与甘宁青总的慈善组织规模相比,现代化的运作还有很长的路要走。

四、慈善组织社会资源运作不足与充分并存,不足占多数

社会支持是组织之外的各种支持。根据社会支持理论,一个组织的社会支持网络越强大,组织越能获得更多、更有力的支持,组织应对外界挑战的能力就越大。社会资源能力是社会支持强弱的体现,是提高组织认同率、参与率以及影响力的重要保证。调研发现,甘宁青慈善组织在社会资源运作方面存在着不足与充分并存的现象,社会资源运作充分只是少数情况,多数情况是社会资源运作不足。

(一)社会资源运作不足

组织的社会资源主要来自政府、企业与社会,甘宁青慈善组织社会资源运作不足,一种表现是与政府关系较疏远,参与政府购买服务较少;另一种表现是慈善组织获取社会资源少,如与企业、事业单位、媒体行业等链接少,争取的资源较少。

政府向社会组织购买服务是近几年政府转变职能、激发社会组织活力,扶持与培育社会组织的一项重要举措,也是组织争取外界资源、获取政府支持的良好机遇。甘宁青慈善组织在政府购买服务方面呈现出两个极端:越是运行良好的慈善组织越能够获得政府购买服务,越是能够得到政府的支持;越是需要扶持、培育和成长中的慈善组织,越是与政府疏离,要么不主动争取政府支持,要么争取了但是得不到政府购买服务以及政府其他方面的支持。

企业资源未充分挖掘与调动。企业捐助是我国慈善捐助的主要来源,根据《2019年中国慈善捐助报告》数据,企业捐赠款物931.47亿元,占捐助总量的61.71%[1],充分显示了我国企业社会责任的担当。甘宁青慈善组织争取企业支持的主动性欠缺,"等、靠"的思想较为严重,金融、房地产、食品、科技、能源等行

---

[1]　中国慈善联合会:《2019年中国慈善捐助报告》,http://www.chinanews.com。

业的资源有待慈善组织充分挖掘与调动。

社会资源运作不足的原因,课题组认为主要有三方面:一是慈善组织所秉持的理念;二是慈善组织自身的能力;三是慈善组织所处的环境。良好的外部环境能够为组织间的交流沟通、资源协调分配提供制度的或行动的支持。

(二)社会资源运作充分

甘宁青慈善组织中,社会资源运作充分的组织并不多,只有几个少数支持型、枢纽型的组织,如甘肃兴邦社会工作服务中心、甘肃一山一水环境社会发展中心,或是在各自省域内运作较好的组织,如青海回族撒拉族救助会、西宁市曙光公益援助中心,宁夏的昊善社会工作发展服务中心等。这些慈善组织积极与政府合作,主动参与政府向社会力量购买服务的项目。因这些组织内部建设规范、现代的组织经营理念,社会资源运作能力强,社会资源链接较为充分。

以甘肃兴邦社会工作服务中心为例。近年它的合作伙伴除甘肃省各级政府部门外,还有世界银行、德国米苏尔社会发展基金会、香港乐施会、香港成长希望基金会、中国扶贫基金会、无锡灵山慈善基金会、南都公益基金会、民政部、财政部、甘肃省民政厅、甘肃省少数民族文化教育促进会、李嘉诚基金会、上海舜益公益咨询服务公司、中国国际民间组织合作促进会、中国滋根乡村教育与社会发展中心、国内其他社会组织等。通过合作伙伴的数量与分量看,甘肃兴邦能够成为甘肃省内甚至西北地区公益界有影响的组织,就不难理解了。

第二节　甘肃慈善组织运作的鲜明特色

一、组织运作地域特色更鲜明

甘肃东接陕西,南临四川,西连青海、新疆,北靠内蒙古、宁夏,由于所处地理位置、历史文化、经济社会发展的特殊性,甘肃相较宁夏与青海,汇聚了较多的流动人口、贫困人群以及少数民族。因此,甘肃慈善组织在慈善对象、慈善领域、慈善活动、慈善模式甚至慈善机构运作中,地域性特征比较鲜明。

在慈善对象上,甘肃有1/3的慈善组织服务于流动人口,特别是在兰州市七里河区,这种特征更为明显。有超过一半的组织服务于流动人口,如兰州益启、兰州义仓、兰州穆睿流动人口服务中心、甘肃善泉等组织专注于流动人口中的妇女和儿童,这几家组织都是在兰州市七里河区较有影响的组织。

在慈善领域上,由于服务的人群多、范围广,需求多样,涉及的服务领域就比较多。在甘肃省,几乎中国慈善组织服务的所有领域它都涉及,特别突出的是禁毒组织、生态环保组织所涉禁毒与生态两个领域,针对的就是甘肃毒情严重和生态脆弱的现实问题。东乡禁毒志愿者协会、临夏州生态保护协会是甘肃基层地方禁毒与生态保护的较有影响的组织。

在慈善模式上,由于甘肃省多宗教、多少数民族的地方特性,宗教慈善组织较宁夏与青海两省(自治区)数量多,针对少数民族人口服务的慈善组织也多。甘肃多数宗教慈善组织,由于宗教理念或是组织管理层文化程度的因素,组织运作基本上是传统模式,甚至有部分慈善组织局限于围绕宗教节日开展活动,如兰州义仓志愿者协会、八方公益爱心慈善中心等,而且这类组织易满足于现状,变革、转型的意识并不强。

二、支持型慈善组织运作效果日益彰显

(一)甘肃支持型慈善组织概况

支持型社会组织,国内通常将其与公益组织孵化器、枢纽型社会组织混同使用。支持型社会组织是一种新型的社会组织形式,"不直接服务于目标人群,而是以提供活动经费、公益需求信息、能力培训、政策咨询等方式服务于另一些中小型社会组织、草根社会组织的一类组织。"[1]简言之,支持型社会组织就是培育和提升有潜力的社会组织的组织。

总体上,甘宁青支持型社会组织数量非常小、种类非常少,尤其慈善组织中支持型组织、枢纽型组织极其少。但是,与宁夏和青海相比,甘肃省支持型的慈善组织数量、种类较多,在为本地慈善组织提供慈善信息、能力培训、经费支持等方面作用发挥良好且影响力较高。在甘肃兰州有影响的两家支持型组织,一是甘肃兴邦社会工作服务中心,另一家是一山一水环境与社会发展服务中心。

---

① 周秀平、刘求实:《以社管社——创新社会组织管理制度》,《中国非营利评论》2011 年第 7 期。

（二）支持型慈善组织作用显著

支持型慈善组织的作用主要体现在对所支持的组织理念的引导、方向的确定、资金的支持、资源的链接、项目的指导等多方面。下面以甘肃一山一水环境与社会发展中心为例，分析说明支持型组织的功能、作用及其效果。

依托兰州大学西部环境与社会发展中心创立的一山一水环境与社会发展中心，于2008年成立。环境与社会发展中心重点关注的领域有社会智库、社区发展、能力建设三个方面。社会智库通过综合研究、咨询服务、社会影响评价、项目监测评估、需求评估等向委托机构提出独立、可靠的数据和成果，为发展机构和政府决策提供参考依据；社区发展通过社区、社工、社会组织、合作社、社会力量"五社"优先关注灾害管理、环保、扶贫、小额贷款，促进农村社区可持续发展；能力建设通过为社会组织发展搭建平台，提供项目支持、培训等措施，推动公益机构的多元化和专业化发展。

一山一水环境与社会发展服务中心的合作支持单位，除了甘肃省财政厅、甘肃省教育厅、甘肃省农牧厅、省内外企业外，还有银行及国内外大的基金会，具体包括世界银行、亚洲开发银行、联合国妇女署、全球环境基金（GEF）、德国米苏尔基金会、国际救助儿童会、嘉道理慈善基金会（香港）、施永青基金（香港）、中国扶贫基金会、深圳壹基金公益基金会、北京市企业家环保基金会（SEE）、南都公益基金会、民政部和财政部"中央财政支持社会组织发展示范项目"等。一山一水服务中心支持慈善公益组织代表性项目有以下四项：

其一，为慈善公益机构进行战略规划。战略规划是机构获得明确定位、弥补不足、发挥优势的有效策略和手段。一山一水环境与社会发展服务中心组织专家，先后为甘肃公益救灾联盟、临夏州生态保护协会、甘肃省社会组织联合救灾平台、平凉伊邦牛产业农民专业合作社、敦煌市爱心公益联合会、兰州市七里河区灵星特殊教育中心、甘肃沐润社会工作服务中心、庆阳市阳光志愿者协会、成县公益慈善事业协会、孝感市义工联合会、靖远春风雨露环境与社会发展中心等机构进行战略规划，为机构的可持续发展奠定良好的基础。

其二，链接"温暖包"项目。一山一水环境与社会发展服务中心与壹基金合作，联合甘肃省内慈善组织、志愿者、媒体、爱心企业和社会公众，搭建社会力量参与公益的平台，在甘肃省内针对贫困地区儿童的心理和生理需求，实施"温暖包"项目,帮助儿童有尊严地、安全地渡过困境。2012年"温暖包"项目在甘肃省开始实施,发放数量从最初的1510个增加到2018年的8500个,覆盖区县的数量占甘肃省区县数量的六成,参与机构逐渐成熟稳定。2018年一山一水环境与社会发展服务中心联合51家机构,动员社会各界力量,为全省8500名儿童筹得8500个壹基金温暖包,价值310万余元,并动员志愿者3000余人次进行发放工作,发放覆盖全省12个市州50个县区,以缓解甘肃儿童缺乏冬衣、过冬困难的问题。

其三,搭建公益平台。一山一水环境与社会发展服务中心于2012年发起并成立"甘肃公益联盟",至2017年甘肃公益联盟网络覆盖省内13个市(州),网络成员发展到87家慈善公益机构。服务中心在甘肃13个市(州)建立了13家协调机构,负责所在市(州)公益平台的搭建、外部资源的链接及管理工作。

2016年,一山一水环境与社会发展服务中心成为"洗手计划"全国协调机构,为服务于各领域的社会组织提供服务。同年,一山一水环境与社会发展服务中心承接全国"净水计划"协调机构职责与任务,组建全国"净水计划网络",为更多机构提供儿童安全饮水服务。截至2017年,联合全国13省20余县32家慈善公益机构,为297所学校安装设备316台,受益人数近10万人。

其四,服务慈善公益机构成长。针对慈善公益机构的管理理念和能力相对滞后问题,一山一水环境与社会发展服务中心开展包括慈善机构在内的社会组织能力培训服务。2013年,服务中心面向初创型和发展中的机构设立了"甘肃公益组织陪伴成长计划",邀请相关专家为公益伙伴提供专业培训,培训内容包括组织团队建设、媒体传播、筹资与资源动员、政府购买社会服务政策解读、公益项目管理、项目监测评估等。目前已为省内100多家慈善公益机构提供100多次培训,省内机构483家/次参与受益。

一山一水环境与社会发展服务中心在全省范围内选择性孵化成立20多家慈善公益机构,对30家起步阶段的NGO机构进行能力建设,联合已初具规模的20家专业NGO,通过搭建跨界交流分享和资源对接平台,促进甘肃慈善公益机构跨界交流合作。通过设立孵化基金和成长基金直接支持24家机构,促使受助机构向服务对象提供针对性、有效性的服务。一山一水环境与社会发展服务中心为甘肃省内近百家机构,在儿童服务、环境保护、济困、救灾等领域对接项目300多家/次。

在一山一水支持下甘肃公益组织亮相中国基金会论坛

2018 年 11 月✕✕日—✕✕日,中国基金会发展论坛·2018 年会在苏州举行。论坛共吸引来自全国各地关心基金会和公益事业发展的 612 家机构 1050 名嘉宾与会。国内外跨行业专家、学者和嘉宾,回顾前十年,畅想新十年,共话社会转型中的行业生态。

甘肃兴邦社会工作服务中心、定西市安定区爱心公益协会、张家川县博爱慈善服务中心、陇南光明公益联合会、陇南益家社会工作服务中心、成县公益慈善事业协会、平凉众益农村社区发展协会、庄浪大爱无疆志愿者协会、金昌市大爱无疆公益协会、庆阳市汇泽社会工作服务中心、庆阳市龙行天下文化爱心协会、庆阳市蒲公英志愿者协会、庆城县志愿者协会、东乡县禁毒志愿者协会等 15 家甘肃公益慈善类社会组织代表参会。15 家组织中有 9 家组织在 2018 年 99 公益日筹款排名位列前十,其参会报名费用及交通费用由甘肃一山一水环境与社会发展中心提供支持。

论坛举办 16 场议题丰富的平行论坛,主题包括"基金会如何引领行业共同价值""开挂的公益,从来不只靠情怀""从国际视角看基金会的使命与责任""让筹款回归初心和价值本源""技术让公益更有 AI""民间公益十年,新企业家如何做慈善""苏式公益与江苏社会转型"等。组委会按惯例举办了"罗马街市""闪电发言"和主题晚会。

论坛上,甘肃代表团积极发言。甘肃一山一水环境与社会发展中心总干事✕✕✕受邀参加论坛总结环节的"观察者说"。总干事阐述了公众公益基础教育要普及不是倡导,基金会关注的核心是公益生态链的下游,政府购买服务让公益生态充满挑战等三个观点。总干事致谢所有为中国公益生态建设付出过的捐赠人,他们作为整个公益生态链基础,是最早最核心的公益理念传播者和践行者。东乡县禁毒志愿者协会✕✕✕在会上发言,表达作为一名西部地区最基层的禁毒志愿者的工作认识和价值,并呼吁与会代表关注禁毒工作,为涉毒家庭提供全面的帮助和戒毒服务。

三、组织运作向公益方向转变的意识更强烈

公益即公共利益,"指不特定多数社会公众的利益,其主体具有公共性和开放性"①。显然,公益是服务不特定多数社会公众,而在慈善的实践中,慈善对象经常是特定的、少数的。公益与慈善最大的区别在于运营模式上,公益的运作模式具有规范化、持续化以及品牌化的特点。

甘宁青慈善服务的对象,基本上以贫困地区的贫困人群为主,随着国家扶贫广度、力度的加大,以及国家脱贫目标的实现,慈善组织依然集中于物质的、资金的运作方式,显然是不合时宜了。正如甘肃一位组织创始人说:"以前乡村我到处跑,现在不去了,因为农村方面国家给的政策特别好。城市的孤老政策也特别好,父母双亡的孤儿国家给的政策也好。"而且,相比较慈善的随机、自发行善,公益慈善更加规范、持续。现代公益事业,是自下而上的全民参与的事业。相比较宁夏和青海,甘肃较多的慈善组织在谈慈善向公益慈善转变的趋势以及自己组织向公益转变的尝试与探索。

慈善向公益转变个案:临夏州生态环境保护协会

临夏州生态环境保护协会成立于 2014 年 7 月,在注册为生态环境保护协会之前,其前身是一家有着成员 126 人、志愿者 350 多人、会员企业 16 家的慈善机构。机构主要服务于生态脆弱区(水、植被、贫困等)农户、小学生、妇女、社区困难家庭等。仅从慈善组织的服务地域、服务人群就可对组织的运作有大致的了解,它与当地众多的慈善机构没有多大的区别。机构的领导层以及成员对本地慈善生态、慈善领域的问题已经有初步的反思,"我们这儿慈善机构是多,但大多数很粗糙,同质化也严重。地方上就这么点人,但各种类型机构又特别多,服务对象、服务领域重合太多,难免你争我抢。我们几个最早的机构创始人商量着先慢下来,想一想下一步干什么、怎么干。这样,生态保护协会就慢慢成立了,光筹建就用了两年时间,从 2012 年开始。"协会转型后精简了服务领域,确定了生态公益的目标,会员增加

---

① 金锦萍:《论公共信托之界定及其规范意义》,《华东政法大学学报》2015 年第 6 期。

至 420 人,会员单位数 51 家。生态保护协会近年开展了多项生态公益活动,包括保护生态安全、倡导低碳生活、普及环保知识等,在生态环境保护方面取得了显著成效。以下是生态环境保护协会 2017—2019 年举办的活动(表 7-1 临夏州生态保护协会公益活动及成效)。

表 7-1 临夏州生态保护协会公益活动及成效

时间		活动主题	活动内容	活动成效
2017 年	4 月	"保护母亲河、共建公益林"植树活动	河州义仓等民间公益组织,在临夏县营滩乡组织开展第 6 届"保护母亲河、共建公益林"植树造林活动。在腾讯网上发起公益募捐,共收到善款 50131 元	参与志愿者超过 300 人次,植树面积达到 100 多亩,成活率在 95% 以上,种植云杉、油松、旱柳、白榆等树苗 5400 多株
	5 月 10 日	"倡导低碳生活",举办公益自行车挑战赛	先后与和政县爱心公益社、临夏市自行车协会共同举办 2 次自行车挑战赛	兰州、甘南、白银、陇西、定西、临洮以及州内的 400 多名自行车骑行爱好者参加比赛。5 月举办的"海涛"杯环大夏河自行车挑战赛,参赛人员达到 220 多人。以实际行动倡导"公益骑行、生态环保"的健康出行理念
	世界环境日	"绿色河州、生态家园"青少年美文书画摄影展	举办第二届"绿色河州、生态家园"青少年美文书画摄影展	共征集到各类作品 450 多幅,入围 300 多幅
	11 月	"费加罗"杯环保主题摄影大赛	与临夏州文联等单位在义务广场举办摄影大赛	产生非常好的宣传效果,受到社会各界好评
2018 年	4 月	"保护母亲河、共建公益林"植树造林活动	在兰州银行等爱心企业的赞助支持下,在积石山县小关乡吴家堡村组织开展第 8 届"保护母亲河、共建公益林"植树造林活动	参与志愿者超过 400 人次,种植落叶松、油松等树苗 4500 多株,共收到善款物资折价 17000 多元
	6 月	"绿色河州、生态家园"青少年环保书画展	举办临夏州第三届"绿色河州、生态家园"青少年环保教育主题书画展。深入积石山县宁家小学、中嘴岭学校评选"环保小卫士"100 名,开展废旧电池收集活动	作品涉及 8 县市 59 个单位,得到 728 名作者和 139 位指导老师的积极响应,共征集各类作品 700 余幅,入围 503 幅,其中书法作品 80 幅,美术手工类作品 423 幅。成为全州近年青少年书画摄影展规模最大、影响力最为广泛的一次环保教育实践活动。分别颁发证书和奖品,充分展示临夏青少年"美丽中国、我在行动"的精神风貌

续表

时间		活动主题	活动内容	活动成效
2018年	7月	"无痕山林"活动	在临夏州一条龙人力资源公司的赞助支持下,组织志愿者在积石山县小关乡大茨滩村举行临夏环协第二届无痕山林助力全域旅游无垃圾活动	现场共清理垃圾2.5吨
	7月	纪念世界清洁日、"为河流奔走"净河系列活动	携手和政、广河、康乐等县公益组织志愿者,共同开展临夏地区纪念世界清洁日、"为河流奔走"净河等系列活动	表演丰富多彩的环保主题节目,受到广大群众好评
		"记住乡愁",古树名木拯救保护行动	携手州种苗站、临夏市园林局、东乡县林业局、甘肃云发集团等单位,先后对东乡县董岭乡、唐汪镇、临夏市折桥镇、和政县松鸣岩镇百年以上古榆、云杉、古柳、古杏分别进行年轮认定、病虫害防治、登记挂牌等抢救性保护,对伊哈池拱北、宝觉寺等文物保护单位的古树保护进行业务指导。特别是对祁牟村文化广场的冯家台绦柳,再次进行干枝清理	古树长势旺盛、没有发生病虫害
		"关爱河湖"行动	应广大会员和志愿者要求,成立协会野生动物保护部,利用西北环境前线等新媒体,公开曝光临夏市、临夏县、积石山等市场违法贩卖野生保护动物等不法行为。应州水电局、河长办委托,分别推荐省级河流社会义务监督员12名、州级河流社会义务监督员28名,通过组织参加培训会,开展河长制宣传周活动	有效加大森林公安部门的执法打击力度。宣传周活动进一步营造"关爱河湖、珍惜河湖、保护河湖"的浓厚氛围
	12月	"发展绿色经济、打造生态屏障"主题经济与环境保护研讨会	"发展绿色经济、打造生态屏障"为主题,举办第三届临夏经济与环境保护研讨会	会议成果《关于对临夏市大气污染防治工作的一些建议》《关于对临夏市流浪狗进行定点喂食的建议》等,分别以正式文件呈送临夏市政府等有关部门参阅,受到州政府领导肯定

时间		活动主题	活动内容	活动成效
2019 年	3 月	"保护母亲河、共建公益林"植树造林活动	在东乡县河滩镇祁杨村组织开展第九届"保护母亲河、共建公益林"植树造林活动	参与志愿者超过 500 人次,种植侧柏等树苗 4500 多株,共收到善款及物资折价 29000 多元
	5 月	"关爱河湖"行动	在东乡县河滩镇大夏河流域,与州、县渔政管理站工作人员一起投放鱼苗 35 万尾。利用协会微博、微信公众号等媒体,公开曝光临夏市光华路垃圾乱堆乱放、广河县城广通河垃圾污染、积石山县大河家镇河道血水直排等违法排污排放不文明行为	有效改善水生生物群落结构,有效促进有关部门的执法查处工作
	世界环境日	以"蓝天保卫战、我是行动者"为主题举办有奖征文摄影比赛	"蓝天保卫战、我是行动者"为主题,举办临夏州"华鼎杯"生态环境有奖征文摄影比赛	作品涉及 7 县市 79 个单位,得到 812 名作者和 169 位指导老师的积极响应,共征集各类作品 1544 幅(篇),成为全州近年青少年书画摄影展规模最大、影响力最为广泛的环保教育宣传实践活动
	8 月	"无痕山林"活动	在临夏县尹集镇举办第三届临夏州无痕山林助力全域旅游无垃圾活动,携手临夏市城管局对评选的 25 名最美环卫工人分别予以表彰奖励	现场捡拾垃圾 4.5 吨,并拍摄制作环保公益快闪《我和我的祖国》,参加人员达 300 多人次,受到有关方面好评
		古树名木保护行动	携手州种苗站、临夏市园林局等单位,先后对和政县三合镇、积石山县大河家镇、临夏县莲花镇、康乐县附城镇百年以上啤特果、核桃、花椒、柳树等古树分别进行抢救性登记保护	促进东乡县河滩镇祁杨村、临夏市南龙镇妥家村利用古树名木发展旅游产业。促进乡村振兴示范村建设进行

四、组织社会资源运作更丰富

甘肃慈善组织在社会资源运作上,较宁夏和青海两地组织视野开阔,形式多样、内容丰富。在视野上,甘肃慈善组织在加强省内间组织联系、省内资源链接的同时,突破地域局限,在省域内或是省际寻找、链接资源。在形式与内容上,有慈善组织间的交流与互访,在交流互动中学习先进、克服短板,也有签订相互合作协议,促进社会资源的制度化、持续化。

(一)慈善组织之间合作开展活动较多

组织间因慈善领域、慈善对象的不同,联合起来取长补短,共同开展活动效果更佳。甘肃慈善组织之间在慈善实践中较早建立合作关系,利用彼此优势,联合起来开展慈善活动。例如,甘肃兰州慧灵携手甘肃新星公益慈善中心为心智障碍者及家庭举办"粽情端午 与爱同行"大福快跑活动,活动有效结合兰州惠灵服务对象的需求与新星公益慈善中心服务链接资源的优势,有效促进心智障碍人士与家庭的交流,加强心智障碍人士对"家"的概念,活动取得良好效果。

(二)组织间交流互动更频繁

甘肃的慈善组织较宁夏和青海两地在组织间的交流、学习上更主动、更频繁。通过组织间的交流,学习、借鉴其他组织的优秀品质和组织运作经验,不断提升组织的管理与运作水平。省内组织间的交流、学习,例如 2018 年,甘肃康乐县的几家组织——康乐崇善社会工作服务中心、康乐陇人青年志愿者协会工作人员与甘肃庆阳市的汇泽社会工作服务中心、和政义工部落协会、庆城志愿者协会共同参访甘肃平凉众益农村社区发展协会、平凉益路行公益协会、平凉伊邦农民专业合作社区、东郊社区壹乐园儿童服务站等多家公益慈善组织。

(三)组织链接资源更多样

甘肃慈善组织在资源链接上更善于与多方主体建立关系,各级政府部门、各类企业、各类事业单位,特别是利用甘肃省内高校较多的优势,与高校建立学习(实习)基地、与高校联合开展活动、聘请相关专业老师做指导(督导)等。如甘肃七里河区的一个慈善组织负责人所说:"我们与高校联系较多。兰州大学、西北理工大学、西北师范大学、兰州财经大学、兰州城市学院都在我们这儿有教学基地或是有学生志愿者。"一个并不具有太大影响力的组织与这么多的高校或大学生建立联系,甘肃其他慈善组织的高校资源可想而知。由于甘肃省高校多、在校大学生多、社会学与社会工作专业多等优势,在与高校资源链接上,甘肃在三省(自治区)中更胜一筹。

西北师范大学,多年来关注着边缘地区的儿童。西北师范大学与兰州穆睿流动人口服务中心保持着长期的合作关系,兰州穆睿流动人口服务中心是西北师范大学社会工作专业的实践基地。××××年经过双方协商达成一致,由西北师范大学主办的流动儿童成长计划在兰州穆睿流动人口服务中心下设的流动儿童图书馆内举办。计划的主要实施者是西北师范大学社会发展与公共管理学院,流动儿童成长计划由社会发展与公共管理学院6名大学生志愿者组成,兰州穆睿流动人口服务中心工作人员负责督促管理工作。

(四)组织视野日益国际化

甘肃慈善组织相较宁夏和青海两省(自治区)组织,更具有国际化视野。甘肃开展国际交流与合作的慈善组织较多。如甘肃一山一水环境与社会发展服务中心、甘肃兴邦社会工作服务中心都在国际交往、交流中寻找资源、建立联系、推介组织。

慈善组织国际交流个案
甘肃六家机构赴尼泊尔考察

为推动中国、尼泊尔两国民间交流与民生项目合作,2018年7月,中国民间组织国际交流促进会与中国25家社会组织,在尼泊尔开展为期2天的项目交流对接及签约活动。这是中国社会组织首次集中到尼泊尔进行交流活动(图7-3　甘肃六家机构赴尼泊尔考察)。

受中国民间组织国际交流促进会邀请,甘肃简公益发展中心、甘肃彩虹公益服务中心、甘肃省心理咨询师学会、联合国教科文组织甘肃协会、甘肃省民间组织国际交流会、甘肃一山一水环境与社会发展中心等六家机构赴尼泊尔参与相关活动与实地考察。

尼泊尔社会福利委员会、34家尼泊尔社会组织、25家中国社会组织的100余位代表参加中尼项目对接交流会。双方共同就教育、扶贫、医疗、防灾救灾等领域的合作进行现场对接。交流会上,参会人员详细了解尼泊尔对社会组织的管理政策及各类社会组织在尼泊尔的发展情况。

在中尼社会组织项目交流对接环节,甘肃简公益、甘肃彩虹公益等组织同尼泊尔社会发展促进中心、尼泊尔太阳慈善协会等尼方社会组织签署涉及教育、卫生、扶贫减贫等领域 13 项合作协议。甘肃一山一水环境与社会发展中心与现场 6 家尼泊尔社会组织达成合作意向,这 6 家机构业务涉及社区发展、扶贫、灾害管理、妇女发展、教育等多个范围。

图 7-3　甘肃六家机构赴尼泊尔考察

五、组织运作改革、创新的意识更强

甘肃慈善组织数量多,领域广,成立时间长,参与人数多,能够在较长时间、较广范围的运作中发现民间组织运作的问题。因此,在甘宁青三省(自治区)中甘肃慈善组织改革、转型的意识最强烈。甘肃沁塬社会服务中心负责人所言,代表了甘肃部分慈善组织变革的心声:"我们是该稍慢些或停一停,反思一下我们走的路,现在应该是往高质量做而不是追求数量。"与宁夏和青海两地慈善组织相比,甘肃慈善组织创始人或管理者在谈到组织面临的困境或是存在的突出问题时,涉及"改变""反思""转型""改革"等相关话题最多。

在慈善组织实际运作中,甘肃的一些慈善组织已在向转型方向努力。比如甘肃一部分原来主要做大病救助的组织,现在已从这一领域中逐渐退出,"以前我们主要做大病救助,但现在把它列为临时项目,主要考虑这么几个原因:一是在医疗费用方面,国家医保政策日益在完善,报销比例越来越高,我们资助的对象数量和资助费用不断在增加;二是病患一有问题就找慈善机构,这并不是好事,应该让他们先自己想办法,自己来解决问题。我们的想法是你在自己着手解决后,实在想不到办法、没有出路的时候我们再帮助解决。大病救助国家做得很好,我们只是适当地做些补助。""我们计划不再做大病救助。这是因为政府的救助、政府的保障特别好,比如你花 1 万,政府给你报 7000 多,自己才花 3000元,你花 10 万,政府甚至报到 9 万,有些病你还有可能 1 分钱都不花。所以现在大病救助我们不想做,只做救急。"

甘肃义仓慈善中心、甘肃爱心教育服务中心、甘肃善泉城乡社区发展中心以及甘肃沁塬社会工作服务中心等,这些组织都提出组织改变现状的紧迫性,提出组织正在探索项目化、专业化的运作。

在甘肃,还有一些慈善组织更加积极融入公益组织新形态,如康乐崇善社会工作服务中心理事长参加千里马公益私董会。私董会,全称为私人董事会,是企业的一种组织形态,是企业家学习、交流与社交的一个平台。私董会源自美国,在西方已有半个多世纪的历史。为促进公益组织的发展,私董会这一企业领域的学习、交流模式逐渐在公益领域中引进、应用。千里马公益私董,是我国民间公益界近年较有影响的一个私董会。在甘肃一些锐意改革的公益慈善领导者,已积极尝试融入这一新的交流平台。

第三节　甘宁青慈善组织运作问题与未来发展

慈善运作同质化现象严重、运作能力薄弱、运作专业化程度不高、运作人才匮乏、运作制度环境不佳等,是甘宁青慈善组织运作中存在的突出问题。慈善运作未来健康发展,要从精准领域,提高运作能力,推动专业化、品牌化运作,培育专业人才以及完善制度环境等方面积极努力。

一、甘宁青慈善组织运作存在的突出问题

(一)慈善运作同质化严重

甘宁青慈善组织运作中同质化现象严重,突出表现在以下两方面:

其一,慈善服务领域的同质化。甘宁青慈善服务领域主要集中在妇女、儿

童、老人相关的教育、医疗扶贫救助。组织服务领域扎堆现象严重,每个慈善组织未全面衡量本组织的实际情况,涉及多个领域,什么都做,从而分散资源、分散精力,最后导致慈善效果不高且慈善疲劳。

慈善服务领域之所以出现同质化现象,主要原因在组织定位不明。甘宁青慈善组织普遍存在的问题,是对其身份的界定不清楚。慈善组织在当代社会发挥什么作用?哪些是慈善组织可以做的?哪些活动、项目不适宜慈善组织开展,这些问题不是所有慈善组织都很清楚。有些组织盲目做慈善,有些组织边探索边观望。

慈善组织高质量发展是建立在对组织合理、明确的定位之上。例如,目前在甘肃比较有影响的枢纽型组织——一山一水环境与社会发展中心,对本组织有明确的定位。组织宗旨是什么,组织能做什么不能做什么,一山一水环境与社会发展中心管理层对此有清晰把握。如××县民政局慕名找到一山一水环境与社会发展中心,希望中心购买政府服务,承接××县养老院和儿童福利院的服务。一山一水管理层认真思考后认为这不是他们组织该做的,虽然对方给的经费很多,但不是组织的发展方向,所以中心拒绝了××县的购买服务。正如一山一水秘书长所说:"我们一山一水环境与社会发展中心的社区发展主要是倡导性、示范性的项目,不是普通服务性的。"

其二,慈善服务方式的同质化。甘宁青慈善组织活动较普遍以"今天在这儿打扫院子搞卫生,明天在那儿搞慰问老人、孩子"的传统方式为主,慈善运作品牌化、项目化意识薄弱,追求慈善活动的短平快,即一次把活动完成就解散了,下一次再集中人马,搞上一两天又结束了,慈善活动缺乏持续性。

服务方式同质化的原因,一是甘宁青多数慈善组织目标方向不明确,组织缺乏长远的规划,正如某慈善组织创始人所说:"一时心血来潮,我就想做这件事情,然后召集一些人网上筹资,再开展救助,至于如何发展并没有长远的规划,组织存活到什么时间那就顺其自然。"二是甘宁青从事慈善事业的人,对慈善的理解还存在偏差,相当部分组织创始人或负责人还停留在"慈善就是简单的施舍和赠予"传统的认识上,对慈善是什么,公益是什么,两者有什么关系,慈善向公益发展的趋势认识不清。如某慈善组织负责人说:"在甘宁青慈善公益还不是一种行业,随便拉一些人马就开始做了。从事慈善公益的人参差不齐。慈善组织运作主要以资助、慰问的活动方式为主","都想着做好事,但多数并没有把事做好。"

同质化造成的后果是,应该服务的对象没有顾及,应该服务的领域没有涉及,扎堆抢服务对象,扎堆抢资源,甚至扎堆抢服务人员,正如某市慈善组织创始人所说:"当下圈子内有抢资助对象、抢志愿者、抢会员的这种不好的倾向,这是对行业规范的一种破坏。"在慈善法时代,同质化的慈善运作严重阻碍组织的成长与发展。

(二)慈善运作能力薄弱

甘宁青慈善组织筹集资金能力与慈善项目的运作能力整体薄弱。物质资源运作能力不足重点是在资源获取、资源分配上能力有限。很多慈善组织资金来源非常单一,有的组织资金来源只能依赖会员捐赠、定向小圈子募捐,有的组织没有能力开展服务,组织在资源获取上能力极其有限。同样,慈善组织在提供服务上能力不足,正如宁夏某慈善组织管理者说:"我们地方的慈善机构经常在一个水平做事情,做什么都没创新,我作为机构负责人有时真的感觉很没劲。"

慈善运作能力薄弱有多方面的原因,最根本的原因是慈善组织观念问题。组织的定位、组织的目标、组织的模式等,都与组织观念息息相关。总体上甘宁青慈善组织固守传统的慈善理念,如兰州某慈善组织创始人指出:"我们慈善能力薄弱主要是现代知识不够。在机构初创时期团队核心人物思想还比较超前,但经过几年的发展逐渐固化,出现与时代明显脱节的现象。"

对慈善组织来讲最需要的能力有哪些?慈善组织负责人的回答如表7-2(表7-2　负责人对本组织管理能力的认知)所示。44.00%的组织负责人认为最重要的管理能力是组织日常运作的管理能力,同样有44.00%的组织负责人认为最重要的管理能力是组织与政府的协调能力。有42.00%的组织负责人认为开发有偿经营项目的能力是最重要的管理能力,42.00%的负责人认为谋求组织创新与发展的能力是组织重要的管理能力。38%的负责人认为把握政策环境的能力是组织需要的重要能力。认为组织动员会员的能力、服务会员的能力对组织最重要的占比分别为20%和14%。

表 7-2　负责人对本组织管理能力的认知

问题	选项	百分比（%）
您认为以下哪几项管理能力对于您的组织最重要？（多选题）	对社会组织的日常运作的组织管理能力	44.00
	组织动员会员的能力	20.00
	对社会组织的把握与认知能力	22.00
	开发有偿经营项目的能力	42.00
	谋求组织创新与发展的能力	42.00
	为会员服务的能力	14.00
	与政府的协调能力	44.00
	把握政策环境的能力	38.00

（三）慈善运作专业人才匮乏

甘宁青慈善组织整体素质较低，具体表现如下：

一是组织领导层的文化层次较低。领导层 2/3 以上是高中及以下文化程度，在调研的慈善组织负责人中只有一半的组织负责人是大专以上文化程度。文化程度低，制约了组织的思考能力和创新能力，甚至有的组织负责人对什么是慈善组织、慈善组织的性质都不了解。如某地的一位组织负责人提出对政府的几点希望："希望政府为机构核心人员解决工作问题。再一个，希望政府能对志愿者给予活动补贴，每次搞活动他们太辛苦了，还自己掏腰包吃饭。""长期坚持公益的人所有的医疗、养老等五险政府应当承包。"短短几句诉求，足以说明这位负责人对包括慈善组织在内的社会组织的特征、性质是不清楚的。

二是组织缺乏专业人才。甘宁青慈善组织中，具有管理学、社会学或是经济学专业的人才非常少。专业人才欠缺，尤其是管理层中专业人才匮乏，导致组织理念、组织目标、组织方向、组织运作模式都不是很清楚。

组织员工中具有社会工作师资格的较少。具备专业资质的人明显短缺，对社会组织相关知识了解的人明显不足。在对慈善组织负责人的问卷调研中，当问到"您组织全面健康发展面临的主要问题是什么"时，受访慈善组织回答如表 7-3（表 7-3　组织发展面临的问题）所示，有 64% 的负责人表示工作人员专业能力不足是组织发展面临的主要障碍，在所有问题中占比最高。显然，人才匮乏是甘宁青慈善组织普遍面临的严重问题。

表 7-3　组织发展面临的问题

问题	选项	百分比（%）
您认为慈善组织全面健康发展面临的主要障碍有哪些？（多选题）	相关政策限制	18.00
	税收优惠政策少且执行不到位	18.00
	管理和监督机制不完善	20.00
	内部治理结构不合理	24.00
	社会对慈善组织认可度不高	52.00
	工作人员专业能力不足	64.00
	组织筹款能力较弱	40.00
	其他	4.00

（四）慈善运作的制度环境有待改善

甘宁青慈善组织的制度环境存在以下较为突出的问题：

1. 慈善的支持系统不完善。政府对慈善组织的支持既不充足也不平衡。一些政府对社会组织场地、活动、项目提供上存在不充分或不平衡现象，政府购买在部分地方还是有局限，而在大城市政府购买服务范围与力度比较大。政府对社会组织的培育、孵化能力不足，对社会组织的管理不到位。政府对初创型的慈善公益组织关注、扶持不够，使部分组织在生存中挣扎。某些地方政府在购买服务时不够公平公正，如在××市××××年招投标中，对其中某个中标组织，公益界议论很大，"该组织根本就没有从事慈善公益活动，在慈善公益领域也没有任何影响，莫名其妙地拿了多个项目。这让很多慈善组织、社工组织对政府有些失望。"

社会治理体系与治理能力现代化，前提是要有完善的社会治理体系，而社会组织是社会治理多元主体中的一元。充满活力的社会组织是社会治理体系与社会治理能力现代化的关键。政府对社会组织特别是初创型组织支持不够，将制约社会力量壮大以及社会活力的激发。

2. 社会支持潜力未充分挖掘。甘宁青企事业单位以及社会公众的参与范围、参与程度还有很大提升空间。企业的社会责任，机关学校等事业单位的资源、学科优势，公众参与的热情、参与的智慧并未充分挖掘与调动。

3. 宗教慈善的作用未充分发挥。在甘宁青地区多宗教、多信教群众、多宗教慈善组织，这是不容回避的现实。宗教慈善具有其他社会组织不具备的天然的优越性,比如宗教中的施舍、天课,宗教教义对财富、遗产问题的处置规定等,这些都是稳固的、庞大的慈善资源。

宗教慈善资源如果很好地善用,宗教慈善得天独厚的优势就能发挥出来。甘宁青宗教慈善在各领域发挥了积极的作用,但当下甘宁青地区缺乏宽松、友善的宗教慈善氛围,正如某慈善组织负责人说:"政府好像对我们这类组织不太喜爱,他总好像担心我们搞纠纷什么的,担心我们拉帮结派,对我们慈善机构不太信任。我们团队有近1000人,这么多人在为政府做事,但政府不喜欢,有时让我很伤心。"宗教慈善组织基于各种顾虑,在慈善运作的各方面、各环节还有很大的潜力有待激发与调动。

二、甘宁青慈善组织未来发展

(一)明确定位,精准领域

社会组织要找准自己的方向、精准服务的领域。甘宁青慈善组织首先要贯彻落实党的方针政策,这是组织保持正确方向的前提。一定要了解、把握国家关于慈善公益、社会组织的相关政策,特别是要了解政府当下的一些惠民政策。组织要找准方向,明确组织定位,然后去努力。

做"高、精、简"的慈善公益组织,切实发挥社会组织服务百姓、服务社会的作用。甘宁青慈善组织要在现有运作基础上,将业务范围和服务群体再精细化。服务方式上要调整,除了一般的、普通的服务外,还要有"精准化的服务",要根据服务对象的特点提供原来没有的、个性化的服务。要缩小服务范围,扩大救助资金,让受助者切切实实地受益。

(二)提高组织运作能力

能力建设直接关系到组织能否健康发展的问题。完善内部治理结构,加强自身建设,强化组织领导层的政策、业务学习,提高组织日常管理的能力。组织要明确职责,合理分工,使每个成员清楚做什么,达到什么目标,从整体上提高慈善活动的能力和水平。

健全组织自身的基础上,积极与政府沟通,配合政府履行社会领域职能的相关工作,努力在政府服务空白方面发挥拾遗补缺的作用。

夯实队伍,提高素质,廉洁组织,提高组织公信力,通过组织运作的效果、信誉激发社会的参与。

实施区域内的组织互检。制定一个标准的方案,明确评分准则,行业内互相打分,共同评议,相互监督。互检能够促进各个组织成长,比如区域内的组织每半年或一个季度进行一次互检,这样组织更能够共同进步。

(三)推动慈善运作项目化、专业化、品牌化

组织要承接项目、承接政府购买服务,其前提任务就是要完成自身的建设,一旦项目、购买服务真正落实时,组织要有能力拿下来。要以项目促进组织自身建设,以完善自身建设推进组织活动项目化。

项目化运作方法要专业,要充分认识慈善工作与社会工作相互整合的发展趋势,在项目化运作中运用社会工作科学的助人模式与助人方法技巧。

要开阔视野,突破地域局限,致力于争取各基金会的支持与合作,以项目获得基金会的资助,以基金会的资助高质量完成各类资助项目,进而以良好业绩获得更多慈善项目。

以解决服务对象问题为目标,以提供优质服务为内容,努力塑造慈善组织特色品牌,以品牌化推动项目化。

(四)培育慈善专业人才

慈善组织良性运作的基础是组织自身建设,组织建设的落脚点在专业人才。慈善组织应与区域内相关专业的高校密切合作,建立教学与实习基地,合作开展慈善相关活动,在合作交流中共同培养理论知识与实践知识相结合的专业人才。

加大员工培训的力度,支持员工跨省交流与培训,使其增长见识,开阔视野,学习先进。

采取多种措施引才、稳才,将组织需要的专业人才引进来,留得住,为专业人才提供施展能力的空间与条件。

为保证慈善服务高质量、高效率,需要提高志愿者的专业性。切实加强志愿者队伍建设,根据志愿服务对象、服务领域的差异,有针对性地加强志愿服务的专业性内容培训。

(五)完善慈善运作的制度环境

加强政府相关部门、相关人员的培训,使政府部门、工作人员特别是基层工作人员了解社会组织及其功能,以减少慈善组织在具体运作中与其沟通的不必

要的环节与工作。

加强对慈善公益等社会组织的监管,从外部的监督管理推动与促进慈善组织的成长。慈善项目或组织建设做得怎么样,哪里做得好、哪里需要改进完善,通过主管部门制度化、常态化的监督检查使其自我改正、提高。

政府购买服务要公开、公正、透明,"对政府购买服务,希望不要用关系去处理,而是把服务给真正能做好的社会组织。""不要用关系处理一些原本正常的事情,使每一个中投标的项目要经得起社会考验。"政府购买服务要均衡考量,对有发展潜力的、成长中的组织要有意识地通过购买服务培育、扶持,"组织就像一个孩子,他需要大人关心、关爱。"政府尽量避免购买服务过度集中在区域内某几个发展较好、较有影响的组织。政府购买服务在财务上要简化。项目资金以及结项资金要及时到位,避免挫伤组织的积极性,成为组织向好发展的障碍。

地方政府适当通过妇联、残联、共青团、工会等群团组织或民政、环保等慈善组织主管的、对口的主要部门,通过评先评优、授予荣誉等奖励方式,对优秀组织、先进人物给予资金或物质奖励,部分解决一些慈善组织的办公经费、行政开支费用,保障有潜质的组织、从业者更好地发展。

加大对宗教慈善事业的支持和指导。要善于利用宗教慈善的优势,尊重信教群众的慈善价值理念、慈善愿望与慈善行为;政府要从政策、制度等方面为宗教慈善发展给予支持,创造条件,正面宣传;政府要积极引导宗教慈善与社会主义社会相适应,引导宗教慈善依据慈善法依法开展慈善活动;引导宗教慈善向项目化、专业化的现代慈善方向发展。

改善甘宁青慈善公益的氛围,提高公众慈善参与度。慈善组织要强化职能发挥,重视对外宣传,调动群众参与热情,将慈善组织真正的能量推到群众面前,提高社会的参与度,营造良好的社会慈善氛围。慈善组织应该一个是跨界合作,与企业对接、与政府对接,这样才会持续发展。

结　　论

甘宁青慈善组织无论在数量上还是规模上都较我国东中部地区有很大差

距,组织在服务领域上过于集中,扎堆现象较为突出。

在慈善组织内部建设上,组织的制度规范、组织的人员构成与素质参差不齐。甘宁青慈善组织在资金运作、项目运作、人力资源运作以及社会支持等方面有共性也各具特色。

在慈善的外部环境上,青海民众对本地慈善组织包括规范化建设、社会评价、社会效果在内的组织形象评价最高。民众参与慈善的频次、对当地慈善组织的了解都会影响对慈善氛围的感知。对于甘宁青慈善氛围的感知,青海民众对当地慈善氛围评价最高。整体上,青海省的慈善氛围最好。

总体上,甘肃的慈善组织在数量、规模、领域、服务上优于宁夏与青海,也由于甘肃慈善组织整体上成立时间早、探索时间长、改革动力强,在慈善机构建设、物质资源运作、人力资源运作、社会资源运作上走在宁夏和青海之前,有很多方面值得宁夏与青海学习与借鉴。

传统运作模式正在阻碍慈善组织的成长与发展,这已成为甘宁青慈善领域的共识。甘宁青慈善组织转型的意识日益强烈,改革的动力渐趋增强,公益慈善方向逐渐明确。甘宁青慈善项目化、专业化、品牌化运作之路道阻且长。

参 考 文 献

一、中文学术著作

1.《中国共产党第十九次全国代表大会文件汇编》，人民出版社 2017 年版。

2. 安树彬:《慈善法前沿问题研究》，厦门大学出版社 2016 年版。

3. 伯利、米恩斯:《现代股份公司与私有财产》，台湾银行出版社 1982 年版。

4. [美]比尔·萨莫维尔、弗雷德·赛特伯格:《草根慈善——特立独行的基金资助工之实地笔记》，商务印书馆 2014 年版。

5. 蔡科云:《中国慈善捐赠法制建设研究》，中国社会科学出版社 2018 年版。

6. 褚蓥:《反思慈善改革》，社会科学文献出版社 2018 年版。

7. 褚蓥、蔡建旺、余智晟:《改革慈善》，社会科学文献出版社 2016 年版。

8. 董慧凝:《公司慈善捐赠法律问题研究》，法律出版社 2018 年版。

9. 郭玉辉:《闽台佛教慈善组织运作模式比较研究》，厦门大学出版社 2018 年版。

10. 何华兵:《基层慈善改革创新实践》，社会科学文献出版社 2017 年版。

11. 黄给德、莉临萍:《人力资源管理》，高等教育出版社 2005 年版。

12. 蒋军洲:《慈善捐赠的世界图景》，法律出版社 2016 年版。

13. [英]加雷思·琼斯:《慈善法史》，吕鑫译，社会科学文献出版社 2017 年版。

14. 莱斯特·M.萨拉蒙等:《全球公民社会——非营利部门国际指数》，贾西津、魏五等译，北京大学出版社 2007 年版。

15. 李俊、张冉、李锦洲:《社会组织与慈善组织管理》，北京大学出版社 2017 年版。

16. 李梦、曾祥霞:《中国式慈善基金会》，中信出版社 2018 年版。

17. 梁家恩:《中国第三部门研究》，社会科学文献出版社 2019 年版。

18. 林少伟:《英国慈善委员会指引》，法律出版社 2017 年版。

19. 刘云芬:《家庭企业慈善捐赠的影响因素及效果评价研究》，东北财经大学出版社 2018 年版。

20. 龙朝辉:《我国慈善税收政策研究》，中山大学出版社 2017 年版。

21. 吕晓燕:《施舍与教化:伦敦慈善事业研究(1700—1900)》,中国社会科学出版社 2018 年版。

22. [美]莱斯特·M.萨拉蒙:《慈善新前沿》,深圳国际公益学院译,社会科学文献出版社 2019 年版。

23. [美]罗伯特·L.佩顿:《慈善的意义与使命》,郭烁译,中国社会保障出版社 2013 年版。

24. [澳]马修哈丁:《慈善法与自由国》,社会科学文献出版社 2019 年版。

25. [美]马修·比索普、迈克尔·格林:《慈善资本主义:富人在如何拯救世界》,丁开杰等译,社会科学文献出版社 2011 年版。

26. [美]宁丽玉、曾华源等:《社会工作理论——处遇模式与案例分析》,台北洪叶文化事业有限公司 2013 年版。

27. [美]奥利维尔·聪茨:《美国慈善史》,杨敏译,上海财经大学出版社 2016 年版。

28. 潘奇:《企业慈善捐赠形成机制及其价值机理研究》,中国社会科学出版社 2018 年版。

29. 彭小兵:《公益慈善事业管理》,电子工业出版社 2018 年版。

30. 秦安兰:《慈善组织公信力修复与重建研究》,光明日报出版社 2020 年版。

31. 曲顺兰:《慈善捐赠税收激励政策研究》,经济科学出版社 2018 年版。

32. 邵培樟:《慈善事业发展机制研究》,中国政法大学出版社 2018 年版。

33. 田雪莹:《企业慈善捐赠中国议题:理论探索与实证研究》,经济管理出版社 2019 年版。

34. 王长坤:《陕西慈善事业发展与当代大学生慈善文化培育研究》,科学出版社 2019 年版。

35. 王俊秋、许维江:《社会治理视域下的慈善组织发展道路研究》,科学技术文献出版社 2019 年版。

36. 王振耀主编:《现代慈善与社会治理》,社会科学文献出版社 2014 年版。

37. 吴柏林:《公共关系理论与实务》,中国人民大学出版社 2013 年版。

38. 夏雨:《比较法视野下的慈善信托》,中国社会科学出版社 2018 年版。

39. 谢晓霞:《慈善基金会财务透明度的评估指标及其应用研究》,经济管理出版社 2016 年版。

40. 邢成、和晋予:《慈善信托理论与实务》,经济管理出版社 2019 年版。

41. 徐华炳:《温州海外移民与侨乡慈善公益》,中国社会科学出版社 2016 年版。

42. 杨道波、綦保国:《慈善捐赠人权利研究》,法律出版社 2019 年版。

43. 杨团:《中国慈善发展报告》,社会科学文献出版社 2019 年版。

44. [英]英德杰特·帕马:《以慈善的名义:美国崛起进程中的三大基金会》,陈广猛、李兰兰译,北京大学出版社 2018 年版。

45. 张进美:《中国式慈善研究:基于城市居民捐款行为的调查》,中国社会科学出版社 2019 年版。

46. 张耀南:《中国慈善哲学概论》,中国社会科学出版社 2019 年版。

47. 张永:《慈善信托的解释论与立法论》,中国法制出版社 2019 年版。

48. 郑功成:《社会保障》,高等教育出版社 2007 年版。

49. 郑功成:《中国慈善事业》,广东经济出版社 1996 年版。

50. 卓新平、郑筱筠:《宗教慈善与社会发展》,中国社会科学出版社 2019 年版。

二、中文期刊

1. 毕瑞祥:《我国慈善组织财务信息披露问题发现及改善》,《地方财政研究》2017 年第 5 期。

2. 毕素华:《中国语境下社会组织与政府关系再探讨:以慈善机构为例》,《山东社会科学》2017 年第 1 期。

3. 蔡勤禹:《权势转移——从慈善视角看近代士与商阶层变动》,《福建论坛·人文社会科学版》2019 年第 10 期。

4. 曹婉莉:《论英国慈善认定标准的演变》,《西北师范大学学报》2017 年第 3 期。

5. 柴振国:《我国慈善组织信息公开机制研究——以激励相容为视角》,《广东社会科学》2017 年第 3 期。

6. 常州市宗教公益慈善工作课题组:《关于宗教公益慈善活动的调研报告》,《民族与宗教》2017 年第 1 期。

7. 陈斌:《改革开放以来慈善事业的发展与转型研究》,《社会保障评论》2018 年第 3 期。

8. 陈东利:《社会转型背景下中国慈善事业的社会伦理问题研究》,《哈尔滨工业大学学报》2019 年第 6 期。

9. 陈恩富、蒯正明:《美国基金会慈善的内幕和实质》,《毛泽东邓小平理论研究》2018 年第 12 期。

10. 陈小娟:《慈善组织参与精准扶贫问题探析》,《齐齐哈尔大学学报》2017 年第 10 期。

11. 程静、栾文敬:《从"家"到"国":慈善精神培育与慈善生态营造研究》,《社会工作与管理》2018 年第 3 期。

12. 崔宝琛:《慈善组织参与农村精准扶贫事业研究——以"小母牛·中国"项目组织为例》,《未来与发展》2017 年第 7 期。

13. 丁辉侠、张素丹:《慈善组织参与农村扶贫的政策演变与实践历程》,《行政科学论坛》2019 年第 1 期。

14. 丁惠平、王嘉渊:《中国传统民间慈善组织及其运行机制——一个历史社会学的视角》,《福建论坛·人文社会科学版》2019 年第 12 期。

15. 董俊林:《科学技术与公益慈善的历史互动和未来发展》,《自然辩证法通讯》2020 年第 4 期。

16. 段祥伟:《慈善组织参与养老服务救助问题研究》,《社会政策研究》2019 年第 3 期。

17. 樊子君、王迪:《2013 年纽约非营利组织振兴法案主要内容及启示》,《大连海事大学学报》2020 年第 1 期。

18. 高小枚:《经济转型升级背景下慈善组织发展的区域差异性》,《经济地理》2018 年第 5 期。

19. 高小枚、傅如良:《正式制度对慈善组织发展的影响研究》,《贵州社会科学》2018 年第 9 期。

20. 高阳、于海瀛:《传统文化之利他思想及其对个体捐助行为的影响》,《学术交流》2018 年第 7 期。

21. 高志宏:《再论我国慈善组织公信力的法律重塑》,《政法论丛》2020 年第 2 期。

22. 葛慧烨、黄鸿山:《清代苏州的慈善放生事业》,《苏州教育学院学报》2018 年第 3 期。

23. 顾传勇、赵华:《关于鼓励和规范宗教界从事公益慈善活动的对策建议》,《民族与宗教》2017 年第 2 期。

24. 管开明:《论儒家慈善思想的现代转化》,《学理论》2017 年第 7 期。

25. 郭海霞:《金代济贫法律制度研究》,《北方文物》2019 年第 4 期。

26. 郭晓斐、姚晓曦:《慈善组织参与重特大疾病医疗救助的协作机制研究》,《中国初级卫生保健》2018 年第 12 期。

27. 何华兵:《慈善法背景下社会组织信息公开的实证分析——以广州市为例》,《探求》2018 年第 3 期。

28. 何华兵:《慈善法背景下社会组织信息公开的实证分析——以广州市为例》,《探求》2018 年第 3 期。

29. 何兰萍、王晟昱、傅利平:《合作治理视角下慈善组织参与尘肺病医疗救助模式研究》,《社会保障研究》2018 年第 5 期。

30. 何思雨:《国际伊斯兰救济组织参与全球发展援助研究》,《国际政治研究》2019 年第 2 期。

31. 贺更粹:《论儒式乡绅在传统慈善中的地位及功能》,《西北师大学报》2019 年第 6 期。

32. 贺然:《慈善:德性抑或权力》,《道德与文明》2017 年第 5 期。

33. 胡波、李思涵:《我国慈善组织货币资金内部控制现状分析》,《商业会计》2019 年第 22 期。

34. 胡小军:《〈慈善法〉实施后慈善组织监管机制构建的挑战与因应》,《学术探索》2018年第4期。

35. 黄瑜:《中国传统慈善思想的伦理意境》,《中原文化研究》2017年第4期。

36. 解锟:《以基金会为主导模式的慈善组织法律架构》,《华东政法大学学报》2017年第6期。

37. 金锦萍:《论公共信托之界定及其规范意义》,《华东政法大学学报》2015年第6期。

38. 蓝勇:《难言之隐——清代内河救生慈善组织内部服务有偿化研究》,《社会科学研究》2018年第6期。

39. 李芳:《慈善组织认定中的基本法律问题》,《北京航空航天大学学报》2017年第5期。

40. 李华文:《宗教与慈善:近代潮人慈善事业的案例》,《华侨大学学报》2019年第2期。

41. 李建升、石卫星、郭娅娟:《基于政府视角谈公益慈善组织公信力构建》,《社会与公益》2019年第5期。

42. 李健:《慈善组织信息公开何以可能?——基于PP-DADI模型的综合分析》,《吉林大学社会科学学报》2018年第3期。

43. 李蒙、谢茜:《慈善组织参与农村教育扶贫的运行模式与推进路径——以X教育基金会"圆梦行动"为例》,《行政科学论坛》2019年第1期。

44. 李卫华:《慈善组织的公共责任与信息公开》,《理论探讨》2017年第6期。

45. 李喜霞:《论民国时期的慈善公民教养观及其实践》,《宁夏社会科学》2017年第1期。

46. 李喜霞:《民国时期慈善事业政府监管研究》,《郑州大学学报》2018年第7期。

47. 李响:《政府购买慈善服务若干问题研究》,《兰州学刊》2017年第2期。

48. 李珠:《富人阶层捐赠影响因素与政策引导机制研究》,《中国行政管理》2018年第2期。

49. 梁霞:《论唐宋佛教慈善医疗救助机构的发展及其特征》,《青海民族大学学报》2020年第1期。

50. 刘超、胡宝贵、苟天来:《慈善基金会冲破"资金困乏"恶性循环——以北京C慈善基金会为例》,《安徽行政学院学报》2018年第2期。

51. 刘美娜:《参与慈善信托带给慈善组织什么》,《中国社会工作》2020年第10期。

52. 刘美娜:《为什么慈善组织对慈善信托缺乏积极性》,《中国社会工作》2020年第7期。

53. 刘秀秀:《互联网对官办慈善组织的互构性影响及其边界》,《国家行政学院学报》2017年第4期。

54. 刘影、孙卉樱:《宗教组织开展慈善事业的资源构成研究——以江苏省S市基督教为例》,《民族与宗教》2019年第1期。

55. 刘拯华:《清代台湾地方社会慈善救助机构研究——以新竹义仓为例》,《东方论坛》

2018 年第 2 期。

56. 刘梓琳：《社区内的人文关怀：以广东本地回族的慈善发展为例》，《回族研究》2019 年第 3 期。

57. 毛寿龙、李梅：《慈善与慈善组织的秩序维度与政策选择》，《吉首大学学报》2017 年第 5 期。

58. 倪建文：《社会慈善助推精准扶贫的对策及路径研究》，《齐鲁学刊》2018 年第 2 期。

59. 聂文军：《论慈善活动中的个人偏好》，《伦理学研究》2019 年第 4 期。

60. 牛保秀：《官民互动下的清代慈善——以山西太原地区为例》，《郑州航空工业管理学院学报》2017 年第 1 期。

61. 牛保秀：《官民互动下的清代慈善——以山西太原地区为例》，《郑州航空工业管理学院学报》2017 年第 1 期。

62. 彭小兰、高凌云：《网络慈善的社会现实困境与治理对策》，《经济与社会发展》2018 年第 5 期。

63. 钱海梅：《从制度资本缺失看慈善组织合法性质疑》，《法制与经济》2017 年第 6 期。

64. 阮清华：《中华人民共和国成立初期对上海民间慈善组织的处理研究》，《党史研究与教学》2018 年第 1 期。

65. 邵祥东：《公益众筹特征识别与决策参考——"空间—制度"耦合嵌入视角》，《公共管理学报》2018 年第 3 期。

66. 盛仁杰：《法国大革命时期的社会救助：从传统向现代的转型尝试》，《世界历史评论》2019 年第 3 期。

67. 石国亮：《论"回归生活世界"理念下的慈善教育》，《社会科学研究》2017 年第 5 期。

68. 宋立杰：《有偿的互动：明清商人善举考》，《西南大学学报》2017 年第 2 期。

69. 宋忠伟、郑晓齐：《行政生态学理论视角下慈善组织参与社会救助探析》，《社会科学》2019 年第 2 期。

70. 孙卫东：《英国慈善组织监管及思考——中英慈善项目代表团关于英国慈善监管的考察报告》，《中国民政》2017 年第 1 期。

71. 孙燕：《早期儒家和古代犹太教慈善思想之比较》，《孔子研究》2018 年第 2 期。

72. 孙智雯、陈伟民：《香港华商慈善组织的形成及其功能与空间扩展（1840—1940）——以东华三院为例》，《安徽师范大学学报》2017 年第 1 期。

73. 陶翔宇、彭未名：《英国慈善筹款监管模式对我国的启示与借鉴》，《改革与开放》2017 年第 21 期。

74. 王昌沛、王晶玉：《当代英国慈善资金筹募渠道析论》，《聊城大学学报》2017 年第 6 期。

75. 王成、赵东霞：《元治理视阈下我国慈善组织公信力建设研究》，《河北工业大学学报》2019 年第 2 期。

76. 王大学：《清代安徽慈善组织时空特征初探》，《社会科学》2017 年第 12 期。

77. 王大学：《清代安徽慈善组织时空特征初探》，《社会科学》2017 年第 12 期。

78. 王海燕、邓虹：《互联网慈善的公信力研究》，《征信》2017 年第 1 期。

79. 王娟、许婉萍：《民国京津地区慈善事业互动关系初探》，《东方论坛》2017 年第 5 期。

80. 王娟、许婉萍：《民国京津地区慈善事业互动关系初探》，《东方论坛》2017 年第 5 期。

81. 王鹏：《美国慈善与慈善法相关问题之迷思》，《区域治理》2019 年第 44 期。

82. 王芮：《试论俄罗斯慈善的起源与早期发展》，《俄语学习》2018 年第 1 期。

83. 王肃羽、刘振杰：《善经济时代的慈善发展与社会治理机制探析》，《河南社会科学》2017 年第 1 期。

84. 王文涛：《汉代的慈善救助思想与实践》，《社会保障评论》2020 年第 1 期。

85. 魏艳：《慈善信托政府监管权配置研究》，《国家行政学院学报》2018 年第 6 期。

86. 吴晶、周膺：《晚清慈善组织在城市社会治理中的先导作用——丁丙〈乐善录〉，与杭州善举联合体研究》，《江浙学刊》2018 年第 2 期。

87. 吴梦露：《我国慈善事业监管桎梏及路径优化探析》，《文化学刊》2017 年第 1 期。

88. 吴限红、杨克、李芹：《宗教慈善与社会工作：历史、流变与关系互嵌》，《华东理工大学学报》2019 年第 2 期。

89. 吴子明：《社区慈善背后的社会趋向反思》，《华南师范大学学报》2019 年第 1 期。

90. 武靖国、毛寿龙：《从"操作规则"到"规则的规则"——我国慈善组织治理结构的演进》，《社会政策研究》2017 年第 1 期。

91. 武萍、缴维、冷晓航：《慈善组织参与失独家庭救助的困境及破解路径》，《沈阳师范大学学报》2019 年第 1 期。

92. 邢菁华、张洵君：《华侨华人、港澳同胞现代慈善事业探究与展望》，《八桂侨刊》2019 年第 6 期。

93. 徐家良、王昱晨：《中国慈善面向何处：双重嵌入合作与多维发展趋势》，《华南师范大学学报》2019 年第 1 期。

94. 徐宁、曾逸萱、杨智颖：《我国慈善组织危机管理策略》，《沈阳农业大学学报》2017 年第 7 期。

95. 徐文彬：《晚清闽南商人慈善家的兴起：以林瑞岗为中心》，《安徽史学》2019 年第 2 期。

96. 许德雅：《新媒体与大学生慈善价值观的建构》，《东南传播》2017 年第 1 期。

97. 许秀文、王文涛：《东汉魏晋南北朝佛教慈善的滥觞与发展》，《河北师范大学学报》

2018 年第 2 期。

98. 杨方方:《慈善市场的信息不对称与结构性失衡研究》,《社会保障评论》2017 年第 3 期。

99. 杨洋:《明末江南社会的劝诫之风与龙门医世宗的思想革新》,《东南大学学报》2019 年第 5 期。

100. 杨永娇、史宇婷、张东:《个体慈善捐赠行为的代际效应》,《社会学研究》2019 年第 1 期。

101. 杨峥威:《慈善项目评估中的几个问题》,《社会与公益》2018 年第 4 期。

102. 尹昱、刘金平:《基于 BCOS 理论的公众慈善行为驱动分析》,《安徽工业大学学报》2019 年第 4 期。

103. 于环:《福利模式对慈善事业的影响及启示》,《江西社会科学》2019 年第 4 期。

104. 余富强、徐敏:《宗教慈善组织的组织动员何以可能? ——基于社会记忆的视角》,《北方民族大学学报》2018 年第 2 期。

105. 余逸群:《论慈善文化对青年志愿服务的促进作用》,《青年学报》2017 年第 3 期。

106. 俞祖成:《慈善组织认定:制度、运作与问题》,《浙江工商大学学报》2017 年第 5 期。

107. 袁同凯、郭俊丽:《中国佛教慈善组织的现代调适与实践探索》,《河北学刊》2017 年第 3 期。

108. 曾桂林:《大数据时代的中国慈善史研究及其应用》,《东方论坛》2017 年第 2 期。

109. 曾桂林:《南京国民政府〈监督慈善团体法〉述评》,《文史月刊》2018 年第 2 期。

110. 张秀明:《改革开放以来华侨华人对中国慈善事业的贡献探析》,《华侨华人历史研究》2018 年第 4 期。

111. 张燕、王志中:《我国社会工作与公益慈善关系研究》,《劳动保障世界》2019 年第 27 期。

112. 赵凤萍、宋前萍:《慈善总会参与精准扶贫的问题与机制完善研究》,《行政科学论坛》2018 年第 11 期。

113. 赵国强、宋晓杰、邵雨辰:《我国慈善组织参与医疗救助的现状及困境分析》,《卫生经济研究》2019 年第 2 期。

114. 赵辉、樊建锋、陈鹏瑶:《基层慈善组织实施扶贫项目的行为过程——助贫与开发扶贫双案例比较》,《河北农业大学学报》2019 年第 9 期。

115. 赵立新:《中国内生型慈善文化建设研究》,《理论导刊》2018 年第 1 期。

116. 赵文聘、徐家良:《制度性组织、新纽带与再嵌入:网络公益慈善信任形成机制创新》,《社会科学》2019 年第 6 期。

117. 郑筱筠:《中国宗教公益慈善事业的定位、挑战及优势》,《中国宗教》2012 年第 3 期。

118.周爱萍:《宗教非营利组织的慈善资源动员机制分析——以台湾慈济基金会为例》,《学会》2017 年第 2 期。

119.周俊:《美国慈善业的历史演进与经验借鉴》,《中国第三部门研究》2019 年第 2 期。

120.周秋光、贺蓓蓓:《中国女性慈善实践的历史与现状思考》,《湘潭大学学报》2019 年第 4 期。

121.周秋光、曾桂林:《中国慈善通史研究:价值、现状与路径》,《湖南师范大学社会科学学报》2017 年第 4 期。

122.周秀平、刘求实:《以社管社——创新社会组织管理制度》,《中国非营利评论》2011 年第 7 期。

123.周真真:《charity 概念在英国的历史流变及其社会意蕴》,《世界历史》2018 年第 1 期。

124.周中之:《慈善:功利性与非功利性的追问》,《湖北大学学报(哲学社会科学版)》2017 年第 5 期。

125.周中之:《当代中国慈善伦理规范体系建构研究》,《中州学刊》2017 年第 9 期。

126.朱春奎、陈彦桦:《英国慈善超市的历史发展、功能体现与运营策略》,《地方治理研究》2019 年第 1 期。

127.邹庆华、邱洪斌:《论当代慈善文化的价值认同》,《黑龙江社会科学》2017 年第 4 期。

三、英文著作

1. Adele Lindenmeyr, Poverty Is Not A Vice: Charity, Society, and the State in Imperial Russia, Princeton University Press, 1996.

2. Amy Singer, Constructing Ottoman Beneficence: An Imperial Soup Kitchen in Jerusalem, New York: State University of New York Press.

3. Cobb Sidney, "Social Support as a Moderator of Life Stress", Psychosomatic Medicine, 1976, 38(5).

4. Jensen, Michael C., and William H. Meckling: "Theory of the Firm: Managerial Behavior. Agency Costs and Ownership Structure", Journal of Finemcial Economics, 1976(3).

5. Mark R Cohen, Poverty and Charity in the Jewish Community of Medieval Egypt, Princeton University Press, 2006.

6. Mark R Cohen, The Voice of the Poor in the Middle Ages: An Anthology of Document, from the Cario Geniza, Princeton University Press, 2005.

7. Michael Bonner, Mine Ener, Amy Singer, Albany, Poverty and Charity in Middle Eastern Contexts, State University of New York Press, 2003.

8. Michael Mollat,The Poor in the Middle Age,New Haven & London,*Yale University*,1986.

9. Pratt J,Zeckhauser R.,Principals and Agents.*The Structure of Business*,Boston:Harvard University Press,1985.

10. S.Ross,"The Economic Theory of Agent:the Principal's Problem",*American Economic Review*,1973(Vol.63).

11. Washington D.C.,*The orphans of Byzantium:Child Welfare in the Christian Empire*,The Catholic University of America Press.

四、报纸及网络资料

1.《2019 年宁夏回族自治区国民经济和社会发展统计公报》,宁夏回族自治区统计局网,2020 年 4 月 30 日。

2.《2019 年青海省国民经济和社会发展统计公报》,青海省统计局网,2020 年 2 月 28 日。

3.《甘肃扩大政府购买服务试点范围涉及购买项目 32 项》,人民网,2015 年 5 月 4 日。

4.《甘肃省全力做好农村留守儿童关爱保护和困境儿童保障工作》,甘肃省民政厅网,2019 年 10 月 1 日。

5.《全省农村留守儿童动态监测情况》,青海民政信息网,2019 年 7 月 5 日。

6.《图表:2018 年农村留守儿童数据》,中华人民共和国民政部网,2018 年 9 月 1 日。

7.《中华人民共和国国民经济和社会发展统计公报》,国家统计局网,2020 年 2 月 28 日。

8. 邓蕾:《固原市政协委员呼吁加大政府购买服务助力养老事业发展》,《华兴时报》2020 年 12 月 22 日。

9. 李欣瑶:《我省促进医养结合事业快速发展》,《甘肃日报》2020 年 3 月 3 日。

10. 王勇:《中慈联发布〈2019 年中国慈善捐助报告〉我国慈善捐赠的主要来源仍然是企业》,《公益时报》2020 年 9 月 22 日。

11. 朱磊:《莫让留守儿童的安全"失守"》,《人民日报》2017 年 8 月 10 日。

责任编辑:赵圣涛
封面设计:胡欣欣

图书在版编目(CIP)数据

当代甘宁青慈善组织运作研究/杨晓梅 著. —北京:人民出版社,2023.10
ISBN 978－7－01－025837－9

Ⅰ.①当… Ⅱ.①杨… Ⅲ.①慈善事业-组织机构-组织管理-研究-西北地区-
现代 Ⅳ.①D632.1

中国国家版本馆 CIP 数据核字(2023)第 142066 号

当代甘宁青慈善组织运作研究

DANGDAI GANNINGQING CISHAN ZUZHI YUNZUO YANJIU

杨晓梅 著

人民出版社 出版发行
(100706 北京市东城区隆福寺街 99 号)

中煤(北京)印务有限公司印刷 新华书店经销

2023 年 10 月第 1 版 2023 年 10 月北京第 1 次印刷
开本:710 毫米×1000 毫米 1/16 印张:26.25
字数:412 千字

ISBN 978－7－01－025837－9 定价:99.00 元

邮购地址 100706 北京市东城区隆福寺街 99 号
人民东方图书销售中心 电话 (010)65250042 65289539

本书是中央高校基本科研业务费专项资金资助课题"家庭政策与普惠型福利社会构建（JUSRP211A45）"的成果之一；得到教育部人文社会科学规划基金项目"老龄化背景下老年人的社会保障与社会服务（10YJA840059）"课题资金资助。